王小甫 著

唐、吐蕃、大食政治关系史

生活·讀書·新知三联书店

Copyright © 2021 by SDX Joint Publishing Company.
All Rights Reserved.
本作品版权由生活·读书·新知三联书店所有。
未经许可，不得翻印。

图书在版编目（CIP）数据

唐·吐蕃·大食政治关系史／王小甫著．—北京：
生活·读书·新知三联书店，2021.12（2023.11 重印）
ISBN 978－7－108－07089－0

Ⅰ.①唐⋯ Ⅱ.①王⋯ Ⅲ.①中外关系－国际关系史－唐代 Ⅳ.① D829

中国版本图书馆 CIP 数据核字（2021）第 021585 号

特约编辑	冯立君
责任编辑	张　龙
装帧设计	蔡立国
责任校对	陈　明
责任印制	李思佳
出版发行	生活·讀書·新知 三联书店
	（北京市东城区美术馆东街 22 号　100010）
网　址	www.sdxjpc.com
经　销	新华书店
制　作	北京金舵手世纪图文设计有限公司
印　刷	河北松源印刷有限公司
版　次	2021 年 12 月北京第 1 版
	2023 年 11 月北京第 3 次印刷
开　本	635 毫米 × 965 毫米　1/16　印张 23
字　数	299 千字
印　数	6,001－9,000 册
定　价	78.00 元

（印装查询：01064002715；邮购查询：01084010542）

目 录

序一 季羡林 1
序二 张广达 4

引言 1

第一章 唐朝统治西域与吐蕃的介入 3
　第一节 唐朝的西域统治 3
　第二节 吐蕃的兴起 13
　第三节 吐蕃最初进入西域之路 25
　第四节 吐蕃在西域的早期活动 52

第二章 唐初安西四镇的弃置 68
　第一节 吐蕃与唐朝之反复争夺安西四镇 68
　第二节 大食之介入西域 93

第三章 葱岭地区的政治角逐 109
　第一节 长寿元年复四镇后的西域形势 109
　第二节 吐蕃越葱岭进入西域之路 119
　第三节 七、八世纪之交葱岭地区政治势力的消长 134
　第四节 吐蕃借道小勃律攻四镇及其失败 151

1

第四章　唐、蕃西域较量的新发展　163
  第一节　吐蕃从东道入西域　163
  第二节　唐与大食共灭苏禄　171
  第三节　唐朝势力在西域之臻于极盛　182

第五章　东争唐地、西抗大食的吐蕃帝国　192
  第一节　安史乱后的西域形势及唐军的坚守　193
  第二节　"蕃军太半西御大食"说考辨　209

结语　216
附录　219
  壹　"弓月"名义考　219
  贰　弓月部落考　237
  叁　崔融《拔四镇议》考实　250
  肆　四镇都督府领州名称、地望略考　260
  伍　古藏文 Kog（Gog）yul 为俱位考　263
  陆　金山道行军与碎叶隶北庭　275
  柒　论古代游牧部族入侵农耕地区问题　282

附表　287
缩略语与参考文献　331
后记　353
地图
  一　本书参考地区形势图
  二　葱岭南部交通图

序一

季羡林

王小甫同志把自己的博士论文增补、扩大了以后，即将付梓，索序于我。我对于他研究的这个题目没有深入探讨，不敢赞一词。但是对于与此书有关的中亚史地研究工作，却颇有一些意见想说一说，因此便答应了下来。

全世界都承认，中华民族是一个最爱历史的民族。我们不但注意写本国的历史，而且几乎在所有的正史中都有讲西域（中亚和新疆，甚至这地区以外的一些地方）的专章。在大量非正史的著作中，在所谓"杂史"里，有关西域的记载也大量存在。古代西域，虽然荒凉寂寞，但在人类历史上却起过极大的作用。中西文化交流的主要干线丝绸之路，就横贯此区。它对沿途各个国家在几千年的历史上起了促进作用，促进了经济、文化各方面的发展。如果没有这一条丝绸之路的话，人们简直无法想象，这个地区的国家会是什么样子。但是，在历史上，这个地区多为游牧民族所统治，极端缺乏文献记载，所以现在研究起来有极大困难。幸而西方古代留下了少量文献，阿拉伯、伊朗等地的旅行家也留下了一些文献记载，稍稍照亮了这个地区的历史的暗云。而中国古代史籍中有关的文献记载比较系统地、比较全面地阐述了这个地区各方面的情况，其意义与价值远远超过了西方和伊斯兰国家的有关文献，从而受到了全世界有关学者的重视。他们都异口同声地承认，如果没有中国的文献记载，研究古代西域，研究丝绸之路，几乎是无法进行的。

但是汉文，尤其是古典汉文却绝非轻而易举就能掌握的。在这里，汉文几乎成了拦路虎。西方学者无论矣。即以日本而论，他们的学者学习古典汉文有悠久传统，有便利条件；可是，仔细推敲一下，他们对汉文的掌握对绝大多数的人来说，却绝不是没有问题的。日本老一代的西域古代史地专家做出了重大贡献。这一点必须承认。但是，他们的著作也间有问题。这些问题一方面出于对西域古代语言掌握不够，另一方面则出于对汉文古典文献的掌握也还没能达到得心应手的水平。年轻一代的日本西域史地学者，在掌握古代西域民族语言方面，较之老一代有很大的进步，但是，在掌握汉文方面，反而不及老一代。这是很值得注意的一点。

谈到中国这方面的学者，我们有我们的有利条件，但也有我们的不足之处。有利条件首先就是对汉文古典文献的掌握。虽然我们也绝不敢说毫无问题，我们的困难也还是不少的，年轻一代学人的掌握水平更与老一代有差距；但是，总体来看，同国外学者比起来看，我们的水平是颇能令人满意的。不足之处是，虽然我们注意西域已经有了两千来年的历史，可是到了近代，我们在这方面的研究却落后了。一直到19世纪末叶，西域研究才又稍稍抬头，出了一些研究古代西域史地的学者，写出了不少非常有水平的书。可是这些学者也有一个共同的缺点：不懂西域古代语言，不通西方近代语言。研究工作有点坐井观天的味道。接着来的是一个在政治上非常混乱的时期。政治经济的混乱影响了学术研究，其中也有西域古代史地的研究，几乎达到了后继无人的程度。其间也出了几个大师，如王国维、陈寅恪等，虽为中流砥柱，但又独木难支。西域研究变成了荒凉寂寞的沙漠。有识之士，愁然忧之。

一直到了最近十几年，我国西域古代史地的研究才逐渐昌盛起来。目前，老中青三结合的研究梯队，可以说是已经形成。这一个梯队的特点就在于，他们既通中国古典文献，又能通晓有关的西域古代民族语言，还能掌握一些西方当代通行的语言。广通声气，目光开阔，与全世界的专业同行有密切联系，与过去坐井观天的情景大异其趣，可以说是已经参加到世界学术研究的行列里来了。这在中国悠久的学术史上开辟了一个新天地，是值得大书而特书的伟大事件。

在这一个学术梯队中，非常值得一提而且必须提的是中青年学者的茁壮成长。这种成长绝不仅限于西域古代史地的研究，在整个所谓东方学的范围内，都可以这样说。因为我现在谈的是西域古代史地研究，所以讲中青年学者也仅限于这个范围。为了给人们一些比较具体的印象，我想举出几个人的名字：张广达、耿世民、林悟殊、刘迎胜、蒋忠新、余太山、胡海燕、段晴、王邦维、林梅村、荣新江等等，这个名单不一定很全，仅就我记忆而及，不过举出几个例子而已。这些人的特点就是中西兼通，基本上掌握所需要的西域古代语文。他们又都能通解汉文古典文献，这就如虎生翼，可以与外国同行逐鹿学坛了。我绝不是说，他们都已十全十美。为学如逆水行舟，任何人，任何时候，任何年龄，任何国家，都要不懈地努力，他们也绝不能例外。但是，无论如何，这些人是中国新一代的学人，前途是未可限量的。

我想把王小甫也归入这些学人中。我相信，他的这一部书就能够证明，我的做法是正确的。因此我怀着十分愉快的心情写了这一篇序。我原以为这篇序讲的都是书外的话，与本书关联不大。写完了以后，又觉得关联极大。究竟如何？请读者加以裁决。

1992 年 3 月 27 日

序二

张广达

小甫君的专著即将付梓，征序于我。我年龄稍长，与小甫有师生之缘，为其治学有成不胜欣喜，故愿借此机会就本书的学术旨趣补缀数语如次。

此书本为小甫的博士学位论文，1989年6月在北京大学季羡林教授主持下答辩通过。此后两年多的时间里，小甫又对其论文进行了许多修改、补充，于是形成现在的规模。本书纵论唐、吐蕃、大食于7世纪初大致同时崛起的历史大势，力图阐明7至9世纪这三方及突厥诸部在西域的势力消长和相互之间的作用与影响，这就为读者了解此后中亚突厥化和伊斯兰化的过程提供了一个全面而明晰的历史背景。这一段重要的历史实际上在国内外学术界长期缺乏综述。试检1988年苏联科学出版社出版的《古代和中古早期东突厥斯坦史纲》，1990年英国出版的《剑桥早期中亚史》，令人遗憾地看到其中仍然缺乏这方面的篇章，即可证实我们的这一看法不谬。近年来，日本的森安孝夫和美国的白桂思（Ch.I.Beckwith）各自出版了一部与本书课题相近的论著（即本书所引森安孝夫1984、白桂思1987），引起了学界的重视，但是，两人各有所侧重，似乎还不能说已完全填补了这段空白。

进行这项研究的主要困难在于，有关史料非常零碎、分散，而这些史料及其研究成果又涉及多种语言文字，利用起来十分不便。这方面的难度，从下面引用的美国印第安纳州立大学教授白桂思的叙述可见一斑："有可能，我忽略了这些阿拉伯文史书中的重要材料——特别是塔巴里（Ṭabarī）书和伊本·阿萨姆（Ibn A'tham）书——因为我发现，深究阿拉伯文原文的专有名词是不可能的。而且，我也没有时间去读上几千页阿拉伯文原著以求发现几份有用的、但却是先前没有注意的资料。"阿拉伯文献如此，何况对西方学者来说更加困难的、汗牛充栋的汉文史料。

作为导师，我深知本书作者惟日孜孜，无敢逸豫，研读史籍之同时，在语言准备方面也下了不少功夫。除了英语、俄语、日语这些能获取最新科研情报的工具外语之外，他还专门学习了诸如阿拉伯语、藏语这样一些处理课题所必需的专业语言。在对小甫的博士论文进行学术评议时，北京外国语学院阿拉伯语系教授纳忠写道："作者充分利用了阿拉伯文史料，特别是公元9世纪塔巴里的著作。他引用的史料都是经过考证的，不是有文必录。"在另一份评议书中，青海省社会科学院藏学研究所研究员兼所长陈庆英先生写道："作者专业基础扎实，研究能力强，通数种外语，并能阅读和利用古藏文文献，又熟悉新疆、西藏古代历史，对完成此项研究课题具有特殊的有利条件。"据我所知，小甫还学过维吾尔语，并随北京大学东语系塔吉克族进修班学过波斯语。虽然他学过的这些语言中有些有待深造，但作为一个历史学者，掌握这些语言撰写本书，诚如陈庆英先生所说，条件很有利了。

我了解，作者在撰写本书过程中，广泛利用了包括敦煌、吐鲁番出土的汉、藏文书在内的第一手资料，并从阿拉伯文史籍如塔巴里、白拉祖里（Balādhurī）等书以及《阿拉伯舆地丛书》（BGA）中做了大量摘译。读者可以看到，引用资料丰富，立论、立言有据是本书的突出特点之一。按照学界常常见到的一种做法，他辑出的资料加以笺证，本可随同本书出版，就是说，以本书为"研究篇"，辑出的史料为"史料篇"。看来，史料篇的出版只得俟诸异日了。

在研究过程中，作者还十分注意国内外学者的研究前缘状态和最新成果。本书反映出作者了解学术讯息。这样，他在进行实证研究中，就做到了既善于借鉴，又能发挥个人独立见解，并把一些见解提到一定的理论概括高度。这些见解即便得不到所有同行的同意，也是对推动学术发展的贡献，因为见解不同但又立言有据方能将课题的探讨引向深入。

小甫本人曾长期在新疆工作，到北大上学以后，又多次到天山山区、塔里木盆地缘边、青海高原及河西走廊进行学术考察。读者可以看到，将书本知识与实地考察相印证使作者对西北地理了如指掌。在中国西北史地研究中，徐松撰述《西域水道记》、陶葆廉撰述《辛卯侍行记》留下来的好传统，小甫正在努力继承。

我认为，本书作者的才具、学识、训练使他在许多问题上提出了值得注意的见解或对前人成说有所突破。例如，他论证了由"食盐之路"和"五俟斤路"连接而成的吐蕃早期通西域的"中道"，他对这条道路之启用的论述扩展了人们对古代青藏高原与外部交通的视野；他对吐蕃越葱岭进入西域之路的考证，展示了中国藏族在历史上分布的全新画面。他仔细研究了吐蕃人进入西域的主要路线，发现了一条与吐蕃在西域活动史有关的地理线索，从而为许多重要史料的断代、定性建立了较为可靠的参照系。这些考证有助于人们认识清代以来准噶尔与藏地的交通乃至今天现实生活中的新藏交通路线。他通过对汉、阿两种史料的认真比勘，否定了唐朝与大食曾在中亚对抗的种种说法，确认751年的"怛逻斯战役"只不过是双方的一次遭遇战。他通过对西域各种政治力量相互关系的动态研究，否定了长期流行的突厥人支持中亚绿洲各小国反抗大食入侵的说法，证实草原上的突厥人只是力图恢复其对南部绿洲的传统控制，因而多次与吐蕃连兵袭扰西域，成为唐朝和大食的共同敌人。可以说，由于本书的实实在在的论证，人们应当修改从前那种以为唐代西域史中占主导地位的土著力量一直就是突厥人的看法，代之以思考本书得出的结论：中亚绿洲的突厥化是以几大强权政治时代结束为前提的。

本书体例亦颇完备，附录（重点考证）、附表及参考文献目录对理解全书内容和进一步的研究工作都很有用。一个新人，一部新作，能有这么多新成就，确属难能可贵。这是一部开拓研究领域、填补学科空白的好书，读此等书实为生平快事。当然，如再附以索引，就更符合科学著述的要求。

最后，我希望小甫沿着已经开始的研究方向，大处着眼、小处着手，继续前进。比如，把本课题研究的断限下延到吐蕃帝国崩溃的9世纪中叶，将会使这项研究更加完善、更有意义。从9世纪起，唐朝不仅退出了西域，而且由于藩镇割据、党争宦祸而日益就衰，中国中古社会开始由前期向后期转变；漠北高原的回鹘帝国也于9世纪40年代被与葛逻禄结盟的邻人黠戛斯击溃，回鹘人举族西迁；大食帝国的东部疆域也已相对独立。从9世纪中叶起，亚洲大陆逐渐呈现出一个全新的历史格局。此外，本书现在是以政治史研究为主，有此基础，进一步再做文化史等方面的研究也就方便多了。小甫君见告，他已经在着手计划撰写一部"全方位"的《吐蕃对外关系史》，我清楚他的功底，深知他的勤奋，至盼扬长避短，新作早日问世。

1992年5月9日于巴黎

引 言

中国社会在经历了三国两晋南北朝（220—589）的长期地方分立（中间只有西晋统一了二十余年）之后，到隋朝（581—618）实现了统一。然而，在隋统一以前，突厥曾长期是北中国的太上皇。北齐（550—577）、北周（557—581）争相与突厥结好，"周人与之和亲，岁给缯絮锦彩十万段。突厥在长安者，衣锦食肉，常以千数。齐人亦畏其为寇，争厚赂之。佗钵（可汗，572—581）益骄，谓其下曰：'但使我在南两儿常孝，何忧于贫！'"[1] 隋用"远交近攻、离强合弱"之策，曾使突厥可汗俯首称臣。[2] 然而，隋朝毕竟祚短。隋末丧乱，"时中国人避乱者多入突厥，突厥强盛，东自契丹、室韦，西尽吐谷浑、高昌，诸国皆臣之，控弦百余万"[3]。隋末起事的各支队伍几乎都引突厥为援，包括李渊，到唐朝（618—907）初年还是如此。[4]

突厥霸权的存在与中国社会的统一，这就是迄至唐朝建立时亚洲政治生活中的两个最主要内容。

从7世纪中叶开始，亚洲大陆的政治格局发生了重大变化，这就是在传统的南北农牧分立局面中，加入了冲出沙漠的大食人和走出高原的吐蕃人，他们内部统一起来的原因尽管有很大不同，但都

---

[1]《通鉴》卷一七一，5314页。
[2] 参见《隋书·北狄传》。
[3]《通鉴》卷一八五，5792页。
[4] 参见《隋书·北狄传》，1876页；《通鉴》卷一八五至卷一八九，武德元年（618）至武德五年。

成了亚洲大陆上全新的、举足轻重的政治力量。从此，旧大陆政治地理的空白完全消失了，旧大陆的历史却因而增加了新的篇章。

有意思的是，唐、吐蕃、大食这三方，在当时说来，社会历史、文化截然不同，却几乎是同时开始向外经营的。629年，一支大食人的军队袭击了东罗马帝国的叙利亚南部地区，这被认为是伊斯兰教向外部世界进行征服的第一步[1]；630年，唐灭北突厥，置西伊州[2]；634年，吐蕃赞普弃宗弄赞（即松赞干布）遣使唐朝，638年入寇松州[3]。三方发动的时间相差最长不过十年。然而，三方却是在将近一个世纪的漫长时期中先后达到其对外发展顶峰的：大食在715年（屈底波·并波悉林远征拔汗那时遇害），唐朝在755年（安史之乱爆发），吐蕃在792年（攻陷西州）。产生这种现象的原因，值得历史研究工作者从各方面进行探讨，尤其是从各方自身社会结构和内部发展上去探究。我们这里想指出的是，正是唐、吐蕃、大食关系史构成了7世纪中叶迄8世纪末叶亚洲强权政治史的主要内容，正是它们的活动盛衰影响着这一百六十多年亚洲大陆的政治发展。这一时期正是中亚突厥化、伊斯兰化的前夕，也是我国多民族国家形成的重要阶段；这时候，今天属于中国的西部疆域及其毗连地区大都已处在中央政府的直接控制之下。

但是，这一段重要历史内容在国内外学界都缺乏系统的专门研究。近年，日本的森安孝夫（1984）和美国的Ch.I.Beckwith（白桂思1987）先后出版两部论著，由于引用文献各有局限，还不能说已填补了这段空白。可见，研究本课题既有学术意义，就探讨我国疆域形成史等内容来说，也有现实的政治意义。

唐、吐蕃、大食三方共同发生关系的地方在中亚（Central Asia），我国传统称之为"西域"，所以本书的研究主要涉及这一地区。

---

[1] 参见希提1979，171页。
[2] 参见《旧唐书·突厥传》上，5159页；《新唐书·突厥传》上，6035页。
[3] 参见两唐书《吐蕃传》上。

# 第一章 唐朝统治西域与吐蕃的介入

第一节 唐朝的西域统治

唐朝初期的西域经营

6世纪中叶，原来服属于柔然的突厥（Turks）部落兴起于金山之阳（阿尔泰山南面）。546年，突厥灭高车，尽降其部众。552年，突厥破柔然。567年左右，突厥与萨珊波斯共灭嚈哒（Hephthalites，西方称之为"白匈奴"）。于是，东起辽河上游，西至咸海，南自帕米尔山区，北抵贝加尔湖的广大地区，都落入了突厥草原帝国的控制之下。[1] 583年，突厥分为东、西两部。西突厥（583—657）最初与萨珊波斯以乌浒水（缚刍河，即Oxus，今阿姆河）为界。在从6世纪80年代到7世纪20年代的四十多年里，西突厥与东罗马帝国（The Roman Empire in the East 或 Byzantium, 395—1453）结盟，连年向波斯开战。到统叶护可汗（约619—628）时，西突厥的政治势力达到全盛，东以金山（阿尔泰山）为界与北突厥（即东突厥第一汗国，583—630）抗衡，西南抵末禄河（Merv-rūdh，今阿富汗木耳加布河）上游与波斯为界，南至印度河上游喀布尔河流域。《旧唐书·突厥传》下说统叶护可汗时，"其西域诸国王悉授颉利发，并遣

---

[1] 参见《周书·异域传》，909页。

吐屯一人监统之，督其征赋。西戎之盛，未之有也"[1]。可见，突厥草原帝国对被征服的绿洲地区实行的是一种间接控制而非直接占领的霸权主义统治，目的在于攫取经济利益。

然而，波斯和东罗马都在长期的战争中大大削弱了，这就为大食即阿拉伯人（Arabs）的兴起和扩张创造了条件。[2]

7世纪初，唐朝建立后不久，突厥草原帝国东、西二部也都相继由盛而衰。唐朝初期经营西域，就是从消灭突厥的霸权开始的，而且最终在东、西两面都取代了突厥的霸主地位。

唐朝在建立其西域统治的过程中，主要有以下活动与成就：

贞观四年（630），平北突厥，置西伊州。[3]贞观六年（632），去"西"字，称伊州（今新疆哈密）。

贞观十四年（640），平高昌，置西州（今新疆吐鲁番）、庭州（今新疆吉木萨尔）[4]；同年九月，"置安西都护府于交河城，留兵镇之"[5]。

贞观十八年（644），讨焉耆（今新疆焉耆）。[6]

贞观二十二年（648），平龟兹（今新疆库车）。[7]

永徽二年（651）十一月，因西突厥阿史那贺鲁之乱，将安西都

---

[1]《旧唐书》，5181页。
[2] 参见沙畹1934，220页。
[3]《新唐书·突厥传》上，6036页。
[4] 参张广达1988。
[5]《通鉴》卷一九五，6156页。
[6]《新唐书·焉耆传》，6229页；《通鉴》卷一九七，6212页。参郭平梁1982，185—186页。据《旧唐书·焉耆传》和《通鉴》卷一九七等记载来分析，《新唐书·地理志》七下说："焉耆都督府，贞观十八年灭焉耆置"（1134页），恐误。
[7] 参见两唐书《阿史那社尔传》《焉耆传》《龟兹传》；《通鉴》卷一九九。吐鲁番出土65TAM42：90（a）、91（a）号文书第6行："二人昆丘道征给复"（《吐文书》第六册，213页），肯定是指贞观二十二年讨龟兹的昆丘道行军。因为该文书第1行有"十八年请送妹入京未还"字样，唐代纪年有十八年的仅太宗贞观和玄宗开元二年，但该墓出土情况排除了开元年间的可能性。黄惠贤《变化》中提出的不同意见并不可取。目前学界多因袭《旧唐书·龟兹传》等正史记载，以为贞观二十二年唐平龟兹以后便移安西都护府于龟兹，且设四镇。此说误，详见王小甫1991（2），并参张广达1988，87页以下。

护府由交河迁高昌故都，命高昌王后裔麴智湛前往镇抚。[1]

显庆二年（657），平贺鲁；[2] 同年，诛龟兹大将羯猎颠及其部党，置龟兹都督府。次年五月，迁安西都护府于龟兹，以故安西为西州都督府。[3]

在平定贺鲁的过程中，唐朝已开始在被征服地区设置羁縻都督府、州，如永徽五年（654）闰五月以处月部落置金满州，隶轮台县[4]；显庆二年（657）春正月分葛逻禄谋落部置阴山都督府，炽俟部置大漠都督府。[5] 显庆二年平贺鲁，十二月乙丑下诏分西突厥地置昆陵、濛池二都护府，遣光禄卿卢承庆持节册命阿史那弥射为兴昔亡可汗、骠骑大将军行左卫大将军[6]、昆陵都护，押五咄陆部落；阿史那步真为继往绝可汗、骠骑大将军行右卫大将军、濛池都护，

---

[1] 参见《册府元龟》卷九九一，外臣部备御四；《旧唐书·高宗纪》上，69页。
[2] 有关记载以《新唐书·突厥传》下阿史那贺鲁传最为详细，但新、旧传所叙唐军进兵过程显然都有倒错。《通鉴》卷二〇〇没有两传叙述倒错的内容。请参松田寿男1987，409—421页；张广达1988，89页。新疆博尔塔拉至今俗称双河，为北疆草原著名的冬牧场。现转场路线须经哈萨克斯坦境内，1969年曾因此发生边民冲突。有人认为，唐代双河为今伊犁河谷喀什河与巩乃斯河汇合处的雅马渡（易漫白1982，203页），但我们没见到当地曾有此名的任何证据。也有人把双河比定在巴尔喀什湖南卡拉苏河上游（华涛1989，104页），但有关这一带的历史地位及其与周围地区的传统经济、文化联系（比如是否为冬牧场，与弓月城的关系等），看来却缺乏足够的论证。
[3] 参见《通鉴》卷二〇〇，6309页。
[4] 参见《通鉴》卷一九九，6285页；《新唐书·地理志》七下，1131页。州隶于县，显非正州，而是设在部落牧地的羁縻州。又，处月部落似未尽属金满州，故后来于显庆二年又有降于流沙道安抚大使者。
[5] 参见《通鉴》卷二〇〇，6301页。《新唐书·回鹘传》下附葛逻禄传说："显庆二年，以谋落部为阴山都督府，炽俟部为大漠都督府，踏实力部为玄池都督府。"（6143页）然据同书《地理志》七下咽面州都督府条下注："初，玄池、咽面为州，隶燕然；长安二年（702）为都督府，隶北庭。"（1131页）是玄池显庆二年非府，传误。
[6]《旧唐书·突厥传》下阿史那弥射为"兼右卫大将军"，与步真官职重复，据《通鉴》卷二〇〇当为左卫大将军。又，据旧传，步真"与弥射讨平贺鲁，加授骠骑大将军行右卫大将军"等（5189—5190页），新传作："以阿史那弥射为兴昔亡可汗，兼骠骑大将军……阿史那步真为继往绝可汗，兼骠骑大将军。"（6063页）按骠骑大将军为从一品散官，唐制散位谓之本品，不为兼（见《通鉴》卷二〇三，6413页胡注引唐《官品令》。"本品"一句亦见于日本仁井田陞所纂《唐令拾遗》官令第一，102页。但胡注所引其余大部分未被仁井田陞收入），当依旧传改为"授"。又左右卫大将军均为正三品职事官（《唐六典》卷二四），《贞观令》："职事高者为守，职事卑者为行，仍带散位。其欠一阶旧为兼，或带散官，或为守，参而用之。"（同前引胡注）按弥射既然散官为骠骑大将军从一品，其职事当比照步真为"行左卫大将军"，旧传说弥射"兼"，亦误。

第一章 唐朝统治西域与吐蕃的介入 5

押五弩失毕部落。并令弥射、步真与卢承庆一道将投降的西突厥诸姓按其部落大小、位望高下，节级授都督、刺史以下官。实际上，这道诏令的实施主要是显庆三年（658）的事，即是年五月安西都护府徙于龟兹以后的事。此后，唐朝又四次在西突厥故统辖地设置羁縻都督府、州等：

第一次在显庆三年（658）。据这年十一月将贺鲁俘到京师时所知的情况，已将贺鲁种落（即西突厥五咄陆部落）各置都督府，同时在其所役属诸国也分置州府，分属昆陵、濛池二都护府[1]，并隶安西都护府。史料中讲到这里往往都说：西尽于波斯，并隶安西都护府。其实这只能是就唐平贺鲁从而征服了西突厥这种大势来说的。因为，显庆三年乙毗咄陆可汗的儿子真珠叶护仍然据有吐火罗（Ṭukhāristān，今乌兹别克斯坦和塔吉克斯坦南部以及阿富汗东北部的阿姆河上游流域），该地区大部分还没置州县；有的地方虽在显庆三年设了都督府，到龙朔初才授其王都督。[2]总之，昆陵、濛池这两个羁縻都护府是专为分统西突厥十姓部落左、右厢而设置的。虽然弥射、步真均为西突厥始祖室点密可汗五世孙[3]，但所谓"兴昔亡可汗""继往绝可汗"都不是统一的西突厥十姓可汗，因而也不再具有从前那种役使绿洲诸国的霸主地位。显然，唐朝征服西突厥的目的之一就是要把对绿洲诸国的控制权牢牢掌握在自己手里。唐朝的这一意图，从其经营西域的进攻方向也可以看出来。在唐朝取得高昌、焉耆以后，646年西突厥乙毗射匮可汗（642—651）曾遣使向唐请婚，唐太宗即提出要他"割龟兹、于阗、疏勒、朱俱波、葱岭等五国为聘礼"[4]。其意图非常明显。因此，尽管后来西突厥余部

---

〔1〕《通鉴》卷二〇〇载："分其种落为六都督府。"（6310页）然而由乾陵蕃臣石像名单可知两羁縻都护府所辖绝不止此数，参陈国灿1987。
〔2〕参见《旧唐书·罽宾传》，5309页；《新唐书·吐火罗传》，6252页。参《册府元龟》卷九六六；《太平寰宇记》卷一八六，吐火罗国。
〔3〕参见《旧唐书·突厥传》下，5188页。
〔4〕同上书，5185页；《通鉴》卷一九八，6236页。

竭力想恢复其旧有势力，但唐朝绝不允许并全力制止这种企图。这便给吐蕃介入西域提供了契机。所以，迄今为止人们津津乐道的所谓唐朝支持突骑施在中亚同大食对抗[1]，不过是误解史料而产生的错觉，其实是根本不可能有的事。恰恰相反，我们将会看到，唐朝与大食计会连兵共破突骑施苏禄倒是事实（见本书第四章）。

第二次是在显庆四年（659）。这年三月，兴昔亡可汗阿史那弥射与真珠叶护战于双河，斩之。据《通鉴》卷二〇〇记载，同年九月，"诏以石、米、史、大安、小安、曹、拔汗那、悒怛、疏勒、朱驹半等国置州县府百二十七"。考虑到安西都护府已迁龟兹，于阗早已在唐朝的庇护之下[2]，我认为，本年疏勒（今新疆喀什）置州标志着著名的安西四镇正式设立。[3]唐初安西四镇主要是作为安西都护府的下一级派出机构，分片镇抚葱岭以东的南部绿洲地区，以取代西突厥对这里的传统控制。这一地区本来还有朱俱波（即朱驹半，今叶城）、渴盘陀（葱岭）等绿洲小国，唐朝仅置龟兹、于阗、焉耆、疏勒四镇，显然是重点设防、分片负责的战略。此外，在唐初军事上镇防与征行两套制度并存的情况下，边镇也不可能像盛唐时期那样大批驻军。《新唐书·百官志》四下说："每防人五百人为上镇，三百人为中镇，不及者为下镇。"唐初安西四镇各镇兵力状况大抵如此。据业师张广达教授研究，唐灭高昌以后，作为唐朝经营西域基地的西州，当地人力状况十分紧张。[4]了解这一点对于客观地认识唐初西域各种势力组合变化的原因十分重要。《唐六典》卷三〇都护副都护条："都护、副都护之职，掌抚慰诸蕃、辑宁外寇、觇

---

[1] 如薛宗正 1984，103—107 页；卢苇 1985，100—102 页。
[2] 唐平龟兹后，贞观二十三年（649）于阗王伏阇信即慑于兵威入朝，唐授右骁卫大将军，见两唐书《于阗传》。显庆四年（659），苏定方因都曼"击破于阗"而讨之，可见于阗仍在唐朝治下，见《通鉴》卷二〇〇，6319页。参荣新江 1991，29页。
[3] 旧说以为安西四镇初置在贞观二十二年（648）平龟兹后，误。参张广达 1988，87—89页；王小甫 1991（2）。
[4] 张广达 1988，89—91页。

候奸谲、征讨携离。"同卷又说:"镇将、镇副掌镇捍防守、总判镇事。"由此可见,唐初安西都护府与四镇的活动方式大致也与当时的各种征行相似,即主要靠兴发当地蕃兵蕃将来征讨携离。在这种情况下,一旦当地蕃人与其他势力连兵,安西四镇便岌岌可危,甚至不得不撤回西州。就在安西四镇设立的这年十一月左右,就有贺鲁部将阿悉结阙俟斤都曼[1]帅疏勒、朱俱波、渴盘陀三国反,击破于阗。有迹象显示,都曼进攻于阗很可能意在"南结吐蕃"(详见本章第四节)。同年,唐派苏定方讨平之。[2]

第三次是显庆五年(660),来济任庭州刺史,"请州所管诸蕃,奉敕皆为置州府,以其大首领为都督、刺史、司马,又置参将一人知表疏等事"[3]。这应该就是龙朔二年(662)于庭州置金山都护府的基础。[4]

第四次是龙朔元年(661)。是年,因吐火罗款塞及波斯王卑路斯请求(见本书第二章第二节),唐朝遣陇州南由县令王名远为吐火罗道置州县使,自于阗以西、波斯以东十六国分置都督府、州、县及军府,并隶安西都护府,仍于吐火罗国立碑以纪之。[5]

至此,唐朝以三十余年的努力,终于消灭了东、西两个突厥汗国,取代了其在亚洲内陆的霸权,建立起了自己对西域的统治。贞观四年(630)唐朝灭北突厥时,"四夷君长诣阙请上(指唐太宗。——引者)为天可汗,上曰:'我为大唐天子,又下行可汗事乎!'群臣及四夷皆称万岁。是后以玺书赐西北君长,皆称天可

---

[1] 参见《新唐书·高宗纪》,59 页;《通鉴》卷二〇二,6371—6372 页;《唐会要》卷一四,321 页。
[2] 参见《通鉴》卷二〇〇,6319 页。
[3] 《元和郡县图志》卷四〇,1033 页。据《旧唐书·来济传》:"显庆五年,徙庭州刺史。"(2743 页)
[4] 参见伊瀬仙太郎 1955,222—227 页。
[5] 参见两唐书《地理志》《波斯传》;《通典》卷一九三,吐火罗条;《唐会要》卷七三,安西都护府条;《通鉴》卷二〇〇,6324—6325 页;《法苑珠林》卷三八,444 页。诸书所载吐火罗道置州县数目不同,有关考证请参冯承钧《译丛七编》,62 页;岑仲勉 1958,139—141 页。

汗"[1]。这一事件意味着唐朝皇帝在新的统治秩序中的地位变化，标志着亚洲大陆上的一个新的政治时期的到来。日本学者谷川道雄就此评论说："于是，由于承认唐朝皇帝是北方各族的最高君长，各族与唐朝便结成了各种各样的直接关系。"[2]天可汗在西域的影响尤其深远，降至天宝年间还有这种称呼。[3]

唐朝在西域的统治形式

唐朝对西域的统治分为三种形式：

第一层是伊、西、庭三州的州县制，这里是唐朝经营西域的基地。能够说明这一点的是，最初几任安西都护[4]中至少有两人明确带有"使持节（督）西、伊、庭三州诸军事"的职衔。[5]伊、西、庭三州这种行政分职、军事合一的体制以后便一直保留下来。安西都护府迁龟兹以后，不久又在庭州设立金山都护府管理在贺鲁种落设置的羁縻府州。但是，作为唐朝经营西域的基地，伊、西、庭三州在军事上一直是一个整体，这一点是认识和理解唐朝西域各军政建置之间关系的关键。开元（713—741）年间设节度以后，在节度与都护分职时，伊、西、庭节度衙多半就驻在西州。

---

[1]《通鉴》卷一九三，6073页。
[2] 谷川道雄1987，208页。
[3] 如《册府元龟》卷九七七，天宝四载（745）曹国王哥逻仆遣使上表。
[4] 流行的说法认为，唐朝最初几任安西都护顺序为乔师望、郭孝恪、柴哲威、麴智湛（见柳洪亮1985，40—43页）。我认为，第一任安西都护应该是谢叔方。《旧唐书·谢叔方传》："历迁西、伊二州刺史，善绥边镇，胡戎爱而敬之，如事严父。贞观末，累加银青光禄大夫，历洪、广二州都督。永徽中卒。"（4873页）因为，安西都护府在西州时，都护领西州刺史是通例；乔师望任都护见于记载已是贞观十六年（642），此后几任都护任期连续直到显庆（656—661）初，所以，谢叔方任安西都护、西州刺史只能是贞观十六年以前的事。《新唐书·沈季诠传》说贞观中谢叔方已在洪州任上，然据《唐刺史考》卷一五七洪州条，"贞观中"在洪州任上的至少还有四人（1976年），故谢叔方任洪州仍以旧本传"贞观末"较确。据本传所记事迹并旧日《尉迟敬德传》《薛万彻传》等，推测谢叔方很可能是参加了贞观十四年（640）平高昌之役，战后即留任当地。
[5] 参见《唐刺史考》卷四五，436—437页；《册府元龟》卷三九八。

第二层是安西四镇的羁縻制。

根据各种史料的记载[1]，我们可以归纳出唐朝羁縻府州的以下性质：

1. 羁縻府州是为保证唐朝的永久安全和边疆地区的长期稳定而在边疆地区诸国、诸部设立的。它们必须执行唐朝法令，管理好本府州，互相之间不准随意攻伐侵掠。

2. 羁縻府州设都督、刺史、司马、参将等职官。都督、刺史这些长官都由本部首领担任，都是世袭职务；司马为通判官，参将负责表疏，均与保持同朝廷的关系和沟通有关。

3. 羁縻府州按规定都属边州都督或都护管领。

4. 羁縻府州有无版籍不定，即使有版籍，徭赋也比齐民百姓要轻；无版籍的多半是随地畜牧。

5. 羁縻府州往往采用当地或附近城镇、部落的名称。

确实，与大唐皇帝同时又是天可汗一样，羁縻制度下的部落酋长、小邦国王同时又是唐朝官吏。所以，谷川道雄认为：唐帝国表面上由都督府、州这样普遍的行政组织统一起来了，实际上内部并立着不同的两个世界，这是胡汉共存的统治方式。[2]然而，我们认为，唐朝胡汉并存的统治方式除了谷川所说的"两个世界"以外，在具体实践中还有一个介乎州县制与小邦国王间的过渡形式，这就是安西四镇。安西四镇才是胡汉并存的统治方式具体表现的地方。

如前所述，安西地区已经设立了羁縻州（到高宗上元年间又增置四镇都督府），唐朝又在这一地区设四镇镇抚，这就形成了一套胡汉结合、军政并行的统治制度。由唐朝的制度可以推知，仅次于都

---

[1] 参见《新唐书·地理志》七下，1119、1146 页；《旧唐书·地理志》三，1647 页；《旧唐书·突厥传》上，5161 页；《元和郡县图志》卷四〇，1033 页；《册府元龟》卷九六一，外臣部土风三。

[2] 参见谷川道雄1987，210—211 页。

护府的安西四镇当属于"上镇二十"[1]之列。一般说来，每镇应有防人五百。[2]镇有将一人，镇副二人，仓曹、兵曹参军事各一人；镇副下有录事一人，诸曹均有若干佐、史之类的流外官。镇以下有上、中、下戍，均有戍主，上戍有戍副一人。[3]但是，初唐四镇并非盛唐镇守军，安西尚无汉兵镇守，四镇组织未必十分健全。

四镇作为边镇，其功能在于"镇捍防守"[4]。然而，作为安西都护府的派出机构，其职能应与都护府一致，即"掌抚慰诸蕃、辑宁外寇、觇候奸谲、征讨携离"[5]。这些就决定了四镇与羁縻州以及后来设立的四镇都督府的关系：二者均隶属于安西都护府，但四镇还负有代表中央抚宁蕃人的责任。而且可以肯定，镇将和后来的镇守使一样，都是由汉人武将来担任的。[6]在必要和可能的情况下，镇将可以兴发蕃兵蕃将或协助他们作战。总的来说，唐朝以戍边机构镇守地方当始自初置安西四镇；但当时的安西四镇却只有防人而无镇军。由于有戍边机构镇守，就把安西都护府辖下的四镇地区同该府所辖其他地区区别开来，其他地区对唐朝来说基本上是鞭长莫及。[7]但由于当时四镇只有少量番上的防人[8]，本身不能胜任大规模作战而须倚赖后方基地支援[9]，因而形成了唐初与吐蕃在安西四镇反复争夺的局面。直到长寿元年（692）王孝杰复四镇后以汉兵

[1]《新唐书·百官志》四下，1320页。
[2] 同上书。关于"防人"与"镇人"的区别请参《唐律疏议》卷十六，镇所私放征人还条。
[3] 参见《新唐书·百官志》四下；《唐六典》卷三〇。
[4]《唐六典》卷三〇，镇将镇副条。《新唐书·百官志》四下将此句改为"捍防守御"，有失本意。
[5] 同上书，都护副都护条。
[6] 参见张广达1988，95页。
[7] 例如，汉文史籍对吐蕃陷四镇的情况都有明确的记载，相比之下，对大食攻葱岭以西诸国却很少提及。《旧唐书·大食传》在提到开元二年（714）大食来朝时只是笼统地说："其时西域康国、石国之类，皆臣属之。其境东西万里，东与突骑施相接焉。"（5316页）是时屈底波刚征服石国，看来唐朝亦才有所重视。
[8] 关于唐初府兵番上镇戍的制度，见《唐六典》卷五，兵部郎中员外郎条。关于唐初西域防人番上的情况，见《吐文书》第六册，546—558页；同书第七册，42—43、171—172页。
[9] 参见《吐文书》第七册，173—175页。

三万防守[1],这才增加了安西四镇的御敌能力,此后安西都护府未再迁动可为明证。[2]

第三层是安西四镇以外的其他羁縻府州。这些地方无汉将镇捍防守,与唐朝保持朝贡、册封等关系。这种关系的性质有如白寿彝先生所说,唐朝对他们"虽不能尽保护的责任,但如有胡国对于唐有所妨害,或'无藩臣礼'的时候,安西都护府是会代表唐政府执行讨伐责任的"[3]。

当然,以上三层统治形式所涉及的地域并非固定不变。早在唐德宗时期(780—805),苏冕编《唐会要》就发现:"咸亨元年(670)四月罢四镇是龟兹、于阗、焉耆、疏勒;至长寿元年(692)十一月复四镇是龟兹、于阗、疏勒、碎叶。两四镇不同,未知何故?"[4]至后晋刘昫修《(旧)唐书》,在《龟兹传》中说:"先是,太宗既破龟兹(即贞观二十二年事。——引者),移置安西都护府于其国城,以郭孝恪为都护,兼统于阗、疏勒、碎叶,谓之'四镇'。"[5]近人遂多以为四镇初置即有碎叶而无焉耆。其实,郭孝恪已在争夺龟兹时身殁[6],不可能在破龟兹后出任都护。1979年吐鲁番出土的《唐永徽五年(654)令狐氏墓志》等资料表明,贞观二十二年(648)破龟兹以后,安西都护府仍在西州活动,并没有移置龟兹。[7]据研究,《旧唐书·龟兹传》此段是在摘录神功元年(697)崔融《拔四镇议》的基础上加工而成的[8],其说不可凭信。就四镇而言,按照唐朝开始经营西域的意图——消灭并取代西突厥对葱岭以东绿洲诸国的控制,唐朝初置四镇只能有焉耆而不会有草原地区的

---

[1] 参见《旧唐书·龟兹传》,5304页;《通鉴》卷二一三,6773页。
[2] 参见张广达1988,92页。
[3] 白寿彝1983,84页。
[4] 《唐会要》卷七三,1326页。
[5] 《旧唐书·龟兹传》,5304页。
[6] 参见同上。
[7] 参见张广达1988,87—88页。
[8] 参见吴宗国1982,173页;并参本书附录叁。

碎叶。只是后来由于吐蕃的进入使得隔断二蕃（吐蕃和西突厥余部）成为唐朝的主要战略目标时，置镇碎叶才成为必要。

第二节 吐蕃的兴起

吐蕃兴起以前青藏高原与周边地区的联系

早在远古时期，我国的青藏高原就与周边地区存在着广泛的联系。1956年在青海省霍霍西里西南曲水河河岸，1964年在西藏自治区定日县东南苏热山南坡小河阶地，1976年在西藏自治区申扎县雄梅区珠洛河畔山麓，都发现了旧石器时代晚期的文化遗物。这里的椭圆形长边刮削器、长条形圆头刮削器和钝尖的尖状器等，在华北地区旧石器时代晚期的遗址中也屡有发现，表明当时青藏高原和华北地区可能有着一定的文化联系。[1]

1990年8—9月，首次进藏的中国社会科学院考古研究所西藏工作队与西藏自治区文物管理委员会联合组成考古队，对位于西藏拉萨市北郊5公里的曲贡村新石器时代文化遗址进行了第一次正式发掘。发掘面积五百多平方米，发现了一部分遗迹，出土了大量的文化遗物。发掘表明，新石器时代的曲贡人的经济生活，是以农业耕作为主，兼营畜养和渔猎。虽然农作物品种尚不清楚，但从出土大量收割器具和加工谷物的磨盘看，当时已有了大面积的谷物种植。大量兽骨和鱼骨及渔猎具的存在，说明畜养和渔猎也是生活资料的两个重要来源。曲贡村遗址是目前国内发掘的海拔最高的新石器时代遗址，比1978年发掘的昌都卡若遗址高出近600米。发掘者认为，曲贡村文化遗迹"表明拉萨河谷的开发史可以上溯到新石器时代甚至更早。藏族先民在那里创造了悠久的文化，有了比较发达的农耕文明，大体与内

---

[1] 参见《中国大百科全书·考古学卷》，401页。

地是同步发展的,看不出有明显的落后因素。这也表明西藏高原中心地带很早就有农耕部落繁衍生息,并不只限于猎牧一种文化遗存"[1]。

在曲贡村出土的新石器时代遗迹遗物中有两点值得特别注意:一是在打制石器上普遍涂抹红颜色的做法,另一个是在陶器上附塑的猴面装饰。在意大利藏学家杜齐(G.Tucci,1894—1984)刊布的藏族史前文化遗物中,有在拉萨出土的各种手制、轮制陶器,器形虽然不一,但都在"上面涂有闪闪发光的红色";还有在拉达克的列城出土的"一些陶罐上装饰着深红色的图案"[2]。据汉文史料记载,吐蕃"以赭涂面为好"[3]。赭就是一种红色颜料。由此可见,青藏高原的古代文化有一定的连续性。在藏族民间普遍流传有藏区最初由"神猴"与"岩魔女"相结合始有人类,称吐蕃为"猿猴"种系的说法。这种说法在文献上始见于 14 世纪成书的本教史《雍仲本教目录》(G.yung drung bon gyi bstan pa'i dkar chag)和佛教史书《红史》(Deb ther dmar po)等。[4]曲贡村遗址猴面附饰的发现,有可能将这一传说的起源追溯到史前时期。然而,这一发现的更重要意义还在于,在杜齐教授刊布的藏族史前文化遗物中也有两尊猴像,他指出:"在极为广阔的区域,甚至在遥远的米努辛斯克都发现了猕猴像这一主题。"[5]米努辛斯克盆地在俄国南西伯利亚地区。据该国考古学家吉谢列夫(С. В. Киселёв,1905—1962)的权威研究,那里的文化从青铜时代后期(约前第二个千年中)开始便受到中国北方商殷文化发展的影响。[6]杜齐教授说:"根据所有这些资料,我们可以这样认为:在西藏存在着一种从新石器传统发展起来的巨石原始文化。这一文化沿着两条路线传播。一条通过库库诺尔(即青海。——

---

[1]《西藏拉萨市曲贡村新石器时代遗址第一次发掘简报》,881 转 891 页。
[2] 杜齐 1987,15 页。
[3]《新唐书·吐蕃传》上,6072 页。
[4] 参见《藏族简史》,11—12 页。
[5] 同上引杜齐 1987,9 页。
[6] 参见吉谢列夫(上册),53、57—58、70—72、86—89、140 页;同书(下册)47、66、68—70 页。

引者）地区的欧亚大平原通道进入西藏中部，或许一直延伸到后藏。另一条进入克什米尔和毕底（Spyi ti）。现有的可用资料还不足以证实这一结论。"[1]他的谨慎态度是对的。因为，就断代来说，卡若文化的年代在距今5500—4700年之间，曲贡遗存的年代目前估计相当于卡若文化晚期或再晚些，但无论绝对年代还是发展阶段都明显早于上述米努辛斯克盆地诸文化。所以，即使真的存在杜齐教授所说的文化传播路线，其中进行的文化传播方向可能也要比他设想的复杂得多。

1990年9月，在拉萨北郊曲贡村还发掘了一处石室墓地，共发现清理了二十余座墓和六处祭祀石台。发掘者认为，曲贡村石室墓地的年代上限相对晚于新石器时代晚期，下限在吐蕃初期，约公元六七世纪。[2]在该墓地Ⅱ区203号墓出土的一枚铁柄铜镜特别引人注目，发掘者怀疑其或为南亚次大陆某种古代文化的交流品。[3]一般认为，世界古代铜镜大体上可分为两大系统：西亚、埃及、希腊、罗马的铜镜，往往为圆形，附有较长的柄；中国的铜镜多为圆形，镜背中央设钮以穿绦带，没有柄，到了唐宋时代才出现有柄的铜镜。[4]考虑到上古时期欧亚大陆各地区间陆路交通远胜于海路交通的情况，不能排除曲贡村石室墓出土的铁柄铜镜是直接来自葱岭以西的文化交流品的可能性。另外，我认为我们不宜对古代青藏高原与南亚次大陆的文化联系估计过高。一个重要的史实是，佛教于公元前6世纪创于北印度，到公元前后已经西域传到内地[5]，但却到吐蕃兴起以后才于公元7世纪传入西藏[6]，这时印度佛教已经开始

---

[1] 杜齐 1987，19—20页。
[2] 参见《西藏拉萨市曲贡村石室墓发掘简报》，931页。
[3] 同上。
[4] 参见《中国大百科全书·考古学卷》，529页。
[5] 参见季羡林1990；汤用彤1983，31—34页。
[6] 参见王森1987，2页以下。

衰落了。[1]

直到吐蕃兴起以前的青藏高原与葱岭以西的文化交流，目前国内外藏学界谈论最多的莫过于古老本教的起源问题。与此有关的内容主要是两点，即西藏本教传自其祖师先饶米沃（Gshen rab mi bo）的诞生地 Stag gzig[2]，以及本教中渗入了祆教等因素问题。[3] Stag gzig 在藏文文献中多半是指西藏西方或西北方广大地区[4]，国内常有人将其直接译为汉文"大食"一词，未必妥当。汉文史料中的"大食"通常指的是公元 7 世纪初叶兴起的阿拉伯帝国，与本教发展的历史不合。考虑到汉文"大食"一名实际上来自波斯人对邻近的阿拉伯部落的称呼 Tāzīk，而且早在 8 世纪上半叶的古突厥文碑铭中就被用来泛指信仰伊斯兰教的波斯人（Tajik）[5]；本教的某些教义明显受到波斯国教——祆教的影响，由于 7 世纪中叶波斯已亡于大食，而传世本教经典多为本教"后弘期"（11 世纪以后）的产物，有可能将后来的知识掺入从前的历史[6]，所以我认为本教史上的 Stag gzig，十有八九是指波斯[7]而不是阿拉伯。

本教在宇宙的起源、世界的构成等基本教义方面都受到了祆教的影响。本教认为：在那混沌之初、鸿蒙未判之时，有一位南喀东丹却松大帝，他拥有五种本原的基质，赤杰曲巴（又名恩卓杰波）祖师从他那儿把它们收集起来，放入他的体内，轻轻地"哈"了一声，于是便起了风。当风如光轮般飞快旋转时就产生了火。风吹得越猛，火烧得越旺。火的炽热和风的凉气产生了露珠。露珠上聚集着微粒。这些微粒随即被风吹动，刮在空中到处乱飞，从而积少成

---

[1] 参见吕徵 1982，218 页。
[2] 参见《本教发展概况》，65—66、68 页；噶尔美 1975，171—176 页；石泰安 1985，246 页。
[3] 参见噶尔美 1975，194—195 页；石泰安 1985，259—260 页；杜齐 1989，265 页以下。
[4] 朵桑旦贝尖参在《世界地理概说》中认为 Stag gzig 是"瞻部洲西北方向所有的地区"（才让太 1985，99 页所引）。参麦克唐纳夫人 1987；冯承钧《译丛三编》，84 页以下。
[5] 参见《中国大百科全书·中国历史卷》隋唐五代史分册，130 页。
[6] 参见噶尔美 1975，187 页以下。参克瓦尔耐 1989，124—126 页；格勒、祝启源，132 页。
[7] 参见噶尔美 1975，174 等页；才让太 1985，99 页；石泰安 1985，48 页。

多，堆积如山。世界就是这样被赤杰曲巴祖师创造出来的。五种本原的精华则产生出一个光明的卵和一个黑暗的卵。光卵是立方体，像一头牦牛那么大。黑卵呈角锥形，有一头公牛般大小。祖师用一个光轮打破光卵。在轮和卵的撞击中产生的火花，散向空中形成了众托塞神（众散射神），向下照射的光线形成了众达塞神（众箭神）。从卵的中心现出了斯巴桑波奔赤——一个长青绿色头发的白人，他就是现实世界的国王。格巴墨本那波（他与赤杰曲巴祖师作对）使黑卵在黑暗的王国爆炸，黑光上升，产生了无知和困惑，黑光向下，产生了迟钝和疯狂。从黑卵中心跳出来一个黑漆透光的人，他叫作闷巴塞登那波，是幽冥世界的国王。这两个国王分别是众神与群魔的始祖。[1] 在本教的这些教义中，我们看到了对天宇（空间，即南喀东丹却松[2]）、对本原物质、对大气·风·光与火的崇拜，这些也是祆教教义的基本内容。[3] 当然，从祆教到本教，宗教本身已经发生了巨大的变化，神和恶魔的数量及作用也几乎完全不同。但是可以肯定本教是受波斯宗教特有的二元论[4]影响的。如上所述，赤杰曲巴与墨本那波、光明与黑暗、白与黑、善与恶、众神与群魔、现实世界与幽冥世界、创造与毁灭这些二重性构成了本教教义的基本内容之一。

应当肯定，本教最早还是产生于青藏高原本土，它的许多仪轨实际上属于原始的萨满教内容。[5] 因此，本教只是在发展到一定阶段以后才开始受到祆教影响的，所谓先饶米沃生于 Stag gzig 和本教传自 Stag gzig 的说法部分反映了本教发展的这段历史。很可能，先饶米沃就是把祆教因素带进本教从而使青藏高原上这一古老宗教

---

[1] 参见噶尔美 1975，191—192 页。
[2] 同上，194 页。
[3] 参见托卡列夫 1988，373—374 页。
[4] 同上，374—376 页。
[5] 参见霍夫曼 1965，2—3 页；杜齐 1989，265 页；石泰安 1985，245—246 页；谢继胜 1988。

开始系统化的主要人物。从现在研究的情况来看，本教历史上的这一重大变化应当发生在土观《宗教源流》所谓的"恰本"（'khyar bon）时期[1]，尤其是吐蕃王朝（629—846）[2]建立前后。德国藏学家霍夫曼（H. Hoffmann，1912—1992）说："西藏人还保存了一种传说，在松赞前五代，拉陀陀日王时代，当时还是统治着雅隆一带的一个小国，就从天上降下了百拜忏悔经、佛塔、佛像等。但这仅仅是一种传说，很可能是接受了一个本教的传说，因为本教的传统是一切都来自天上，对天非常崇敬。"[3]藏族本教学者噶尔美认为："也许公元7世纪本教已在采纳外来因素。"[4]这表明，祆教传到青藏高原与它传入中原内地和北方草原差不多同时，即应在波斯萨珊王朝（226—651）定其为国教以后。[5]

总之，青藏高原从来就不是"孤立隔绝的政治单元"，它不仅自古以来就同祖国内地保持着密切联系，而且同祖国其他地区一道在一个共同的地域内和大致相同的方向上发展，共同创造着中国的历史。

吐蕃先民与早期历史概况

7世纪初叶，在西藏高原以逻些（今拉萨）为中心兴起了一个强大的政权，汉文史籍称之为"吐蕃"。

"蕃"是藏语 bod 的译音，本为藏族的自称。今天藏族人仍自称 bod pa，意思是住在藏区之人。有人认为，"蕃"这个名称可能来源于古代藏族所普遍信仰的本教（bon），bod、bon 两字的写法在古藏文中可以互通。关于"吐蕃"一词的含义，学界有多种解释，有的

---

[1] 参见石泰安 1985，242 页；格勒、祝启源，128—130 页。
[2] 关于吐蕃王朝的起止年代，本书据《中国大百科全书·中国历史卷》隋唐五代史分册，吐蕃条。
[3] 霍夫曼 1965，20—21 页。
[4] 噶尔美 1975，182 页。
[5] 参见王小甫 1990（1），352 页以下；饶宗颐 1982，479—481 页。

认为是藏语 Bod chen po "大蕃"的音意合译，有的认为是藏语 Stod bod "上蕃，西蕃"[1]，但均未成定谳。[2]吐蕃一名也出现在公元8世纪上半叶镌成的和硕－柴达木古突厥文碑铭上，读作 Tüpüt。[3]Tüp 一词在古突厥语中有"宗教"之意，因而有人认为，在突厥语言和突厥语文献中专称藏族或西藏地区的 Tüpüt 一语，很可能是突厥语 Tüp 和藏语 bod 的合称，译成汉语意为"蕃部，蕃部众"。[4]不过，阿拉伯史家塔巴里（Ṭabarī, 839—923）的巨著《年代记》早在记述公元704年发生在中亚怛蜜（Tirmidh）的一场战事中就提到有吐蕃人参加，写作 al-Tubbat。[5]从前人们以为，阿拉伯人中以商人苏莱曼的《中国印度见闻录》提到吐蕃（Tibat）为最早，该书编成于851年。[6]实际上，塔巴里《年代记》主要搜集阿拉伯人向东方扩张时各参战部落的见闻，其资料断代应当更早。流行的说法认为，西方人今天对我国西藏的称呼 Tibet 就是传自阿拉伯人。但是，《阙特勤碑》东面第4行记载当时参加吊唁活动的既有吐蕃人，也有拂菻（Purum，即东罗马）[7]人，因而不排除西方人有关于吐蕃的直接消息来源的可能。

《新唐书·吐蕃传》追述吐蕃祖先的起源时说："吐蕃本西羌属，盖百有五十种，散处河、湟、江、岷间；有发羌、唐旄等，然未始与中国通。居析支水西。祖曰鹘提勃悉野，健武多智，稍并诸羌，据其地。蕃、发声近，故其子孙曰吐蕃，而姓勃窣野。"一般认为，汉文古籍中的"西羌"泛指当时居于我国西部青藏高原上的各

---

[1] 敦煌本古藏文历史文书中常以 Stod phyogs "上部"指西部，参白桂思1987，203页以下，附录二《古藏文史料之"西域"考》。
[2] 参见安才旦1988。最近国外还有人撰文探讨这个问题，见巴赞／哈密屯1991。
[3] 参见特勤1968，232、243、264页。在蒙古高原发现的古突厥文碑铭通常称为"鄂尔浑碑铭"，其中的《阙特勤碑》（建于732年）和《毗伽可汗碑》（建于735年）均发现于和硕－柴达木湖畔，学界又统称为"和硕－柴达木碑铭"。
[4] 参见安瓦尔1982，124页；安才旦1988，134—141页。
[5] 参见塔巴里《年代记》卷2，1153页。
[6] 参见《中国印度见闻录》，11页。
[7] 参见特勤1968，243、264页。

部族，其语言大多属藏缅语族藏语支（包括羌语）和彝语支。[1]西羌既有一百五十余种，可见绝非确指一部，不应与今天的羌族同日而语。发羌之名，最早见于《后汉书·西羌传》：东汉和帝永元十三年（101），金城太守侯霸以诸郡兵及羌、胡人马破迷唐羌，"迷唐遂弱，其种众不满千人，远逾赐支河首，依发羌居"。赐支即析支。[2]应劭《风俗通义》："河首积石，南枕析支"，意思是河首积石在析支之北。然而，自唐章怀太子李贤注《后汉书》，于《桓帝纪》下误以唐鄯州龙支县（今青海民和、化隆间）南之唐述山（今拉脊岭，即小积石山）[3]为《禹贡》之积石；仪凤二年（677）唐置积石军于廓州西南一百二十里（或作百八十里）之浇河城（今青海贵德县）[4]，世人遂有以析支即今青海贵德一带之说[5]，乃至有将青海兴海县大河坝河确指为析支河的。[6]章怀之误，已经王先谦等人辨正。[7]清末地理学家杨守敬（1839—1915）认为："盖西羌依析支而居，在今大雪山东南折北之处，故云河曲羌。当为今乌兰莽奈多浑岭东南境。"[8]此处大雪山即指今青海阿尼玛卿山（大积石山）。查清代之乌兰莽奈多浑岭当即今甘、青、川交界之峨代山、欧木山一带[9]，故赐支或析支应在今青海省久治县和四川省阿坝县一带。据《后汉书·西羌传》记载：秦献公（前384—前362）时，有羌酋卬"畏秦之威，将其种人附落而南，出赐支河曲西数千里，与众羌绝远，不复交通。其后子孙分别，各自为种，任随所之。或为牦牛种，越巂羌是也"；同传又说："发羌、唐旄等绝远，未尝往来"，这些与《新唐书·吐蕃传》

---

[1] 参见向达《南诏史略论》，向达1979，155页以下。
[2] 参见《水经注疏》，124页，熊会贞按语。
[3] 参见《后汉书集解》，126页；《水经注疏》，138—140页。
[4] 参见《元和郡县图志》，994页。
[5] 参见《水经注疏》，124页。
[6] 参见黄奋生、吴均，前言5页。
[7] 参见《后汉书集解》，126页；《水经注疏》，138—140页。
[8] 《水经注疏》，124页。
[9] 请比较：《中国历史地图集》第八册，25—26页；《甘肃省地图集》，58页。

的记载是一致的。换言之，尽管《后汉书·西羌传》关于发羌起源的传说未必可信，但发羌的居地在今青海西南和西藏地区却是可以肯定的，因而他们作为藏族的先民也是无可怀疑的。

敦煌本吐蕃历史文书《赞普世系表》所记吐蕃早期王统始自聂墀赞普（Khri nyag khri btsan po 或 Lde nyag khri btsan po），说他是天神之子，降临雅砻地方，来作"吐蕃六牦牛部之主宰"（bod ka gyag drug gi rjer）。[1] 因此，出自发羌的牦牛部很可能就是吐蕃的先民。[2] 鹘提勃悉野，据《通典》卷一九〇吐蕃条、《旧唐书·吐蕃传》，当作鹘提悉补（勃）野。敦煌本吐蕃历史文书《赞普传记》在记述松赞干布祖、父辈的统一活动时多次提到了"赞普悉补野氏"（btsan po spu rgyal）[3]；《长庆唐蕃会盟碑》背面第5行称赞普为"圣神赞普鹘提悉补野"（'phrul gyi lha btsan po'o lde spu rgyal）[4]，这些都证实了汉文史料的记载，即悉补野是吐蕃赞普王族的部落。研究者认为，雅砻的悉补野部本为吐蕃六牦牛部之一，从聂墀赞普开始，悉补野部落的首领同时成了六牦牛部组成的部落联盟的首领，所以"鹘提悉补野"在古藏文史料中又作"悉补野吐蕃"（Spu rgyal bod）。[5] 而且，据藏史记载，在"悉补野吐蕃"统治时，开始出现了地域名称"蕃域索卡"（Bod yul sogs ka）。[6] 这是否属于某种按地域划分居民的现象，现在还很难判断。但是，汉、藏史料的有关记载相得益彰，毕竟使人们对吐蕃先祖的历史有了比较可信的认识，尽管这些认识还很不完善。

藏史记载的吐蕃早期王统从聂墀赞普传至松赞干布共33代。[7]

---

[1] 参见《敦煌本吐蕃历史文书》，97、162页。
[2] 参见《藏族简史》，12—13页；王忠1958，1页。
[3] 参见《敦煌本吐蕃历史文书》，129页以下。
[4] 《吐蕃金石录》，30页。
[5] 《藏族简史》，16页。
[6] 同上注引《雍仲本教目录》。
[7] 参见《敦煌本吐蕃历史文书》，162—163、273—274页。有关最新研究，参见拙文《文化整合与吐蕃崛兴》，收入高翔主编《〈历史研究〉六十年论文选编》，中国社会科学出版社，2014年，447—471页。

吐蕃王朝的发祥地在今西藏山南地区雅砻河流域的泽当、穷结一带。直到吐蕃后期，藏王墓仍建在穷结，现存陵墓还有八座。[1] 这一地区农牧兼宜，有利于发展。到公元 6 世纪时，吐蕃已由部落联盟发展成为奴隶制政权，君王称赞普（btsan po）[2]，辅臣称大论（blon chen）、小论（blon chung）。到松赞干布的祖父达布聂塞（Stag bu snya gzigs）和父亲朗日论赞（Nam ri srong btsan）两代时，已逐渐将势力扩展到了拉萨河流域。[3]

松赞干布——吐蕃王朝创立者的业绩

吐蕃王朝的创立者在敦煌所出古藏文历史文书和汉文史籍中称弃宗弄赞（khri srong rtsan，？—650），在传世藏文史籍中均称之为松赞干布（srong btsan sgam po）。据敦煌本吐蕃历史文书《赞普传记》八说："吐蕃古昔并无文字，乃于此王之时出现也。吐蕃典籍律例诏册，论、相品级官阶，权势大小，职位高低，为善者予以奖赏，作恶者予以惩治，农田耦耕一天之亩数，牧场一件皮褐所需之皮张，食货之均衡流动，乃至升、合、斤等一切量度，举凡吐蕃之一切纯良风俗，贤明政事，均为此弃宗弄赞王者之时出现也。一切民庶感此王之恩德，乃上尊号曰'松赞干布'。"[4] 其意为严正沉毅。[5] 弃宗弄赞是有事迹能够明确断代的第一位吐蕃赞普。如果说弃宗弄赞以前由于各赞普事迹缺乏具体年代而只能视为吐蕃先史时代的话，那么从弃宗弄赞起，我们就进入了吐蕃有案可查的历史时代。各种史料向我们提供了事件发生的具体时间，尤其是敦煌本吐蕃历史文书

---

[1] 参见《中国大百科全书·考古学卷》，638 页，藏王墓条。
[2] 参见陈庆英 1982，53—54 页。
[3] 参见王辅仁、索文清，8—13 页。日本学者山口瑞凤对吐蕃王朝以前及吐蕃王朝成立的历史进行了不厌其烦的考证，参山口瑞凤 1983，第一、二篇，9—504 页。
[4] 《敦煌本吐蕃历史文书》，150 页。
[5] 参见《格西辞典》，183、926 页。

《大事纪年》，记载年代明确，并且得到了汉文史籍、晚期藏文典籍及其他来源史料的多方印证。我们注意到，《大事纪年》的记载就是从弃宗弄赞的事迹开始的。这是本书进行研究的前提和基础。

629年，弃宗弄赞继位为赞普[1]，此后不久，就把政治中心从山南迁到了逻些（今拉萨）。逻些位于雅鲁藏布江北面支流畿曲（拉萨河下游）谷地，气候宜人、物产丰富，在地理形势和自然条件方面都更有利于吐蕃社会的发展。弃宗弄赞在这里推广灌溉农业，开拓荒地，划分良田牧场，推进农、牧业分工，发展冶铁、造兵器、硝皮等手工业。随着生产力的发展和军事实力的增长，在吐蕃王朝成立前后，弃宗弄赞逐步兼并了苏毗、羊同等部，使它们成为吐蕃属部，并用传统的盟誓方法与之确定领属关系，从而结束了西藏高原分散落后的局面。633年左右，弃宗弄赞在大臣禄东赞的协助下，正式在逻些建立起奴隶制的吐蕃王朝。[2]

吐蕃王朝的建立促进了统一的发展，并为发展与青藏高原外部的联系创造了条件。我国藏族学者多杰才旦指出："公元7世纪初，藏族具有远见卓识的伟大领袖松赞干布统一青藏高原各邦后，为了民族的进步和繁荣，实行向天下四方开放的政策，特别是吸收唐朝，以及西域、中亚、南亚等的先进文明，促进了藏民族的发展，这是（西藏）历史上的第一次重大转折。"[3]敦煌所出古藏文《大事纪年》一开头就特别记载了吐蕃王朝创建者的这些业绩："……赞蒙（btsan mo'王后'）文成公主由噶尔·东赞域宋（Mgar stong rtsan yul zung）迎至吐蕃之地；杀泥婆罗之宇那孤地（Yu sna kug ti），立那日巴巴（Na ri ba ba）为王。……此后三年，弃宗弄赞赞普之世，灭李聂秀（Li snya shur），将一切羊同（Zhang zhung）部落均收于

---

[1] 关于弃宗弄赞的生年和继位年代有多种说法。本书取多数藏史的说法，参《中国大百科全书·中国历史卷》隋唐五代史分册，325页。
[2] 参见王辅仁、索文清，15页。
[3] 多杰才旦1991，17页。

治下,列为编氓。此后六年,弃宗弄赞赞普登遐,与赞蒙文成公主同居三年耳。"[1]

据两唐书《吐蕃传》记载,贞观八年(634),弃宗弄赞首先遣使唐朝通好,唐朝即派使臣冯德遐入蕃回访。这是汉藏两族发生直接关系并见于正式记载之始。弃宗弄赞因此得知突厥、吐谷浑都曾娶汉地公主,于是派专使携礼品随冯德遐入朝求婚。后因请婚受阻,遂于638年发兵掠吐谷浑青海以南民畜,吞并党项、白兰,兵逼唐朝松州(今四川松潘)。弄赞后在唐军反击下退兵,仍坚持求婚,唐朝终于同意了他的请求。640年,弄赞派大论禄东赞入唐下聘。禄东赞,《新唐书》作"薛禄东赞"[2],据《旧唐书》当作"婁禄东赞"[3],即古藏文《大事纪年》中的噶尔·东赞域宋。641年,唐遣嫁宗室女文成公主至吐蕃,弄赞率迎亲队伍到柏海(今青海扎陵湖、鄂陵湖)驻扎,并亲自到河源王之国(今青海共和)迎接成亲回逻些。

泥婆罗即今尼泊尔王国之地。弃宗弄赞在迎娶文成公主前,已娶有泥婆罗国王光胄(鸯输伐摩,Aṃśuvarman)之女毗俱胝(Bhrikuti)为妻,藏籍称为墀尊(Khri btsun)公主。[4]《旧唐书·泥婆罗传》:"那陵提婆之父,为其叔父所篡,那陵提婆逃难于外,吐蕃因而纳焉,克复其位,遂羁属吐蕃。"[5]研究者认为,《大事纪年》中的泥婆罗王宇那孤地就是篡位者,那日巴巴就是汉籍中的那陵提婆。[6]对勘汉、藏史料,可知泥婆罗在641年已成为吐蕃藩属。这一点非常重要。吐蕃后来在北印度发展势力乃至向中亚活动都可能利用这条通道。648(一说646)年唐遣王玄策使中天竺,适逢该国

---

[1]《敦煌本吐蕃历史文书》,15、101页。本书以下引《大事纪年》除特别注明外均据此本。
[2] 王忠1958,30页。
[3]《旧唐书》,5222页。
[4] 参见《藏族简史》,26页。
[5]《旧唐书》,5290页。
[6] 参见《敦煌本吐蕃历史文书》,204页。

内乱,吐蕃即发精兵会同泥婆罗骑兵及章求拔(今锡金[1])兵助玄策平乱,取其都城,擒其篡位者俘献京师。[2]

藏文 Zhang zhung 亦译象雄、香雄[3]、祥雄[4],我们同意将 Zhang zhung 比定为汉文史籍中的"羊同"[5]。藏文史籍《贤者喜宴》(*Mkhas Pa'i dga'ston*)中的 Zhang zhung stod "上香雄"[6]相当于大羊同,Zhang zhung smad "下香雄"相当于小羊同[7]。羊同的地理位置大致在今阿里地区和拉达克一带(详细考证见下节)。据敦煌本吐蕃历史文书《赞普传记》可知,羊同早在弃宗弄赞父亲在世时已与吐蕃联姻结好,成为吐蕃外戚。[8]638年左右,吐蕃因向唐请婚受阻于吐谷浑,便与羊同连兵共击之。[9]然而双方其实貌合神离,在作为羊同王妃的吐蕃公主响应下,弄赞发兵征服羊同,将其并入吐蕃。[10]据前引《大事纪年》推算,此事当在644年左右。尽管羊同在此后相当长一段时期内仍叛服无常[11],但吐蕃征服了羊同,就开辟了直接进入唐朝西域的第一条通道。

第三节 吐蕃最初进入西域之路

据《册府元龟》卷四四九:龙朔二年(662)十二月,飑海道行军总管苏海政受诏讨疏勒及龟兹,"海政军回至疏勒之南,弓月

---

[1] 参见佐藤长1978,179—182页;山口瑞凤1983,889页注25、26。
[2] 参见两唐书《吐蕃传》《泥婆罗传》《天竺传》;《新唐书·章求拔传》;烈维《王玄策使印度记》;冯承钧《译丛七编》,2页;冯承钧《王玄策事辑》;冯承钧《论著汇辑》,104页;《中国大百科全书·中国历史卷》隋唐五代史分册,400页,王玄策条。
[3] 参见黄译(二),9页。
[4] 参见《藏汉大辞典》,2373页。
[5] 王忠1958,28页;《敦煌本吐蕃历史文书》,205页;白桂思1987,25页。
[6] 参见佐藤长1978,179—182页;山口瑞凤1983,889页注25、26。
[7] 参见山口瑞凤1983,237页。
[8] 参见《敦煌本吐蕃历史文书》,139页。
[9] 参见《旧唐书》,5221页;王忠1958,28页。
[10] 参见《敦煌本吐蕃历史文书》,145—148页。
[11] 参见王忠1958,26—27页。

又引吐蕃之众来拒官军，海政以师老，不敢战，遂以军资赂吐蕃，约和而还"。这是文献中有关吐蕃进入西域的最早的确切记载。我们由这条记载可以看到，吐蕃初入西域，就已经到了疏勒之南。那么，吐蕃是走哪一条道路进入西域到"疏勒之南"的呢？迄今为止，研究者多以为吐蕃一开始就是西经勃律（Palür/Bolor）绕道葱岭进入西域的。[1]勃律即藏文史料中的 Bru zha，历史上指今巴勒提斯坦（Baltistan，即汉文史料中的大勃律）和吉尔吉特（Gilgit，即小勃律）地区。实际上，我们见到的许多史实表明，吐蕃最初还是越于阗南山（昆仑山和喀喇昆仑山）进入西域的。后来因为长寿元年（692）王孝杰克复四镇并在于阗地区驻以重兵（见本书第三章第一节），吐蕃才被迫向西开辟新的进入西域之路。

西藏通新疆的主要路线

中国的地势大体上分成三级巨大的台阶，青藏高原是最高的一级，也是亚洲乃至世界的最高地区。[2]地理学家徐近之先生曾形象地说："从小比例尺的地图上看，亚洲最高部分的轮廓有些像无脚无尾的鸵鸟：头部在帕米尔高原，嘴部是兴都库什山，尽管全区的最高点不在头部地区，然而世界第二高峰乔戈里（8611米）是在颈部上；构成颈部的骨干是崇高的并有很多大冰川的喀喇昆仑山，1815年厄尔芬士统（M.Elphinstone）已指明它是印度河与新疆西南部诸河的分水岭。[3]昆仑山、阿尔金山和祁连山相当于鸵鸟的脊背线，而全球最大的喜马拉雅山成了它的腹部线；在它的中部有世界第一高峰珠穆朗玛（8848米），早在18世纪初叶便由我国派人测定，绘

---

[1] 参见森安孝夫1984，8—9页；白桂思1987，30页。关于地名的比定，请参森安孝夫1984，61页，注21；白桂思1987，30页，注97。
[2] 参见《青藏高原科学考察丛书》序。
[3] 参见厄尔芬士统1815。

在版图上了。至于康南滇北的横断山，仿佛是鸵鸟下垂的尾端。"[1]概括说来，青藏高原的宏观地貌格局是，边缘高山环绕、峡谷深切，内部由辽阔的高原、高耸的山脉、散布的湖盆、宽广的盆地等大的地貌单元排列组合而成。[2]

西藏的北部，冈底斯山、念青唐古拉山以北和昆仑山以南的广大地区，藏语称之为"羌塘"（Byang thang），意为北方的旷野（Byang phyogs ki ri med thang）。[3]羌塘高原上，从黑阿公路［藏北那曲至阿里狮泉河的公路。"那曲"（Nag chu kha），汉语意为黑河］一线往北，直至昆仑山麓的这片地区，是青藏高原最高的地区，平均海拔 5000 米左右。[4]这里空气稀薄，气候极端寒冷干燥，水源奇缺，土壤寒漠化严重，植物稀少，不宜于人类活动，俗称"藏北无人区"。[5]羌塘北缘的昆仑山主脉山峰平均海拔 6000 米以上，它西起帕米尔高原，迤逦东行，横亘在西藏高原与塔里木盆地之间，山体北翼与盆地高差达 4000 米，山势巍峨，峡谷深险。这里气候恶劣，植被稀疏，开发条件很差。[6]

由于自然地理条件的限制，古往今来，青藏高原向北去塔里木盆地的大道主要有三条：

东道：出柴达木盆地西北，沿阿尔金山北麓到若羌绿洲。从若羌向西北去焉耆或向西去和田均需穿越塔克拉玛干沙漠。

中道：有两条路线。一条大致就是今天新藏公路所经的路线，即穿过夹在昆仑山和喀喇昆仑山之间的阿克赛钦（突厥语 Aksai Chin，意为"中国的白石滩"）地区。另一条从西藏高原西北的拉达克（Ladakh，现在克什米尔印度控制区）向北翻越喀喇昆仑山口、

---

[1] 徐近之 1960，1 页。
[2] 参见郑度等 1985，22 页。
[3] 参见《格西辞典》，365、569 页。
[4] 参见张荣祖等 1982，32 页。
[5] 参见高由禧等 1984，168—169 页。
[6] 参见郑度等 1985，201—202 页。

苏盖提山口（Suget P.），过赛图拉（Shahidulla），向西北直下塔里木盆地西南斜坡上的叶城（唐代的朱俱波）；或者直接向北由桑株达坂（Sanju Dawan）翻越昆仑，再东去和田或西去叶城。

西道：主要就是上述向西绕经勃律之路（详见本书第三章）。

显然，在这三条路中，中道最捷近，也最易于为刚兴起不久的吐蕃所利用。以往的研究者仅仅由于这条路上的地理和气候条件恶劣，便直接将其排除在研究对象之外。[1]实际上，中道的存在可以追溯到现存最早的有关青藏高原与外部交通的汉文文献史料。

女国的地理位置

《隋书·西域传》女国条略云："女国，在葱岭之南，其国代以女为王。……出鍮石、朱砂、麝香、牦牛、骏马、蜀马。尤多盐，恒将盐向天竺兴贩，其利数倍。亦数与天竺及党项战争。……开皇六年，遣使朝贡，其后遂绝。"

同传于阗国条略云："于阗国，都葱岭之北二百余里。……东去鄯善千五百里，南去女国三千里，西去朱俱波千里，北去龟兹千四百里，东北去瓜州二千八百里。"

至唐朝初年，女国同于阗的地理关系也为玄奘（600—664）所证实。《大唐西域记》卷四婆罗吸摩补罗国条："此国境北大雪山中，有苏伐剌拏瞿呾罗国（唐言金氏），出上黄金，故以名焉。东西长，南北狭。即东女国也。世以女为王，因以女称国。夫亦为王，不知政事。丈夫唯征伐田种而已。土宜宿麦，多畜羊马。气候寒烈，人性躁暴。东接吐蕃国，北接于阗国，西接三波诃国。"显然，玄奘所说的"东女国"即《隋书》女国。[2]

---

[1] 参见森安孝夫1984，60—61页，注18。
[2] 唐代另有东女国在今四川西北大、小金川地区，因此对两唐书所提到有关女国的材料要做具体分析。参三岛とよ子1964；山口瑞凤1983，226—227页；《大唐西域记校注》，409页注（二）。

《释迦方志》卷上《遗迹篇》第四：婆罗吸摩补罗"国北大雪山有苏伐剌拏瞿呾罗国（言金氏也），出上黄金。东西地长，即东女国，非印度摄，又即名大羊同国，东接土蕃，西接三波诃，北接于阗"。《释迦方志》的作者道宣（596—667）是和玄奘同时代的僧人，曾经参与玄奘的译经工作。一般认为，该书《遗迹篇》类似《大唐西域记》的节本，但亦有若干后者所无的内容。[1] 比如这里提到东女国即大羊同，就使我们能够将隋唐之际曾经朝贡（《太平寰宇记》卷一八六）的女国同唐代史料中记载的大羊同联系起来，从而较完整地认识有关史实。

新罗僧人慧超曾于开元十五年（727）以前巡礼天竺，当时吐蕃早已征服羊同，统一了西藏高原。慧超《往五天竺国传》记载：从北天竺（今印度旁遮普邦阇兰达罗 Jullundur）"又一月程过雪山，东有一小国名苏跋那具呾罗，属土蕃国所管。衣着与北天相似，言音即别。土地极寒也。"同传又说："又迦叶弥罗（Kashmir）国东北隔山十五日程，即是大勃律国、扬同国、娑播慈国，此三国并属吐蕃所管。衣着言音人风并别，着皮裘、氎衫、靴裤等也。地狭小，山川极险。"[2] 很明显，慧超传中所记同玄奘一样，有的并非亲历而是得自传闻。其实慧超所记的苏跋那具呾罗就是玄奘提到的苏伐剌拏瞿呾罗（梵文 Suvarna-gotra，前一字意即黄金，后一字有氏族、家族等含义[3]），即女国。所以，我们可以同意日本学者山口瑞凤对上述史料中东女国、大羊同和扬同三者所做的勘同。[4] 但是，我们不同意山口瑞凤关于娑播慈/三波诃是指 Sa spo rtse 的比定。[5] 山口瑞凤的这项比定过分拘泥于该地的方向和语音。实际上，Sa spo rtse

---

[1] 参见《释迦方志》点校本前言。
[2] 《大正藏》卷五一，976—977页。
[3] 参见《大唐西域记校注》，409页注（二）。
[4] 参见山口瑞凤1983，239—240页。
[5] 参见山口瑞凤1983，239页。

只是拉达克首府列城（Leh）西边不到35英里的一个小山村[1]，不大可能如山口瑞凤所设想的那样"形成与列城有别的境域"。山口瑞凤的比定忽视了《大唐西域记》卷四屈露多国条下的另一条记载："从此北路千八九百里，道路危险，逾山越谷，到洛护罗国。此北二千余里，经途艰阻，寒风飞雪，至秣逻婆国（亦谓三波诃国）。"此洛护罗国必为今印度北部喜马偕尔邦之Lahul地区无疑。那么，秣逻婆国或三波诃/娑播慈只能是Lahul北面今属印控克什米尔的Zangs dkar地区，它正在拉达克的西面偏南并与之毗连。[2] 由玄奘的记载可知，这个地区有着不同的地名，其起源无从得知。[3] 但Zangs dkar这一名称的藏文读音还是比较接近"三波诃"一名的，也许，该地名在古代是写作Zangs bkar。近代人们在印领藏区收集到若干藏文"小编年史"，除了《拉达克王统纪》（La Dwags Rgyal Rabs）以外，较重要的还有《三波诃编年史》（The Chronicles of Zangs dkar）与《三波诃善岭诸侯王名录》（Register of the Vassal Kings of Bzang la in Zangs dkar）两种[4]，由此可见其在当地历史上的传统地位。

《通典》卷一九〇："大羊同东接吐蕃，西接小羊同，北直于阗，东西千余里，胜兵八九万人。其人辫发毡裘，畜牧为业。地多风雪，冰厚丈余。所出物产，颇同蕃俗。无文字，但刻木结绳而已。刑法严峻。"《唐会要》卷九九大羊同国条与《通典》同，但明确说："物产与吐蕃同"，并指出："贞观五年（631）十二月朝贡使至。十五年（641），闻中国威仪之盛，乃遣使朝贡。太宗嘉其远来，以礼答慰焉。至贞观末为吐蕃所灭，分其部众，散至隙（《太平寰宇记》卷一八五作"隙"。——引者）地。"《册府元龟》卷九六〇外臣部土

---

[1] 参见《拉达克王统纪》，61页前地图。
[2] 同上，并请参同书162、220页前地图。
[3] 学界有关"秣逻婆"一名的比定，请参佐藤长1978，387页；山口瑞凤1983，230页以下；《大唐西域记校注》，374页下注（一）。看来以夏斯特里还原为藏语Mar sa=Mar yul "低地"近其本意。
[4] 参见《印领藏区的古物》，151—166页。

风二有太平国条。在"太平国在于阗国南"以下所记与《通典》《唐会要》大羊同条全同,可知"太平国"为"大羊同"一名形近致讹。但是,《册府元龟》没有"西接小羊同"这一明显错误的记载。据《释迦方志》卷上《遗迹篇》第四所记载的由河州经吐蕃通泥婆罗道可知,小羊同在吐蕃西南、泥婆罗国北边[1],而大羊同是在吐蕃西北、于阗之南。所以,各种史料有关大羊同的记载是一致的。我们可以肯定地说,汉文史料中的女国/大羊同指的就是西藏高原西北部包括今天阿里地区北部和拉达克在内的这片地区,即藏文史料中的 Zhang zhung stod。山口瑞凤泥于《通典》中"西接小羊同"的错误记载不能辨正,提出《通典》中的小羊同即《释迦方志》中的大羊同,徒然增加史料混乱[2],不可取。

由这些有关女国/大羊同和于阗地理关系的史料不难推知,两地间肯定早已存在着一定程度的交通联系,否则要提出准确的相对位置和测算相距里程是根本不可能的。

食盐之路

据前引敦煌所出古藏文《大事纪年》记载,吐蕃于 644 年征服了羊同。[3]《贤者喜宴》(*Mkhas pa'i dga'ston*)第三部第二章《吐蕃王统》在记载松赞干布建立的军制五如(ru,译言为部)六十一东岱(stong sde,译言为千户府)时说:"在吐蕃与突厥(Gru gu/Dru gu)的边界上有俄觉('O co)、芒玛(Mang ma)两东岱,聂玛

---

[1] 参见《释迦方志》,14—15 页。
[2] 参见山口瑞凤 1983,237 页。
[3] 学界对此事断代意见不一,参森安孝夫 1984,61 页注 22。我们断代的根据是:汉籍记载文成公主至吐蕃(两唐书《吐蕃传》上)和李义表使中天竺过泥婆罗(两唐书《天竺传》《新唐书·泥婆罗传》)都在贞观十五年(641)。《大事纪年》说"此后三年"收羊同,可知为 644 年。而且《大事纪年》说"此后六年,弃宗弄赞赞普登遐",也与汉籍记载一致。匈牙利藏学家乌瑞详细检查史料以后对此事的断代也是 644 年,见乌瑞 1968,292—297 页。

（Gnye ma）、札磨（Tsa mo）两东岱，帕嘎（Ba ga）小东岱，此为大羊同（Zhang zhung stod）五东岱。"[1]由此可见，大羊同北界突厥亦早为吐蕃人所知。《贤者喜宴》在另一处还提到"西方之羊同及突厥"等均被收为编民[2]，说明羊同邻接突厥是吐蕃人的固有观念，而且至少在开通更西方的道路以前就形成了。

与《隋书·西域传》女国条的记载相印证，萨迦·索南坚赞在《王统世系明鉴》第八章中说：松赞干布的父亲朗日论赞"战胜了汉人和突厥，从北方得到了食盐"[3]。朗日论赞的事迹还有很多传说成分[4]，比如这里提到他战胜了汉人和突厥，肯定是把后人的事情加到了他的身上。因为朗日论赞时，悉补野吐蕃尚未将周围的部落完全统一起来，不可能到青藏高原以外去进行征服。但是，只要撇开这些传说的成分，我们就可以发现一件史实：朗日论赞是从北方的突厥人那里得到食盐的。有的传说说朗日论赞是"从北方的拉措湖（Bla mtso）取得食盐，从此开始了食盐的习俗；还自汉地得到了历算和医药"[5]。可以肯定盐不是从汉地得来的。"拉措"藏语意为魂魄湖[6]或龙池[7]。我们在近年通过科学考察发现的、面积在一平方公里以上的青藏高原所有重要盐湖的名单中，只找到一个"拉木错"[8]发音与此相近。该湖位于革吉县东北（东经82º04′，北纬33º05′），面积只有13平方公里，其盐类沉积情况至今没有调查过。显然，拉措湖不是一个现实的地理名称。拉措湖这个名称表明它很可能出自一

---

[1]《贤者喜宴》上册，187页。参黄译（二），9页；《敦煌本吐蕃历史文书》，271页。关于大羊同五东岱具体位置的考订，请参佐藤长1978，374—375页；山口瑞凤1983，858—859页。《五部遗教》（Bka'thang sde lnga）所载吐蕃军制与此不同，请参黄译（二），24—26页注41；王忠1958，7—8页；王辅仁、索文清，19页。有关吐蕃军制的研究，请参王尧、陈践1986。
[2]《贤者喜宴》上册，194页。
[3]《王统世系明鉴》，49页。
[4] 参见石泰安1985，40—41页。
[5]《藏族简史》，20页引述《法王松赞干布遗训》，82页。
[6] 参见《藏汉大辞典》，1915页。
[7] 参见《格西辞典》，583页。
[8] 郑喜玉等1988，18—22页，"表1—6，青藏高原主要盐湖"，第104号。

个原始本教的传说,因为本教认为魂魄 Bla 居于天界,而天界就在北方[1]。噶尔美认为:"四重天以及群魔的居处位于北方,这又是附会波斯宗教的观念。群魔居于北方的这种观念在《格萨尔王传》中也有反映。"[2]因此,所有这些传说都表明,朗日论赞时才被吐蕃人采用的食盐并非产于西藏高原,而是来自遥远的北方。也许,就是那些把波斯宗教因素带给原始本教的人,同时把北方的食盐带进了西藏。如我们在上一节所说,祆教也应是在吐蕃王朝建立前后传入西藏的。而且有迹象表明,原始本教中的某些祆教因素,如祭火、拜天以及天葬习俗等,也并非直接传自波斯,而是传自中亚。[3]果真如此,我们就有理由相信,祆教传入西藏同它在东方其他地区的传播一样,主要是通过中亚操东伊朗语的粟特商胡来进行的。[4]

确实,在西藏,尤其是羌塘高原上分布着众多的盐湖。但是,干盐湖或沙下湖在西藏数量还不多[5],主要矿物为原生石盐(食用盐)的盐湖也不多[6],而主要矿物为原生石盐的盐湖又大都集中在羌塘高原北部的所谓"无人区"[7]。大概,就是由于这些原因,才使得古代生产力水平低下的吐蕃人难以得到食盐,甚至使食盐的来源染上了神秘的色彩。

那么,朗日论赞时北方的食盐是从哪一条道路输入吐蕃的呢?这个问题需要从两方面来考虑:一是当时吐蕃的近邻经营食盐的情况,二是当时突厥人的分布情况。

就第一个问题而言,我们自然想到"尤多盐,恒将盐向天竺兴贩"的女国即大羊同,此地适在吐蕃西北。有的报告说,"据记载,

---

[1] 参见谢继胜 1988,96—100 页;噶尔美 1975,195 页。
[2] 噶尔美 1975,195 页。
[3] 参见谢继胜 1988,102—103 页;霍巍 1990,44 页。
[4] 参见本书附录壹。参张广达 1986,77 页;饶宗颐 1982,491 页。
[5] 参见郑喜玉等 1988,145 页。
[6] 同上书,26—27 页,"表1—7,青藏高原主要盐湖矿物成分表";170—171 页。
[7] 请比较本书 32 页注[8]、本页注[6]所引表及该书 171 页图5—1。

早在 6 世纪时就开始开采班戈错（在那曲地区班戈县）的硼砂，用在冶金工业上作为焊接剂，这是世界上最早发现和利用盐湖硼砂矿物资源的产区，直到 1563 年才传到欧洲的一些国家"[1]。公元 6 世纪吐蕃王朝尚未建立，藏文尚未发明，不可能有当地的文字记载。我怀疑这是有人将班公错（跨阿里和拉达克地区）弄成了班戈错，将女国多盐弄成了当地产硼砂，以讹传讹所致。总之，除了《隋书·西域传》女国条的记载以外，没有任何材料说明当时西藏高原本身能够开发利用盐湖资源。否则，有关传说就不会一再说是到了朗日论赞时才从北方的突厥地甚至是北方的拉措湖得到了食盐。因为据敦煌所出古藏文《赞普传记》可知，朗日论赞时羊同已成为吐蕃外戚，而且有敌人逃往突厥之地。[2] 羊同与突厥是不可能被吐蕃人搞混的。所以我认为，《隋书·西域传》女国条记其"尤多盐"，未必就是产自当地，而很可能因为其地近突厥，而成了重要的食盐转贩地。因而我们只要撇开传说成分，将有关汉藏史料联系起来认识，就可以得出存在一条"食盐之路"的印象：女国从北方的突厥地得到食盐，再向南贩往天竺和吐蕃。

西突厥十姓部落的分布

再谈第二个问题。与我们的问题有关的主要是西突厥。我们知道，在唐朝经营西域以前，突厥帝国内有两种不同的文化地区，一种是草原地区的游牧文化，一种是绿洲地区的农耕文化。在西域，绿洲地区当时主要由被征服的操印欧语的各部族小邦所居；操突厥语诸部族（包括征服者与被征服者）则广泛分布于各种草原地区，包括北部的欧亚草原（The Steppe in Eurasia）和南部接近绿洲的山

---

[1] 郑喜玉等 1988，169 页。参同书 122 页引地质科学院矿床地质研究所、中国科学院西藏综合考察队《西藏盐湖硼矿研究报告》(1974)。
[2] 参见《敦煌本吐蕃历史文书》，131、139 页。

间或山麓草原。

西突厥有十姓部落。《旧唐书·突厥传》下:"初,室点密从单于统领十大首领,有兵十万众,往平西域诸胡国,自为可汗,号十姓部落,世统其众。"室点密即突厥文碑铭中的 Istämi qaghan,亦为突厥帝国的创始人之一。《新唐书·突厥传》下:"西突厥,其先讷都陆之孙吐务,号大叶护。长子曰土门伊利可汗,次子曰室点蜜,亦曰瑟帝米。瑟帝米之子曰达头可汗,亦曰步迦可汗。始与东突厥分乌孙故地有之,东即突厥,西雷翥海,南疏勒,北瀚海,直京师北七千里,由焉耆西北七日行得南庭,北八日行得北庭,与都陆、弩失毕、歌逻禄、处月、处蜜、伊吾等种杂。"可见,十姓部落是胜利的征服者,他们取得了统治地位,并占领了最好的牧场,控制了对游牧经济性命攸关的商路要冲。[1] 都陆(咄陆)、弩失毕等是异姓突厥的名称,即都是当地原有的、被征服的部族的名称。然而,在征服者直接占领的地方,被征服的部族或被分割奴役,或被驱逐出境,原来当地的部族名称却被新主人作为地名保留下来继续使用。十姓部落所据有的咄陆、弩失毕地区的情况就是如此。《新唐书·突厥传》下:沙钵罗咥利失可汗(634—639)"分其国为十部,部以一人统之,人授一箭,号十设,亦曰十箭。为左、右:左五咄陆部,置五大啜,居碎叶东;右五弩失毕部,置五大俟斤,居碎叶西。其下称一箭曰一部落,号十姓部落云"。十箭即突厥文碑铭中的 On oq;碎叶水即今吉尔吉斯斯坦与哈萨克斯坦之间的楚河(或译吹河)。西突厥的十箭部落肯定与当初室点密可汗统领西征的十姓部落有关,沙钵罗咥利失不过是在新的形势下将其部地重新加以确认而已。但各部争夺反而更加激烈,后来又形成以伊列河(今伊犁河)中分其地。[2]

值得注意的是,汉文史料将西突厥十姓左、右两厢说成是东、

---

[1] 参见王小甫 1988,80—82 页。
[2] 参见《旧唐书·突厥传》下,5184 页;《新唐书·突厥传》下,6058—6059 页;《通鉴》卷一九五,6152 页。

西分部显然与历史地理状况不合,而且使许多史实难以圆满解释。我们看到,无论是碎叶水还是伊列水,在草原地区基本都是东西流向,以此分界只能划分南北而很难解为东、西。如果真是东、西分部,为何因此而产生的汗庭总是南、北二庭?而且,继沙钵罗咥利失而立的乙毗沙钵罗叶护可汗(639—641)[1]"建庭于睢合水[2]北,谓之南庭。东以伊列河为界,自龟兹、鄯善、且末、吐火罗、焉耆、石国、史国、何国、穆国、康国,皆受其节度"[3]。这些地方要说在伊列水以南可以,要说在伊列水以西差不多有一半地名都得划去。所以我认为,汉文史料中的这些错误是古人误以突厥人的"左""右"方位等同于汉人的左(东)、右(西)方位造成的。据解读了古突厥文碑铭的丹麦学者汤姆森(V. Thomsen,1842—1927)研究:"突厥人之重要方向为东方,突厥人永远依东方而定其方向;故东方亦指为前方,西方为后方,南为右,北为左。可汗之牙帐东开,盖视日出也。"[4]哈萨克人至今仍把东方称为"日出方向",西方是"日落方向",南方是"右方",北方为"左方"。[5]所以,西突厥十姓部落以碎叶水或伊列水分为左、右厢,实际是分成了北、南二部。由此产生的北、南二庭,它们所控制的地区大致分别为北部草原[6]和南部绿洲及邻近的山间、山麓草原。当然这种划分并不具有绝对意义,各部在争夺牧地等战争中出现互相穿插,乃至大范围、远距离的运动都是不可避免的。

---

[1] 《旧唐书·突厥传》下与《通鉴》卷一九五同。《新唐书·突厥传》下在乙毗沙钵罗叶护可汗之前还有"乙屈利失乙毗可汗,逾年死"(6059页)。

[2] 睢合水应即碎叶水。《新唐书·地理志》七下:碎叶"水北四十里有羯丹山,十姓可汗每立君长于此"(1150页)。睢合二字《广韵》读音为ˀswi γɒp,与阿拉伯—波斯文史料中碎叶一名的读音 Sūyāb 正合。

[3] 《旧唐书·突厥传》下,5184页。

[4] 汤姆森1987,475页。

[5] 参见王小甫1991(1),358页。

[6] 参见《旧唐书·突厥传》下,5184页;沙畹1934,26页;敦煌出土古藏文文书P.t.1283号《北方若干国君之王统叙记》91—92行;王尧1983,165—166页;森安孝夫1977,8页;韩儒林1982,307—309页;穆尔扎也夫1959,217—218页。

西突厥十姓左厢五咄陆部、其酋长名称、唐置羁縻都督府及地望情况如下[1]：

1. 处木昆部，其酋长称律啜（亦写作屈律啜），唐置匐延都督府，地在今新疆塔城市一带。

2. 胡禄屋部，其酋长称阙啜（亦写作屈利啜），唐置盐泊都督府，地在今玛纳斯河下游一带。

3. 摄舍提部，其酋长称暾啜，唐置双河都督府，地在今新疆博尔塔拉蒙古自治州一带。

4. 突骑施部，其酋长称贺逻施啜，又分为两部：一为索葛莫贺部，唐置嗢鹿都督府，地在今伊犁河流域；一为阿利施部，唐置洁山都督府，地在嗢鹿府西。

5. 鼠尼施部，其首领名处半啜，唐置鹰娑都督府，地在今新疆焉耆西北开都河下游（旧称裕勒都斯河）流域。

西突厥右厢五弩失毕部与其酋长名称见于两唐书《突厥传》为：

1. 阿悉结阙俟斤
2. 哥舒阙俟斤
3. 拔塞干暾沙钵俟斤
4. 阿悉结泥孰俟斤
5. 哥舒处半俟斤

俟斤地与五俟斤路

唐朝于弩失毕部所置都督府不见于文献记载，各部地望也语焉不详。如法国汉学家沙畹（E. Chavannes, 1865—1918）所说："观碎叶及怛逻斯（Ṭarās，今哈萨克斯坦共和国塔拉兹市）两城在西突厥历史中任务之重大，知其应为弩失毕诸部落之两大中心，吾人所

---

[1] 参见沙畹1934，193—194页。

知者只此，盖史无明文，未能详也。"[1] 近年有人从唐乾陵石人像的衔名中找到了弩失毕五俟斤中的三个，即：右领军将军兼千泉都督泥孰俟斤阿悉吉度悉波（即阿悉结泥孰俟斤）、故右金吾卫将军兼俱兰都督阙俟斤阿悉吉那靳（即阿悉结阙俟斤）、故右威卫将军兼颉利都督拔塞干蓝羡（既拔塞干暾沙钵俟斤）。[2] 据业师张广达教授研究，拔塞干（Barshān）在热海（Isik kül，伊塞克湖）一带，俱兰（Kūlān）在碎叶与怛逻斯之间，千泉则在怛逻斯附近。[3] 因此，弩失毕五俟斤中实际只剩下两个哥舒部，即哥舒阙俟斤和哥舒处半俟斤的地望未能落实。

我认为，两个哥舒部的活动范围很可能在傍葱岭东麓至于阗南山一带。

《旧唐书·哥舒翰传》略云："哥舒翰，突骑施首领哥舒部落之裔也。蕃人多以部落称姓，因以为氏。祖沮，左清道率。父道元，安西副都护，世居安西……翰母尉迟氏，于阗之族也。"《新唐书》本传略云："父道元，为安西都护将军、赤水军使，故仍世居安西……翰母，于阗王女也。"所谓哥舒部落为"突骑施首领"之一，实际是七、八世纪之交突骑施兴起后西突厥诸部势力重新组合所发生的变化（见本书第三章）。哥舒家世居安西，可见哥舒部落的活动范围一直在安西四镇一带。翰父娶于阗王女，也显示出该部落与于阗的密切联系。翰父曾任安西副都护，据研究，安西副都护或后来的四镇节度副使就驻在于阗。[4] 哥舒翰家属于两哥舒部中的哪一个，史无明文，我们这里仅据相关材料提出一点推测：五咄陆部中有一鼠尼施部，其首领称处半啜（亦写作处般啜，处郁啜），其牧地在焉耆西北鹰娑川（今开都河下游流域）；鹰娑川早先是铁勒契苾部

---

[1] 沙畹 1934，196 页。
[2] 参见陈国灿 1987，375—407 页。
[3] 参见张广达 1979，72—73 页；《大唐西域记校注》，70、76—77 页。
[4] 参见荣新江 1991，30—31 页。

的牧地,《新唐书·回鹘传》下:"契苾亦曰契苾羽,在焉耆西北鹰娑川",西突厥征服此地,立为汗庭之一[1];契苾、处半似为同名异读,已由部族名转为地名或地名常用词;两哥舒部其中一部的首领称处半俟斤,其活动地域应与此接近,当在疏勒附近的葱岭山区(今克孜勒苏柯尔克孜自治州)。那么,沿葱岭以东至于阗南山分布的只能是哥舒阙俟斤部,哥舒翰一家就出自此部。或者正因为两个哥舒部落都活动在葱岭以东的绿洲附近地区,显庆三年(658)唐朝才没有在此同十姓其他部落一样设置都督府。当时唐朝在这一地区主要是在绿洲各国设羁縻州,由安西四镇分片镇抚(见本章第一节)。

西突厥十姓部落的这种分布状况也为吐蕃人所熟知。《通典》卷一九〇吐蕃条记载万岁通天二年(697)武则天派郭元振至野狐河会见吐蕃大论钦陵,当时钦陵有这样一段话:"十姓中,五咄六诸部落僻近安西,是与吐蕃颇为辽远。俟斤诸部密近蕃境,其所限者,唯界一碛,骑士腾突,旬月即可以蹂践蕃庭,为吐蕃巨蠹者,唯斯一隅。"这里提到的"咄六"即咄陆,安西即安西都护府所在地龟兹。可见吐蕃人所说的"北方突厥地",指的就是西突厥人活动的地区,主要是五俟斤部分布的地区。正因为如此,在上述同一次谈话中,论钦陵又把吐蕃与西域间往来的一条最主要通道称为"五俟斤路"[2]。在敦煌所出古藏文历史文书中用 Dru gu yul "突厥地"指西突厥人活动的地域,这与上述汉文史料所记载的吐蕃大论钦陵的观念是一致的。唐朝人却明确将这一地区区分为十姓、四镇地[3],这当然反映了唐朝在西域统治的实际状况。森安孝夫认为古藏文《大事纪年》中的 Dru gu yul 有时可能指东突厥,看来是对历

---

[1] 参见《隋书》之《西突厥传》《铁勒传》;两唐书《突厥传》下;《新唐书》之《薛延陀传》《契苾传》。参见沙畹 1934,169 页。
[2] 《通典》卷一九〇,5175 页。
[3] 《通典》卷一九〇,5173—5177 页。并请参《文苑英华》卷六九四,狄仁杰《言疏勒等凋弊疏》(《唐文粹》题作《请罢百姓西戍疏勒等四镇疏》);同书卷七六九,崔融《拔四镇议》;两唐书《郭元振传》;本书附录叁。

史背景了解不够所致。[1]

综上所述，可知朗日论赞从北方的突厥地得到食盐，实际就是从西域得到食盐；食盐输入吐蕃的道路，就是经过女国/大羊同的道路；这条路上所谓"唯界一碛"，就是指夹在昆仑山和喀喇昆仑山之间的阿克赛钦地区。由此可见，这条"食盐之路"是吐蕃人最早知道的通往西域之路。这条"食盐之路"与"五俟斤路"衔接起来，就是吐蕃人进入西域活动的主要路线。

后世对中道路线的记载

这样一条路线还可以从后世的资料中找到佐证。

10世纪波斯佚名作者撰写的《世界境域志》（Ḥudūd al-'Ālam，372/982—983年成书）第11节第1条："Rāng Rong 是吐蕃的一个省，与印度和中国相毗连。在吐蕃没有比这更穷的省区了。其人民居于庐帐，而其财产为绵羊。吐蕃可汗向他们征收人头税而不是土地税。其地长为一月程，宽亦如之。据说在其山上有金矿，矿里找得到状如几个连缀绵羊头的金块。谁要是收集到这种金子并把它带回家，死神随之降临，除非那金子被归还原处。"[2]该书的英译者及注释者米诺尔斯基（V. Minorsky，1877—1966）根据该书第5节第3条所述山脉走向推测此地在西藏东南与四川接壤的地区，但疑点不少。[3]在《世界境域志》中提到"中国"的地方，在西部经常指的就是唐朝的西域。该书第11节专讲吐蕃之境及其城市，所说邻近印度的中国地方多半是指和阗（今和田）。[4]所以，我认为，这里的 Rāng

---

[1] 参见森安孝夫1984，22—24页。与森安不同的意见见荣译乌瑞1983，95页；白桂思1987，63页注56。
[2] 《世界境域志》，92—93页。
[3] 同上书，257页。
[4] 同上书，259、260等页。并参同书第9节第18条（中国和阗）。

Rong 从地理位置和出产来看，都应是指吐蕃西部的大羊同/女国。米诺尔斯基说："该词的前一个字很可能是一个诸如 Rang、Zang（Tsang）之类的藏语名称。"[1] 阿拉伯—波斯文的 r 与 z 只有一点之差，这一点在手稿中常易脱落。因此我推测这个地名本来就是藏语的 Zhang Zhung "羊同"，波斯语没有藏语的 Zh [ẓ] 音，以 z 代之。由于音点脱落，遂在手稿中有了 Rāng Rong 一名。

在《世界境域志》中与 Rāng Rong 一起提到的还有（第 11 节第 9 条）："Twsmt（Tūsmat？），此地从前为汉人所有，现在被吐蕃人占据。这里有隶属于吐蕃可汗的军队。"[2] 米诺尔斯基认为："Tūsmat 肯定位于于阗以南的某个地方"，"一道山脉将 Tūsmat 同中国（于阗？）隔开"[3]。这就是说，Tūsmat 实际上位于由桑株达坂向南翻越昆仑山以后所到达的那片地区，即赛图拉至苏盖提、科克阿特一带。《新疆图志》卷九国界五：赛图拉"向东南进山口为哈里渠坤，柴草均极蕃茂，能供数营旗之需。百余里逾可卡提（即科克阿特）达坂出山口，沙梁横亘……若仍设兵防守，即与素盖提（即苏盖提）一带防兵声势联络，可扼退摆特（Tibet，此处指拉达克。——引者）入卡拉胡鲁木（即喀喇昆仑）、昌器利满（Chang chen mo，即空喀山口一带）之两道矣。向东行三十里至素盖提卡"。可见此地确为西藏、新疆间交通要冲。据《新唐书·地理志》七下记载，唐朝设在于阗"南六百里有胡弩镇"，胡弩当即 Korum "昆仑"之音译，其地当在赛图拉一带无疑。有意思的是，正是在这个地区，从苏盖提过喀拉喀什河往东不远，在今天的新藏公路上有两个连续的站名叫小盐池、大盐池。[4] Tūsmat 这个地名有可能是一个突厥语和波斯语的合成词，tūs 即突厥语 tuz "盐"，mat 或 math 为波斯语 "浆，汁"之

---

[1]《世界境域志》，257 页。
[2] 同上书，93 页。
[3] 同上书，259、260 等页。并参同书第 9 节第 18 条（中国和阗）。
[4] 参见《新疆交通图册》，49—50 页。

意，二者合成意为"盐汁，盐卤"，用以指当地的盐池。这类合成地名在中亚屡见不鲜[1]，它们或许是由于早年操东伊朗语的粟特人在突厥游牧部落中经商所产生，或许是在后来的民族融合过程中所产生。

11世纪的波斯文作家加尔迪齐（Gardīzī）在哥疾宁王朝苏丹阿布德·阿尔·拉施德的短暂统治时期（1050—1053）写成其名作《记述的装饰》，其中有关突厥诸族的一章专门有一节记述了从西域前往吐蕃的两条道路：

> 说到去吐蕃的道路，那是从和阗去 Al. shān（？），而且是顺着和阗的丛山走。山中有人居住，他们有成群的公牛、公羊和山羊；顺着这些山可到 Al. shān。向前走是一座桥，从山的这边搭向另一边，据说，桥是和阗人在古时候修建的。山从这座桥一直绵延到吐蕃可汗的都城。走近这座山时，山上的空气使人喘不过气来，因为没法呼吸，说话也变得困难了，许多人就因此丧命，吐蕃人把这座山叫作"毒山"。
>
> 如果从疏勒去，那就要往右走，在两座山之间朝东走，过山即至占地40法尔萨赫（farsakh，1法尔萨赫＝6.24公里。——引者）的 Ādh. r 山区，这片地区半是丛山，半是平原（？）和墓地（？）。[2]疏勒附近有许多村庄和无数的乡邑，从前这个地区曾属于吐蕃汗。从疏勒去 Sar. msābkath，再从那里去 Alīshūr，沿着荒原走到 K. jā 河边，河是流向 K. jā 城的。在这条河岸上，在荒原的边上坐落着 Ḥum ḥān（或 Ḥum ḥāb）村，那儿有吐蕃人。河水流向远方，过河必须乘船，过了河就到了吐蕃人的国家。[3]

---

[1] 参见穆尔扎也夫 1959，34页以下。
[2] 此处原文可能有误。米诺尔斯基认为应是"平原和光秃不毛的山冈"，见《世界境域志》，255页。
[3] 《记述的装饰》，111页。参《世界境域志》，255页。

显然，从和阗去吐蕃路上的 Al. shān 就是 Aksay，即新藏公路上的阿克赛钦地区，波斯文的这两种写法很容易混淆。从疏勒去吐蕃路上的 K. jā 可能是 K.sān 之讹。《世界境域志》第 9 节"中国"，其第 16 条："K. sān 是一座远离大道的城镇，很少宜人之地，其长官为吐蕃所派。"米诺尔斯基推测，此地"可能在南山西部，或昆仑之南"[1]。果真如此，此地应就是汉文史料中的固城。据《新唐书·地理志》七下，唐朝设在于阗"西二百里有固城镇"。古藏文《大事纪年》猪年（687）条："大论钦陵领兵赴突厥 Gu zan 地"，当即指此地。[2] 疏勒曾经隶属吐蕃汗，显示了 8 世纪末年唐朝退出西域以后相当长一段时期内当地的政治状况。《世界境域志》第 13 节第 1 条说疏勒已在样磨（Yaghma）治下，那才是该书撰成且突厥化已经开始的 10 世纪的情况。如同该书第 9 节第 18 条等处说和阗还在中国治下一样，并不全是指从前唐朝统治西域时的情况，更主要的还是指该书撰成的当时（即 10 世纪）于阗李氏王朝与河西地区瓜、沙曹氏的密切关系。[3]

米诺尔斯基认为，《记述的装饰》中提到的从疏勒经和阗去中国之路[4]其中相当长的一段属于又一条通往吐蕃之路。[5]《记述的装饰》记载的从疏勒至和阗的路上共有 13 站；前 11 站的名称与《世界境域志》中专讲吐蕃的第 11 节中第 10—21 条几乎完全一致（只有个别明显属于书写上的误差）。[6] 但是，《世界境域志》这一串名称中的最后一条既不是和阗，也不是《记述的装饰》中靠近和阗的最后两站，而是 Math。米诺尔斯基认为，Math 很可能就是 Tūsmat，《世界境域志》

---

[1]《世界境域志》，233 页。
[2] 此为业师张广达教授的意见，小甫曾蒙老师当面赐教，感铭至深。森安孝夫 1984，17 页及 65 页注 84 介绍了佐藤长关于 Gu zan 为龟兹的比定，考虑到唐朝在此前一年，即垂拱二年（686）已拔弃四镇（详见本书第二章）等等历史背景、史料，我们不同意这种比定。
[3] 参见荣新江 1991，35 页。
[4] 参见《记述的装饰》，113—114 页。
[5] 参见《世界境域志》，255 页。
[6] 参见《世界境域志》，260 页。

的作者为了回避在有关吐蕃的这一节提到通往和阗之路，有意将这条路与邻近的 Tūsmat 连接起来。[1]据《世界境域志》第 11 节记载，该节第 10—20 条"是一些小镇（地方？），从前都属于中国，但现在为吐蕃人所据有。其间九姓乌古斯人很多。这里是物产丰富、风景优美、田连阡陌之地。在第 15 条 Kūnkra 与第 16 条 Rāykūtiya 之间，一座巨大的城堡矗立在大道右边的高山上，吐蕃可汗的金银财宝就放在那里"。米诺尔斯基说："这座城堡可能意在防卫翻越昆仑之路。通向喀喇昆仑山口的道路经过桑株，后者就位于由疏勒去和阗那条大道的南边。藏桂（Zanguya）是旅行者由和阗去桑株的转弯处。"[2]无疑，这些史料中的吐蕃可汗就是指吐蕃在西域的最高统治者。吐蕃人重兵防守翻越昆仑之路并占据着从和阗至疏勒一线，这就再清楚不过地向世人表明了吐蕃入西域的主要路线。顺便指出一点，《世界境域志》的这段记载说明，当九姓乌古斯人已经大量涌入各绿洲时，吐蕃人还统治着这一带，而通常认为九姓乌古斯就是 840 年以后从漠北西迁的回鹘人。这是留心西域突厥化进程者尤须注意之处。

清佚名作者《西藏志》附录："自（拉萨）召正北至纳克产二十四日。纳克产至书隆沙尔计程十五日。由书隆沙尔十八日至克里野城……阿里西北自所管之鲁都克城起，十五日至准噶尔所属叶尔羌木城为界。"[3]黄沛翘《西藏图考》卷五阿里条："察察岭在鲁多克城东北四百五十里，其相近有克尔野岭……按：西藏诸岭皆番人往来所经之路，多险阻，少平坦，其高处积雪甚深，中多瘴疠。"[4]克里野或克尔野亦译克里雅，指今新疆于田县；鲁多克今译日土。总之，直到清代，西藏北去新疆主要仍经由阿里。而且，我们将会看到，所谓北趋克里野之路无论何时都难以通行，故载籍鲜有被人利用的记录。

---

[1] 参见《世界境域志》，259 页。
[2] 同上书，260—262 页注 1。
[3] 《西藏志》，47 页。
[4] 《西藏图考》，160 页。

经由中道的交通状况

在初唐，义净（635—713）所著《大唐西域求法高僧传》里提到的玄照等僧人就利用过吐蕃中道。当时中国往印度去多走陆路，这条道路与吐蕃道（经泥婆罗）、迦毕试道（经吐火罗等地）并列，被称为"北道"（与《释迦方志》所谓"北道"不同）。有关记载以《太州玄照法师传》较为详细，其文略云："于时麟德（664—665）年中，驾幸东洛，奉谒阙庭，遂蒙敕旨，令往羯湿弥啰（即克什米尔）国取长年婆罗门卢迦溢多（Lokāditya）……于是重涉流沙，还经碛石。崎岖栈道之侧，曳半影而斜通；摇泊绳桥之下，没全躯以傍渡。遭吐蕃贼，脱首得全；遇凶奴寇，仅存余命。行至北印度界，见唐使人引卢迦溢多于路相遇。卢迦溢多复令玄照及傔数人向西印度罗荼国取长年药。路过缚渴罗，到纳婆毗诃罗（唐云新寺）睹如来澡罐及诸圣迹。渐至迦毕试国，礼如来顶骨……复过信度国，方达罗荼矣。"[1] 玄照此行既"重涉流沙，还经碛石"，曾"遭吐蕃贼"，又先至北印度（即北天竺，Jullundur）后到迦毕试（今阿富汗喀布尔北62公里之Begram[2]），对比玄奘经行先到迦毕试而后入印度的方向，可以肯定玄照入竺十有八九走的是吐蕃中道即"食盐之路"。流沙可比定为图伦碛（塔里木盆地）；碛石当即吐蕃论钦陵所谓"俟斤诸部密近蕃境，其所限者，唯界一碛"之地。据义净记载，经行此道的除玄照及其门人以外，还有隆法师、信胄以及大唐三僧等人。[3] 从义净的记载可以看出，以麟德年为限，此后中国僧人由陆路往印度者剧减，而经行海路者大增，这也从一个侧面反映了吐蕃大入西域的年代、路线。[4]

这条道路能够通过军队看来也是无可怀疑的。据米尔咱·穆罕

---

[1]《大正藏》卷五一，1页。参《大唐西域求法高僧传校注》，10—11页。
[2] 参见《大唐西域记校注》卷一，137页注（一）。
[3] 参见《大正藏》卷五一，3、4页。
[4] 参见《大唐西域记校注》前言，101—102页；《大唐西域求法高僧传校注》，7—8页。

默德·海答儿(约1499—1551)《中亚蒙兀儿史(拉施德史)》的记载,蒙兀儿斯坦(统治西域的东部察合台汗国)的军队至少是在1531—1534年间来回几次经由此路进击拉达克等地。[1]

《西藏图考》卷六"地利类"略云:"后藏之西为阿里,其西北界近底穆冈(一作"丁木刚"。——引者)城,东有拉达克城,本一小部落也。东西境长一千五百余里,北至叶尔羌(Yarkand,今莎车。——引者)十八站……道光十年(1830),有张格尔余党,自叶尔羌逃至其地,拉达(克)酋长擒献,赏五品顶戴,又赏入藏,礼达赖、班禅。"虽然这本书里没有列举出18站的名称,但前述《世界境域志》和《记述的装饰》中列举了疏勒通吐蕃路上11站的名称。因此可以说这条路上的大部分站点在《世界境域志》成书的10世纪下半叶就已经存在了。

《新疆图志》卷六二山脉四:昌器利满岭(今空喀山口一带)"与条拜提(一作"退摆特",指拉达克。——引者)接壤。条商向由卡拉胡鲁木(即喀喇昆仑山口。——引者)往来,嗣因坎(巨提)部扰乱,改道由此岭直入于、和,承平后仍归故道"。直到20世纪40年代,莎车至列城线还是塔里木盆地与(英属)印度间最主要的商道。当时陈正祥先生编写的《西北区域地理》第三章"塔里木盆地"中有关对外交通写道:

> 主要有左列二线:
> (1)疏勒—安集延线(略)。
> (2)莎车—列城线:此为塔里木盆地与(英属)印度间目前最通行的路线,亦为全世界最高最险的商道,中间须越五千公尺以上之山口五处[吉良(Kilyan)、苏盖提、喀喇昆仑、苏

---

[1] 参见《蒙兀儿斯坦史(拉施德史)》引言第1节,13—16页;第一部,第六七、六九章;第二部,第九二至九四、一〇四至一〇五、一一〇章。

舍尔（Suser）、喀东（Khardong）]，最高的喀喇昆仑山口海拔5569公尺。沿途荒凉，绝少人烟，旅客及牲畜的食料，均需队商亲自携带。行经此路的队商，每年均须损失若干牲畜。艰难祸患，虽难逆料，然历年往来的商旅，仍络绎不绝。该线全长约737公里，需时约40天。列城为拉达克的首邑，由列城向西，驮马再行半月可至斯令那各（Srinagar）。

（3）疏勒—吉尔吉特线。此一路线虽不若莎车—列城线的高大险峻，但一因山径狭窄，运输不便；二因土著劫掠，治安堪虞；三因地瘠民贫，给养缺乏，故迄今并非正式商道。

著名的英国记者内维尔·马克斯韦尔20世纪60年代曾这样描述阿克赛钦："虽然这个地区一片荒凉，人迹罕见，寒风刺骨，根本没有饲料和躲避风雨之处，然而，对人们来说，也还有它的重要意义。一条古时的商路穿过此地，在短促的夏季，中午前后几个钟头，溪流里的冰融化可供牲畜饮水时，载着生丝、玉石、黄麻、食盐、羊毛的牦牛队，就从现在的新疆经过这里前往西藏。"[1]我们注意到，食盐仍然是这条道路上的主要商品之一。也就是说，尽管西藏当地已经出现了作为民间副业的小规模采盐活动[2]，但"食盐之路"仍未完全失去其本来意义。

其他可能性分析

《新疆图志》卷六二山脉四略云："《西域水道记》：克勒底雅（即克里雅、克里野。——引者）山有径通藏地。康熙五十八年（1719）六月，四川总督年羹尧疏言：近者……闻策零敦多布现令左哨头目春丕勒率兵六百余过喀喇乌苏河（今那曲。——引者）往青海；又闻发

---

[1] 马克斯韦尔1971，18页。
[2] 参见《西藏图考》，115页；程鸿等1984，94页；徐华鑫1986，107页。

兵八千来藏,已至叶尔羌克勒底雅。雍正元年(1723)六月,青海罗布藏丹津将由克勒底雅入藏。松潘镇总兵官周瑛选精骑三百,勒康济鼐带番兵万余由杨八景(今羊八井。——引者)追至噶勒藏骨岔,限雪乃止。《西藏志》曰:自卫藏招(指拉萨。——引者)正北行二十四日至纳克产,又十五日至书隆沙尔,又十八日至克勒底雅城是也。克勒底雅山千余里,淤沙积雪,烟瘴逼人,冬夏不可行。水发山中,北流经克勒底雅城东。谨案,准部由回疆扰藏,叛酋由青海窜藏,皆尝取道于此,即唐吐蕃入西域之路也。"[1]然而,《西藏志》疆圉条说:"西北一带有克里野,大山广阔,为准噶尔要径;过山即准噶尔、业尔羌(即叶尔羌。——引者)地方,各设卡拒防。按其地即草地,由克里野山脚纳克产隘口北通哈具得不忒尔,又北直至木鲁乌苏、摆度等处,乃交往西宁大道。"纳克产或作纳仓,在今申扎县一带。该书同一条还说:"又由杨八景至桑沱洛海,过红塔尔小山,至拉定,过纳根山即腾格那尔、达木地方,系每年出防处。由吉扎布至生根物角(Sin gi Opo)隘,东北至噶尔藏骨岔(Dga' tshang kho tsha,今唐古拉山口)、阿尔坦诺尔一带,俱系通准噶尔界,皆设有隘口截防。"腾格那尔,即今纳木错,蒙古语、藏语意均为天池;达木即今当雄一带。由该书程站条可知,所谓通准噶尔界的各隘口大致都在今尼玛至安多一带。[2]显然,清人所谓广阔千余里的克里野山,往往包括克里雅山及其以南与之毗连的羌塘高原,并不单是指克里雅山口。然而,这种概念上的模糊很容易引起实际运用中的混淆,上引《新疆图志》所述清朝对准噶尔援兵调动及罗布藏丹津活动的反应就是例

---

[1] 关于康熙五十六年(1717)准噶尔扰藏翻越昆仑路线,比较清晰的材料是《新疆图志》卷八国界四注:"许景澄云,《新疆识略》载库库雅尔卡(今新藏公路由叶城南入昆仑处之柯克亚。——引者)通边外诸部落,奇灵卡(今克里阳,古吉良。——引者)通图伯特部落。又云,和阗以南皆大山沙碛,路不复通。若由叶尔羌库库雅尔卡经和阗西南,月余程可达西藏,第山路险隘,瘴疠逼人,故无经行者。询之克什米尔及安集延、喀齐商回,言由西藏西北喇达克之地贸易,有至叶尔羌者,先年准噶尔大策零敦多卜扰藏即由此路,考即杨哈思班所经,称为商路者是也。"显然,这基本就是今新藏公路新疆段。
[2] 参见《西藏志》,55—58页。

子,其实二者均未进藏。

克里雅山口确有道路可通西藏,但如同《西藏志》所说,其路"冬夏不可行",困难异常。1885年6—7月间,普尔热瓦尔斯基率领的沙俄探险队曾沿着克里雅山脉的北麓走了将近一个月的时间,吃尽了苦头,也未能找到一条通达西藏的方便道路。[1]1911年,曾经单身一人横穿塔克拉玛干大沙漠的日本人橘瑞超也到了克里雅,想从普尔热瓦尔斯基探索过的地方入藏,但因为路太难走而没有成功。[2]所以,说这样一条道路在唐代就存在并为吐蕃军队所利用是不可想象的。我认为,后世某些资料里所提到的涉及克里野与西藏间的军事行动,不应简单理解为就是经由克里雅山口的活动,而很可能只是横越了羌塘高原的中部。[3]

现在,研究者们都认为,662年吐蕃出现在西域时,它还没有完全征服吐谷浑[4],因而它不可能是从东道进入西域的[5]。其实,在这一时期,吐蕃从西道进入西域也是不可能的。据我的研究,争取开通西道,正是唐朝长寿元年(692)在四镇驻军以后,吐蕃与唐朝在西域进行争夺的主要内容(详见本书第三章)。而且,目前见到最早的有明确纪年的吐蕃人出现在葱岭以西的记载,已是704年在河中诸王公联合进攻怛蜜的战斗中。[6]虽然不排除吐蕃人在此之前已经跨葱岭入西域的可能,但如果他们一直都是走西道进入西域的,那该如何解释有关的明确记载都集中在7世纪末8世纪初而不是在此之前这一现象呢?

森安孝夫认为:"恐怕从松赞干布治世的末年至662年,吐蕃已在对女国及勃律的'服属性怀柔'方面取得了成功。"[7]如前所述,

---

[1] 参见杜勃罗文1978,346—347页。
[2] 参见《新西域记》下卷,765—775、813—816页。
[3] 参见王辅仁、陈庆英,182—183页;王宏钧、刘如仲,61页。
[4] 参见森安孝夫1984,7、10页及注37、47。
[5] 同上书,8—9页;并请参白桂思1987,30页。
[6] 参见塔巴《年代记》卷2,1153页。参白桂思1987,66页以下。
[7] 森安孝夫1984,8页。

女国即大羊同，吐蕃在644年左右便征服了此地，但勃律恐怕不能同日而语。王忠先生在论及贞观二十二年（648）王玄策讨中天竺，史载吐蕃、泥婆罗均发兵相助之事时说："泥婆罗王之被杀与被立皆由吐蕃，足见吐蕃此时已完全控制泥国，发兵当由吐蕃，非如《通鉴》所记泥国受玄策书而独自出兵，故出兵之数泥国多于吐蕃，而献捷时则有吐蕃而无泥国。"[1]所见极是。据《新唐书·天竺国传》记载：当时"玄策挺身奔吐蕃西鄙，檄召邻国兵"，同书《章求拔国传》说：当时尚依附于东天竺的章求拔国亦"发兵来赴，有功"。勃律如果同女国一样已服属吐蕃的话，正当"吐蕃西鄙"，而其未发兵，说明太宗末世它并没有服属吐蕃。即使到龙朔二年（662），汉、藏史料中也没有任何关于吐蕃与勃律发生关系的记载。实际上，刚刚兴起的吐蕃在与强大的唐朝进行大规模争战的同时是否还能使葱岭以南诸国"服属"，这本身就大成问题。而凭着所谓"服属性怀柔"就能经常通过军队更令人难以理解。例如，《新唐书·小勃律传》记开元（713—741）初年吐蕃从小勃律借道攻四镇时说："久之，吐蕃夺其九城"，这大概才是总共不到十年的事。[2]倘若是龙朔二年以前吐蕃就能从勃律借道过兵，即使勃律能够容忍，吐蕃能坚持半个多世纪、直到开元初年都未将其吞并也是至可怀疑的。

迄今为止，人们据以说明吐蕃早能经行西道的唯一证据就是贞观末年玄照往天竺求法，曾经过吐蕃。有关情况，义净在《大唐西域求法高僧传》卷上是这样写的："沙门玄照者，太州仙掌人也……以贞观年中乃于大兴善寺玄证师处初学梵语。于是杖锡西迈，挂想祇园。背金府而出流沙，践铁门而登雪岭。漱香池以结念，毕契四弘；陟葱阜而翘心，誓度三有。途经速利，过睹货罗，远跨胡疆，到吐蕃国。蒙文成公主送往北天，渐向阇兰陀国……后因唐使王玄策归乡，表奏

---

[1] 王忠1958，33页。
[2] 参见《新唐书·小勃律传》："开元初，王没谨忙来朝，玄宗以儿子畜之，以其地为绥远军。"《通鉴》卷二一二则以北庭节度张孝嵩发兵救小勃律系于开元十年（722）。

言其实德，遂蒙降敕，重诣西天追玄照入京。路次泥婆罗国，蒙王发遣送至吐蕃。重见文成公主，深致礼遇，资给归唐。"[1] 这段记载中的速利即玄奘《大唐西域记》卷一所记："自素叶水城至羯霜那国，地名窣利，人亦谓焉。"素叶水即碎叶水；羯霜那（Kashsh/Kishsh）亦作渴石、史国，地在中亚撒马尔罕东南。睹货罗即吐火罗。据玄奘记载，窣利与吐火罗地区之间以铁门为界。[2] 慧超《往五天竺国传》："大勃律国、扬同国、娑播慈国，此三国并属吐蕃所管……当土是胡"[3]，玄照"远跨胡疆"当即指此。阇兰陀国亦作阇兰达罗，即北天竺。

森安孝夫认为："玄照前往印度，不取从帕米尔直接南下的自古以来的常道，而是特意经由吐蕃，很可能是因为当时吐蕃威令行于帕米尔地区，出于认为求得吐蕃的保护更安全的想法。"[4] 玄照已过吐火罗，将至北天竺（今印度北部旁遮普邦一带），却舍近求远，反而又到了吐蕃，此行确实蹊跷！从来经行如玄照者亦仅此一人。倘若欲求保护而吐蕃威令果已行于帕米尔，何必再深入吐蕃去找文成公主送往北天（竺）？显然，情况并非如森安所想。玄照一定是过吐火罗以后正遇上天竺国内发生非常事件，他是不得已才绕道去吐蕃的。从玄照西行在文成公主出嫁以后和王玄策归乡以前[5] 来看，他遇到的很可能就是贞观二十二年王玄策使中天竺所遇到的天竺国内乱。据《新唐书·天竺国传》记载：武德（618—626）中，四天竺即皆臣于中天竺；发生内乱时，又有"剽诸国贡物"[6] 的情况。这大概才是玄照未即入竺，而远远绕道吐蕃的真正原因。王玄策以吐蕃、泥婆罗等国兵平定天竺内乱以后，玄照才又由文成公主遣送北

---

[1] 参见《大正藏》卷五一，1页。
[2] 参见《大唐西域记校注》，98—103页。
[3] 《大正藏》卷五一，977页。
[4] 森安孝夫1984，8页。
[5] 参见冯承钧《译丛七编》，1—3页；冯承钧《论著汇辑》，103—105页；《大唐西域求法高僧传校注》，25—26页；森安孝夫1984，8页及注42。
[6] 《新唐书》，6237—6238页。

第一章　唐朝统治西域与吐蕃的介入

天竺。即使如此,仍然"未至之间,长途险隘,为贼见拘。既而商旅计穷,控告无所"[1]。总之,与森安所理解的相反,玄照的经历恰好说明,当时吐蕃的威令并未行于帕米尔地区。

本节最后,想介绍一条最近刊布的与我们的主题有关的考古材料。在新疆和田地区皮山县桑株巴扎西南26公里处的桑株河谷中,曾经发现一处岩刻。画面凿刻在河谷东岸的一块巨大的岩石上,后依山崖,下临河谷,前有小道、水渠环绕而过。岩刻的范围高3.3米,宽1.3米,描绘的是一个狩猎场面。特别值得提到的是,画面上还有许多图形符号。这个作品,前人定名为桑株岩画,其实距离桑株镇甚远。这里的地名叫"乌拉其",是"制作路标者"或"指路者"的意思。研究者认为,桑株河谷自古至20世纪中叶,一直是南通西藏和印度、克什米尔地区的便道之一,联系到"乌拉其"这个地名,这处岩刻可以认为是一个路标。由于岩画中毫无佛教的反映,有人认为可以把岩画年代推到公元前即和田地区尚未信佛的年代。关于岩画作者的族属,有人认为是羌人,有人认为是塞人(Sakas),亦未有定论。[2]无论如何,这条材料完全证实了我们的意见:古代于阗和大羊同/女国之间早就存在着一定的交通联系;由桑株达坂翻越昆仑山是这条道路的主要路线之一。

第四节　吐蕃在西域的早期活动

吐蕃人早期对西域的影响

实际上,在史料明确记载吐蕃人入西域活动之前,已有若干迹象显示他们早就对西域产生影响了。

---

[1]《大唐西域求法高僧传校注》,10页。
[2] 参见陈兆复1991,158—160页。

我们看到，朗日论赞从北方的突厥地得到食盐很可能是经过了某些中介。但是，据敦煌所出古藏文《赞普传记》可知，朗日论赞时已有人从藏地到了西域。该传记在叙述朗日论赞率军由山南征服拉萨河流域的森波杰赤邦松时说："河水高涨，拍击着岸壁，挣脱阻拦，泛滥出去。宇那（Yu sna）城堡被摧毁，古止森波杰被推翻，芒波杰孙波遁向突厥之地。"[1] 匈牙利藏学家乌瑞（G. Uray, 1921—1991）认为："芒波杰孙波王子之逃往突厥之地在多大程度上符合史实现在还很难判断，在这件事上，很可能突厥之境并不意味着真正的突厥领域，而只是不为人知的遥远的北方地区而已。"[2] 如前所述，我们有理由认为，当时吐蕃人所谓"北方突厥地"，指的就是西域，尤其是西突厥五俟斤部活动的地区。

《通典》卷一九〇吐蕃条略云："其赞普弄赞，雄霸西域。隋开皇中，其主论赞索弄赞都犎柯西匹播城已五十年矣。国界西南与婆罗门接。自大唐初，已有胜兵数十万，号为强国……党项、白兰诸部及吐谷浑、西域诸国咸畏惧之。"王忠先生认为："论赞索弄赞似为论赞索弄囊之讹"[3]，此即敦煌所出古藏文历史文书中之 Slon brcan rlung nam，也就是藏文文献史料中的朗日论赞。《新唐书·吐蕃传》："论赞生弃宗弄赞，亦名弃苏农，亦号弗夜氏。其为人慷慨才雄，常驱野马、牦牛，驰刺之以为乐，西域诸国共臣之。"《旧唐书·吐蕃传》上的相应段落是："贞观八年，其赞普弃宗弄赞始遣使朝贡。弄赞弱冠嗣位，性骁武，多英略，其邻国羊同及诸羌并宾伏之。"可见，吐蕃兴起，尤其是西藏高原的统一，在其周边地区包括西域产生了重大影响。当然，这主要是弃宗弄赞在位时期的事。不过，贞观八年（634）吐蕃尚未征服羊同，西域除伊吾外都还在西突厥控制之下，所谓"西域诸国共臣之"只是《新唐书》的约文之病，

---

[1] 荣译乌瑞 1983，97 页。参《敦煌本吐蕃历史文书》，131 页；王辅仁、索文清，11 页。
[2] 荣译乌瑞 1983，97 页。
[3] 王忠 1958，22 页。

第一章　唐朝统治西域与吐蕃的介入

并非真有臣属关系。

《通鉴》卷一九八,贞观二十一年(647)十二月"戊寅,诏使持节·昆丘道行军大总管·左骁卫大将军阿史那社尔、副大总管·右骁卫大将军契苾何力、安西都护郭孝恪等将兵击之(指龟兹。——引者),仍命铁勒十三州、突厥、吐蕃、吐谷浑连兵进讨"。虽然载籍中未见有吐蕃参与这一活动的具体细节,但考虑到贞观二十二年(648)吐蕃曾受王玄策檄召发兵助其讨平中天竺之乱;贞观二十三年唐太宗去世,吐蕃又表示愿勒兵赴国讨除不忠之臣[1],我们仍倾向于肯定吐蕃曾应唐朝征召派兵入西域。不过,森安孝夫说:"从这次派兵是和吐谷浑一道来看,可以认为吐蕃军是从其东北方向出征的。"[2]我不同意这种看法。《册府元龟》卷九八五外臣部征讨四收有《贞观二十一年十二月伐龟兹诏》,其中说:"又遣吐蕃君长,逾玄菟而北临;步摇酋渠,绝昌海而西鹜。"步摇为鲜卑首饰,此处借指鲜卑族吐谷浑。可见吐蕃这次并非是和吐谷浑一道出兵的。吐谷浑出兵西域由东往西,而吐蕃出兵西域是"北临",可见绝不是从其东北方向出征的,只能是从其西北即越于阗南山进入西域。

《新唐书·吐蕃传》上所引崔融《拔四镇议》说:"太宗文皇帝践汉旧迹,并南山抵葱岭,剖裂府镇,烟火相望,吐蕃不敢内侮。"实际上,自唐太宗贞观十五年(641)遣嫁文成公主于吐蕃,此后唐蕃和好,直到太宗去世,双方无任何冲突见于记载。况且,贞观二十二年唐军才讨平龟兹,次年太宗去世,高宗又授吐蕃赞普驸马都尉、西海郡王[3],哪里谈得上"吐蕃不敢内侮"呢?显然,这既非当时实情,也非崔融献议的原话。[4]

[1] 参见《旧唐书·吐蕃传》上,5222页;《新唐书·吐蕃传》上,6074页;《通鉴》卷一九九,6270页。
[2] 森安孝夫1984,7页。
[3] 参见《旧唐书·吐蕃传》上,5222页;《新唐书·吐蕃传》上,6074页;《通鉴》卷一九九,6270页。
[4] 参见王小甫1991(2)。

噶氏专政与吐蕃的扩张

吐蕃在弃宗弄赞之后的连续两任赞普都是年幼即位，不得不把军政大权委托给把持大相职位的贵族噶氏家族，于是在吐蕃历史上出现了一个将近五十年（650—698）的噶氏专权时期。

弃宗弄赞之子贡松贡赞（Gung srong Gung btsan）先于其父去世，所以弃宗弄赞死后由其孙芒松芒赞（Khri mang srong mang btsan，汉文史料作乞梨拔布，650—676在位）继赞普位，大相禄东赞摄理政务。禄东赞沉勇有谋，善机变，用兵有节制。在其当政期间，抚服边地，规定赋税、法律，区分"桂"（武士）、"庸"（奴隶）等级，清查户籍，对吐蕃的社会和经济、政治制度的发展起了相当大的作用。至此，吐蕃开始以强悍的姿态出现在亚洲政治舞台上。在659—666年的八年间，作为大相的禄东赞曾长年久驻青海地区征讨吐谷浑，开疆拓土。[1]667年禄东赞病死。据《册府元龟》卷九六二外臣部才智条记载："东赞有子五人，长曰赞悉若，次钦陵，次赞婆，次悉多于，次勃论。东赞死，钦陵兄弟后（《旧唐书·吐蕃传》上作"复"。——引者）专其国。钦陵、悉多居中，诸弟分提方面。赞婆则专在东境，与中国为邻三十余年，尝为边患。其兄弟皆有才略，诸蕃惮之。"敦煌所出古藏文历史文书中有大论噶尔·赞聂多布（Mgar btsan snya ldom pu），自禄东赞死后任大相（即大论）一职，到685年去世。有人认为此即东赞长子赞悉若。[2]总之，噶氏家族在总揽吐蕃军政大权期间，一直都在积极扩大西羌诸部和青藏高原的统一，并竭力向高原以外尤其是唐朝西域扩展势力。

唐朝从讨龟兹到平贺鲁置四镇，全部精力都在对付西突厥，并

---

[1] 参见《敦煌本吐蕃历史文书》，102—103页；两唐书《吐蕃传》《吐谷浑传》；《册府元龟》卷一〇〇〇外臣部灭亡条；《通鉴》卷二〇一，6335—6336页。
[2] 参见《敦煌本吐蕃历史文书》，212页。我怀疑此人可能是东赞第四子悉多于，详见本书第二章第一节。

没有认识到吐蕃兴起的严重性,所以它才敢下令吐蕃与其他蕃部连兵进讨龟兹,所以它的四镇设置是散布镇抚而不是集中防御。当吐蕃连年进取乃至消灭吐谷浑时,唐朝却在竭尽全力攻伐高丽。唐朝真正认识到"吐蕃为患"的严重性已到了仪凤三年(678)[1],那时候,唐朝已在青海遭受了两次大败(咸亨元年薛仁贵以十余万兵败于大非川;仪凤三年李敬玄以十八万兵败于青海),同时安西四镇亦因吐蕃进攻两次放弃。那时候,吐蕃虽未极盛,但羽翼已丰,唐、蕃长期抗衡已成定局,这是唐朝所始料未及的。

现在让我们来看看吐蕃进入西域时的情况。

朱俱波与吐蕃入西域的形势

我们已经看到,隋唐时代塔里木盆地缘边主要是四个绿洲小国:焉耆、龟兹、于阗、疏勒,所以唐朝取代西突厥而统治西域,只在这四国设镇抚慰。但是,由于西突厥的长期介入,尤其是弩失毕诸俟斤部落沿葱岭活动到于阗南山,还有一些小国依赖与俟斤部落的密切联系而保留了下来,例如朱俱波和渴盘陀。[2]朱俱波,汉文史料亦作朱驹半、悉居半、郅支满/郅及满、斫句迦(Qarghaliq),地在今新疆叶城[3];渴盘陀,汉文史料亦作喝盘陀、羯盘陀、渴饭檀(Kavanta)[4],又称葱岭国,地在今新疆塔什库尔干。贞观二十年(646)六月,西突厥乙毗射匮可汗遣使贡方物并请赐婚,唐太宗要他割龟兹、于阗、疏勒、朱俱波、葱岭五国为聘礼[5],这五国就意味着当时除唐已征服过的焉耆以外的整个天山南

---

[1] 参见《册府元龟》卷九九一,外臣部备御四;《通鉴》卷二〇二,6386页;《新唐书·吐蕃传》上,6077页。
[2] 有关地理资料详见《洛阳伽蓝记校注》,279—284页。
[3] 参见《大唐西域记校注》卷十二,998页。
[4] 同上书,983—984页。
[5] 参见两唐书《突厥传》下;《通鉴》卷一九八,6236页。

麓地区。朱俱波和渴盘陀之所以能与其他三国并列，很可能就因为它们一靠于阗南山，一在葱岭东麓，与五俟斤中两个哥舒部联系特别紧密。

然而，朱俱波在唐蕃关系中的重要性并不在于它是否为一个单独存在的绿洲国家，而在于它的地理位置正处在吐蕃入西域与唐朝争夺五俟斤地的要道路口上。有意思的是，《隋书》记载的于阗同女国的地理联系在《通典》中移到了朱俱波条下。《通典》卷一九三：朱俱波"今并有汉西夜、蒲犁、依耐、得若四国之地。在于阗国西千余里，其西至渴槃陁国，南至女国三千里，北至疏勒九百里，南至葱岭二百里。其王本疏勒国人（原注：《魏略·西戎传》曰：西夜并属疏勒）"。可见朱俱波确为吐蕃争夺和控制西域的战略要地。朱俱波还有一个不太引人注意的特点，就是"其王本疏勒国人"。《新唐书·朱俱波传》说它"北九百里属疏勒"，可见《通典》所说虽是南北朝时的情况，但至唐初看来并无大的变化。《通典》卷一九二于阗国条记唐初贞观年间的情况时说：于阗"今并有汉戎卢、扜弥、渠勒、皮山、精绝五国之地"。可见于阗西境不过皮山。无怪乎前引加尔迪齐《记述的装饰》说西域通吐蕃之路为和阗一路，疏勒一路，疏勒与和阗之间还有一路。多半是由于这个原因，在长寿元年（692）唐朝于四镇大规模驻军以前，人们常常见到史料记载于阗还在唐朝控制之下，可吐蕃人已经到了疏勒。白桂思先生对此大惑不解，遂以为吐蕃军队必定是西经小勃律进入塔里木盆地的，由此而推论："到了663年，吐蕃帝国控制区在西北到了西藏高原（喀喇昆仑山脉形成帕米尔的地方）、勃律国、吐火罗东部的护密国（或前者的东部通道）以及疏勒周围地区。于是，吐蕃取得了战略优势，唐朝认识到这一点时显然已经太晚了。"[1] 恐误。

如果我们对贞观二十二年尚未被唐朝直接征服的疏勒和于阗

---

[1] 白桂思1987，30页。

稍加比较，可以发现于阗在讨平龟兹的战争中表现特别。《旧唐书·于阗国传》略云："及阿史那社尔伐龟兹，其王伏阇信大惧，使其子以驼万三百匹（新传作"三百匹"。——引者）馈军。及将旋师……社尔乃遣（薛）万备率五十骑抵于阗之国，万备陈国威灵，劝其入见天子，伏阇信于是随万备来朝。"从龟兹拨换城（今阿克苏）渡河向南经神山堡（今麻扎塔格），九百三十里可至于阗[1]，于阗馈军及万备出使或即循此。然而相比之下，距龟兹更近的疏勒却无动于衷，这一现象确实值得注意。联系到显庆四年（659）唐朝在西域置州县，葱岭以东提到的只有疏勒和朱驹半（即朱俱波），令人怀疑其中已经受到了吐蕃势力的影响。也就是说，贞观二十二年吐蕃派兵入西域，正是沿五俟斤路向北在朱俱波、疏勒一线活动。吐蕃的进入显然促进了绿洲诸国的分化：于阗迅速臣服唐朝；尚在西突厥控制下的疏勒和朱俱波等却试图联结吐蕃与唐朝抗衡。

都曼之乱与南结吐蕃

唐朝于疏勒、朱俱波等国置州县是在显庆四年（659）九月，但就在这年十一月左右，阿史那贺鲁的部将阿悉结阙俟斤都曼[2]帅疏勒、朱俱波、渴盘陀三国反，击破于阗。[3]这场叛乱本身很快就被唐将苏定方讨平了，可是其间透露的曲折却很值得回味。两唐

---

[1] 参见《新唐书·地理志》七下，1150页。
[2] 关于都曼的部落名称，请参以下史料：
《新唐书·高宗纪》：显庆四年十一月，"癸亥，贺鲁部悉结阙俟斤都曼寇边，左骁卫大将军苏定方为安抚大使以伐之"。悉结即阿悉结，又作阿悉吉、思结。
《通鉴》卷二〇二："西突厥兴昔亡可汗之世，诸部离散，弓月及阿悉吉皆叛。（胡注：阿悉吉即阿悉结，弩失毕五俟斤之一也。）苏定方之西讨也，擒阿悉吉以归。"
《唐会要》卷十四献俘条："显庆五年正月，左骁卫大将军苏定方讨思结阙俟斤都曼，献俘于东都。"
[3] 详见两唐书《苏定方传》；《新唐书·突厥传》下；《通鉴》卷二〇〇，6319页。

书《突厥传》都说,十姓部落中以阿悉结阙俟斤最为强盛。唐平西突厥,在该部设置俱兰都督府,研究者认为其中心即在碎叶与怛逻斯之间的俱兰(Kūlān)。[1]都曼率疏勒、朱俱波和渴盘陀三国击破于阗,或许跟于阗亲唐有关。但更令人注意的是,都曼活动的这一线——俱兰、马头川(今吉尔吉斯斯坦纳林河上游之 At Bash,突厥语意为"马头")、疏勒、朱俱波、于阗——正是以后相当长一段时期内吐蕃在西域活动的主要地区,即所谓"俟斤(irkin > Yarkand?)地"。因此不难设想,都曼沿此一线向南活动,可能也与吐蕃有关。事实正是如此。《通鉴》卷二〇二在咸亨四年(673)十二月条下讲到弓月、疏勒二王最终来降时有这样一段回顾性文字:"西突厥兴昔亡可汗之世,诸部离散,弓月及阿悉吉皆叛。(胡注:阿悉吉即阿悉结,弩失毕五俟斤之一也。)苏定方之西讨也(胡注:见二百卷显庆二年),擒阿悉吉以归。弓月南结吐蕃,北招咽面,共攻疏勒,降之。"这里所说的兴昔亡可汗,肯定是指阿史那弥射,因为唐朝自显庆二年(657)十二月下诏册弥射为兴昔亡可汗以后,直到垂拱元年(685)才又册弥射子元庆继之,那时候苏定方早已去世了。[2]苏定方西讨而擒阿悉结阙俟斤都曼以归,其事《通鉴》卷二〇〇系在显庆四年,胡注"二年"误。实际上,如前所述,册弥射为兴昔亡可汗的诏令要到显庆三年五月迁安西都护府至龟兹后才得以实施,显庆二年无论如何是不可能称为"西突厥兴昔亡可汗之世"的。胡注"显庆二年"显然是误把苏定方西讨(贺鲁部将阿悉结阙俟斤都曼)当作苏定方伊丽道行军(擒贺鲁)了。总之,《通鉴》卷二〇二的这段追述揭示了一件史实:由于"弥射、步真无绥御材,下多怨"[3],阿悉结阙俟斤都曼是和弓月部一起叛乱的。叛乱者南攻于阗,就因为于阗是他们连接吐蕃对抗唐朝的障碍。只是都

---

[1] 参见陈国灿1987。
[2] 参见《旧唐书·苏定方传》,定方"乾封二年(667)卒,年七十六"(2780页)。
[3] 《新唐书·突厥传》下,6064页。

曼很快兵败被擒，弓月只好再"南结吐蕃，北招咽面"，重新从攻降疏勒开始起事。这后一件事就是龙朔二年（662）苏海政飓海道行军的起因。

　　白桂思先生曾敏感地觉察到了《通鉴》咸亨四年十二月条下追述的情况与显庆四年发生的事件之间的联系。[1]可惜他接着就把咸亨四年（673）萧嗣业疏勒道行军同龙朔元年（661）萧嗣业仙萼道行军这相距十二年的两件事完全混淆起来，请看他的说法："作为对弓月等攻陷疏勒的反应，唐将郑仁泰将兵击溃思结、拔野古、仆骨、同罗部落，他们属于远在弓月以东的铁勒联盟。随之而来的是天山地区九姓铁勒的一场大规模反抗，包括同罗、仆骨、思结和多滥葛（Telengit）。661年冬天，三支唐军被派去进攻这些反抗者：郑仁泰为铁勒道行军大总管，萧嗣业为仙萼道行军大总管，阿史那忠为长岑道行军大总管。第二年春天，郑仁泰和薛仁贵率军在天山某处击败了突厥人。当唐军逼近思结、多滥葛等部在天山的藏身之处时，这些部落民就都出来投降了。萧嗣业的远征军逼近弓月之地，于是该部连同它征服的疏勒城也一起投降了。或许与这些事件有关，禄东赞暂时离开了吐谷浑，在羊同召集了一支军队。下一年年初，一支吐蕃军队再次同弓月和疏勒的军队结盟。"[2]白桂思先生这里犯了一些常识性错误，须知漠北九姓铁勒的思结并非西突厥十姓部落的思结（=阿悉结），漠北的天山（=郁都军山）也不是西域的天山（=折罗漫山）。虽然白桂思先生常常抱怨汉文史料难以利用，如经常不做声明就进行背景性追述[3]，甚至"汉语缺乏过去完成时只能增加混乱"[4]等，我还是认为，即使是非华人学者，也不应把上述内容搞混。因为，首先，《通鉴》在咸亨四年十二月条下进行追述时先交

---

〔1〕参见白桂思1987，28页。
〔2〕同上书，28—29页。
〔3〕同上书，xvii页。
〔4〕同上书，43页注31。

代是在"西突厥兴昔亡可汗之世",这就不可能同由于萧嗣业出兵而发生的咸亨四年"十二月丙午,弓月、疏勒二王来降"一事混淆起来,因为这一时期唯一的兴昔亡可汗阿史那弥射早在龙朔二年就被𩵄海道行军总管苏海政错杀了[1];其次,龙朔元年萧嗣业仙萼道行军的作战地区应该是在漠北仙萼河/仙娥河(古突厥文碑铭中的Sälängä,今色楞格河)[2],无论如何也到不了弓月(今新疆伊宁霍尔果斯北废城)[3]、疏勒一带去。

弓月引吐蕃入西域

龙朔二年的事件,以《册府元龟》卷四四九将帅部专杀条记载最为完整。因为这是史料中首次明确记载吐蕃人在西域的活动,我们这里全文引述如下:

> 苏海政为𩵄海道总管检校右武卫将军,高宗龙朔二年十二月,受诏讨龟兹及疏勒。敕昆陵都督阿史那弥射及濛池都督阿史那步直(即步真。——引者)发众以从海政。步直先与弥射争,部落不和,密谓海政曰:"弥射谋反,请以计诛之。"时海政兵才数千,悬师在弥射境内,遂集军吏而谋曰:"弥射若反,我辈既无噍类,不如先事诛之。"乃伪称有敕,令大总管赍物数百万段分赐可汗及诸首领。由是弥射率其麾下随列请物,海政尽收斩之。其下鼠尼施、拔塞干两部叛走。海政与步直追讨,平之。海政军回至疏勒之南,弓月又引吐蕃之众来拒官军。海政以师老,不敢战,遂以军资赂吐蕃,约和而还。其后吐蕃盛言弥射不反,

---

[1] 参见《新唐书·突厥传》下,6064页。并请参《通鉴》卷二〇一,6332—6333页。
[2] 参见特勤1968,367页。
[3] 参见王小甫1991(1),351页。

为步直所诬，而海政不能审察，滥行诛戮。[1]

这段史料中说"弓月又（《通鉴》作'复'）引吐蕃之众来拒官军"，不仅意味着这是再次引吐蕃进西域对抗唐军，而且也暗示这次是以同从前一样的方式引来吐蕃。也就是说，龙朔二年的"疏勒之南"与在此之前的"南结吐蕃"是一个方向，就是显庆四年都曼与弓月一起叛乱攻破于阗的那个方向，吐蕃人就是从那里，从南方经中道进入西域的。归纳起来，自唐朝贞观二十二年讨龟兹以后的这段时间，吐蕃已有三次介入西域事务：第一次即贞观二十二年应唐朝征召"逾玄菟而北临"；第二次是显庆四年阿悉结阙俟斤都曼被擒获以后，弓月"南结吐蕃，北招咽面"，导致苏海政"受诏讨龟兹、疏勒"；第三次即龙朔二年之事。不过我们认为，龙朔二年的事件仍有其特殊的意义，它标志着唐蕃首次在西域正式交锋，表明唐朝开始意识到吐蕃对西域事务的介入。

苏海政飐海道行军的任务据史料讲是讨龟兹、疏勒。然而龟兹本是安西都护府所在地，没有资料直接显示安西都护府在这场战争中的情况。从《新唐书·龟兹传》可知，自显庆三年（658）唐置龟兹都督府时立白素稽[2]为王任都督，至"上元（674—675）中，素稽献银颇罗、名马"[3]，看来没有什么变化。被讨伐的可能是龟兹国内与弓月、疏勒相勾结的"乱臣贼子"。不过，从吐鲁番出土

---

[1] 亦参见《旧唐书·突厥传》下，5189页；《通鉴》卷二〇一，6332—6333页；苏晋仁、萧鍊子，34页。
[2] 龟兹王室自汉至唐姓白，参冯承钧《论著汇辑》，158—175页；《大唐西域记校注》卷一，57页注（四）。
[3] 《新唐书·龟兹传》，6232页。此事据《旧唐书·高宗纪》当在上元二年（675）春正月。关于颇罗或破罗一词的语义，学者们说法不一，请参蔡鸿生1983，146—147页；同作者1986，106—107页；同作者1988，109页。《隋书·曹国传》：国中有"金破罗阔丈有五尺，高下相称"。据蔡鸿生1983引粟特学家亨宁（W.B.Henning）的说法，"破罗"一词粟特语作pal，意为"旗"。又，《新唐书·南诏传》："有功加锦，又有功加金波罗。金波罗，虎皮也"（6229页），恐即金破罗。

65TAM346：1号文书《唐乾封二年郭毡丑勋告》[1]中，我们也可以了解到这次行军作战之艰巨：

1．诸道杂勋
2．　飑海道：沙泽阵、缬岭阵、东熊陆岭阵并第一勋，
3．　各加三转，总玖转。
4．　西州募人郭毡丑，
5．　　右可护军。

（下略）

《唐六典》卷五兵部郎中员外郎条"勋获之等级"注："谓军士战功之等级，若牢（恐当作"守"。——引者）城苦战，第一等酬勋三转"；凡破城阵，"上阵下获、中阵中获、下阵上获第一等酬勋三转"。郭毡丑参加飑海道行军，三阵并第一勋各加三转。由此可见，飑海道行军几经艰苦战阵。无怪乎苏海政回军之时遇吐蕃，竟以"师老，不敢战，遂以军资赂吐蕃，约和而还"。总之，经过唐军将士的艰苦作战，作为唐朝经营西域前哨阵地的安西四镇终于保住了。但是，弓月部仍然很活跃。

弓月并非人们所猜测的 Kängärs/Kangli [2] 或 Köngül [3]，也不是十姓部落之一。弓月一名的唐代读音为 *kĭuŋ ŋĭwet，根据我的看法，当为古突厥语 kün ört 的音译，其意为"日火，太阳之火"，表明该部落的袄教即拜火信仰。[4] 这是一个以西突厥牙帐之一弓月城为基地的粟特胡人部落，他们在草原上经商，同时也把他们的袄教信仰等习俗传到所去的地方。突厥人信袄教，但袄教的种种礼拜活动均

---

〔1〕 录文见《吐文书》第六册，504页。
〔2〕 参见松田寿男 1987，393—396、425—427页。
〔3〕 参见白桂思 1987，28页注 85。
〔4〕 参见王小甫 1991（1），352页。

操于祭司之手，他们集一切宗教祭祀事宜于一身。除了祭司之外，任何人不得僭越行祭。因此，这些把祆教传入草原的粟特商胡实际上操纵着西突厥人的宗教生活。[1]再加上他们所控制的商业活动对于游牧经济的重要作用[2]，弓月在唐平贺鲁灭西突厥汗国以后活跃起来的原因就不难理解了。唯有他们才能利用自己的崇高地位和在商路上远距离活动的便利条件，发动西突厥残余势力为自己的传统利益而战，连兵吐蕃，对抗唐朝。

赞普北巡与崔知辩救于阗

此后西域的主要战事有：

龙朔三年（663）十二月壬寅，以安西都护高贤为行军总管，将兵击弓月以救于阗。[3]

麟德二年（665）闰二月，疏勒、弓月引吐蕃侵于阗，敕西州都督崔知辩、左武卫将军曹继叔将兵救之。[4]

白桂思注意到，据敦煌所出古藏文《大事纪年》记载，鼠年（664—665）有"赞普出巡北方"一事，而于阗正在中央藏区的北方。[5]但佐藤长却以为这里记的是进攻吐谷浑的一次战役。[6]我认为，白桂思的意见值得重视。实际上，上述两次战事很可能是连续进行的。同在一地（于阗）的两次战争时间靠得如此之近（一年多一点！），可能因为安西都护高贤战殁，才接着派西州都督崔知辩等去援救。战争如此之残酷，其原因盖在其间有"赞普出巡北方"，即

---

[1] 参见本书附录壹。笔者关于粟特人与突厥关系的新研究，见拙文《拜火教与突厥兴衰》，载《历史研究》2007年第1期，24—40页，后收入拙著《中国中古的族群凝聚》，中华书局，2012年。

[2] 参见王小甫1988。

[3] 参见《通鉴》卷二〇一，6339页。

[4] 参见上书，6344页。

[5] 参见白桂思1987，31页注101。

[6] 参见佐藤长1977，312—313页。

汉文史料所谓"疏勒、弓月引吐蕃侵于阗"。我的理由是：

1. 我注意到，龙朔三年的作战对象既无疏勒也无吐蕃。这就是说，当时疏勒仍在唐朝手中，而吐蕃尚未进入西域。弓月首先向南进攻于阗，显然与招引吐蕃有关。

2. 鼠年（664）吐蕃赞普巡临北方，应即是受弓月之招引进入西域，于是战争规模扩大，疏勒叛唐，连兵进攻于阗。

3.《旧唐书·裴行俭传》："麟德二年，累拜安西大都护。"然而，同年闰二月却有遣西州都督崔知辩援救于阗，这表明：第一，当时安西都护出缺，那只能是前任离职、后任未到时的情况。而且，据《旧唐书·裴行俭传》可知，崔知辩/崔智辩为裴行俭所引荐之偏裨，可见行俭拜安西大都护（从二品）当在西州都督（正三品）崔知辩出兵之前。因此，可以肯定，前任安西都护高贤是战殁了。之所以遣西州都督出兵，是因为军情紧急，而新都护未及到任。第二，当时安西都护府仍在龟兹。因为大量史实表明，每当安西都护府迫于形势迁回西州，西州都督府建制便改为州而由都护兼领。所以，不能仅仅因为西州都督救于阗便否认安西都护府的存在。

4. 崔知辩出兵的一些细节情况得到了来自敦煌、吐鲁番出土文书方面的补充。吐鲁番出土64TAM4：36号文书第1—2行写有"麟德二年八月十五日，西域道征人赵丑胡于同行人左憧憙边贷取帛练"[1]，可知当年崔知辩出兵为西域道行军，而且战事至是年八月中旬尚未结束。敦煌所出P.2754号文书《安西判集》第58行（属其中第三道判文《奉判伊州镇人侯莫陈等请安西效力事》）有"崔使今春，定应电击，于阗经略，亦拟风行"句，日本学者池田温将"崔使"比定为西州都督崔知辩[2]，却没有提出比定的理由。我认为，"使"是指相当于行军总管的安抚大使，如显庆四年苏定方讨都曼时

---

[1]《吐文书》第六册，412页。
[2] 参见池田温1978，440页。

然。所以，麟德二年唐朝实际是以西州都督崔知辩为西域道安抚大使救于阗。[1]咸亨元年（670）唐朝因吐蕃进攻宣布罢四镇（详见本书第二章），说明此前四镇一直为唐所守，即崔知辩之行取得了胜利。这与《旧唐书·裴行俭传》说是年拜行俭为安西大都护后，"西域诸国多慕义归降"是一致的。

5. 从《大事纪年》的记载可知，这一时期吐蕃大论禄东赞一直在青海与吐谷浑作战，赞普没有特别理由再到那里去。相反，在这种情况下赞普去西域才有意义。即如后来东赞去世，钦陵兄弟"分提方面"[2]。

应当指出的是，这两次战争的地点又都是在于阗（即今和田），这就再清楚不过地显示了当时吐蕃进入西域的路线。

把本书对吐蕃初入西域路线的讨论同有关资料联系起来，可以发现一条与吐蕃在西域活动时有关的地理线索：吐蕃征服羊同，控制了"食盐之路"；而后进入西域，将"食盐之路"与西突厥的"五俟斤路"连接起来；唐朝重兵防守四镇以后，吐蕃被迫向西开通跨越葱岭之路；唐以小勃律为"国之西门"，吐蕃则改由塔里木盆地东南入西域；最后，吐蕃趁安史乱后唐国力不逮，乃夺取安西，更沟通草原上传统的南北交通路线，与葛逻禄、黠戛斯结成联盟共与回鹘争衡。

吐蕃与西突厥余部连兵分析

可以看到，吐蕃从一开始就几乎每次都是和西突厥部众连兵在西域活动。这是为什么呢？除了西突厥余部的招引之外，我认为主要原因有两个：一是由于当时的政治军事形势，吐蕃军队主要是越于阗南山进入西域的。但是，众所周知，翻越喀喇昆仑山和昆仑山

---

[1] 有关这次行军的详细研究，请参荣新江1990，345页以下。
[2] 《册府元龟》卷九六二，外臣部才智条。

的道路绝非坦途。即使对于以山岭为惯常径路的吐蕃人来说，每次能从此道进入西域的人马也不会太多。吐蕃不能长期大规模用兵西域的另一个原因是，当时与唐朝在青海一带的争夺一直是吐蕃扩张势力的主战场。咸亨元年吐蕃论钦陵将兵四十余万败唐军于青海大非川，以五口之家出一兵计，四十余万兵需出自二百多万人口，若再将后勤供应人员统计在内，投入的人力当更可观！当然，钦陵兵力容有夸大。然而据1957年的人口统计数字，当时全国的藏族也才277万人。一次出兵四十余万，这对兴起不久的吐蕃来说无论如何都是一个极为沉重的负担。况且这些兵员主要都是用在其东北战场上。因此，吐蕃在西域不得不靠与西突厥余部连兵来活动。

西突厥自阿史那贺鲁败亡以后，许多部落贵族并不甘心于唐朝"分而治之"的统治，他们力图恢复其传统的对绿洲地区的控制，这便给吐蕃的介入提供了契机。最初引吐蕃入西域的弓月部很可能就是依附原西突厥可汗牙帐的一个商业祭司部落。弓月部失败以后，仍有其他部落贵族企图以统一的十姓可汗为号召。《新唐书·地理志》七下：碎叶"城北有碎叶水，水北四十里有羯丹山，十姓可汗每立君长于此"。从碎叶往西直到石国（今乌兹别克斯坦塔什干）北之千泉，是从前西突厥可汗经常驻跸之地[1]，因而在史籍中常被称作"十姓可汗故地"。

然而，如前所述，唐初在安西四镇只有镇戍机构和少量防人。在当时镇戍与征伐并行的军事制度下，唐朝在安西四镇的军事行动主要是靠焉耆以东的西州及河西的差兵并兴发当地土著来进行的。在这种情况下，一旦土著与其他势力联合，安西四镇便岌岌可危，甚至不得不撤回西州。唐蕃双方在西域都不具有彻底制服对方的力量，于是便展开了长期的争战，这是唐初安西四镇几次弃置的主要原因。

---

[1] 参见《大唐西域记校注》，76页；《大慈恩寺三藏法师传》，27—29页；《新唐书·突厥传》下，6056页。

第二章 唐初安西四镇的弃置

第一节 吐蕃与唐朝之反复争夺安西四镇

从吐蕃进入西域与西突厥余部连兵,到长寿元年(692)唐朝收复安西四镇后驻扎重兵防守,这期间唐蕃双方在西域的争夺主要是以四镇弃置为主线展开的。

咸亨、上元年间四镇的弃置

据史料记载,咸亨元年(670)夏四月,吐蕃陷西域白州等十八州,又与于阗合众袭龟兹拨换城,陷之;唐朝罢龟兹、于阗、焉耆、疏勒四镇。[1]

据《新唐书·地理志》七下引贾耽《皇华四达记》的说法,龟兹境在拨换西南二百六十里的据史德城(一曰郁头州,今新疆巴楚县东北九间房遗址),可见拨换为龟兹西部重镇。所以,吐蕃在与于阗合众袭拨换前所陷西域十八州,恐怕多数都在更西的疏勒境内。森安孝夫认为,白州一名可能因龟兹王姓白氏而来。[2] 我以为白州或在今库车西北的拜城(Bay),而未必是安西都护府所在的龟兹王

---

[1] 参见《通鉴》卷二〇一,6363页;《唐会要》卷七三,安西都护府条。并参见《旧唐书·高宗纪》;《新唐书·吐蕃传》上;《册府元龟》卷九八六,外臣部征讨五。有关研究,参森安孝夫1984,10—11页。
[2] 参见森安孝夫1984,11页。

城。白，唐代读音为 *bɐk。识者以为，今维吾尔语之 bay、bag 均来自古突厥语之 bäg "贵族，首领，统治者"[1]，此即唐译突厥官号"匐"[2]。疏勒虽于麟德二年（665）已与弓月、吐蕃连兵，但其境内诸州未必尽陷。据《新唐书·地理志》七下四镇都督府条可知，疏勒领州十五，龟兹领州九，于阗在上元二年（675）置都督府前领州五。[3] 这就是说，咸亨元年以龟兹、于阗领州全部尚不足吐蕃所陷十八州之数，何况于阗很可能是吐蕃陷白州等十八州之后才陷落的。总而言之，四镇并不是同时陷落的，大抵是疏勒镇、于阗镇相继陷落以后，唐朝才被迫宣布罢四镇和撤退安西都护府的。[4]

参与咸亨元年战争的除麟德二年已与吐蕃连兵的弓月部（唐《阿史那忠墓志》："而有弓月扇动，吐蕃侵逼。延寿莫制，会宗告寡。"据研究即指咸亨元年事）以外，可能还有乾封二年（667）阿史那步真死后即率众附于吐蕃的阿史那都支和李遮匐等部。《新唐书·突厥传》下："步真死乾封时。"《册府元龟》卷九六七外臣部继袭二："乾封二年，二可汗既死，余众附于吐蕃。"《通鉴》卷二〇一，"继往绝寻卒，十姓无主，有阿史那都支及李遮匐收其余众附于吐蕃"。吐鲁番出土 66TAM61：26（b）号和 66TAM61：24（b）号文书讲到咸亨元年的事件时说："又从弓月城行百里许，即逢安西有使四人从安西来，其人为突厥劫夺弓箭、鞍马"[5] 等。该文书的主人是去安西（龟兹）的，其时安西未陷而突厥已反，可见说都支、

---

[1] 特勤 1968，311 页。
[2] 参见韩儒林 1985，519 页。
[3] 参见本书附录肆。
[4] 森安孝夫综合前人研究，得出结论：包括焉耆、龟兹在内的安西四镇很可能是 676 年复置的（森安孝夫 1984，12 页）。也就是说，肯定了文献史料有关咸亨元年罢四镇的记载。可他后来又说："与此有关，郭（平梁）氏指出，675 年写成的《阿史那忠墓志》对四镇放弃了无一言触及，意味颇深。参郭平梁《阿史那忠在西域》，190 页（此指《新疆历史论文续集》页码。——引者）"（同前引文，63 页注 57）。通过对近年刊布的吐鲁番出土文书和文献的综合研究，我仍倾向于肯定咸亨年间有罢弃四镇事。
[5] 《吐文书》第六册，475—476 页。整理者将这两件分开为第（四）、第（六）件，从文意看应当缀合。

遮匐等参与咸亨元年事不诬。[1]

白桂思认为,667年阿史那步真死后,阿史那都支与李遮匐投降吐蕃,标志着吐蕃统治西突厥的开始[2];而且,670年吐蕃陷西域十八州及同年败唐军于青海大非川,标志着吐蕃统治塔里木盆地诸国及邻近地区的第一个时期开始。[3]其实不然。这时候的吐蕃尚处在同已在西域建立统治的唐朝进行争夺的阶段,没有材料证明吐蕃这时在西域建立起了任何形式的统治。撇开其他因素不谈,单从吐蕃进入西域的路线便可知道,吐蕃这时建立不起持续长久的后勤补给线。实际上,吐蕃在西域取代唐朝统治主要是一百多年以后唐德宗贞元(785—805)年间的事,那是在吐蕃王朝的巅峰时期。还有人撰文说:"第一个阿史氏吐屯政权首领是阿史那都支(662—678年在位),在吐蕃的支持下他自立为十姓可汗,咸亨二年(671)唐朝承认了这一政权,授都支为'左骁卫大将军兼匐延都督'。"[4]然而,《新唐书·突厥传》下的记载是:"咸亨二年,以西突厥部酋阿史那都支为左骁卫大将军兼匐延都督,以安辑其众。仪凤(676—679)中,都支自号十姓可汗,与吐蕃连和,寇安西,诏吏部侍郎裴行俭讨之。"显然,上述撰文中的各条年代均有讹误。无论如何,唐朝不可能预先在咸亨二年就承认要到仪凤年间才出现的十姓可汗!

值得注意的是,所有史料都是把吐蕃陷西域十八州和与于阗合众袭龟兹拨换城分成两件事来叙述的,因此,我认为先期陷落的十八州中并不包括于阗。这就是说,吐蕃是攻陷十八州以后,最后才攻陷于阗;取得于阗之后,再带着那里的人马沿玉河(今和田河)北上攻龟兹拨换城的。这表明,吐蕃一旦在西域得手,就绝不会仅

---

[1] 参见白桂思1987,32—33页。
[2] 同上书,33页。
[3] 同上书,34—36页。
[4] 薛宗正1984,95页。

仅"求分十姓地"[1]。后来在垂拱二年（686）唐朝主动放弃四镇，引起边防大滑坡，以致吐蕃兵临敦煌，就是明证。

我们说吐蕃陷于阗后挟众北上首攻龟兹拨换城[2]，走的是当时沿玉河而下的交通大道，主要理由是：

1. 《新唐书·地理志》七下引贾耽《皇华四达记》："据史德城，龟兹境也，一曰郁头州，在赤河北岸孤石山。"赤河即今喀什噶尔河，其上游现仍称克孜勒苏（Qizil Su），突厥语意为赤河。所以我认为，据史德城即今巴楚县东北九间房（脱库孜沙来，Toqquz Saray）遗址。[3] 吐蕃军若自西徂东经疏勒而来，必先攻据史德而后至拨换城。然史料记载并非如此。

2. 拨换城（今阿克苏）和于阗正处在上述傍玉河南北大道的两头。即南从于阗沿河而下，由和田河故道与塔里木河（即赤河）汇合处渡河入龟兹境，第一座大城即是拨换。这与史籍所述吐蕃进兵情况正合。

唐代，沿玉河行走的道路较前更为发达，交通体制也建立起来了。贞观二十二年（648），在疏勒尚未直接征服的情况下，薛万备仅率五十骑抵于阗国劝其王入朝，十有八九就是走玉河路而回避了与疏勒可能发生的冲突。《新唐书·地理志》七下引贾耽《皇华四达记》佚文："自拨换南而东，经昆岗，渡赤河，又西南经神山、睢阳、咸泊，又南经疏树，九百三十里至于阗镇城。"昆岗当在今新疆生产建设兵团农一师师部阿拉尔市附近，其地正扼和田河故道与塔里木河之汇合处。神山即今和田河中游的麻札塔格（Mazar Tagh，维吾尔语意为圣山），其地有红、白二山，和田河从白山脚下流过，

---

[1] 《新唐书·吐蕃传》上，6079页。
[2] 森安孝夫在引用有关史料时将龟兹与拨换城断开（森安孝夫1984，10页），似有未谛。
[3] 参见《新疆考古三十年》，172页；《文物考古工作三十年》，180—181页。"据史德城"一名亦见于吐鲁番出土64TAM4：46/1及64TAM4：47、49、48号文书，录文见《吐文书》第六册，434、436页。有关研究，请参荣新江1990。

红山顶上有古堡遗址。近代以来直至近年，在麻札塔格发现了许多唐代文物，其中既有汉文文书、和阗塞语文书，也有藏文木简。例如，斯坦因（M. A. Stein，1862—1943）第三次西域探险（1913—1915）就曾在这里发现过一份汉文文书，编号为 Mr. tagh. 0634，马伯乐（H. Maspero，1833—1945）刊布的录文如下：

1. 善政坊罗□常等抽山□□斛青麦□□□
2. 斛，贞元六年十月四日馆子王仵□抄□
3. □货坊杨师抽山□□斛，青麦壹□□□[1]

据研究，善政坊、□货坊均为于阗坊名。[2] 馆子应是在馆驿里服役的人员，即如长行坊的马夫称为马子[3]，烽燧候望人员称为烽子。《通典》卷三三乡官条："三十里置一驿（注：其非通途大路则曰馆），驿各有将，以州里富强之家主之，以待行李。"看来，这个馆子王仵□也是于阗人氏，位在神山的这个馆便属于阗管辖。贞元（785—805）初年这条玉河路的发达也为贞元四年（788）左右路过这里的悟空所证实："次至于阗，梵云瞿萨怛那，王尉迟曜、镇守使郑据，延住六月。次威戎城，亦名钵浣国，正曰怖汗国，镇守使苏岑。"[4] 贾耽《皇华四达记》佚文："拨换城，一曰威戎城，曰姑墨州。"可见钵浣、拨换乃同名异译。贞元七、八年间吐蕃取西域后，曾派兵驻守神山。在近年于麻札塔格出土的藏文木简上，发现驻军番号中有 'O tso（bag）一名，有的学者将其比定为大羊同五东岱之一的 'Oco[5]；番号中的 Spying rtsang gi sde 和 Yar rtsang gi sde 则均

---

[1] 马伯乐 1953，187 页。
[2] 参见张广达 1988，98 页。
[3] 参见马伯乐 1953，136—137 页所刊 Ast.III.4.095 号文书，录文第 9、11 行作"马子"，21 行作"马夫"。
[4] 《大正藏》卷五一，980 页下栏。
[5] 参见托玛斯 1955，293 页。参见佐藤长 1978，374 页。

为小羊同之东岱。[1]

沿和田河南来北往的交通到现在也还没有完全断绝。1913年9月，日本人吉川小一郎骑马沿和田河仅用十四天就从和田到了阿克苏。[2]据调查，现在阿克苏地区的老乡赶着驴车沿和田河故道只要十来天便可到达和田地区的墨玉。

咸亨元年四月，唐朝派薛仁贵逻娑道行军，看来是想惩罚吐蕃[3]，同时援送吐谷浑还故地[4]。逻娑即逻些，即今拉萨，是吐蕃王朝的都城。以逻娑为出师之名，或许有胜利后直捣黄龙之意。藏文史籍《贤者喜宴》和《西藏王臣记》所传芒松芒赞时期唐军曾进入逻些[5]，或即由此而来。然而，战争的结果是吐蕃论钦陵率四十万军败薛仁贵于青海大非川，"遂灭吐谷浑而尽有其地"[6]。古藏文《大事纪年》也记载了吐蕃的这次巨大胜利，"马年（670—671），赞普驻于'O dang，于 Ji ma khol 击唐军多人"[7]。白桂思主张将 Ji ma khol 与大非川勘同，他说："考虑到（藏文该地名）起首辅音 J 有可能发高调送气音，该地名其实是对吐谷浑语原名的藏语翻译的逐字硬译：Ji（=Che，'大'）+ ma（'非'）以及 Gol 或 Khol（蒙古语和突厥语的'河川'），这与汉语'大非川'是如此合拍。"[8]其说是。

仔细研究《吐鲁番出土文书》第六册刊布的《唐西州高昌县上安西都护府牒稿为录上讯问曹禄山诉李绍谨两造辩辞事》等史料，可以肯定地说，咸亨元年四月以后至咸亨二年，唐朝的安西都护府是撤回到了西州。有人认为，该文书所涉及的事发生在总章二年

---

[1] 参见王尧、陈践 1986（1），122—123 页。
[2] 参见《新西域记》下卷，677—678 页。
[3] 参见《册府元龟》卷三九八；《新唐书·吐蕃传》上，6076 页；《通鉴》卷二〇一，6363 页。
[4] 参见《册府元龟》卷九八六；《旧唐书·吐蕃传》上，5223 页。
[5] 参见黄译（四），16 页；并参黄译（三），35 页注 9。
[6] 《新唐书·吐蕃传》上，6076 页。
[7] 《敦煌本吐蕃历史文书》，103 页。
[8] 白桂思 1987，33 页注 109。有关这一地名比定的讨论，亦请参森安孝夫 1984，9—10 页。

(669)。[1]但是，我认为其中李绍谨借绢事发生在咸亨元年二月以前，该文书应断代在咸亨二年，理由如次：

1. 据该文书第（三）件4—7行，知李绍谨在弓月城借绢"是去年取"，且"取绢讫，还领（曹禄山之）兄却还安西"。

2. 据文书第（四）件2—3行和第（六）件，知李绍谨取绢后从弓月城行百里许，即逢二月内发安西的使者四人，这些使者已经遭到"突厥劫夺"。可见是年二月安西仍在唐手。

3. 据文书第（二）件9—10行说："（曹禄山本）身及外生儿逐李三（即李绍谨。——引者）后去"，却到了西州。可见随后安西就失陷了。

显然，这些事情都发生在同一年，即咸亨元年。因为这一年四月由于吐蕃与西突厥余部在西域连兵，唐朝被迫罢四镇并将安西都护府由龟兹撤回西州，这一行人才未达龟兹而转投安西—西州。曹禄山以为其兄在此过程中失踪，所以闹出若干误会。倘若这些事都发生在总章二年，就很难解释了。

唐《阿史那忠墓志》中说："而有弓月扇动，吐蕃侵逼。延寿莫制，会宗告窘。以公为西域道安抚大使兼行军大总管。公问望著于遐迩，信义行乎夷狄。飨士丹丘之上，饮马瑶池之滨。夸父惊其已远，章亥推其不逮。范文后入，情不论功；冯异却坐，事非饰让。奉跸东京，承颜北阙。"郭平梁先生研究后认为，这次阿史那忠到西域与薛仁贵到青海，乃是唐朝一次出征的两支军队，均为咸亨元年事[2]，所见极是。唐朝于咸亨二年"夏四月，甲申，以西突厥阿史那都支为左骁卫大将军兼匐延都督，以安集五咄陆之众"[3]，很可能就是阿史那忠的功劳。《阿史那忠碑》说："乘□则发，在变以能通，

---

[1] 参见黄惠贤《辩辞》，357页。
[2] 参见郭平梁1982，189页。
[3] 《通鉴》卷二〇二，6366页；《新唐书·突厥传》下，6064页。并请参白桂思1987，37—38页，注3。

仗义斯举,有征而无战。威信并行,羌夷是□,洎乎振旅,频加劳问。"应该就是指羁縻都支、安辑五咄陆部众事。在这种情况下,西域之地又只剩下弓月、疏勒还在吐蕃的支持下负隅顽抗了。

据《通鉴》卷二〇二记载,咸亨四年(673)唐朝曾派鸿胪卿萧嗣业发兵讨弓月、疏勒。这显然是在阿史那忠安抚西域以后,唐朝对占领西域的吐蕃及与之联盟的势力的一次主动进攻。1975年,吐鲁番哈拉和卓103号墓出土《唐某人自书历官状》(75TKM103:1)文书一件,其第一行为:"从咸亨三年简点蒙补旅帅已来,至四年中,从果毅薛逊入疏勒,经余三年以上。"[1]研究者认为,《历官状》所记果毅薛逊和旅帅主本人,应即随萧嗣业西征的西州折冲府兵将。《历官状》还补充了以下几点情况:1.萧嗣业西征弓月、反击吐蕃的确切时间是咸亨四年年中;2.在萧嗣业所率西征军中,西州折冲府的府兵应是举足轻重的力量;3.萧嗣业进军的目标之一,是吐蕃与西突厥余部连兵的主要地区——疏勒;4.唐军确实进入了疏勒,并取得了胜利。[2]结果即如《通鉴》卷二〇二所记:咸亨四年"十二月,丙午,弓月、疏勒二王来降……上赦其罪,遣归国"。

萧嗣业发兵未及于阗。然而上元元年(674)十二月,于阗王伏阇雄入唐朝见;唐于次年正月,"丙寅,以于阗为毗沙都督府,以尉迟伏阇雄为毗沙都督,分其境内为十州,以伏阇雄有击吐蕃功故也"[3]。看来,唐使都支受羁縻,弓月、疏勒归降以后,吐蕃在西域失去了同盟者,势力锐减。于阗便是在这种形势下,自己起兵驱逐吐蕃的。就在这个月,在命于阗王为都督之后,"庚午,龟兹王白素稽献银颇罗。辛未,吐蕃遣其大臣论吐浑弥来请和,不许"[4]。至此,

---

[1]《吐文书》第六册,596页。
[2] 参见荣新江1987,54页。
[3]《旧唐书·高宗纪》,99—100页;《册府元龟》卷九六四。
[4]《旧唐书·高宗纪》,100页。

四镇应已全部恢复建制，安西都护府又迁回了龟兹。[1]唐朝随即在四镇都设立了都督府。[2]唐置四镇都督府标志着唐朝对西域统治的发展与加强。从于阗击吐蕃而恢复，唐朝进一步认识到土著效忠的重要性。此后，西域地方行政事务更多地交给四镇都督府，从而使这些羁縻都督府更增加了与唐朝中央政府的联系[3]；同时，四镇却将活动重心由镇抚地方逐渐转向防备入侵之敌，以至于到调露元年（679）竟撤了靠近后方的焉耆镇而改在碎叶置镇。

应当指出，安西四镇与四镇都督府的辖区并不完全一致。例如，于阗镇的东边可能就超出了毗沙都督府的范围，所以后来的四镇经略使可以在播仙城（播仙镇，今新疆且末县）活动[4]，而这一地区在行政上却属于河西沙州。[5]

据敦煌发现的《唐光启元年（885）写本沙州、伊州地志残卷》和《寿昌县地境》可知，上元二、三年唐朝还分别在典合城（兴谷城，今若羌附近）、且末城（即播仙城）设置了石城镇和播仙镇。[6]这显然是针对吐蕃670年征服吐谷浑以后的形势，在图伦碛（即塔里木盆地）东南缘采取的防御措施。在这一带为唐朝戍守的主要是粟特移民聚落[7]，至7世纪末石城镇将尚为康国胡人[8]。

白桂思对史料的理解与我有很大的不同，他认为，上元年间入朝唐廷的"这些国王是避难者，而不是得到唐朝援助反对吐蕃人取得胜利的反抗者"[9]，从而根本否认唐朝对西域统治的恢复和四镇都

---

[1] 森安孝夫认为这次恢复是上元三年（676）的事，见森安孝夫1984，12页。黄惠贤《辩辞》认为"上元二年，最迟在仪凤二年（677），安西四镇已恢复"。
[2] 龟兹置府在显庆三年（658），见本书第一章第一节，据《旧唐书·地理志》三，于阗置府在上元二年（675），焉耆、疏勒置府也都在上元（674—676）中。
[3] 参见张广达1988，98页。
[4] 参见《通鉴》卷二〇九，6625页。
[5] 参见向达1979，437、442页。
[6] 参见池田温1975，91页和97页下栏所引；冯承钧《论著汇辑》，30页。
[7] 参见张广达1986，78页。
[8] 同上；冯承钧《论著汇辑》，23页。
[9] 白桂思1987，41页。

督府的存在。[1]我认为,这种对史料的虚无主义态度是不科学的。

仪凤、调露年间唐蕃之争夺四镇

仪凤二、三年(677—678),西突厥余部阿史那都支自称十姓可汗,与吐蕃联合,一度攻陷安西。[2]仪凤三年九月,唐朝中书令李敬玄和工部尚书刘审礼率兵十八万与吐蕃军战于青海,为吐蕃将论钦陵所败,审礼战殁,敬玄仅脱[3]。《旧唐书·吐蕃传》上评述当时形势说:"时吐蕃尽收羊同、党项及诸羌之地,东与凉、松、茂、嶲等州相接,南至婆罗门,西又攻陷龟兹、疏勒等四镇,北抵突厥,地方万余里,自汉、魏已来,西戎之盛,未之有也。"《王统世系明鉴》第十九章也说:都松莽布支('Dus srong mang po rje,吐蕃赞普,676—704 在位,《大事纪年》写作 Khri 'dus srong,唐译器弩悉弄)时,"邦国富强,可与天界相比,武力雄强,战胜四境。在拉萨大昭寺为先祖松赞干布创设忌辰之祭,四周边地之王都被征服,强盛超过先前蕃地诸王"[4]。《贤者喜宴》说得详细一些:都松芒杰伦朗('Dus srong mang rje rlung nam,即器弩悉弄)"权势如神,威力

---

[1] 参见白桂思1987,42页及以下。
[2] 参见《新唐书》之《突厥传》下、《吐蕃传》上、《高宗纪》。《新唐书·吐蕃传》上:"吐蕃与西突厥连兵攻安西,复命中书令李敬玄为洮河道行军大总管、西河镇抚大使、鄯州都督,代(刘)仁轨。"(6077页)据《通鉴》卷二〇二记载,这是仪凤三年春正月丙子的事(6384页),可见当时安西还没有完全陷落。我们认为,安西尽陷是仪凤三年九月李敬玄兵败前后的事。安西都护府一度撤回了西州,故后来是由(西州都督?)崔知辩率兵恢复的。《新唐书·龟兹传》说:"仪凤时,吐蕃攻焉耆以西,四镇皆没。"这是袭用崔融《拔四镇议》讲垂拱年间形势的话,不足为凭,详考见本书附录叁。《新唐书·裴行俭传》说:"仪凤二年,十姓可汗阿史那都支及李遮匐诱蕃落以动安西,与吐蕃连和,朝廷欲讨之。行俭议曰:'吐蕃叛换方炽,敬玄失律,审礼丧元'云云"(4086页),显然有误。李敬玄兵败是仪凤三年九月的事,裴行俭不可能在仪凤二年就对此发议论。《旧唐书·裴行俭传》的标点者将二年改为四年(2802页),极当!惟森安孝夫不同意这种改动(森安孝夫1984,14—15页及64页注67),恐误。沙畹说:"677年卑路斯尚在长安,考《长安志》卷十云'仪凤二年波斯王卑路斯奏请于此(醴泉坊)置波斯寺',其人或者殁于中国。"(沙畹1934,127页注8)故是年亦不应有波斯军(见本章第二节)。
[3] 参见两唐书《吐蕃传》;《通鉴》卷二〇二。
[4] 《王统世系明鉴》,158页。

无边,征服边地之王。在逻些设先祖忌辰之祭。(较)往昔吐蕃王之权势为大:在北方升起七星之边地——先前只有林下的豹子,征服了可汗(Ga gon)、霍尔(Hor)及粟特人(Sog po),遂统治今属于 Shab hab 山脉之地"[1]。《拉达克王统纪》(La dwags rgyal rabs)则说该赞普"北抵霍尔之 Kra Krag dar chen"[2]。"霍尔"一词在藏文史籍中早期用于指突厥。《拉达克王统纪》的刊布与英译者弗兰克(A. H. Francke)认为:"突厥地之 Kra krag 可能是指和阗附近的墨玉(Karakash)。"[3] 藏语 dar 一译为"冰",dar chen 可译为"巨冰,冰岭",所以我认为 Kra krag dar chen 应是察察冰岭。

《西藏图考》卷五阿里条:"察察岭在鲁多克(一译茹妥,今译日土)城东北四百五十里,其相近有克尔野岭。"克尔野即克里野、克里雅(见前)。由此可见,察察岭实际就是王树枏《新疆图志》卷九所载新疆、西藏分界之昌器利满达坂(今羌臣摩河中游之空喀山口)一带:"昌器利满达坂独起高峰,天然劈划,迤南分干挺拔,尖峭耸嶂,西行为退摆特(Tibet,此处指拉达克。[4]——引者),隆角尔、赛赛尔一带冰山接连西北雪峰,约二三百里为卡拉胡鲁木达坂(今译喀喇昆仑山口。——引者),皆与退摆特接壤";"该达坂(指昌器利满达坂。——引者)及诸峰峦多积雪,虽盛暑不消"。这些都有利于我们将 Kra krag dar chen 与察察岭勘同。因此,如果 Kra krag 一词确如弗兰克所说来自突厥语 Karakash,那么它不应是指和阗附近的墨玉,而应是指喀拉喀什河的发源地。总之,可以认为,汉、藏文献对仪凤三年左右唐、蕃形势的记载是一致的。

---

[1] 黄译(四),16 页。我引用时参考了《王统世系明鉴》有关内容的译法。
[2]《拉达克王统纪》,32 页。
[3] 同上书,85 页注释。
[4] 伊莱亚斯(E.Elias)指出,在《蒙兀尔斯坦史(拉施德史)》中,退摆特(Tibet)一名是指整个藏区,包括西藏本土、拉达克和巴勒提斯坦(Baltistan,即唐代大勃律),"巴勒提斯坦被其所有的邻人及大部分东方作者称作'小退摆特',而拉达克有时则被名为'大退摆特'以示区别"(《蒙兀尔斯坦史(拉施德史)》,135 页注 2)。

据敦煌所出古藏文《大事纪年》记载："及至猪年（675）……论赞聂（blon Btsan snyas）在 Zhims 之 Gu ran[1]视察羊同，到了突厥地的 Ltang yo。"[2] 森安孝夫认为，从论赞聂这次到突厥地"并不是'进军'（drangs），而仅仅是'去'（mchis）来看，这意味着宰相为了政治折冲亲自前往突厥地。由于他是通过羊同去的，这突厥地的 Ltang yo[3]，不在帕米尔就在其北方某处"[4]。我认为，吐蕃这时还到不了葱岭。论赞聂经羊同去突厥地，显然是走当时已经开通、并且一直在使用的吐蕃通西域的"中道"。那么，Ltang yo 只能是俟斤地的某个地点。本年赞聂往彼，很可能便是策划与都支等连兵。

赞聂一名，不见于汉文史料的记载。此人始见于《大事纪年》鸡年（673）条，全名为 Mkhar btsan snya ldom bu。王尧对此名的疏证是："噶尔·赞聂多布，禄东赞之子。《册府元龟》九六二，外臣部，才智，16页：'东赞有五子，长曰赞悉若。'即是此人。曾任大论，专国政多年。"[5] 可是，《旧唐书·吐蕃传》上说："禄东赞有子五人：长曰赞悉若，早死；次钦陵，次赞婆，次悉多于[6]，次勃论。"新传则根本未提赞悉若其人。我怀疑《大事纪年》中之 Btsan snya ldom bu 恐当为禄东赞第四子（赞）悉多于。藏语 btsan（赞）是"强壮、坚实"的意思，常用作人名成分。藏文 ba、bo 在词尾变读为 wa、wo，bu 在有前加字 d 时亦读 wu。其实这种音变不过是双唇音发音方法由爆破变成摩擦，很容易发生，且多半为语流所致（如前有音节、加字）而非历史音变。唐音"于"读 *jĭu[7]，和藏语的 wu

---

〔1〕 王尧疏证："Gu ran 孤兰，地名，在羊同境内，今札达县古让为其故址。"（《敦煌本吐蕃历史文书》，214 页）
〔2〕 本段译文参考了森安孝夫 1984，14 页；张琨 1981，69 页。
〔3〕 Ltang yo，森安孝夫和张琨均作为地名；王尧释为牲畜疫疾，见《敦煌本吐蕃历史文书》104 页及 168 页语词释义第（26）条；白桂思释为"劫掠"，见氏撰 1987，42 页注 24。
〔4〕 森安孝夫 1984，14 页。
〔5〕 《敦煌本吐蕃历史文书》，212 页。
〔6〕 "悉多于"原文为"悉多干"，《新唐书·吐蕃传》上、《通鉴》卷二〇一均作"悉多于"，据改。参苏晋仁、萧鍊子，40 页。
〔7〕 参见郭锡良 1986，111 页。

相近。而且,《册府元龟》卷九六二外臣部才智条说:"东赞死,钦陵兄弟后专其国。钦陵、悉多居中,诸弟分提方面。赞婆则专在东境。"据此则钦陵、悉多于均为大论。《王统世系明鉴》第十九章也说:都松莽布支"以大臣噶尔的儿子尊业多布及达扎孔洛二人为大臣治理国政"。从现有史料来看,除居中专国以外,钦陵四兄弟的分工大致是:年长的两个即钦陵、赞婆专任东境;年幼的两个即悉多于、勃论专任西境(详见下)。正是由于这样长期"分提方面",在《大事纪年》中才出现了"钦陵赞婆"这样的说法。当然,钦陵兄弟如此分工也显示了当时吐蕃军事上的战略重点是在东境。

《大事纪年》接着写道:"及至鼠年(676)……冬……论赞聂领兵赴突厥;多布(Ldum bu,即赞聂)躬自收 Khri bshos 镇(Khrom)。是为一年。"按《大事纪年》的纪年方式,所谓某年"冬"往往包括次年春(一至三月)。[1]所以,汉文文献和藏文文书有关仪凤年间事件的记载不仅是一致的,而且是互补的。《册府元龟》卷九七〇:"仪凤二年(677)四月于阗献方物。"很可能就是论赞聂已率军越于阗南山进入突厥地的信号。《新唐书·疏勒传》说:"仪凤时,吐蕃破其国。"那么,《大事纪年》所记被论赞聂攻取的 Khri bshos 极有可能是指疏勒镇。[2]《大唐西域记》卷十二:"佉沙国,

---

[1] 例如,《大事纪年》记论钦陵于素罗汗山败王孝杰所率唐军事在羊年(695)冬,而《通鉴》将此事系在万岁通天元年(696)三月;又如,《大事纪年》记噶尔家族获罪事在狗年(698)冬,《通鉴》则系于圣历二年(699)四月。一般认为,汉、藏史料记事在时间上的差别主要是消息传递过程所致。但是,这只能解释接收消息一方的记载,不能完全解释发出消息一方的记载。《大事纪年》中明确记载"春"的,似只有猪年(675)、牛年(701)和龙年(704)这三年,要将其他有关"冬"事的记载统统归入上一年显然是不可能的。因此,必要时应尽可能将双方的记载加以比勘,同时应顾及古代吐蕃人的季节观念。白桂思是用跨年的方式来为《大事纪年》注公历年份的,参白桂思 1987,xviii 页。我们只注当年公历,完全是为了行文方便。

[2] 藏文 khrom 一词语义,各家说法不一。最新的说法是匈牙利藏学家乌瑞提出来的,见荣译乌瑞 1986,106—113 页。

吐鲁番出土 75TKM103:1 号文书第 3—4 行有:"至仪凤二年差从(中缺十余字)行护密☐☐☐"字样(《吐文书》第六册,596 页)。如果缺字不影响意思连贯的话,恐怕只能是仪凤二年年初的事。因为从汉、藏文献对勘情况来看,论赞聂至少在仪凤二年四月以前(即鼠年冬)已率军入西域同都支连兵,通护密之道那时恐怕就阻断了。

旧谓疏勒者，乃称其城号也。正音宜云室利讫栗多底。疏勒之言，犹为讹也。"佉沙，唐音可拟为 *ts'ĭu ʃa，藏文地名 Khri bshos 或与此同源。[1]

我注意到，吐蕃自入西域以来，几乎每次都是从南到北先取疏勒。分析起来，其用意很可能是为了打通通向北部草原的道路，加强与西突厥诸部的联系。这就是后来在万岁通天二年（697）论钦陵会见郭元振时坚持要五俟斤地的原因。这也表明，吐蕃这时在西域仍不具有独自活动的力量，它每每需要与西突厥余部连兵才能与唐朝抗衡。而且还应看到，吐蕃现在已不仅是同五俟斤部联系，而且还同阿史那都支联合行动。唐曾以都支为匐延都督，说明他本是五咄陆部之一的处木昆部首领，同时，他又是见于载籍的第一个"十姓可汗"。毋庸讳言，十姓可汗的出现是对唐朝采取分而治之策略置左、右厢两可汗的反叛，因而唐朝是不可能承认这样一个政权的。至于唐朝后来改变初衷自己也开始册立十姓可汗，那已是8世纪初期突骑施兴起重新统一十姓部落时的事。如前所述，都支既然称为十姓可汗，其牙帐当然应在十姓可汗故地的碎叶一带。

值得注意的是，从《大事纪年》可以看出，论赞聂自鼠年（676）领兵赴突厥地，直至龙年（680）才又重见于记载。由于该文书没有明确记载赞聂返藏的时间，把他重新出现在藏地的那一年除外，可知赞聂在西域待了约四年（676—679）。这中间据《大事纪年》记载，牛年（677）在羊同还发生过一次叛乱，赞聂在西域的活动不会很顺利。我认为，吐鲁番出土汉文文书中见到的"救援龟兹""送马往龟兹"，乃至所谓"八百人数行""狼子城行"[2]等军事行动，多半与仪凤年间唐朝以西州为基地同吐蕃等在龟兹附近作战有关。有人把文

---

[1]《大唐西域记校注》卷十二，996页注（一）。佉沙"其原音似为 *Khaṣal，此名在古代印度文献中原指喜马拉雅地区的山地部落"。
[2] 有关文书见《吐文书》第七册，173—175、287页；《大谷文书》，114—115页。

书中提到的这些作战多归在垂拱年间，[1]其实，垂拱二年（686）拔四镇是唐朝主动撤退军防，并没有经过多么激烈的战斗（详见下）。比较起来，在长寿元年（692）唐朝派军驻守四镇以前，只有仪凤年间唐、蕃在西域争战的时间最长，行军作战的次数也最多：从仪凤二年约三四月间论赞聂率军入西域，到仪凤三年九月李敬玄兵败青海前后吐蕃取龟兹、唐朝撤退安西都护府，中间不知经历了多少战斗！吐鲁番出土73TAM507：012/2—1（a）号文书所记那些"差行"恐怕也都与这一时期四镇地区的军事行动有关，因为其中有一行人名旁注记着"仪凤二年十二月""仪凤二年十一月"字样。[2]

仪凤、调露之际（678—679），唐朝在西域反击成功：先是崔知辩击吐蕃收复四镇地，随即吏部尚书裴行俭借册立波斯王之名智擒西突厥部酋都支和遮匐。

仪凤年间崔知辩击吐蕃事，见于《新唐书·吐蕃传》上和《通典》卷一九〇吐蕃条，而以后者较详，其文略云：

（万岁通天）二年（697），吐蕃大论钦陵遣使请和，武太后遣前梓州通泉县尉郭元振往，至野狐河，与陵遇……陵曰："往者高宗以刘审礼有青海之役，乃使黄仁素、贾守义来和。陵之上下将士，咸无猜忌，故边守不戒严。和事曾未毕，则为好功名人崔知辩从五俟斤路，乘我间隙，疮痍我众，驱掠牛羊，盖以万计。自此陵之国人大危栗和事矣。今之此求（俟斤诸部），但惧好功名者之吞噬，冀此为翰屏以虞之，实非有他怀焉……陵与国人咸憾崔知辩之前事，故尝有此举，以虞好功者之来侵。"

查两唐书《刘审礼传》，审礼所预"青海之役"唯仪凤三年九

---

[1] 参见黄惠贤《变化》。
[2] 录文见《吐文书》第五册，208—209页。

月副李敬玄而败于青海之事，审礼战殁。[1]《新唐书·吐蕃传》上说"吐蕃与西突厥连兵攻安西，复命中书令李敬玄"云云，可见李敬玄出兵青海意在策应西域唐军。《旧唐书·吐蕃传》上在评论李敬玄兵败的影响时说：时吐蕃"西又攻陷龟兹、疏勒等四镇，北抵突厥，地方万余里"。因此，可以肯定崔知辩这次击吐蕃事在仪凤三年九月李敬玄兵败以后。

我注意到，崔知辩是沿五俟斤路反击吐蕃的，而且其给吐蕃所造成的重创，使钦陵在十几年以后还耿耿于怀，因此，可以肯定崔知辩这次是收复了四镇地。

崔知辩这次击吐蕃复四镇的具体时间，我认为应是在仪凤四年（679，是年六月改元调露）上半年，其理由如次：

1. 据论钦陵的说法，仪凤三年九月李敬玄、刘审礼兵败以后，还有遣黄仁素、贾守义往吐蕃议和的一段时间。

2. 据两唐书《裴行俭传》，李敬玄兵败以后，裴行俭建议以册波斯王为名往擒都支等，并且说："吐蕃叛换方炽，敬玄失律，审礼丧元，安可更为西方生事？"可见当时尚无崔知辩败吐蕃事。

3. 据研究，裴行俭所建议派遣的波斯道行军是分两次出发的。[2]表明怀岌[3]率首批出发的 Ast.I.4.093 号文书中有"至于军机，复济急要""但以军机，事□缄默"等字样，看来在派遣波斯道军时还没有或者还不知道崔知辩在西域取得的胜利。

4. 据《通鉴》卷二〇二记载，裴行俭等西行是仪凤四年六月的事，到西州已是七月。裴行俭亲自出马，说明怀岌等首批人马没有完成任务。但裴行俭到西州时已能召来四镇诸胡酋长[4]，显然四镇恢

---

〔1〕旧传说是役在仪凤二年，参之他书并考校前后史实，误。并参前77页注〔2〕。
〔2〕参见姜伯勤1986，128—130页。
〔3〕此人名颇类安西都护杜怀宝之名，但此项比定与现有史料间很难融洽，存疑。
〔4〕参见《通鉴》卷二〇二，6391页；《旧唐书·裴行俭传》，2802—2803页；《新唐书·裴行俭传》，4086页。

第二章 唐初安西四镇的弃置　　83

复是行俭到西州前不久的事。

5.《大事纪年》表明，龙年（680）论赞聂重又出现在蕃地。很可能，赞聂就是前一年和崔知辩作战吃了败仗，才被迫结束长达四年的突厥地之行退回吐蕃去的。

关于调露元年（679）裴行俭波斯道行军的使命，两唐书《裴行俭传》都说："因命行俭册送波斯王，仍为安抚大食使。"所谓"安抚大食使"其实与当时大食的活动毫无关联，这一点我们将在下一节讨论。张说撰《唐故夏州都督太原王公神道碑》说："裴吏部立名波斯，实取遮匐"[1]，应该说裴行俭此行的目的是达到了。[2] 擒都支、遮匐以后，裴行俭"立碑碎叶"[3] 而还，其副手王方翼却留下来"大城碎叶"[4]，同年唐朝即"以碎叶、龟兹、于阗、疏勒为四镇"[5]。很明显，只有在裴行俭捉到十姓可汗阿史那都支以后，唐朝才可能在他牙庭附近的碎叶置镇。所以，碎叶至此才取代焉耆成为四镇之一。这一次安西四镇中焉耆与碎叶的更替，显示出在西域变化了的形势下，唐朝经营重点的转移。于阗、疏勒、碎叶三镇一字排开，扼守着吐蕃与西突厥余部连兵的整个五俟斤路。显然，唐朝置镇碎叶的意图，就是要加强对十姓可汗故地的控制，从而在西域隔断二蕃，这成了唐朝此后经营西域的主要任务。当然，在这种情况下，四镇活动的重心也就从镇抚地方向防备入侵转移了。

从垂拱二年拔四镇到长寿元年复四镇

许多研究者都认为，都松莽布支（器弩悉弄）即赞普位（676）后不久，吐蕃内部发生了一场权力之争。这场斗争持续了八年，直到685

---

[1]《全唐文》卷二二八。
[2] 至于送波斯王子归国，参姜伯勤 1986，132 页；荣新江 1987，54—55 页。
[3] 张说撰《赠太尉裴公神道碑》，见《全唐文》卷二二八。参两唐书《裴行俭传》。
[4] 同注[1]。参张广达 1979，77—78 页。
[5]《册府元龟》卷九六七，外臣部继袭二。

年大论赞聂去世才告结束。[1]佐藤长还特别注意到，682年阿史那车薄率西突厥余众发动叛乱时，他们和吐蕃之间没有任何联系[2]。这或许表明，吐蕃当时忙于处理内部纷争而无暇外顾。有意思的是，我们看到，正是这一次西突厥余众的叛乱，没有涉及以前历次都到过的疏勒和于阗。[3]应该说，这也是吐蕃没有介入阿史那车薄之乱的一个证据。

然而，另一个值得注意的重大事件是，就在平定车薄之乱的永淳元年（682），安置在漠南的北突厥余众阿史那骨咄禄（Qutlugh，？—691）、阿史德元珍（或以为此人即暾欲谷 Ton yu quq）等招集亡散，据黑沙城（Qara qum，今呼和浩特北）叛唐，骨咄禄自称可汗，建立起了东突厥汗国（682—745，学界又称之为突厥第二汗国或后汗国）。[4]业师张广达教授说："唐高宗（650—683）和则天武后在位时期（690—705），唐朝在与吐蕃激烈对抗过程中，把军事力量投向西北，这为东突厥复兴提供了机会。"[5]所见极是。

约683—684年间，骨咄禄抄掠唐安北都护府治下铁勒九姓，夺取乌德鞬山（亦作郁督军山，今蒙古高原杭爱山）竖立牙帐。唐朝曾派田扬名发金山道（西突厥）十姓兵马三万余骑共同抵御东突厥扩张[6]，于是以为"北疆惟倚金山诸蕃共为形势"，"十姓首领，国家理合羁縻"[7]；认为他们是"阴山贵种，代雄沙漠。若委之四镇，使统诸蕃，封为可汗，遣御寇患，则国家有继绝之美，荒外无转输之役"[8]。唐朝自来就有一班士大夫幻想不费人力物力而单靠一项羁縻政策就能维持边疆安定[9]，适逢武则天在平定徐敬业之乱（684）以

---

[1] 参见森安孝夫1984，16页；白桂思1987，50页。
[2] 参见佐藤长1977，333页。
[3] 参见《旧唐书·裴行俭传》；两唐书《王方翼传》；《通鉴》卷二〇三，6407、6409页。
[4] 参见两唐书《突厥传》；《通鉴》卷二〇三，6413页。
[5] 《中国大百科全书·民族》，426页。
[6] 参见《全唐文》卷二一一，陈子昂《上西蕃边州安危事》。另参王小甫1991（3），99页。
[7] 同上引陈子昂文。
[8] 《旧唐书·狄仁杰传》。
[9] 参见《贞观政要》卷九，安边第三六。

第二章　唐初安西四镇的弃置　85

后有意笼络人心，显示其"务在仁不在广，务在养不在杀，将以息边鄙，休甲兵，行乎三皇五帝之事者也"[1]。在这种情况下，就演变成唐朝垂拱二年（686）下令拔弃安西四镇之事。[2]

唐朝拔四镇的本意并非舍弃边疆不要，而是撤回镇将防人，把防务交给忠实于唐朝的羁縻府、州长官即当地土著首领来负责，从而减轻一些财政和人力负担。因此，可以认为，唐朝于垂拱元年（685）十一月擢阿史那弥射之子元庆兼昆陵都护、袭兴昔亡可汗押五咄陆部落，垂拱二年九月以阿史那步真之子斛瑟罗兼濛池都护、袭继往绝可汗押五弩失毕部落[3]，正是为垂拱二年十一月拔四镇预做安排。然而，拔四镇以后吐蕃乘虚而入，"却令元庆没贼，四镇尽沦"[4]，甚至"长驱东向，逾高昌壁，历车师庭，侵常乐县界，断莫贺延碛以临我敦煌"[5]，这却是唐朝所始料未及的。

我认为，垂拱年间（685—688）吐蕃仍然是从中道北进突厥地的：

第一，虽然垂拱二年拔四镇是唐朝自撤藩篱，但吐蕃也确实有意北进。据《大事纪年》记载："及至狗年（686），赞普驻于延葛川[6]。论钦陵声言领兵赴突厥，实延缓未行。"后面这一句，张琨和

---

[1]《文苑英华》卷六八四，陈子昂《谏雅州讨生羌书》。
[2] 同上。并见《全唐文》卷一六五，员半千《蜀州青城县令达奚君神道碑》；《文苑英华》卷七六九，崔融《拔四镇议》；《吐文书》第七册，224页，《武周延载元年（694）氾德达轻车都尉告身》。
[3] 参见《通鉴》卷二〇三，6435、6441页；《旧唐书·突厥传》下。
[4]《旧唐书·郭元振传》。
[5]《文苑英华》卷七六九，崔融《拔四镇议》。
[6] 此地名藏文作 Nyen gar，在《大事纪年》中是赞普经常驻跸之地。《册府元龟》卷九九七外臣部悖慢条："吐蕃以大历二年（767）十一月遣其首领论立界和蕃使薛景仙来朝。景仙奏曰：'臣闻吐蕃赞普于延葛川，语臣云请以凤林关为界。'帝不答。"延葛二字唐音可拟测为 *ji̯ɛn kat（郭锡良 1986，15、199页）。但《广韵》延字以然切。反切上字"以"类为喻母四等。上古音喻四[j]入定[d]，娘[nj]、日[n]归泥[n]，定、泥旁纽；汉代有严延年、杜延年等，钱大昕以为其名双声（《十驾斋养新录》卷五，97页），现代西北方音仍读"严"为 ni̯æn，读"眼"为 ni̯æn（《汉语方音字汇》，257、258页）。因此，唐代汉文史料中的"延葛"二字有可能读作 *ni̯en kat，此即藏语 nyen gar 之译音。其地望考订请参佐藤长1978，371—372页。

乌瑞的译文都是：论钦陵领兵赴突厥地，因而滞留（吐蕃）境外[1]。我认为，钦陵这次是已离吐蕃而未达突厥地，其受滞或与勃律有关。《册府元龟》卷九七〇：垂拱二年"九月[2]女国，十二月勃律国并遣使朝贡"。迄今所见，这是唐代勃律国通使唐朝的首次记载。这件事适与吐蕃论钦陵外侵同年，这就不能不赋予它以特别的意义。慧超《往五天竺国传》说："其大勃律，元是小勃律王所住之处。为吐蕃来逼，走入小勃律国坐。首领百姓，在彼大勃律不来。"[3]人们一般认为，这就是勃律分为大、小两国的原因。《新唐书·大勃律传》："大勃律，或曰布露（Palūr=Baltistan/Baluristan，藏文作 Sbal ti），直吐蕃西，与小勃律接，西邻北天竺、乌苌。地宜郁金。役属吐蕃，万岁通天逮开元时，三遣使者朝。"据《册府元龟》卷九七〇：万岁通天二年（697，是年九月改元神功）"十月，勃律国遣使朝贡"。这应该就是大勃律首次朝贡，此事或与吐蕃侵逼有关。同年年底，崔融献议论吐蕃与四镇形势，提到"汉之匈奴曷若今之默啜，今之勃律孰与汉之南羌"，意思是默啜强而勃律远，唐较汉之责任更大。崔融献议适值勃律来朝，可信其言之有据（参本书附录叁）。因此，可以认为，大勃律役属吐蕃一事只能发生在垂拱二年以后、万岁通天二年以前。垂拱二年勃律国初次通使唐朝时尚未分别大、小，表明当时吐蕃的侵逼尚未得手。所以，钦陵外侵而阻于境外，说明他也未能通过勃律之路。《拉达克王统纪》说，都松莽布支赞普时，吐蕃征服"西至〔B〕lo bo 之 Chun rings"[4]，这后一个地名读音颇似汉语之"葱岭"。但是，该书所列有关地名据研究都在大勃律一带[5]，说明当时吐蕃征服实际上并未越过大勃律向西。可见汉、藏各种史料

---

[1] 张琨 1981，69页；荣译乌瑞 1983，95页。参森安孝夫 1984，65页注 80。
[2] 原文作"九年"，列在垂拱二年条后。按垂拱无九年，当为"九月"之误。《《册府元龟》吐蕃史料校正》将"九年"改"元年"并前移至垂拱二年条前（苏晋仁、萧錬子，61页），不妥。
[3] 《大正藏》卷五一，977页。
[4] 《拉达克王统纪》，85页。
[5] 同上。

第二章 唐初安西四镇的弃置

的记载是相应一致的。

第二,《大事纪年》接着说:"及至猪年(687),赞普驻于延葛川。论钦陵领兵赴突厥固城(Gu zan)地。"同时我也看到,《册府元龟》卷九九九外臣部入觐条:"则天垂拱三年(687)正月,于阗王伏阇雄来朝。"[1]显然,这两件事发生在同一年绝非偶然。于阗王即使不是在钦陵进攻时也是在他即将进攻的压力下离开于阗的。虽然唐朝拔四镇才两个来月,亲唐的于阗王首先坚持不住了。这也表明,吐蕃军同以前历次一样,还是越于阗南山进入西域的。

这里顺便提一下,《旧唐书·于阗传》说:"天授三年,伏阇雄卒,则天封其子璥为于阗国王。"看来,伏阇雄自垂拱三年入朝后就未能归国。《通鉴》卷二〇五:天授三年"腊月,立故于阗王尉迟伏阇雄之子瑕为于阗王"。则天革命改用周正,以建子之月(十一月)为岁首,十二月称腊月。所以,伏阇雄之子被立为于阗王实际上是天授三年年初而不是岁末的事。瑕无疑即旧传之璥,形近致误。天授三年四月改元如意,九月改元长寿。是年,武威道行军总管王孝杰击吐蕃复四镇,新立于阗王这才随军归国。

第三,神功元年(697)崔融献《拔四镇议》[2],其中说:垂拱二年"复命有司拔四镇。其后吐蕃果骄,大入西域,焉耆以西所在城堡无不降下。遂长驱东向,逾高昌壁,历车师庭,侵常乐县界,断莫贺延碛以临我敦煌"。这清楚地显示了吐蕃军在西域活动的方向和路线,完全排除了其从东道入西域的可能。

第四,写定于开元初年的《沙州图经》[3]说"大周天授二年腊月,得石城镇将康拂耽延弟地舍拨状称,其蒲昌海水"云云。我注意到,天授二年(691)吐蕃还控制着西域,唐朝还没有恢复四镇,可石城镇却在唐朝手里。这也说明,吐蕃并不是走东道入西域的。

---

[1]《旧唐书·于阗传》同。
[2] 参见王小甫 1991(2),117—120 页。
[3] 参见池田温 1975,46 页。

从《大事纪年》的记载可以看出，吐蕃论钦陵自687年领兵入西域，至689年才从西域回蕃地。[1]钦陵在西域居留了两年多，显然，论赞聂死后，吐蕃在西域的活动也都由钦陵统管了起来。这期间吐蕃在西域活动的细节，藏文史料记载阙如，但在汉文史料中却可略窥端倪：

除前引崔融《拔四镇议》外，《旧唐书·唐休璟传》也提到："垂拱中，迁安西副都护，会吐蕃攻破焉耆。"陈子昂《谏雅州讨生羌书》说："臣又流闻西军失守"，罗庸考证此书撰成于垂拱三年。[2]可见吐蕃大入西域，乃至攻破焉耆东向，兵临敦煌等均为垂拱三年事，这与《大事纪年》对钦陵活动的记载是一致的。

《通鉴》卷二〇四垂拱三年太后欲遣韦待价将兵击吐蕃条《考异》曰："《实录》，'十二月壬辰，命待价为安息道大总管，督三十六总管以讨吐蕃。'不言师出胜败如何。至永昌元年五月，又云'命待价击吐蕃，七月败于寅识迦河'。按本传不云两曾将兵，今删此事。"然而，从各种史料记载的分析来看，派遣安息道行军应是垂拱三年的事。崔融《拔四镇议》中称颂遣韦待价安息道行军为"时雨之兵"，并说："时也，先命兰州刺史、行军司马宋师将料敌简徒，倍道据碛。贼逢有备，一战而走，我师追蹑，至于焉耆，粮道不继而止。"稍后又讲道："顷者若稍迟留，贼先据要害，则河西四郡已非国家之有。"因此，应该肯定《则天实录》有关垂拱三年十二月派遣安息道行军的记载。当然，实际上是先命行军司马宋师将出兵收复了焉耆。有人认为垂拱二年拔四镇后唐朝的安西都护府曾移治焉耆直到永昌元年（689）初，东临敦煌的吐蕃军不过是其"游骑"[3]。我不同意这种看法。无论如何，说吐蕃"游骑"已逾高昌壁、历车师庭、侵常乐县界而至敦煌，却在两年之后才攻破焉耆是令人难以

---

[1] 参见《敦煌本吐蕃历史文书》，106页。
[2] 参见罗庸1935。
[3] 参见黄惠贤《变化》，432—433页。

置信的。所以我认为，垂拱二年拔四镇后安西都护府只能是像以往历次一样撤回到西州。焉耆则是唐军退守的西界。而且，自宋师将出兵收复以后，焉耆未再被攻破。

据《新唐书·则天皇后纪》的说法，韦待价安息道行军自垂拱三年十二月壬辰发遣，至永昌元年五月丙辰与吐蕃战于寅识迦河败绩，七月丙子流待价于绣州，杀副将阎温古。《旧纪》不记垂拱三年遣兵事，而于永昌元年五月记"命文昌右相韦待价为安息道大总管以讨吐蕃"；同年秋七月记"韦待价坐迟留不进，士卒多饥馑而死，配流绣州"。前述《则天实录》于永昌元年五月又云："命待价击吐蕃，七月败于寅识迦河"。《通鉴》卷二〇四同《旧纪》《实录》，即五月出兵，七月兵败获罪。然而寅识迦河在弓月西南，有人认为即今伊塞克湖一带。[1] 韦待价五月出兵，即使据有人说法从兰州出发[2]，至七月仅两个月，无论如何也到不了寅识迦河，何况韦待价的罪名之一还是"迟留不进"呢。我们注意到，作为文昌右相（即尚书右仆射）的韦待价自垂拱三年十二月遣安息道行军至永昌元年五月的一年半时间里竟无一事见于记载，应当表明他是出兵在外。所以，我们倾向于肯定《新纪》的说法。也就是说，韦待价是出兵一年半以后才与吐蕃接战，而非如《通鉴》作者所理解的"两曾将兵"。这样看来，"迟留不进"，待价难辞其咎。

值得注意的是，在宋师将已收复焉耆的情况下，韦待价不是继续西进收复四镇，而是督三十六总管绕道弓月到了寅识迦河，此行确实意味深长。我认为，这至少表明，唐朝当时仍不想恢复四镇，遣韦待价出兵只是为了挽救边防大滑坡，所以一旦收复焉耆便"粮道不继而止"。而"荒外无转输之役""省军费于远方"等等正是主张拔四镇者的主要理由。[3] 因此，这很可能就是韦待价迟留不进的主要原因。但是，吐蕃入西域，"却令元庆没贼"，唐朝依靠羁縻酋长"遣御寇患"

---

[1] 参见松田寿男1987，395页。
[2] 参见黄惠贤《变化》，433页。
[3] 参见《旧唐书·狄仁杰传》。

的设想落了空。韦待价安息道行军必须把这一设想重新落实才能完成任务。而且，如果说武则天在平定徐敬业之乱（684）以后一度有过"不欲广地，务其安人"的想法的话，那么，到垂拱四年（688）平定唐宗室诸王之乱以后，这些想法已经荡然无存了。这时的武则天处处好大喜功，竭力维新，谋革唐命。前因拔四镇而使吐蕃大入西域，反而为她提供了炫耀武功的机会。所以从永昌元年起的四年间，武则天三次遣兵西击吐蕃，最后一次即长寿元年王孝杰收复四镇。永昌元年，韦待价很可能是在武后"下严霜之令"的敦促下才从西州（高昌）继续进兵的，他之所以到了弓月西南的寅识迦河，很可能有意支持在那一带活动的继往绝可汗斛瑟罗夺取碎叶以控制十姓可汗故地。

战争的结果是韦待价为吐蕃所败，"乃旋师弓月，顿于高昌"[1]。待价等坐罪以后，安西副都护唐休璟收其余众，抚安西土，武后乃以休璟为西州都督。[2]这时四镇未复，休璟已为西州都督，可知安西都护府的建制暂时取消了。[3]斛瑟罗亦当于此时收其余众入居内地。《通鉴》卷二〇四将斛瑟罗入内地事系在天授元年（690）年末，恐误。我认为，自韦待价永昌元年（689）秋七月兵败，到天授元年九月武则天称帝，斛瑟罗应早就入朝了。因为据《新唐书·突厥传》下记载，武后革唐为周时，斛瑟罗率诸蕃长请赐睿宗氏曰武，武后乃更号斛瑟罗曰竭忠事主可汗。大约正因为有这些事迹，神功元年（697）狄仁杰上疏才敢于同意吐蕃论钦陵的议和条件，请捐四镇而立斛瑟罗，说能"遣御寇患"等。森安孝夫认为，天授元年斛瑟罗入居内地是因为其地为突骑施乌质勒所并[4]，显然是对史实缺乏

---

[1]《旧唐书·韦待价传》。
[2] 参见《旧唐书·唐休璟传》。参《通鉴》卷二〇四，6459页。
[3] 参见黄惠贤《变化》，434页。
[4] 参见森安孝夫1984，66页注95。《旧唐书·突厥传》下说："自垂拱已后，十姓部落频被突厥默啜侵掠，死散殆尽。及随斛瑟罗才六七万人，徙居内地，西突厥阿史那氏遂绝。"所谓"自垂拱已后"，当即指前述垂拱元年左右唐发金山道十姓兵抵御东突厥扩张事。旧书本段疑有脱文。斛瑟罗虽于天授元年（690）、长安三年（703）两次入居内地，但均与东突厥西侵没有关系（详见后）。

第二章　唐初安西四镇的弃置

了解而误解了史料。还有人说武后革命时,斛瑟罗"还远在碎叶以西"[1],看来也是对史料分析不足所致。

自论钦陵687年领兵大入西域,到692年王孝杰复四镇,吐蕃在西域统治了六年。有关吐蕃在西域统治情况的资料很少,但也并非一无所有,目前可以指出下列几点:

1. 如前所述,687—689年是论钦陵率兵占领西域。689年在寅识迦河与韦待价决战的应该就是论钦陵,他是在大败韦待价以后才领兵离西域回蕃地的。689年以后,吐蕃主事西域的是钦陵幼弟勃论赞刃。[2]吐鲁番出土《张怀寂墓志铭》中提到"贼头跛论"[3],香港学者饶宗颐先生指出:跛论即藏语blon,通常单译作"论"[4];森安孝夫将其比定为汉文史籍中的勃论/勃论赞/勃论赞刃,并认为此人即《大事纪年》羊年(695)条记载被处死的Mgar btsan nyen gung rton,也就是藏文《丹珠尔》(Bstan' gyur)所收《于阗国悬记》(Li yul lung bstan pa)里出现的Mgar blon btsan nyen gung ston。[5]《于阗国悬记》说很久以前勃论曾统治于阗。森安认为将此事置于垂拱(685—689)年事件与长寿元年(692)事件之间应当是正确的。[6]

2.《于阗国悬记》记载勃论统治于阗期间曾在当地兴建寺院。从当时吐蕃入西域均越于阗南山并主要沿五俟斤路活动,以及钦陵曾说咄陆诸部近安西、俟斤诸部近蕃境而求取俟斤部落[7]等情况来看,我们推测于阗就是吐蕃统治西域的中心。而且我们看到,宋师将直至克复焉耆未遇重大战斗,韦待价深入十姓可汗故地败绩,可见吐蕃在西域的统治主要限在焉耆以西。

---

[1] 黄惠贤《变化》,427页。
[2] 参见《通鉴》卷二〇五,6493页。参岑仲勉1964,119页。
[3] 录文见黄文弼1989,119页。
[4] 参见饶宗颐1982,624页。
[5] 参见《于阗国悬记》,58—59页。
[6] 参见森安孝夫1984,20—21页及67页注106。
[7] 参见《通典》卷一九〇,吐蕃条。

3. 与在绿洲地区的直接统治不同，吐蕃入西域后便废除了唐朝册立的兴昔亡可汗阿史那元庆[1]，另立其弟仆罗为十姓可汗[2]，受吐蕃羁縻统治西突厥部地。仆罗既为十姓可汗，当然应当住在碎叶附近。所以，永昌元年唐蕃决战在碎叶附近的寅识迦河而不是在号称"四镇咽喉"[3]的焉耆是完全可以理解的。有人认为，垂拱二年唐朝拔四镇以后，直到永昌元年韦待价兵败，碎叶一地仍为唐守，且为斛瑟罗所据。[4]这些推测根本脱离了现有史料所提供的可能性。无论如何，那既不符合唐朝拔四镇本意，又违背了垂拱二年十一月三日所下拔四镇的敕旨。[5]

韦待价以后，则天于天授二年（691）"五月，以岑长倩为武威道行军大总管击吐蕃，中道召还，军竟不出"[6]。长寿元年（692）又以王孝杰率军击吐蕃，复四镇（详见本书第三章第一节）。王孝杰复四镇后以汉兵三万镇守，大大加强了中原王朝在西域的实力和防务，从而结束了与西域反复争夺的局面。唐朝安西四镇从此未再放弃，直到8世纪末叶。

第二节　大食之介入西域

《旧唐书·裴行俭传》："仪凤四年，十姓可汗阿史那匐延都支及李遮匐扇动蕃落，侵逼安西，连和吐蕃，议者欲发兵讨之。行俭建议曰：'吐蕃叛换，干戈未息，敬玄、审礼失律丧元，安可更为西方

---

[1] 参见《旧唐书·郭元振传》："却令元庆没贼"，此处"贼"指吐蕃无疑，如《张怀寂墓志铭》中有"贼头跂论"；崔融《拔四镇议》说："贼逢有备，一战而走"；等等。
[2] 参见《旧唐书·郭元振传》略云："但献父元庆、叔仆罗、兄俀子……岂不俱是可汗子孙？……吐蕃顷年亦册俀子及仆罗并报布相次为可汗，亦不能招得十姓，皆自磨灭。"据汉、藏史料可知，俀子为可汗在693—700年，其叔仆罗称汗当在此前。
[3] 《全唐文》卷二八七，张九龄草《敕西州都督张待宾书》。
[4] 参见黄惠贤《变化》，430、434页。
[5] 参见《吐文书》第七册，224页。
[6] 《通鉴》卷二〇四，6473页。

生事？今波斯王身没，其子泥涅师师充质在京，望差使往波斯册立，即路由二蕃部落，便宜从事，必可有功。'高宗从之，因命行俭册送波斯王，仍为安抚大食使。"由此可见，继唐朝与吐蕃之后，大食作为一股新的势力介入了西域事务。

"大食"是唐代中国对阿拉伯帝国的称呼，音译自波斯人对邻近的阿拉伯部落塔伊部（Ṭayyi'）的称呼 Tachik。古藏文《大事纪年》中此名写作 Ta chig[1]，可能与汉文译名出于同源。

大食与唐朝官方的正式交往始于高宗初年。《旧唐书·高宗纪》上：永徽二年（651）"八月乙丑，大食国始遣使朝献"。同书《大食传》："永徽二年，始遣使朝贡。其王姓大食氏，名噉密莫末腻，自云有国已三十四年，历三主矣。"噉密莫末腻一名在其他汉文史料中也写作"黑密牟尼"等，都是阿拉伯语 Amīr al-Mu'minīn 的音译，其意为"信士们的长官"，在阿拉伯史料中专门用来称呼政教合一的最高统治者即哈里发。显然，最早遣使唐朝的是第三位正统哈里发奥斯曼（'Uthman b. 'Affān），他于 644—656 年在位[2]。阿拉伯史料也普遍认为，呼罗珊（Khurāsān，泛指阿拉伯帝国的东方）[3] 的征服正是在这个时代，在新任命的巴士拉（Baṣra）总督阿米尔（'Abdullah b. 'Āmir, 29—35/649—655）的精明治理下开始的。[4]

---

[1] 参见《敦煌本吐蕃历史文书》，33、115、231 页。
[2] 参见张广达 1987。
[3] 今天，呼罗珊是伊朗最东北的一个省，首府为马什哈德（Mashhad）。但在伊斯兰化以前及早期伊斯兰时代，"呼罗珊"经常是一个宽泛得多的概念，一个界限模糊的地区。从大食所置呼罗珊总督征行活动的范围来看，它从里海南岸的陀拔斯单（Ṭabaristān）延伸到缚刍水上游的拔特山（Badakhshān），乃至兴都库什山中的帆延（Bamiyān）。参 EI, Khurāsān 条，55 页右栏到 56 页左栏。
[4] 参见沙班 1979，16 页。关于大食扩张的原因及其攻灭萨珊波斯，请参希提 1979，第二编第十一章、第十三章。在大食初期的征服活动中，呼罗珊曾长期属于以巴士拉或库法为中心的东方省，由驻在那里的总督派出代表进行经营和治理。塔巴里《年代记》卷 2（116 页）说白衣大食哈里发穆阿威叶（Mu'āwīyah）于 54/673—674 年曾直接任命伊本·泽雅德（'Ubaydullah b. Ziyād）为呼罗珊总督，但实际上独立的呼罗珊总督很可能始于 99/717 年欧麦尔二世任命哈卡米（al-Jerrāḥ b. 'Abdillah al-Ḥakami），参沙班 1979，35、86 页。

波斯王失国及其向唐求救不获

据《新唐书·波斯传》记载："伊嗣俟不君，为大酋所逐，奔吐火罗，半道，大食击杀之。子卑路斯入吐火罗以免。遣使者告难，高宗以远不可师，谢遣，会大食解而去，吐火罗以兵纳之。"伊嗣俟即阿拉伯史料中的 Yazidjird，为萨珊波斯末代国王，632—651 年在位。此名有的汉文史料写作伊嗣侯，显然为形近致讹。[1]塔巴里《年代记》卷 1（2682—2683 页）述及：22/642—643 年，"当阿合纳夫（al-'Aḥnaf，意为'罗圈腿'）逼近末禄（Marw，今土库曼斯坦马里）时，伊嗣俟便离开该城前往末禄鲁兹（Marw rūdh，今阿富汗巴拉木尔加布附近）[2]并驻足该地。阿合纳夫则驻于末禄。伊嗣俟从末禄鲁兹向可汗（Khāqān）写信求援，又给粟特王（Malīk al-Şughd）写信求援。他的两个使者前往可汗与粟特王处。他还写信向中国皇帝求助"。然而，据英籍埃及学者沙班（M. A. Shaban）研究，有关阿合纳夫早期在东方进行征服的传说言过其实，这"可以轻易地从两个方面得到解释：第一，它可能同阿合纳夫·本·盖斯后来在 32/652 年作为阿米尔副手的那些活动[3]搞混了。第二，它可能意在夸大塔米姆人（Tamīm）[4]的领袖阿合纳夫在征服呼罗珊战争中的作用。可是，他在这一征服中虽然起了重要作用，其地位却在阿米尔之下"[5]。因此，我们认为，上述伊嗣俟 22/642—643 年遣使中国的说法当与《年代记》卷 1（2876 页）的下述记载同指一事：

---

[1] 俟字《广韵》床史切，崇母止韵开口三等，唐音可拟为 *dʒĭə；侯字《广韵》户钩切，匣母侯韵开口一等，唐音应拟为 *ɣəu。二者相较，俟字声母为舌前塞擦音，且韵母三等发音靠前，与该名阿拉伯语读音差近；侯字声母为舌根音，韵母一等发音靠后，与原名读音相去太远。参郭锡良 1986，61、172 页。
[2] 参见张、王 1990，202 页。
[3] 参见塔巴里《年代记》卷 1，2907 页。
[4] 塔米姆人是北阿拉伯的一个城居部族。关于阿拉伯部族的两大派系及其在历史上的矛盾冲突，见希提 1979，第二十二章，326—328 页。
[5] 沙班 1979，16 页。

31/651—652年,"在前往末禄时,伊嗣俟向各国国王请求帮助,他给他们写信,向他们求援,向中国皇帝陛下(Sāḥib al-Ṣīn),向拔汗那王,向高附(Kābul)王和可萨(al-Khazar)王求援"。也就是说,波斯王向中国皇帝求救实际上只有一次,就是651年伊嗣俟遇害之年的这一次。肯定这一点,对理解其他史实很重要。例如,塔巴里《年代记》卷1(2690页)引述了这样一条资料:"当奥斯曼时期呼罗珊人起义时,伊嗣俟(由拔汗那)出发并到了末禄。由于同其近侍及呼罗珊人产生了争执,他躲进了一座磨坊。他们向他进攻。当他在磨坊边的场地上用膳时,他们将他杀死,然后把他扔进了水渠。"可是奥斯曼继欧麦尔('Umar b.al-Khaṭṭāb,634—644年在位)为哈里发已是644年之事,塔巴里将上述资料系于22/642—643年之内显然有误。而且,虽然有关伊嗣俟致死原因的说法有多种[1],但基本上都肯定是在31/651—652年。这表明,在塔巴里所引这条资料以下,《年代记》卷1(2690—2692页)紧接着叙述的伊嗣俟死后所发生的一系列事件,如,(突厥)可汗从缚喝退兵,可汗和库萨和(Khusraw)族人[2]的随从过(缚刍)河后遇到从中国返回的伊嗣俟使者等,都应是奥斯曼时期而不是(像塔巴里所说)欧麦尔时期的事。确切地说,是31/651—652年的事。

这里最使我们感兴趣的是《年代记》卷1(2691页)所载伊嗣俟使者与中国皇帝的对话,尤其是卷1(2692页)所收中国皇帝给伊嗣俟回信的内容,全文如下:"出于义务,我不妨派一支军队到你那儿去,这支军队头在末禄,尾在中国。但是,你的使者向我描述的这些人若试一试,就可以摧毁大山;没有什么能阻挡他们,他们会把我消灭,只要他们像所描述的那样!所以,你还是和他们和平共处吧。他们没对你动怒时你也别对他们动怒。"显然,这封

---

〔1〕 参见塔巴里《年代记》卷1,2872页以下。
〔2〕 似为萨珊王室的代名词。

信反映的中国皇帝的基本态度与《新唐书·波斯传》所说"高宗以远不可师，谢遣"是一致的。阿拉伯文史料与汉文史料的记载只有遣使者为伊嗣俟和卑路斯的区别。但是，这种区别还很难确定，因为塔巴里《年代记》里根本就没有提到伊嗣俟的儿子卑路斯。也许，塔巴里已经在这一点上把他们父子俩的事迹弄混了。例如，伊嗣俟才逃到末禄便遇害了，其他有关被阿合纳夫追赶，逃到拔汗那（Fārghānah，今乌兹别克斯坦费尔干纳），呼罗珊起义时又从拔汗那返回等事，恐怕都应属于卑路斯的活动。

我注意到，大食首次遣使唐朝也是651年的事。因此，可以认为，唐高宗给波斯末帝的回信实际上表示了唐朝对葱岭以西事务的基本态度。这种消极调和的态度与其在葱岭以东积极进取的劲头形成鲜明的对比。当然，高宗的信只是一个基调。这并不妨碍唐朝为了隔断二蕃（吐蕃、西突厥）而越过葱岭出兵拔汗那（详见下章）等；也不排除唐朝为减轻财政、人力负担而拔弃四镇。唐朝确实有一批士大夫幻想不费人力物力而单靠一项羁縻政策就能维持边疆安定[1]，所以，说唐朝一开始就不想在葱岭以西和东进的大食直接对抗[2]，这从大量史实看来是可信的。

651年前后援助波斯王的突厥可汗显然就是西突厥的乙毗咄陆可汗。史载其于贞观十六年（642）西奔吐火罗[3]；至"（贞观）二十一年（647）五月，西蕃咄陆可汗为郭葛吐鸥俟利发所破，奔于波斯"[4]。后一次事件的具体情况不清楚。但是，俟（颉）利发一般是西突厥授予西域各国国王的官职[5]，如果只是一个俟利发起事，估计规模不会很大。据《通鉴》卷一九九记载：永徽二年（651），阿

---

〔1〕 参见本书附录叁。
〔2〕 参见森安孝夫1984，50、51页。
〔3〕 参见《通鉴》卷一九六，6178—6179页。
〔4〕 参见《册府元龟》卷九九五。
〔5〕 参见《旧唐书·突厥传》下，5181页。

史那贺鲁"与乙毗咄陆可汗连兵,处月、处密及西域诸国多附之"。而从塔巴里《年代记》叙述的情况来看,当时突厥可汗的居地不在吐火罗,而是在拔汗那。[1]那么,到651年,乙毗咄陆可汗又基本恢复了自己的势力和地位。问题在于,他是什么时候,因为什么从波斯返回并到了拔汗那的呢?当然,因为有伊嗣俟请求援助及贺鲁与之连兵等情况,可以肯定乙毗咄陆到拔汗那是在651年以前。从这个时间波斯的局势来看,人们不难想到,乙毗咄陆离开波斯无疑与大食东侵有关。很可能,正是在哈里发奥斯曼于29/649年任命阿米尔为巴士拉总督以后,阿米尔立即前往法儿斯(Fārs)进行征讨,不幸的末代波斯王伊嗣俟开始辗转流徙寻求支持[2],乙毗咄陆可汗就此离开波斯东返并据有了拔汗那。[3]在这种情况下,吐火罗就由(颉苾)达度设治理或另置叶护。

卑路斯与波斯都督府

大食人初期向东方扩张的活动并不是有组织有计划地征服领土,建立他们的统治。奥斯曼任命年仅25岁的阿米尔为巴士拉总督,只是想在新的地区开辟一些新的战线,以便消耗那些走出沙漠的大食部落民的无穷精力,他们不断涌入库法和巴士拉这两座设防城市使伊拉克地区更加紧张和动荡不安。[4]因此,大食人初期的东方扩张并没有导致这些地区的彻底征服,有的征行最多不过是一场袭击,有的征行则未遇任何抵抗,有的地方却在这一时期被攻克多次。[5]塔巴里《年代记》卷1(2691页)记载了伊嗣俟的使者向突厥可汗

---

[1] 参见塔巴里《年代记》卷1,2688、2690、2692页。
[2] 同上书,2872页以下;沙班1979,17—18页。
[3] 据两唐书《西突厥传》,(乙毗)咄陆死于永徽四年(653)。
[4] 参见沙班1979,17页。
[5] 参见沙班1979,17页。

转述自己同中国皇帝的这样一段对话：

他（中国皇帝）问："他们（大食人）在同你们开战以前对你们说了什么？"

我（使者）说："他们要求我们在三种情况中选择一种：要么是他们的信仰，要是我们应允，他们就把我们当自己人；要么是交纳人头税（al-jizyah）；要么就开战。"

这种说法基本上反映了大食人在初期扩张（从理论上讲就是"圣战"jihād）活动中的政策和要求。[1]因此，阿米尔在一阵征战之后，很快便以收取巨额赎金（fidyah）为条件与呼罗珊诸城缔结了和平条约。[2] 32/652—653 年阿米尔带着大批军队离开呼罗珊回巴士拉去了。这年冬天，呼罗珊便爆发了由萨珊贵族迦林（Qārin）领导的大规模起义。起义虽然很快被镇压下去了，但留驻呼罗珊的少数大食戍守部队显然不足以完全制止各地土著的解放运动。尤其是 36/656—657 年大食国内又爆发了阿里和穆阿威叶（Mu'āwiyah）争夺哈里发之位的战争，直到 41/661 年白衣大食（Umayyad，661—750）建立。大食人忙于内战，更给了被征服者以可乘之机。[3]因此，《通鉴》卷一九九将"大食兵去，吐火罗发兵立卑路斯为波斯王而还"一事系在永徽五年（654）夏四月是有道理的。[4]可惜，这件事未被阿拉伯文史料具体证实。[5]

《旧唐书·波斯传》："卑路斯龙朔元年（661）奏言频被大食侵扰，请兵救援。诏遣陇州南由县令王名远充使西域，分置州县，因

---

[1] 参见希提 1979，159—160 页，167—169 页。
[2] 参见塔巴里《年代记》卷 1，2900—2904 页；沙班 1979，19 页以下。
[3] 参见沙班 1979，25—27 页。关于阿里与穆阿威叶的战争，见前引希提 1979，208 页以下。
[4] 参见沙班 1979，27 页。沙班书中此处作 655 年，恐误。
[5] 《册府元龟》卷九九五："永徽五年五月，大食引兵击波斯及米国，皆破之。"（并见《新唐书·米国传》此事绝不见于阿文史料记载，且与大食东侵进程（越过阿姆河及在河外驻冬等，详见下）及部落民活动性质不合，疑此"米"字为"末"之误，如《全唐文》卷九五六引杜环《经行记》误末禄为"米禄"然。又《唐会要》卷九九"康国"条："永徽中，其国频遣使告为大食所攻，兼征赋税。"全是开元年间事，并不可取。且永徽中西突厥阿史那贺鲁势力正盛，康国告唐殊不可信。

列其地疾陵城（Zaranj，地在今阿富汗与伊朗交界处之扎兰杰附近，为塞斯坦首府。——引者）为波斯都督府，授卑路斯为都督。是后数遣使贡献。"《新唐书·波斯传》的时间顺序表述得清楚一些："龙朔初，又诉为大食所侵，是时天子方遣使者到西域分置州县，以疾陵城为波斯都督府，即拜卑路斯为都督。俄为大食所灭，虽不能国，咸亨中犹入朝。"显然，是唐朝遣使置州县在前，波斯王诉大食侵扰在后。据《旧唐书·地理志》三及《通典》卷一九三等史料记载，吐火罗款塞才是唐朝遣使置州县的起因。然而，吐火罗款塞未必是由于大食东侵。因为《通鉴》卷二○○将吐火罗道置州县事系于龙朔元年六月癸未（十九日，公历7月21日），而穆阿威叶在内战结束后被公认为白衣大食的第一位瞰密莫末腻[1]，他重新任命阿米尔为巴士拉总督已是回元41年的事[2]，这一年是从公元661年4月4日开始的。更重要的是，据研究，在所有史料中只有雅古比（Ya'qūbī）一个人提到阿米尔的东征军司令萨姆拉（Samura）是派往呼罗珊以及重新攻克了缚喝（Balkh）等地。[3]沙班认为，雅古比引述的看来是一种夸大的传说，因为马代尼（Madā'inī，大食史家，塔巴里书重要的史料来源之一）明确说缚喝直到51/671年才为 Rabī 'b. Ziyād 以和平方式重新获取。[4]所以，我认为，吐火罗款塞仍与唐平西突厥有关。显庆三年（658），唐朝已在吐火罗阿缓城置月氏都督府；显庆四年，兴昔亡可汗弥射斩真珠叶护于双河，从而取得了乙毗咄陆系的领地范围（从拔汗那到吐火罗）；龙朔元年吐火罗款塞，唐朝以其叶护阿史那乌湿波为都督，正式承认了这种新的势力划分。波斯王子卑路斯本来就靠吐火罗支持而立，唐朝将其划入吐火罗道置州县殆无疑义。

---

〔1〕 参见沙班1979，27页。
〔2〕 参见塔巴里《年代记》卷2，15页。
〔3〕 参见雅古比《历史》(Tārīkh)卷2，258页，转引自沙班1979，28页。
〔4〕 参见塔巴里《年代记》卷2，156页；参沙班1979，28页。

阿米尔的东征军司令萨姆拉（'Abdurraḥman b.Samura）手下有四员名将，但令人吃惊的是，这样一支大军不是派往呼罗珊而是派往塞斯坦（Sīstān）的。沙班认为：对此"可能找到的一种解释，就是接受沙畹的意见：疾陵城是汉文史料中提到的卑路斯（Peroz）治下的波斯都督府的中心，故此大食人可能认为塞斯坦是东方的动乱中心"[1]。虽然从汉文史料的叙述来看，唐遣置州县使与波斯王求援两件事靠得很近，大食发兵时还未必有波斯都督府，但疾陵城是卑路斯长期活动的一个中心却是可以肯定的。很可能，自永徽五年吐火罗发兵立其为波斯王以后，他就一直待在那里。萨姆拉东征塞斯坦的战争进程不清楚。从汉文史料可知，卑路斯请兵救援，唐朝即授其都督作为回答，这应当都是战争过程中的事。沙班说："虽然有关这次征行的报道在阿文史料中同早先31—32/651—652年的那次征行混在一起了，但循其进路还是可能的。首先，疾陵城被重新攻克，于是，一项两百万迪尔汗和两千个奴隶的贡赋被加给了那座城市。其次，大食人开辟了一条新的战线与漕矩吒（Zābulistān，武后时改译'谢䫻'）国王尊比勒（Zunbil）[2]作战，他们向东推进，征服货石（Khwāsh）、不思忒（Bust）、呼塞（Khushshak）和罗桑（Razān）这些城镇。他们围攻高附（Kābul）城达好几个月且最终攻了进去。作为报偿，穆阿威叶将塞斯坦作为一个单独的省份，任命萨姆拉做总督，他在那儿一直待到45/665年由拉比厄（al-Rabīʻ b. Ziyād al-Ḥarithī）取代为止。"[3]这样，《新唐书·波斯传》"俄为大食所灭"的说法得到了印证。卑路斯失国当不出41/661—662年。

---

[1] 沙班1979, 28页。
[2] 此名先经马迦特（J. Marquart）考订，又经博思沃斯（C.E.Bosworth）证实，源出当地神名 Zūn 或 Zhūn，见巴托尔德1977, xix页。
[3] 沙班1979, 28页；并请见白拉祖里《诸国之征服》, 396—397页。塞斯坦此时脱离巴士拉而单为一省，这只是白拉祖里的说法。塔巴里仍说塞斯坦是巴士拉总督辖区的一部分，见《年代记》卷2, 67页等。

卑路斯失国后行踪无考。《旧唐书·波斯传》说"是后数遣使贡献"。据检，《通鉴》卷二〇一：麟德二年（665）冬十月，"丙寅，上发东都……东自高丽，西至波斯、乌苌诸国朝会者，各帅其属扈从"，《册府元龟》卷三六作："突厥、于阗、波斯、天竺国、罽宾、乌苌……诸蕃酋长各帅其属扈从"；《册府元龟》卷九七〇："（乾封）二年（667）十月，波斯国献方物"；"（咸亨）二年（671）三月拔汗那，五月吐火罗、波斯、康国、罽宾国……各遣使来朝，贡其方物。"记载中仅此三事而已。不过，推测卑路斯此时的活动在吐火罗境内当无大差。

大食呼罗珊长官拉比厄的活动成就

据学者研究，到670年，大食人所到最东之处还在吐火罗西部和塞斯坦。[1]

前引义净《大唐西域求法高僧传》说到沙门玄照又于麟德年中，于唐高宗驾幸东洛之时蒙旨往羯湿弥罗（Kashmir），后又到西印度罗荼国，"蒙王礼敬，安居四载，转历南天。将诸杂药，望归东夏。到金刚座，旋之那烂陀寺，净与相见。尽平生之志愿，契总会于龙华。但以泥婆罗道吐蕃拥塞不通，迦毕试途多氏（言多氏者，即大食国也）捉而难度。遂且栖志鹫峰，沉情竹苑"[2]。据《通鉴》卷二〇一，麟德二年闰三月壬申朔（665年4月20日），唐高宗车驾至东都洛阳。玄照于此后出发，除在路历有时日，又向西印度罗荼国安居四年，转历南天后再"望归东夏"，至少也是咸亨（670—674）年间的事了。咸亨年间，如前节所述，吐蕃曾攻陷安西四镇，且于青海大非川大败唐军。此时经由吐蕃往来各道为之壅塞，自是

---

[1] 参见白桂思1987，38页。参沙班1979，32页。
[2] 《大正藏》卷五一，1页。

意料中事。

所谓"迦毕试途多氏捉而难度",则与大食东侵进程有关。塔巴里《年代记》卷2(156页):"51年(671年1月18日—672年1月5日)年初,泽雅德(Ziyād,巴士拉、呼罗珊和塞斯坦总督)任命拉比厄(Rabī'b. Ziyād al-Ḥārithī)为呼罗珊长官。人们纷纷把自己的家搬往呼罗珊,并在那里定居下来。后来,他又撤了拉比厄的职。据说,拉比厄到了呼罗珊后以和平的方式取得了缚喝,那里的居民自从与阿合纳夫签订和平条约之后便重新闭关自守。拉比厄还以武力攻占了忽希思丹(Qūhistān,地处今伊朗东部),那里已有突厥人,这些突厥人一部分被他杀死,一部分被他赶跑。在剩下的突厥人中有捺塞达干(Nīzak Tarkhān),此人后来被屈底波·并波悉林(Qutaybah ibn Muslim,见于汉籍的大食名将,705—715年任呼罗珊长官。——引者)处死。"据沙班研究,拉比厄在呼罗珊的任期为51—53/671—673年。[1] 捺塞达干,在阿拉伯文史料中通常是指报蚤希思(Bādhaghīs,地处今阿富汗赫拉特以北地区)的挹怛人(al-Heyāṭila,汉籍亦作"嚈哒")国王,例如《年代记》卷2的1184、1204、1207页。诚然,塔巴里《年代记》卷2的1218页也写了:"本年(91/709—710),屈底波·并波悉林杀捺塞达干。"然而,白桂思认为:"耶辛(E. Esin)成功地揭示了一个重要事实:捺塞是一个头衔,而不是人名。"[2]《册府元龟》卷九七四记载,开元七年(719)"四月己卯,诃毗施国王捺塞使吐火罗大首领摩娑罗献狮子及五色鹦鹉",沙畹曾就此作注说:"其事并见《新唐书》卷二二一下,捺塞应是Nizek或Nézak之对音,然719年著录之捺塞似非大食将所杀之嚈哒王捺塞达干。至于诃毗施则未详为何国。"对于沙

---

[1] 参见沙班1979,32页。
[2] 白桂思1987,67页注79。参同书所引E. Esin, "Tarkhan Nīzak or Tarkhan Tirek?", *JAOS*, 97 (1977), pp.323—324。

畹的最后一语,冯承钧先生加按语称:"疑为 Kapiça 之别译。"[1]列维(S.Levi)考 Kapiça 即迦毕试,即唐代罽宾(地处今阿富汗喀布尔东北一带)[2],此已成为定说。最近,白桂思在引用上述《册府元龟》史料时就将其中专名直接译作 the Yabghu of Ṭukhāristān and the Nīzak, the king of Kāpiśa。[3]可见,前引《年代记》卷2(156页)之捺塞达干未必不是迦毕试王,尤其是该书此段主要记载拉比厄与突厥人而不是挹怛人作战,众所周知,罽宾在统叶护可汗时已成为西突厥之南境。诚然,唐朝曾于开元十七年(729)册吐火罗骨咄禄颉达度为吐火罗叶护、挹怛王[4],但要说671年突厥人已大批到达伊朗高原腹地的忽希思丹,似嫌早些。因此,将塔巴里的说法与玄照行纪相比勘,拉比厄51/671年的作战地点很可能不是忽希思丹而是迦毕试。

沙班对上述塔巴里说法的解释是:拉比厄在取得缚喝之后,"转向对付报菴希思、也里(Harāt)和纳商(Pūshang[5])诸挹怛小国的军队残余,把他们追到忽希思丹并打败了他们,但捺塞却能一直活到多年以后死在屈底波手里"[6]。可是,如果这个捺塞真的是死在屈底波手里的那个报菴希思王,他能活这么长时间吗?疑点太多,实难首肯。

早期阿拉伯文史料中没有迦毕试这一地名。白拉祖里曾提到在拉比厄任职期间高附与漕矩吒发生的叛乱:"高附王(KābulShah)集合了一支军队来反对穆斯林,把他们全都赶出了高附。于是拉

---

[1] 沙畹 1934, 242 页。
[2] 同上, 55 页。
[3] 参见白桂思 1987, 89 页。同页注26提出的参考文献除沙畹书以外, 还有 J.Harmatta, "Late Bactrian Inscriptions", *Acta Antiqua Academiae Scientiarum Hungaricae*, 17 (1969), 406 及以下各页。不过, 白桂思将"吐火罗大首领"解作 the Yabghu of Tukhāristān "吐火罗叶护"却未必正确。从汉文史料看, 吐火罗叶护就是吐火罗国王; 而从《册府元龟》外臣部朝贡条的行文来看, 来朝的大首领几乎都不是国王。
[4] 《册府元龟》卷九六四, 外臣部封册二。参沙畹 1934, 247 页。
[5] 关于这个地名的考订, 请参张、王 1990, 207—208 页。
[6] 沙班 1979, 32 页。

特比勒（Ratbīl，即漕矩吒国王尊比勒[1]。——引者）前来控制了漕矩吒和禄诃支（Rukhkhaj）直到不思忒。泽雅德之子拉比厄率军出战，向在不思忒的拉特比勒发动进攻，将他击溃，一直追击到禄诃支。攻下禄诃支之后，拉比厄继续前进，又降下了道琬（al-Dāwar）城。"[2] 高附一名不见于唐史[3]，其地又密近迦毕试[4]，很可能，这场战争就是塔巴里提到的拉比厄在 51/671 年进行的那场战争。

沙班敏锐地指出，51/671 年任命拉比厄为呼罗珊长官[5]，"标志着大食在帝国这一部分的一项新政策的实行"[6]。50/670 年前后，巴士拉和库法的总督泽雅德决定将未编入巴士拉和库法户籍（dīwān）的五万户部落民从这两地迁往呼罗珊永久定居，以巩固已经取得的征服成果并提供进一步扩张所需要的军力。51/671 年，拉比厄就是带着这五万人走马上任的。[7] 拉比厄任职期内得以在东到缚喝的地方重新建立起大食的权势。其子阿布杜拉（'Abdullah ibn al-Rabī'）继任并在几个月内就将这一势力范围推进到了缚刍水边，他同亚梅（Āmul）和湛木（Zamm）都签订了和约[8]，这两地和怛蜜是缚刍水

---

[1] 参见本书 101 页注[2]。希提的说法是："高附（在现代阿富汗首都喀布尔）的突厥王尊比勒（Zunbīl，不大正确的拼法是 Ratbīl。参 Wellhausen, Reich, p.144, n.3。Zunbīl 是一个称号。这些国王可能是波斯人）"，见希提 1979，240 页及同页注 5；同书 241 页注 1 继续就尊比勒说道："这个国王和中亚细亚其他的国王的臣民几乎完全是伊朗人，但是王室和军队是突厥的。"我同意后一种意见，参《大唐西域记校注》，956—957、959 页。
[2] 白拉祖里《诸国之征服》，147—148 页。
[3] 《新唐书·地理志》七下记载唐置高附都督府在骨咄施（Khuttal）之沃沙城（Wāshgird），其地在今塔吉克斯坦首都杜尚别以东，与高附毫无关系。
[4] 《新唐书·小勃律传》："其西山颠有大城曰迦布罗。"冯承钧先生以为即高附（Kābul），见《西域地名》，39 页（是版作《新唐书·大勃律传》，误）。《大唐西域记》卷十二漕矩吒条："从此北行五百余里，至弗栗恃萨傥那国。"从地望看，很可能就是高附。《大唐西域记》卷一迦毕试国条："威慑邻境，统十余国"；《新唐书·谢䫻传》："后遂臣䍐宾"（6253 页）；《新唐书·䍐宾传》："天宝四载，册其子勃匐准为袭䍐宾及乌苌王国"（6241 页）。俨然为中亚除粟特、吐火罗以外的又一大势力范围。参桑山正进 1985，56—57 页。看来于此尚未有一圆满解释。
[5] 各种阿拉伯文史料在这一日期上都是一致的，见塔巴里《年代记》卷 2，155 页；白拉祖里《诸国之征服》，410 页；伊本·阿西尔《全史》卷 3，408 页。
[6] 沙班 1979，30 页。
[7] 同上书，31—32 页。
[8] 同上书，32 页；张、王 1990，200 页。

中游最重要的三处渡口，扼河中地（Māwarā'naḥr）通呼罗珊之三条大道。

徒具虚名之"安抚大食使"

54/674年，穆阿威叶任命伊本·泽雅德（'Ubaydullah b. Ziyād）为呼罗珊总督[1]，他成了第一位渡过缚刍水进行征服活动的大食人。[2]塔巴里《年代记》卷2（169—170页）记述了伊本·泽雅德过河进攻捕喝（Bukhār，今乌兹别克斯坦布哈拉）的细节，说他不仅攻拔了捕喝之两城伐地（Baykand）和阿滥谧（Rāmīthan），而且打败了突厥国王与其妻贺莫可敦（Qabsj Khatun）率领的军队。[3]

显然，在大食人这样积极的经略之下，流亡的波斯王卑路斯在西域已无处安身。《册府元龟》卷九九九：咸亨五年（674，是年八月已改元上元，《通鉴》卷二〇二系于上元元年）十二月，"辛卯，波斯王卑路斯入朝"。此后便一直待在中国。塞克斯（P.Sykes，1867—1945）说："直到公元667年，泽雅德（伊本·泽雅德之父）担任了总督，才渡过缚刍水，入侵了下吐火罗。在这一战争过程中，伊嗣俟三世的儿子卑路斯吃了败仗，并被赶回了中国。"[4]然而，据沙班研究，泽雅德死于53/673年。[5]从汉、阿两种史料的记载来看，大食人过河并驱逐波斯王都是泽雅德去世以后的事，塞克斯的说法

---

[1] 参见塔巴里《年代记》卷2，166页。沙班说该项任命在53/674年，显然是接受了吉布的说法，见沙班1979，35页，并参吉布1923，17页。

[2] 据说47/667年哈卡姆（al-Ḥakam）也渡过了缚刍水，但他只做了两次祷告（rak'ah）而没有进行征服；也有人说拉比厄前去远征并渡过了缚刍水，但缺乏具体过程。参塔巴里《年代记》卷2，156页。

[3] 白拉祖里和纳尔沙喜（Narshakhī）的说法与此不同，有关考证见吉布1923，18—19页。吉布认为这里的国王是指Bukhār Khudāh（捕喝国王），我从塔巴里的文意上看认为是指突厥人之王，即阿史那都支或李遮匐。参塔巴里《年代记》卷2，170页；纳尔沙喜《布哈拉史》，汉译本114页。

[4] 塞克斯1940，160—161页。

[5] 参见沙班1979，35页。

不可凭信。仪凤三年（678）卑路斯死，其时正逢西突厥阿史那都支、李遮匐与吐蕃联合攻陷安西，于是，裴行俭建议以册送卑路斯之子泥涅师回国为王之名，发波斯道行军计取二蕃。在这次行动中，裴行俭带有"安抚大食使"的头衔，我认为，这其实与当时大食的活动并无直接关系：

第一，到此时为止，还没有见到大食与唐朝的任何直接冲突。而且，大食东侵虽已过河，但还没有在河中地过冬。

第二，除了龙朔元年那一次波斯向唐朝请兵外，到此时为止，甚至直到开元年间以前，都没见到有任何中亚国家向唐朝发出请求。

第三，恰恰是678—680年，大食在呼罗珊的军事行动停了下来。塔巴里《年代记》卷2（188—189页）记载：59/678—679年，"穆阿威叶任命阿布杜拉赫曼（'Abdurraḥmān b. Ziyād）为呼罗珊总督"，"人们说，阿布杜拉赫曼来到了呼罗珊，那是一个宽宏大量的、贪婪的、懦弱的人，他确曾在呼罗珊待了两年，却没有进行过哪怕是一次征战"。

第四，唐朝此时已为吐蕃所困，议者欲发兵讨之，裴行俭都认为"安可更为西方生事"，哪里还顾得上去安抚那从不关心的大食。

所以，我认为，所谓"安抚大食使"纯属虚名，根本不具有任何经得起推敲的实际内容，这从任何涉及这次波斯道行军的史料都可以看出来，例如《新唐书·突厥传》下："行俭请毋发兵，可以计取。即诏行俭册送波斯王子，并安抚大食，若道两蕃者。都支果不疑"云云。之所以要这样一个名义，大抵因为波斯本来是亡于大食的，挂上这个名义便可起到"都支果不疑"的作用。所以，一捉住"两蕃"，"安抚大食使"的任务便完成了。如果我们考虑到54/674年伊本·泽雅德在捕喝与之作战的突厥国王很可能就是都支或李遮匐的话（有趣的是，都支在与吐蕃陷西域十八州的第二年即671年便退出了联盟，接受了唐朝的册封），"安抚大食使"的虚伪性就更加明显。

泥涅师由唐军送到吐火罗[1]，客居彼处二十余年。景龙二年（708）又入朝，授左威卫将军，不久病死，其国遂灭，而部众犹存。[2]

据塔巴里《年代记》卷2（393—394页）说：61/680—681年，萨勒姆（Salm b. Ziyād）为塞斯坦和呼罗珊总督，"他进行的征战中，有一次（在河中）过了冬"。以后，大食人的征服活动主要由于穆阿威叶死后争权夺利的内战及呼罗珊移民的部族纠纷等基本上处于停滞状态。[3] 直到78/697—698年将呼罗珊归到哈贾吉（al-Ḥajjāj b. Yūsuf）治下以后才开始有新的起色。

---

[1] 参见荣新江1987，55页。
[2] 参见两唐书《波斯传》。《旧唐书·波斯传》作卑路斯，显误。729年，突骑施苏禄在围攻Kamarja（地在萨末鞬以西几法尔沙赫）时，抬出了波斯末帝伊嗣俟的孙子库萨和（Khusraw）来劝说守军投降。白桂思研究后认为："库萨和与8世纪初死在中国的卑路斯之子泥涅师的确切关系尚不清楚。"（白桂思1987，109页）
[3] 参见沙班1979，41页以下。参希提1979，219—223、238—240页。白桂思认为，当地经常性的、不可预知的反对大食当局的起义，也是使哈里发帝国在中亚的扩张长期陷于困境的重要原因之一，见白桂思1987，39页注10。不过，恰恰是在这一段时期，我们很少见到所谓"起义"的记载。其实，中亚地区有受大国统治的传统，其稳定状况完全取决于统治者实行政策的性质。请参看本书第四章。

第三章　葱岭地区的政治角逐

第一节　长寿元年复四镇后的西域形势

吐鲁番出土《张怀寂墓志铭》详细叙述了长寿元年（692）王孝杰武威道行军击吐蕃、复四镇的经过，填补了文献史料的不足[1]，现将有关部分摘录如下：

> 属葱山小丑，负德鸱张；瀚海残妖，孤恩蚁聚，同恶相济，劫掠成群。天子命将登坛，推轮伐罪，以公果略先著，简在帝心，恩制夺情，令总戎律，特授右玉钤卫假郎将，充武威军子总管。公固辞不获，俯履辕门，辍孝殉忠，义资尽命。于是飞悬旌而西上，拥戎卒以启行，鸣鼓角于地中，竦长剑于天外。是日，贼头跛论逆次拒轮，兵戈才冲，贼徒俄溃，如秋风之扫枯叶，类春景之铄薄冰。歼厥渠魁，胁从罔治。于是，金方静柝，玉塞清尘，十箭安毳幕之乡，四镇复飞泉之地。元帅王孝杰录功闻奏，恩制遽下，曰：朝请大夫、前行叠州长史、武威军子总管张怀寂，识具通济，器能优举，凤承荣奖，出贰蕃条，近总戎麾，远清荒徼，恢七擒之胜略，致三捷之嘉庸；逆党冰离，妖群瓦解，誉隆神师，绩著幽遐，作副名都，允谐懋赏，

---

[1] 白桂思说："关于胜利的消息是如此简短粗略，692年是否发生了重大战斗值得怀疑。"（氏著1987，54页）他显然没有看到《张怀寂墓志铭》等考古文物资料。

可中散大夫、行茂州都督府司马，仍赐绯袍、金带及物贰佰段。公以荒野宁谧，荣赏优隆，振旅凯旋，翘欣饮至。岂谓修途未极，逸足中疲，玉碎荆山，珠沉汉浦，以长寿二年岁次癸巳五月己丑朔十一日己亥终于幕府，春秋六十有二。于是，六军望槔，兴埋玉之悲；元帅亲临，尽夫人之恸。即以长寿三年太岁甲午二月己卯朔六日庚申葬于高昌县之西北旧茔，礼也。[1]

饶宗颐指出："怀寂是王孝杰的部将"，"正缘孝杰及张怀寂的战绩，故四镇重新复置。"[2] 其实，文献中也并非完全没有王孝杰的作战情况。如《旧唐书·王孝杰传》：长寿元年，"乃克复龟兹、于阗、疏勒、碎叶四镇而还。则天大悦，谓侍臣曰：'昔贞观中具绫得此蕃城[3]，其后西陲不守，并陷吐蕃。今既尽复于旧，边境自然无事。孝杰建斯功效，竭此款诚，遂能裹足徒行，身与士卒齐力。如此忠恳，深是可嘉'"。元帅裹足步行，行军作战与士卒无异，可见这场战争之艰巨！

武威道行军及其结果

实际上，在散见的各种史料中我们还可以找到一些有关王孝杰武威道行军的细节。

首先，我们注意到，天授二年（691）岑长倩武威道行军与长寿元年（692）王孝杰武威道行军师出同名。很可能，二者本为同一次发兵，后者只是前者的继续：

1.《旧唐书·岑长倩传》：天授二年，"凤阁舍人张嘉福与洛州人

---

[1] 录文见黄文弼 1989，199 页。
[2] 饶宗颐 1982，634 页。
[3] 新传此句作"贞观中，西境在四镇"，吴玉贵认为："这里武则天明明说，到贞观年中所设的四镇有碎叶而无焉耆。"（吴玉贵 1987，81 页）然对勘两传，新传此句恐非武后原话。

王庆之等列名上表，请立武承嗣为皇太子。长倩以皇嗣在东宫，不可更立承嗣，与地官尚书格辅元竟不署名，仍奏请切责上书者。由是大忤诸武意，乃斥令西征吐蕃，充武威道行军大总管，中路召还，下制狱，被诛"。岑长倩出兵的日期，《新唐书·则天皇后纪》、《册府元龟》卷九八六、《通鉴》卷二〇四均作五月，《旧唐书·则天皇后纪》作六月。然据两唐书《则天皇后纪》，格辅元由左肃政台御史大夫迁地官尚书、同凤阁鸾台平章事为天授二年六月事。虽然《新唐书》岑长倩、格辅元传均不言辅元为地官尚书，但二人同时忤意，不当一贬一升。故岑长倩武威道行军，当以旧纪六月发遣为是。

2. 岑长倩出兵的原因，两本传及《册府元龟》卷三一七、《通鉴》卷二〇四均以为忤意遭斥。然如上所述，既然同时忤意，为何格辅元反登相位？可见忤意并非遣岑长倩出兵的原因。尽管他忤意在先，但罗织成罪名却是出兵以后的事，所以才"中路召还"，否则何必多此一举。那么，遣岑长倩出兵的真正原因究竟是什么呢？我认为，主要原因应是西域形势的发展。《旧唐书·唐休璟传》："垂拱中，迁安西副都护。会吐蕃攻破焉耆，安息道大总管、文昌右相韦待价及副使阎温古失利，休璟收其余众，以安西土。迁西州都督，上表请复取四镇。则天遣王孝杰破吐蕃、拔四镇，亦休璟之谋也。"这一段话概述了从垂拱二年拔四镇到长寿元年复四镇有关西域的所有重大事件，唯独没有提岑长倩出兵，显然，就因为他中道被召还而未至西域。因此，可以认为，实际上是由于唐休璟上表请求，武则天才在韦待价大败两年之后，又派岑长倩将兵击吐蕃的。

3. 岑长倩下狱被诛，两唐书《则天皇后纪》及《通鉴》卷二〇四均系于天授二年十月。岑长倩六月受任，十月被诛，虽说是"中路召还"，至少应已完成武威道行军的兴发和征行的准备工作。《通鉴》说"军竟不出"当即指此。

4. 迄今所见各种相关史料中，岑长倩都是"武威道行军大总管"；而王孝杰开始却是"武威道行军总管"，无"大"字。这就强烈地暗示，王孝杰曾经是岑长倩武威道行军的诸路总管之一，岑长倩"中路召还"以后，武威道行军就由王孝杰摄领而未再委派大总管。我们注意到，多数史料都只说王孝杰"长寿元年为武威军总管"，只有《通鉴》强调说是"敕以孝杰为武威军总管，与武卫大将军阿史那忠节将兵击吐蕃"。联系到上述《旧唐书·唐休璟传》的说法，如果王孝杰武威道行军真的是由于唐休璟建议，而由武后下令另外兴发调集的一支军队，那么，在同行还有（左）武卫大将军这样的高品武官的情况下，为什么不任命一个大总管呢？个中曲折，耐人寻味。

5. 关于阿史那忠节的官名，《通鉴》胡三省注有一条："此时既改武卫为鹰扬卫，不应复以旧官名命忠节，岂史家仍袭旧官名而书之邪？"其说是。忠节很可能是受征发率部落参战的蕃部旧官，这也从一个侧面反映出王孝杰代岑长倩统军并没有新的任命。

6. 据两唐书《则天皇后纪》，岑长倩下狱、被诛事在天授二年十月。如前所述，仅过了一个多月，即天授三年腊月，留寓京师的于阗王伏阇雄卒，则天即立其子璥为于阗王，恐怕也反映了继续武威道行军的决心。天授三年四月改元如意，九月改元长寿。据《张怀寂墓志铭》可知，王孝杰在长寿二年（693）五月以前已克复四镇，振旅凯旋，因此，所谓"长寿元年为武威军总管"不能片面理解为是年九月改元以后事。很可能，则天册立于阗王，就是武威军重整旗鼓的信号，王孝杰应该负有送于阗王归国的使命。

所以，我认为，这一次武威道行军是天授二年六月发遣的，中间由于岑长倩得罪改由王孝杰摄领，至天授三年即长寿元年腊月则天册命于阗王以后继续征行。《通鉴》卷二〇五记载：长寿元年"冬十月，丙戌，大破吐蕃，复取四镇。置安西都护府于龟兹，发兵戍之"。应是捷报奏到京师之日。

其次，我们注意到，"武威道行军"每被称作"武威军"，这恐怕不能仅视为全、简称之别，因为，此前这样的例子并不多。吐鲁番出土文书中有"金牙军""濛池军""玉河军""萧乡军"等名称，但文献中只见到"金牙道行军"一名，有的研究者还认为与金牙军无关。[1]可是，出现"玉河军""萧乡军"名称的文书，断代在咸亨二年（671）[2]，在当时唐朝的军防制度下，恐怕很难认为它们是镇守军。[3]就作者管见所知，载籍中最早以行军改镇守者当数仪凤二年（676）刘仁轨之任命，两唐书本传均谓其为"洮河道行军镇守大使"，《新唐书·吐蕃传》上谓其为"洮河镇守使"，同书《宰相表》上谓"洮河军镇守使"。据《新唐书·高宗纪》，洮河道行军乃仪凤元年闰三月因吐蕃入寇而兴发，他书皆称之为"洮州道"，恐误。然仪凤三年（677）李敬玄代仁轨，《新唐书·宰相表》上又谓为"洮河道行军大总管兼安抚大使，检校鄯州都督"；同书《吐蕃传》上谓"洮河道行军大总管、西河镇抚大使、鄯州都督"；《通鉴考异》引《实录》云："与仁轨相知镇守。"可见尚属体制转轨时期，镇守未成定制。考虑到《旧唐书·龟兹传》所谓王孝杰复四镇"用汉兵三万以镇之"，有可能就是武威军部分人马，我们不妨把"武威军"视为唐朝军制在西域由行军转镇军的开始。这可能表明，在派遣武威军时，朝廷对此前的西域政策已有所反省，决心派汉军镇守四镇。这一重大政策的转变或即出自当时熟知西域情势的西州都督唐休璟之取四镇建议。事实证明，这一招果然奏效，从此结束了唐、蕃在西域反复争夺的局面。

顺便说说，由于有阿史那忠节参加，可知王孝杰武威道行军仍同唐朝历次行军作战一样，兴发了许多蕃兵蕃将共同作战。但从其后果来看，似乎应当肯定，此次武威道行军虽在西域作战，但主力却是汉兵汉将。

最后，从《张怀寂墓志铭》可知，原为叠州长史的张怀寂是因

---

[1] 参见郭平梁1978，109页以下。
[2] 参见本书第二章第一节。
[3] 参见张广达1988；菊池英夫44、45。

丁忧在西州高昌县家中而被夺情调集参加武威道行军的。[1]由此可见，王孝杰武威道行军是从西州出发的。由于军中有新立于阗王，而于阗又是吐蕃统治西域的中心，所以，我推测，王孝杰军很可能是长驱直抵于阗，从而驱逐勃论，使于阗王璥恢复王位。《张怀寂墓志铭》说："是日，贼头跛论逆次拒轮，兵戈才冲，贼徒俄溃"，"歼厥渠魁，胁从罔治"等，当即战争进程的真实反映。

白桂思把于阗王尉迟璥比定为藏文《于阗国悬记》里的著名国王 Bijaya Sanggrama。[2]据《于阗国悬记》说：在此之前，于阗国长期与外敌相互攻伐；到 Bijaya kirti 为王时，又遭到突厥人入侵，寺庙大都被焚毁，国土疮痍；"此后，Bijaya kirti 之子，名叫 Bijaya Sanggrama 的七岁时成了国王。他成年以后，询问诸长老（dge'dun rgan rabs）与大臣：'此国为谁所灭？何为竟成丘墟？'长老及大臣遂详为奏上此前突厥 'A mo no shod 诸人灭国之状。Bijaya Sanggrama 即令众臣尽皆调集彼处军队，杀奔前此废毁该地之诸国而去，将其国土夷为废墟，大肆屠戮"。[3]如果我们同意白桂思的比定，那么，可以认为，《张怀寂墓志铭》说：驱逐勃论以后，"十箭安毳幕之乡，四镇复飞泉之地"，与《于阗国悬记》说尉迟璥成年后率军伐突厥以复灭国之仇是一致的。换言之，王孝杰武威道行军在送于阗王归国、摧毁了吐蕃在西域的统治后，便回师北上西突厥十姓可汗故地，消灭了吐蕃所立十姓可汗仆罗。《新唐书·突厥传》下："长寿中，元庆坐谒皇嗣，为来俊臣所诬，要斩，流其子献于振州。其明年，西突厥部立阿史那俀子为可汗，与吐蕃寇"云云。据《新唐书·则天皇后纪》：长寿二年（693），"三月己卯，杀左卫员外大将军阿史那元庆"。可见俀子之立在694年，仆罗失位当在此前。

从《张怀寂墓志铭》可知，唐朝安西四镇至少到长寿二年五月

---

[1] 录文见黄文弼1989，199页。
[2] 参见白桂思1987，53页。
[3] 《于阗国悬记》，50—53页。

以前已经全部恢复，所以张怀寂所在的武威军便"振旅凯旋"了。而且我们看到，在所有有关延载元年（694）西域战事的记载中，都已经有了碎叶镇守使韩思忠，这是见于载籍最早的安西四镇镇守使，可以肯定是在王孝杰复四镇以后设立的。所以我认为，长寿元年的战争并没有延续到延载元年。[1]也就是说，长寿元年王孝杰已经把勃论从于阗赶回了吐蕃，延载元年勃论是从其他道路进入西域的。《通鉴》卷二〇五记载：延载元年"二月，武威道总管王孝杰破吐蕃勃论赞刃、突厥可汗俀子等于冷泉及大岭，各三万余人"，可见勃论已经得到了新的生力军补充。

唐朝重兵防守西域

王孝杰复四镇以汉兵三万镇守[2]，大大加强了唐朝在西域的实力和防务，从而结束了唐蕃在西域反复争夺的局面。在吐蕃入西域时首当其冲的于阗地区，唐军配置的情况是："于阗东三百里有坎城镇，东六百里有兰城镇，南六百里有胡弩（Korum）镇，西二百里有固城镇，西三百九十里有吉良（Kilian）镇。"[3]

藏文《于阗国悬记》说，尉迟璥在灭突厥之后，返国途中来到水晶河下游（Shel chab'og ma），因见七位阿阇梨罗汉（'phags pa dgra bcom pa bdun）显圣，遂生忏悔，乃于其地修建 'Gu zhan 寺，意为"净土寺"（zhi ba'i gtsug lag khang）。[4]于阗国盛产玉石，《新五代史·四夷附录》三引《高居诲行记》："其河源所出，至于阗分为三：东曰白玉河，西曰绿玉河，又西曰乌玉河。"故"水晶

---

[1] 森安孝夫以为："692年开始的这场战争，并没有马上结束，实际上延续到了次年，甚至再下一年"（森安孝夫1984，19页），恐误。
[2] 参见《旧唐书·龟兹传》，5304页；《通鉴》卷二一三，6773页。
[3] 《新唐书·地理志》七下，1151页。
[4] 参见《于阗国悬记》，52—53页。

河"或指某条产玉之河。我怀疑 'Gu zhan 很可能就是古藏文《大事纪年》猪年（687）条提到的 Gu zan，二者不过是早期藏文对同一地名的不同写法。这个地名在《世界境域志》第 9 节第 16 条写作 K. sān，而在《记述的装饰》中写作 K. jā，我已经将其比定为《新唐书·地理志》七下所记于阗西二百里之固山镇（见本书第一章第三节）。有意思的是，各种史料记载此地都在前往吐蕃的路上，而且《记述的装饰》还特别提到 K. jā 河是流向 K. jā 城的。新志所记于阗西三百九十里之吉良镇，可以确知即今皮山县西南塔斯洪河出山口处之克里阳（Kilian），清代在此设有卡伦，与桑株卡伦一道专捉赴西藏及拉达克要径。[1]因此，路程适在于阗去吉良一半的固山，应即在桑株一带，如前所述，这里自古以来就是和田通西藏的交通要道。

白桂思在谈到尉迟璥修 'Gu zhan 寺一事时说："令人惊奇的是，这似乎表明，他以某种方式卷入了一场不为人知的运动，以反对贵霜（Gu šān）地区喀布尔的突厥萨希（Sāhī）王朝。"[2] 由此可见，白桂思根本就没弄明白王孝杰武威道行军的史实，无怪乎他说："关于胜利的消息是如此简短粗略，692 年是否发生了重大战斗值得怀疑。"[3]

"胡弩"当即 Korum 的音译，今译"昆仑"，本书第一章第三节已经将其比定在《世界境域志》第 11 节第 9 条所说的 Tūsmat，即由桑株达坂向南翻越昆仑山以后所到达的赛图拉一带。据《新疆图志》卷九国界五记载：

> 赛图拉迤南为哈里渠坤，柴草茂盛，可屯千军。南逾可卡提（即科克阿特）达坂，出山口即泽普勒善河（即叶尔羌

---

[1] 参见《新疆图志》卷八二，道路四，皮山县条。
[2] 白桂思 1987, 53 页注 80。
[3] 同 107 页注释[1]。

河）上源，计程约二百里。由该山口顺河而西，直趋八札塔拉卡（当即今麻扎瓦拉，"卡"指卡伦。——引者）。查该卡只可扼坎巨提（今吉尔吉特地区北部罕萨）由星峡、红孜纳普（即红其拉甫）各达坂来路入叶城各道，而卡拉胡鲁木（即喀喇昆仑）由退摆特（Tibet，此处指拉达克。——引者）之来路与素盖提（即苏盖提）、八札塔拉径歧路远，势难兼顾。若在可卡提山口驻兵扼守，不独与素盖提、赛图拉声势联络，即与八札塔拉卡一气贯注。其中数百里柴草蕃茂，可资军用。仍以东三十里素盖提卡东南分两道：南逾达坂，直趋卡拉胡鲁木达坂；迤东四百一十里以达阿吉兰干，有通和阗之道。

由素盖提向东行，七十里至古鲁巴霞麻札，《洪图》（指洪钧《中俄交界图》。——引者）古里巴什木，草盛薪足；又行九十里至康挖克，又名波塔什，《洪图》佛塔什，柴草俱蕃茂；又行八十里至康西伯，柴草亦极蕃盛；又行八十里至松角尔，《洪图》素喇，柴草俱足，南山麓有铅矿；向东南行八十里至阿不多兰干，柴草更蕃茂，地多碱；又五十里至色勒格苏，柴草亦足。诸南山中北流黄泥水，隆冬不竭，即哈拉哈什河源也。仍东行二十余里，往东北行有通和阗之道；仍向东南行十余里至阿吉兰干。……至昌器利满达坂，通退摆特，柴草全无。

很明显，唐置胡弩镇并布兵此地，有效地防守了南到察察岭的这片地区（即今天的阿克赛钦）。

在唐朝如此严密的重兵防守（镇下还有城、戍、守捉等驻防单位）之下，吐蕃很难再从中道进入西域，于是，向西绕道葱岭便成为必要。

延载元年（694），吐蕃也曾尝试从东道进入西域，但是没有成功。《唐光启元年写本沙州、伊州地志残卷》19—20行："萨毗城，西北去石城镇四百八十里，康艳典所筑，其城近萨毗泽，山险阻，恒有吐蕃及土谷浑往来不绝。"[1]这充分显示出唐置石城镇（在今新疆若羌）的重要意义。万岁通天二年（697）钦陵见郭元振求分十姓地时还说："西边沙路坦达夷漫，故纵嬴兵庸将，亦易以为蕃患。"可见石城、播仙二镇实为唐朝西域东南的一道屏障。我们前面说过，在这一带为唐朝镇守的主要是粟特移民聚落，其战斗力之强可以从下述史实得到证明，《大事纪年》记载："及至马年（694），噶尔·达古（Mgar sta gu）[2]为粟特人所擒。"考虑到这个事件实际上是吐蕃是年企图恢复在西域统治的活动之一，我认为这里的粟特人就是指石城、播仙地区的粟特胡人聚落。[3]

　　《新唐书·吐蕃传》上对延载元年的西域战事是这样记载的："于是首领勃论赞与突厥伪可汗阿史那俀子南侵，与孝杰战冷泉，败走。碎叶镇守使韩思忠破泥熟没斯城。"[4]《新唐书·突厥传》下的记载是："其明年（即延载元年。——引者），西突厥部立阿史那俀子为可汗，与吐蕃寇。武威道大总管王孝杰与战冷泉、大领谷，破之；碎叶镇守使韩思忠又破泥熟俟斤及突厥施质汗、胡禄等，因拔吐蕃泥熟没斯城。"俀子亦是吐蕃所册立[5]，故《新唐书·吐蕃传》称其为"伪可汗"。现在，研究者们一般认为，俀子即《大事纪年》中提到的暾叶护可汗（Ton ya bgo kha gan）[6]，其活动下限在七八世纪之交[7]，正当突骑施兴起的时候。

　　延载元年勃论与俀子既然是"南侵"，就意味着他们可能来自北部草原的某个地方。《新唐书·突厥传》说碎叶镇守使韩思忠"拔吐

---

[1] 羽田亨 1957, 75 页。参池田温 1975, 93 页。
[2] 森安孝夫认为此人即唐汉文史料所记禄东赞第四子悉多于，见森安孝夫 1984, 20 页及注 99。
[3] 森安孝夫认为这一事件发生在帕米尔地方，但也仅仅是猜测而已，见森安孝夫 1984, 66—67 页注 101。其他不同意见请参荣译乌瑞 1983, 95 页；张琨 1981, 70 页。
[4] 《新唐书》，6079 页。
[5] 同上。并参森安孝夫 1984, 22 页。
[6] 这种比定由伯戴克首倡，乌瑞从之。参森安孝夫 1984, 66 页注 100。
[7] 《大事纪年》提到暾叶护可汗的地方有三处：马年（694）、猪年（699）、鼠年（700）。此后活动的推测，参森安孝夫 1984, 68 页注 119；白桂思 1987, 68、73 页。

蕃泥熟没斯城";《通鉴考异》说:"《统纪》又云,又破吐蕃万泥勋没驮城,语不可晓,今删去。"岑仲勉认为:"唐人常省写萬为万,万字稍歪,又与于字形近,泥勋、泥熟、没驮、没斯,形亦相肖,故《统记》之'又破吐蕃万泥勋没驮城',得解为'又破吐蕃于(或之)泥孰没斯城'。"[1]其说甚辨,不妨从之。问题在于,(阿悉结)泥孰俟斤的牧地以千泉为中心[2],勃论率领的吐蕃人在延载元年何以能到达那样遥远的北方?看来,这个问题只能由吐蕃已经开通越葱岭北上的道路来解释。

第二节 吐蕃越葱岭进入西域之路

如前所述,大勃律役属吐蕃一事只能发生在垂拱二年(686)以后,万岁通天元年(696)以前。现在看来,从垂拱二年到长寿元年(692),吐蕃进入西域的道路并不存在问题。就现有的各种资料来看,吐蕃自长寿元年被逐出西域以后,到万岁通天元年为止,只有延载元年(694)这一次重新进入西域。因此,实际上大勃律役属吐蕃从而吐蕃开通进入西域的西道只能是长寿元年至延载元年这两年间的事。[3]

在勃律初分大、小时,吐蕃未必能像开元初年那样向小勃律借道攻四镇。但就"借道"而言,吐蕃还有其他通向西域之路。

大勃律—揭师—护密道

1. 从大勃律至揭师(Kashkar,今巴基斯坦西北 Chitrāl)。《册

---

[1] 岑仲勉 1964,120 页。
[2] 参见陈国灿 1987,389—390 页。
[3] 有关此道的最新研究,请参拙文《七、八世纪之交吐蕃入西域之路》和《封常清伐大勃律之路》,均已收入拙著《追索文明之光——丝路研究与考察》,生活·读书·新知三联书店,即刊。

府元龟》卷九九九:"(天宝)八载,吐火罗叶护失里忙伽罗遣使来朝,献表曰:'臣邻境有一胡,号曰朅师[1],居在深山,恃其险阻,违背圣化,亲辅吐蕃。知勃律地狭人稠,无多田种,镇军在彼,粮食不充,于箇失密市易盐米,然得支济。商旅来往,皆著朅师国过。其王遂受吐蕃货求,于国内置吐蕃城堡,捉勃律要路……'"箇失密(Kashmir)地在今印控克什米尔一带,《新唐书·箇失密传》说其王治拨逻勿逻布逻城,研究者以为即现代的斯利那加(Srinagar)[2]。朅师地望,学界还有不同意见[3],我们取多数学者的说法[4]。不过,如白桂思所说:"所有确知的情况是,它所处的地方至少为两条路线经过:一条沟通小勃律与箇失密,另一条连接大勃律与吐火罗叶护辖区。"[5]但是,遍检唐人行纪如玄奘《大唐西域记》卷三、慧超《往五天竺国传》、《悟空入竺记》,以及波斯文佚名作者《世界境域志》第26节"从骨咄(Khuttal)往箇失密之路"和米诺尔斯基注释所引诸书[6],没有这样一条交通路线。降至近代,乞特拉尔(Chitrāl)也没有不经吉尔吉特(Cilgit)直通斯利那加的路线。[7]《新唐书·大勃律传》称大勃律"直吐蕃西,与小勃律接,西邻北天竺、乌苌"。因此,只能认为在吐火罗叶护献表的天宝八载前后,葱岭以南政治地理曾有若干变化,从而使朅师一度据有原属乌苌的部分领土,横亘在小勃律和箇失密之间直接与大勃律邻界。[8]乌苌亦译乌仗那(Uḍḍiyāna),在今巴基斯坦北部斯瓦特河(Swāt R.)流域[9]。其上游横亘在小勃律和箇失密之间的地区被玄奘称为达丽罗川(Daraḍa,

---

〔1〕 原作"朅帅",此据《通鉴》卷二一六改。《新唐书·吐火罗传》作"朅师"。参《西域地名》,50页。
〔2〕 参见《大唐西域记校注》,323页注(二)。
〔3〕 参见森安孝夫1984,74页注203、204;白桂思1987,136页注164。
〔4〕 参见斯坦因1907,卷1,13—16页;同作者1921,卷1,28—32页。
〔5〕 白桂思1987,136页注64。
〔6〕 参见《世界境域志》,120—121、363—370页。
〔7〕 参见罗伯特森1987,后附地图。
〔8〕 这个问题笔者已经解决,见前引拙文《七、八世纪之交吐蕃入西域之路》。
〔9〕 参见《大唐西域记校注》卷三,217页注(一)。

今名Darel)。《大唐西域记》卷三:"达丽罗川,即乌仗那国旧都也。"《新唐书·乌苌传》:王城"东北有达丽罗川,即乌苌旧地"。从法显、宋云等人的记载来分析,此地应即汉代的悬度。[1]

2. 从揭师至护密(Vakhān,今阿富汗瓦罕地区)。《新唐书·护蜜传》:"护蜜者,或曰达摩悉铁帝,曰镬侃,元魏所谓钵和者,亦吐火罗故地。东南直京师九千里而赢,横千六百里,纵狭才四五里。王居塞迦审城,北临乌浒河。地寒冱,堆阜曲折,沙石流漫。有豆、麦,宜木果,出善马。人碧瞳。显庆时以地为鸟飞州,王沙钵罗颉利发为刺史。地当四镇入吐火罗道,故役属吐蕃。开元八年,册其王……"塞迦审即今阿富汗瓦罕走廊西端之Sikāshim/Ishkāshim,地当缚刍水(即乌浒河Oxus,今名喷赤河Panj R.)向北转弯处。中亚的政治地理看来与自然地理的关系更为密切,正是像护蜜/护密这样地形复杂、气候恶劣、充满艰难险阻的地方,反而成了各地间交通往来的必经之路。例如,贞观年间唐玄奘从印度回国,也曾从护密经过并留下了有关记载。据玄奘说,当时护密的都城在昏驮多。[2]《世界境域志》第26节第15条:"Khamdādh,是一个有护密人偶像寺庙的地方。该地有一些吐蕃人。其左面有一座城堡,已为吐蕃人所占据。"有关吐蕃人的记载当然是该书作者收集到的稍晚的情况,但诚如业师张广达教授所指出:昏驮多城即Khamdādh,"其地在瓦罕山谷中潘扎水(Āb-i Panja,一译喷赤河)南岸冲积扇上之Khandūd"[3]。昏驮多城在距播密川(大帕米尔山谷[4],有帕米尔河)与婆勒川(瓦罕帕米尔,有瓦罕河)汇合处西南不远的地方,是葱岭山中又一处四达之地:

1)向南接俱位、揭师。护密又名达摩悉铁帝,马迦特(J.

---

[1] 参见《大唐西域记校注》卷三,297页注(一)。
[2] 同上书卷十二,976页。
[3] 同上书,977页。参《世界境域志》,366—367页。
[4] 据传统的说法,帕米尔有八个"帕"(山谷),大帕米尔、小帕米尔、瓦罕帕米尔均位列其中。

Mar-quart）以为此名多半出自伊朗语之 *Dar-i Mastit，意为"马斯图吉（Mastuj）之门"[1]，据沙畹解释，赴揭师上游之马斯图吉，必须经过护密。[2]《大唐西域记》卷十二："越达摩悉铁帝大山之南，至商弥国。"商弥，慧超《往五天竺国传》作"拘卫"，《悟空入竺记》作"拘纬"，《新唐书·越底延传》作"赊弥"[3]。《新唐书·波斯传》称："俱位，或曰商弥，治阿赊颭师多城，在大雪山勃律河北。地寒，有五谷、蒲陶、若榴[4]，冬窟室。国人常助小勃律为中国候。"故学者们考订其地当在今马斯图吉和乞特拉尔之间，北与护密，东南与小勃律相邻。[5]我的看法，俱位、拘卫、拘纬这一组名称是国名，赊弥、商弥、阿赊颭师多这一组名称是国都名。俱位即古藏文《大事纪年》中提到的 Kog（Gog）yul。[6]《悟空入竺记》说他入竺的行程中有一段为："次护密国，次拘纬国，次葛蓝国，次蓝婆国，次孽和国。"蓝婆国，人们通常比定为《大唐西域记》卷二之滥波国，慧超《往五天竺国传》之览波国，地在今阿富汗与巴基斯坦毗连地区之库纳尔河（Kunar R.）中游一带[7]。库纳尔河亦称揭师河（Kashkar R.）[8]。葛蓝国应即《大唐西域记》卷十二之曷逻胡国，此名当来自河名 Kunar，其地既在拘纬与蓝婆之间，显然非揭师（Kashkar/Chitrāl）莫属。由此可见，悟空等人入竺是沿库纳尔河顺流而下直抵喀布尔河边。孽和国当即《大唐西域记》卷二之那揭罗曷国（Nagarahāra），《世界境域志》第6节第13条及第10节第50条作 Nīnhār，地处今阿富汗东部库纳尔河与喀布尔河汇流处附近

---

[1] 参见《大唐西域记校注》，975页。
[2] 沙畹1934，122页注5。
[3] 越底延、赊弥均为南北朝时的译名。越底延即 Uḍḍiyāna，唐译乌仗那、乌苌。《新唐书》卷二二一上有《乌苌传》，同书卷二二一下又立《越底延传》，重出。
[4] 若榴，恐为"石榴"形近致误。
[5] 参见《大唐西域记校注》，980页。
[6] 参见本书附录伍。
[7] 参见《大唐西域记校注》，219页。
[8] 参见罗伯特森1987，后附地图。

的贾拉拉巴德（Jalalābad）一带。[1]由此往东，越过著名的开伯尔山口（Khyber P.）便是乾陀罗/健驮逻（Gandhāra，今巴基斯坦北部白沙瓦地区）。[2]

2）护密向西通吐火罗。这是自古以来中外交通的干道之一，见于多种地志、行纪的记载。我想特别谈一下这条路上的"吐蕃之门"或"大食之门"。《世界境域志》在第24节第25条提到了拔特山（Badhakhshān）地区的"大食之门"（Dar-i Tāziyān），在第26节第12条又提到了珂咄罗（Khuttal，一译骨咄）[3]往箇失密之路上的"吐蕃之门"（Dar-i Tubbat）。米诺尔斯基认为："作者两次记述同一个地方是可能的……因此，书中的大食之门可以与吐蕃之门勘同"；吐蕃之门"很可能是大食之门的另一面（即从吐蕃方面而言。——引者）。至少有两座大门：一座在吉尔姆（Jirm）与泽巴克（Zaybāk）之间，靠近巴哈拉克（Bahārak）；另一座在泽巴克与塞迦审之间，靠近孜尔汗（Zirkhān），现今那里仍矗立着塞拉吉亚守捉城（Sirājiya ribāṭ）"[4]。然而，吐蕃之门无疑是指前一座。因为，雅古比（Ya'qubī）书288页在历数缚喝地区的城镇时，于塔里寒（Ṭarakān/Ṭālaqān）、Būr.h.（？）和拔特山之后明确指出："吉尔姆城是从缚喝通往吐蕃地区的那些东方城镇中的最后一座。"[5]吉尔姆地处今天阿富汗巴达克山省首府法扎巴德（Fayḍābād）的南面。吐蕃之门位于吉尔姆与其东南方的泽巴克之间，在巴哈拉克附近或在扎尔迪夫（Zardīv）山谷里，从而缩毂来自护密及其邻近诸地如揭师、小勃律乃至疏勒的交通。从吐蕃之门向西北，经过拔底延（Badakhshān，

---

[1] 参见《大唐西域记校注》，221页。
[2] 同上书卷二，232、267页。悟空入竺先至乌仗那，后至乾陀罗，很可能是从辇继续沿河而下，没有走开伯尔山口。
[3] 亦为玄奘所谓"覩货逻国故地"之一，地在缚刍水上游镬沙水（Wakhsh R.）以东至潘扎水之间，参《大唐西域记校注》，111页。
[4]《世界境域志》，365页；并参同书112、120、350页及地图IX。
[5] 转引自《世界境域志》，349页。

曾为嚈哒国都，今法扎巴德一带），大路直通吐火罗叶护所据之阿缓（Walwālīj）城。由阿缓城可北去珂咄罗或南下高附；向西出"昏磨（Khulm）山道"则可直抵中亚的丝路重镇缚喝（Balkh，一译巴里黑），这里在古代大夏（Bactria）时期是大夏国都。由此可见，吐蕃之门确实名不虚传。

《册府元龟》卷九九九略云："（开元）六年十一月丁未，阿史特勒仆罗上书诉曰：'仆罗兄吐火罗叶护部下管诸国王、都督、刺史总二百一十二人……本国缘接近大食、吐蕃，东界又是西镇（当为"四镇"之讹。——引者），仆罗兄每征发部落下兵马讨击诸贼，与汉军相知，声援应接，在于边境，所以免有侵渔。'"开元六年即公元718年。慧超于开元十五年（727）由天竺归国，"又从此犯引国（Bāmīyān）北行廿日，至吐火罗王住城，名为缚底耶（Padiyana）[1]，现今大寔兵马在彼镇押。其王被逼，走向东一月程，在蒲特山（Badhakhshān）住，见属大寔所管"。大寔即大食。可见，吐蕃至少在8世纪初期已经越过了"吐蕃之门"。

3）护密向东北经播密川去葱岭以东四镇地。"播密"在玄奘《大唐西域记》里写作"波谜罗"，今译帕米尔（Pamir）。据玄奘记载，从护密国境往东北，逾山越谷，经危履险，行七百余里，至波谜罗川；波谜罗川中有大龙池；"自此川中东南[2]，登山履险，路无人里，唯多冰雪。行五百余里，至朅盘陀国。"[3]一般认为，大龙池即今佐尔库里湖（Zorkul，亦称萨雷阔勒 Sarī Qūl。1895 年俄、英私自勘界改名为"维多利亚湖"Victoria Lake）；朅盘陀亦称葱岭国，即今塔什库尔干。显然，唐初玄奘归国即走此路。开元年间慧超回程至胡蜜（护密）王城，曾逢汉使入蕃，因作五言二首，其中说："伴火上垓歌，焉能度播蜜。"慧超还提到，胡蜜国北山里的识

---

[1] 内田吟风主张 Padiyana 即拔贺延，据慧超所述，恐非。参内田吟风 1972，96、97 页。
[2] 据《大慈恩寺三藏法师传》卷五，"东南"当为"东出"（118 页）。
[3] 《大唐西域记校注》卷十二，981—983 页。

匡国（Shighnān，即古藏文《大事纪年》中之 Shig nig），"彼王常遣三二百人于大播蜜川，劫彼兴胡及于使命。纵劫得绢，积在库中，听从坏烂，亦不解作衣着也"。兴胡即商胡。[1] 可见，经由播密川之路为丝路大道。慧超本人"又从胡密国东行十五日，过播蜜川即至葱岭镇。此即汉属，兵马现今镇押"[2]。这后一句应当是指开元十年（722）唐军破平揭盘陀置葱岭守捉[3]以后的情况。总之，慧超回程仍循当年玄奘所行大道。仔细分析两唐书《高仙芝传》等史料所述天宝六载（747）高仙芝讨小勃律的行程，可以肯定，当时唐军来回走的都是这条路。斯坦因曾将高仙芝进军所经之"赤佛堂"比定在从朗加尔（Langar）去波咱拱拜（Bozai-Gumbaz）路上的一个小石屋。这是瓦罕河谷中的一座小庙，近代土人称之为小栈（Kārwan-Balasi）。[4]但史载高仙芝先经播密川二十余日至识匿，然后才分兵进击吐蕃连云堡[5]，此一作战方向显然是由西向东。而小栈更在吐蕃连云堡（今巴罗吉勒山口 Baroghil P. 附近）以东，故斯坦因之说不可取。

玄奘《大唐西域记》卷十二："葱岭者，据赡部洲中，南接大雪山，北至热海、千泉，西至活国，东至乌铩国，东西南北各数千里。"葱岭今称帕米尔山结（The Pamirs）。据研究，活国即吐火罗叶护所据之阿缓城，乌铩国即今新疆莎车县。[6] 如前所述，热海、千泉为十姓可汗故地。所以，葱岭地区在相当长的时期内成为吐蕃入西域之重要通道是很自然的。

4）护密向东南入小勃律。《大唐西域记》卷十二："波谜罗川

---

[1]《大正藏》卷五一所收慧超《往五天竺国传》原文作"与胡"，整理者注释疑为"商胡"。我以为恐应作"兴胡"，形近致误。兴胡即兴生胡，是魏晋隋唐间对商胡的一种习称，参周一良 1985，199—200页。
[2]《大正藏》卷五一，979页。
[3] 参见《新唐书·喝盘陀传》，6234页。
[4] 参见斯坦因 1921，卷 1，73页。
[5] 参见《旧唐书·高仙芝传》，3203—3204页；《册府元龟》卷三五八，将帅部立功十一。
[6] 参见《大唐西域记校注》，963页注（一）、991页注（一）。

南，越山有钵露罗国，多金银，金色如火。"钵露罗即勃律。《世界境域志》记载从珂咄罗到箇失密之路，由昏驮多城往下的路线是：昏驮多—萨末鞬度（Samarqandāq）—勃律（Balūr）—安呾罗斯（Andrās）—箇失密。据米诺尔斯基研究，萨末鞬度之名看来像是由萨末鞬（Samarqand，亦称"康国"，今乌兹别克斯坦撒马尔罕）一名派生的，或许表明那里是萨末鞬人的移居地或夹杂住有萨末鞬来的商胡。很可能，萨末鞬度就位于瓦罕地区现在叫作萨尔哈德（Sarḥadd，意为"边界"）的地方，位于巴罗吉勒山口的对面，这座山口是与小勃律（Gilgit）及邻近诸地交通的必经之地。[1]天宝六载（747）高仙芝伐小勃律，"约七月十三日辰时会于吐蕃连云堡。堡中有兵千人；又城南十五里因山为栅，有兵八九千人。城下有婆勒川"[2]，其地显然就在萨尔哈德和巴罗吉勒山口一带。《新唐书·小勃律传》："北五百里当护密之娑勒城。"城既因川得名，"娑勒"恐为"婆勒"之误。[3]《旧唐书·高仙芝传》又说：仙芝破城栅后"三日，至坦驹岭，直下峭峻四十余里"云。坦驹岭，斯坦因亲自考察后比定为巴罗吉勒山口以南的达科特山口（Darkot P.）[4]，甚是。有人撰文说："唐将高仙芝远征小勃律大胜，这就是当时震惊中外的坦驹岭大战。"[5]其实，作战地点并不在坦驹岭，该战役也未必震惊中外（见本书第四章第三节）。

《世界境域志》第26节第18条说："萨末鞬度是一个大村庄，里面住有印度人、吐蕃人、护密人以及穆斯林。这里是河中地的边界和最远点。"这后一句话反映了大食人的政治地域观念。例如，

---

[1] 参见《世界境域志》，369页。米诺尔斯基同时提出，Sarḥadd 的一个久远的、通俗化的语源可能就是古代的 Samarqandāq。
[2] 《旧唐书·高仙芝传》，3203页。《册府元龟》卷三九六及《旧唐书·李嗣业传》等史料说，"于时吐蕃聚十万众于婆勒城"，显然是夸大其词。
[3] 参见上引《册府元龟》卷三九六及《旧唐书·李嗣业传》。
[4] 参见向达译《斯坦因西域考古记》。
[5] 卢苇1985，100页。

《大唐西域记》卷十二"波谜罗川"条讲到其中有大龙池,"池西派一大流,西至达摩悉铁帝国东界,与缚刍河合而西流,故此以右,水皆西流"。据此可知,当时护密东界应在国都昏驮多东面不远的喀喇喷赤(Qara-Panjah),其地即北临播密川与缚刍河(即婆勒川)汇流处。然而,据前引《新唐书·小勃律传》,更东的婆勒城亦属护密。其间肯定发生了重大的政治变化,护密王迁都塞迦审,吐蕃以 Ban'jag nag po 指称护密国,都是这一变化的结果。[1] 开元十五年(727)慧超归国时,"胡密王兵马少弱,不能自护,见属大寔所管。每年输税绢三千匹"。塔巴里《年代记》卷3(841页)记载:196/811—812年,哈里发马蒙(Ma'mūn)对伊本·萨赫勒(Faḍl b.Sahl)的任命是,"从哈马丹到识匿和吐蕃山"的东方诸省总督。可见,吐蕃驻兵连云堡一带不仅因为那里是要道路口,还因为那里是他们活动的前哨阵地之一。考虑到吐蕃向西还可能伸展势力到"吐蕃之门",可以认为,8世纪初期的护密地区也同19世纪末年的瓦罕走廊相仿,成了各方争夺的焦点。当然,唐朝出于自身利益的考虑,也不能不在这里遏制最具进取性的吐蕃。所以,萨末鞬度对于唐、蕃双方来说就没有对大食那样的边界和最远点意义。简言之,萨末鞬度以东在唐代也已形成了一条通道。

《新唐书·护蜜传》说:护蜜"地当四镇入吐火罗道,故役属吐蕃"。白桂思认为:这表明,"显庆年间(656—660)或此后不久,护密王国已被吐蕃征服","因此看来,到663年,吐蕃帝国控制区在西北方到了西藏高原(喀喇昆仑山脉形成葱岭的地方)、勃律国、吐火罗东部的护密国(或从东方前往吐火罗的那些通道)以及疏勒周围地区。于是,吐蕃取得了战略上的优势,汉人认识到这一点已然为时过晚"[2]。我认为,白桂思的断代似嫌过早。仅从新传的行文也可以看

---

[1] 参见本书附录伍。
[2] 白桂思1987,30页。

出,护密"役属吐蕃"事应发生在显庆以后、开元八年(720)以前。由于有"借路"这种说法,我们这一章分析的有关吐蕃西道的资料,除勃律之外,其年代都只有相对意义。然而,值得注意的是,这些资料的年代都在长寿元年(692)之后。而且,其中除了延载元年(694)勃论与俀子南侵事件外,年代最早的要数704年左右吐蕃人与突厥等连兵攻怛蜜的大食叛将穆萨(Mūsā)一事。因此,吐蕃役有护密并由之东向攻四镇,恐怕和吐蕃在小勃律借道成功属于同时,即均为开元初年之事。实际上,在开元八年以前,明确见于记载的"攻四镇",只有开元五年的突骑施苏禄引吐蕃谋取四镇那一次(详见下章)。

竭师—淫薄健道

米诺尔斯基认为:"在《世界境域志》第26节中,第12、14、15、18—20条表示翻越巴罗吉勒山口通向小勃律的道路,而第13、16和17条肯定是指翻越多拉山口(Dora P.)通向竭师的那条岔道。"[1]后面这三处分别被考订为泽巴克、桑里赤(Sanglīch)和瞢健(Munjān)。[2]桑里赤位在泽巴克向南通往竭师的路上。在桑里赤与竭师之间,耸立着多拉山口,它与巴罗吉勒山口一样,都是兴都库什山的著名山口。米诺尔斯基指出:"在那将淫薄健(Yumgān)与泽巴克隔开的山岭上,有着好些青金石(lapis lazuli,亦作金精)矿。除此而外,淫薄健目前只剩铅矿。"[3]著名的青金石矿见于《大唐西域记》卷十二对屈浪拏国(Kurān/Ghārān,亦作俱兰)的记载,亦见于后世《马可波罗游记》对拔特山地区的描述。在这一带,玄奘归国的径路是淫薄健—屈浪拏—达摩悉铁帝。淫薄健是缚刍水支

---

[1] 《世界境域志》,365页。
[2] 参见上书365—369页;《大唐西域记校注》卷十二,965页,"瞢健国"条。
[3] 《世界境域志》,367页。

流科克查河（Kokcha R.）吉尔姆以上段中游地区的名称[1]，吉尔姆应该就是其首府，那么，屈浪拏之地则非今日之泽巴克莫属。由此可见，世界上著名的青金石产地实际上就在"吐蕃之门"所在的山岭上。因此，人们完全有理由指望在西藏的吐蕃考古中发现青金石文物。

这条路与前述护密西通吐火罗道在吐蕃之门的南边泽巴克/屈浪拏一带连接起来，在这种情况下，即使小勃律之路不通，吐蕃人能于704年出现在缚刍水边的怛蜜也是可以理解的。

簡失密—乾陀罗—谢䫻道

《册府元龟》卷九七九：开元十二年"八月（《通鉴》卷二一二作'十月'。——引者），谢䫻国王特勒遣使罗火拔来朝，火拔奏曰：'谢䫻国去簡失密国一千五百里，其失密国（"失"字前夺一"簡"字。——引者）去吐蕃金城公主居处七日路程。公主去年五月遣汉使二人偷道向簡失密国，传言曰：汝赤心向汉，我欲走出投汝，容受我否？簡失密王闻其言大喜，报曰：公主但来，竭心以待。时簡失密王又遣使报臣国王曰：天子女欲走来投我国，必恐吐蕃兵马来逐，我力不敌。乞兵于我，即冀吐蕃破散，公主得达臣国。王闻之极欢，遣使许诺于簡失密王，令臣入朝，面取进止。'"《新唐书·谢䫻传》："谢䫻居吐火罗西南，本曰漕矩吒，或曰漕矩，显庆时谓诃达罗支，武后改今号。东距罽宾，东北帆延，皆四百里。南婆罗门，西波斯，北护时健。其王居鹤悉那城，地七千里，亦治阿婆你城。"鹤悉那即今阿富汗首都喀布尔以南155公里之加兹尼（Ghazni/Ghaznīn，一译哥疾宁）；罽宾即迦毕试（见本书第二章第二节）。《悟空入竺记》：迦湿弥罗"总开三路以设关防：东接吐蕃；北通勃律；西门一路通乾陀罗。别

---

[1] 参见《大唐西域记校注》，972页，该河上游流经瞢健；参《世界境域志》367—368页及367页注4。

有一途，常时禁断，天军行幸，方得暂开"。乾陀罗即《大唐西域记》卷二所述之健驮罗，可见此路与前述义净在《玄照传》中所谓"迦毕试途"（见本书第二章第二节）相衔。而且，玄照于贞观末年"过覩货逻，远跨胡疆，到吐蕃国"，走的就是这一条路。[1]

其他路线

箇失密以东是高高隆起的大喜马拉雅山脉。与这条山脉平行，在印度河谷的西部边缘延伸着臧斯噶尔（Zangs dkar，即三波诃）山脉，河谷的东部则是拉达克山脉。大喜马拉雅山脉是整个喜马拉雅山系中最高、最难通行的地带。这些山脉只有经少数山口才能翻越，其中大多又只能在夏季才可通行，而且往往连驮畜也不能攀登。因此，要谈论古代这一带的道路，必须以曾经通行的资料为依据。即便如此，这一地区历史上复杂多变的政治局势也使交通状况更加捉摸不定。《新唐书·箇失密传》："箇失密，或曰迦湿弥逻。北距勃律五百里，环地四千里……天木死，弟木多笔立，遣使者物理多来朝，且言：'有国以来，并臣天可汗，受调发。国有象、马、步三种兵，臣身与中天竺王陁吐蕃五大道，禁出入，战辄胜。有如天可汗兵至勃律者，虽众二十万，能输粮以助。又国有摩诃波多磨龙池，愿为天可汗营祠。'因丐王册，鸿胪译以闻。"据《册府元龟》卷九六四、九七五，此次箇失密遣使事在开元二十一年（733）。五条大道，除了上述大勃律经乌苌通揭师和箇失密经乾陀罗通谢䫻两条道，以及吐蕃通中天竺的泥婆罗道[2]和悉立（Se rib，今西藏亚东一带）、章求拔（今锡金境内）道[3]之外，还应有女国（大羊同）通北天竺的"食盐之路"一道。前述玄照于唐高宗麟德年中奉旨往羯湿弥啰（即箇失密）取长年婆罗

---

[1] 参见本书第一章第三节。参《大唐西域求法高僧传校注》，19页注（一七）。
[2] 参见范祥雍1982；《大唐西域求法高僧传校注》，27—28页，注（三九）。
[3] 参见佐藤长1978，179—182页；山口瑞凤1983，889页注25、26。

门，走"食盐之路"，先至北印度（即北天竺），后遇长年婆罗门。可见食盐之路本来无须经过箇失密。但慧超《往五天竺国传》说：北天竺"为国狭小，兵马不多，常被中天及迦叶弥罗国屡屡所吞，所以依山而住"。迦叶弥罗即箇失密。《悟空入竺记》曾提到箇失密"别有一途，常时禁断，天军行幸，方得暂开"，或即指此。因此，认为此道亦为箇失密或中天竺所扼殆无大差。[1]

《旧唐书·天竺国传》说："（开元）八年，南天竺国遣使献五色能言鹦鹉。其年，南天竺国王尸利那罗僧伽请以战象及兵马讨大食及吐蕃等，仍求有及名其军，玄宗甚嘉之，名军为怀德军。"南天竺的中心在摩诃剌侘（Mahrastra，今印度马哈拉施特拉邦，首府为孟买），吐蕃是否活动到了那里还缺乏明证。但南天竺王的请求肯定反映了吐蕃在印度北部活动的巨大影响。因此，推测"五大道"均可能被吐蕃利用以达中亚也未必不可。

在吐蕃进入西域的西道各线中，最捷近的当然要数经过小勃律的路线了，但是这条路线却并不那么容易开通。勃律被逼而分为大、小两部分这一事实，已经反映了勃律王最初对吐蕃入侵的顽强抵抗。这一史实也得到了《世界境域志》记载的支持，其中分别提到了勃律（第26节第19条）和"勃律的吐蕃"（*Bolorian Tibet，第11节第2条）。吐蕃虽然在开元初年一度成功地在小勃律实现了"借道"，但后者很快便请来唐军将其赶走。小勃律倚靠唐朝与吐蕃对抗，从而成了唐朝"国之西门"。此门一关，吐蕃就只好绕道葱岭以西，战线之长是吐蕃难以维持的，因之几乎没有见到吐蕃走西道对唐作战的成功。实际上，吐蕃要在这种情况下与唐朝对抗，不得不更多地依赖与葱岭地区西突厥人的联盟，这大概可以看作是吐蕃先扶持俀子，随即又与新兴的突骑施结盟的主要原因。最后，吐蕃难以开通小勃律也有受阻

---

[1] 有关此道的最新研究，参见拙著《阿曼与中国关系史》（古代部分上册）第四章第三节《中古阿曼人前往中国交流的事迹》，中国社会科学出版社，2022年（待出版）。

于自然条件的原因,如天宝六载高仙芝取小勃律,"急令元庆斫藤桥,去勃律犹六十里,及暮,才斫了,吐蕃兵马大至,已无及矣。藤桥阔一箭道,修之一年方成。勃律先为吐蕃所诈借路,遂成此桥"[1]。

吐蕃越葱岭北上之路

由《旧唐书·郭元振传》所载景龙二年(708)郭元振《论十姓、四镇疏》可知,吐蕃所册立的西突厥可汗仆罗与俀子均属于兴昔亡可汗阿史那弥射一系。白桂思又进一步将仆罗与开元六年(718)上书的吐火罗叶护之弟阿史特勒仆罗勘同。[2]诚如是,则可以肯定吐蕃所册立的这两个可汗都出自吐火罗的突厥叶护家族。[3]但是,仆罗和俀子既然为招胁十姓而被立为可汗,他们就应该住在作为十姓可汗故地的碎叶川及千泉一带。贾耽《皇华四达记》佚文:碎叶"城北有碎叶水,水北四十里有羯丹(Ak Tagh)山,十姓可汗每立君长于此"[4]。据学者研究,直到8世纪30年代末,吐火罗叶护还把七河地区看作自己政治、军事上的大后方。[5]8世纪前半叶,七河地区摩尼教徒的精神领袖还在吐火罗有馆邸。[6]从永昌元年论钦陵败韦待价于寅识迦河,长寿元年王孝杰驱勃论后"十箭安嵓幕之乡",延载元年勃论与俀子"南侵"而碎叶镇守使韩思忠拔吐蕃泥孰没斯[7]城等情

---

[1] 《旧唐书·高仙芝传》,3204页。
[2] 参见白桂思1987,68页。
[3] 白桂思认为,郭元振所说吐蕃册封的第三个西突厥可汗拔布,就是《大事纪年》蛇年(705—706)记载被黜的赞普之兄Lha,其名或作Lha bal po/bal pho,他在器弩悉弄于龙年(704—705)冬去世以后继位,不久即被母后器玛蹇(Khri ma lod)废黜。他可能是一个突厥皇后的儿子,这个皇后在《大事纪年》猴年(708—709)条记作"皇后可敦"(Btsan mo ga tun),《新唐书·吐蕃传》上作"祖母可敦"。吐蕃的这个突厥皇后可能是阿史那俀子的亲戚,死于708—709年。参白桂思1987,68页注81,69页及同页注85,73页及同页注109。
[4] 《新唐书·地理志》七下,1149—1150页。
[5] 参见克里雅什托内1964,143页。
[6] 同上,144页。
[7] 白桂思构拟的读音是 *Bars(白桂思1987,56页),或许就是 BGA 第一卷中的下拔塞干,参张广达1979,72页及注17。

况来看，当时吐蕃与西突厥余部联合势力的活动中心应该是在北方的十姓可汗故地。况且，除了长寿元年以后碎叶城有唐朝驻军，直到 699 年突骑施兴起，草原上正是一个政治空白时期，没有什么力量妨碍俀子住到十姓可汗故地。当然，在这种情况下，吐蕃—吐火罗—十姓可汗故地（千泉及碎叶川）这样一条交通路线便成了"热线"。这一线虽然迂回漫长，但避开了唐朝的四镇防守，所以，到开元初年仍为吐蕃与突骑施间的联盟所利用。只是后来唐朝于 722、747 年先后两次在小勃律打败了吐蕃，而大食与突骑施在中亚又争战激烈，吐蕃才转而致力于从东道进入西域，终于利用安史乱后唐国力衰弱之机达到了目的。

从吐火罗穿过河中地到北部草原，本来有一条古代东西方交往的大道，这就是阿拉伯古典地理学家们详细记载、描述过的"呼罗珊大道"[1]，亦即唐玄奘去西天取经穿越中亚的路线。我们这里想强调指出两点：

第一，在当时中亚复杂的政治局势下，更应该注意穿越葱岭山区的南北交通路线。《世界境域志》记载了从箇失密到珂咄罗的道路；《悟空入竺记》则记载他"自彼中天来汉界"的径路有一段是：骨咄/珂咄罗—拘密支/拘迷陁—惹瑟知（Rāsht[2]）—式匿国（识匿？）—疏勒，看来这是溯镬沙水（Wakhsh R.）而上横跨葱岭的一条路。这条路上的 Sary Tash（突厥语，意为"黄石"）地处阿赖山谷，为汉代休循国之地，是葱岭山中又一个十字路口：东越葛禄岭可去疏勒；南跨外阿赖山即五识匿国地；向北翻过阿赖山便进入拔汗那。玄奘说："葱岭者，据赡部洲中，南接大雪山，北至热海、千泉，西至活国（Walwalīj），东至乌铩国"[3]；慧超《往五天竺国传》说开元十五年（727）时骨咄已属大食所管，"又从此胡国已北，北

---

[1] 参见斯特伦治 1905，有关各章。
[2] *BGA* 第六卷，34 页。
[3] 《大唐西域记校注》卷十二，964 页。

至北海,西至西海,东至汉国,已北总是突厥所住境界"。所以,可以说这条路是五俟斤路的又一条路线。

第二,在这样一条路线中,拔汗那为必经之地,所以其地位特别重要。在塔巴里《年代记》中,突厥可汗经常都是从拔汗那出发前往河中或吐火罗活动的。从拔汗那到吐火罗曾经是乙毗咄陆可汗的领地,弥射系的西突厥可汗继承了这笔遗产,所以,阿史那俀子及其吐蕃盟友经常在这一线活动是很自然的。当开元初年唐朝将其防线继续向前推进,北据拔汗那,南扼小勃律,进入中亚的西道对吐蕃就失去了意义。

白桂思曾对吐蕃人704年深入到吐火罗的行动感到大惑不解,只好究其基本动机,说是为了"保持经由播密川和吐火罗的商路畅通"[1]。然而,据我们看来,当时吐蕃人既然能"借道"用兵,经商的道路恐怕还是畅通的。况且,我们已经看到,吐蕃经营的主要并不是商路。其实,在葱岭这样荒凉贫瘠的地区,政治利益恐怕比经济利益更重要。我们认为,吐蕃之所以要经营其西道,主要目的在当时还是想沟通与西突厥余部的联系,建立起共同对付唐朝的军事联盟,确保其北方边界的安全。万岁通天二年钦陵与郭元振在野狐河会谈求分十姓地时说:"今之此求,但惧好功名者之吞噬,冀此为翰屏以虞之,实非有他怀焉。"[2]良有以也。

第三节 七、八世纪之交葱岭地区政治势力的消长

西突厥嗷叶护可汗阿史那俀子之败亡

延载元年(694)勃论和俀子被王孝杰打败以后,便逃回吐蕃去

---

[1] 白桂思1987,69页。
[2] 《通典》卷一九〇,吐蕃条。参本书附录叁。

了。《大事纪年》："及至马年（694）……赞普驻于 Ra'u tsal，嚁叶护可汗前来致礼。"又说："及至羊年（695），夏，……Mgar btsan-nyen gung rton 叛离。赞普亲临，责谴。冬，赞普至扎玛宫，于鹿苑宣谕判处 gung rton 之诏文，于延葛川之 lcang bu，赞普下令，杀 gung rton。"如前所述，这里的 gung rton 即勃论。据研究，处死他的理由可能是追究其前年战败的责任。[1]

《大事纪年》：及至猪年（699）冬[2]，"嚁叶护可汗前来致礼"。俀子在这之前是何时怎样离开吐蕃的，史无明文。不过，各种史料反映，在这一段时间，吐蕃对外活动相当积极。《大事纪年》：及至羊年冬，"大论钦陵在吐谷浑，于素罗汗山（Stag la rgya-dur）与唐元帅王尚书（孝杰）大战，杀唐人甚多"。此事亦为汉文史料的记载所证实。[3]次年九月，又有吐蕃与东突厥连兵攻凉州的事件。[4]想来俀子就是在这种有利形势下回到十姓可汗故地去的。

我认为，猪年冬，俀子离开十姓可汗故地而到吐蕃"致礼"，主要是原属西突厥五咄陆部之一的突骑施部开始兴起、发展势力的结

---

[1] 参见李方桂 1958，141—142 页；佐藤长 1977，354、358—359 页。参森安孝夫 1984，21 页及 67 页注 103。白桂思还认为马年垄达延弃宋（'Bon da rgyal khrizung）之死也与大岭战败有关，见白桂思 1987，57 页。
[2] 白桂思直接说是 700 年初（白桂思 1987，62 页），但他没有提出特别的理由，且与我们以下分析的俀子离十姓可汗故地去吐蕃之原因不合。
[3] 参见《通鉴》卷二〇五，万岁通天元年三月壬寅条。
[4] 万岁通天元年九月"吐蕃寇凉州"，说出自《武后实录》。然自《通鉴考异》卷十一定《实录》误以来，人多从《考异》（近人如苏晋仁、萧鍊子，66 页注 3；白桂思 1987，58 页注 24）。吐蕃与突厥连兵一说，前有岑仲勉提出（岑仲勉 1964，121—122 页）。我肯定此说的主要根据是：
　1.《陈子昂集》卷八《上军国机要事》中说："臣闻此贼（指吐蕃。——引者）通使默啜。"据罗庸考证，此文为万岁通天元年九月所作（见罗庸 1935；并参《通鉴》卷二〇五，6507 页）。
　2.《通典》卷一九〇，吐蕃条："（万岁通天）二年，吐蕃大论钦陵遣使请和，（中略）陵曰：'……故去秋有甘、凉之抄，斯实蕃罪。'"《通鉴》卷二〇五将钦陵请和事系于万岁通天元年九月条下，遂使钦陵语中"去秋有甘、凉之抄"失去着落。
　总之，森安等人所谓 700 年嚁叶护可汗至突厥地是为诸事与东突厥之间进行联系（森安孝夫 1984，23—24 页；白桂思 1987，62 页注 56）一说纯属猜测，吐蕃与东突厥的勾结早已开始，无须俀子中介。另外，森安所谓唐朝与突骑施在十姓可汗故地的友好合作关系（前引文，20、23 页）在圣历二年突骑施兴起以前根本不存在，不可能存在。唐朝于久视元年（700）将竭忠事主可汗斛瑟罗派到碎叶就是明证。吐蕃在 700 年是应拔汗那之请将嚁叶护可汗俀子送往突厥地的。

果。《通鉴》卷二〇六，圣历二年（699）"八月，癸巳，突骑施乌质勒遣其子遮弩入见。遣侍御史元城解琬安抚乌质勒及十姓部落"。这是文献中首次明确记载的突骑施部的单独活动。[1]该部一开始兴起便同唐朝建立了联系，这是值得注意的。然而，我们也看到，就在这一年，"突厥默啜立其弟咄悉匐为左厢察，骨笃禄子默矩为右厢察，各主兵二万余人；其子匐俱为小可汗，位在两察上，主处木昆等十姓，兵四万余人，又号为拓西可汗"[2]。唐朝则在久视元年腊月[3]，"以西突厥竭忠事主可汗斛瑟罗为平西军大总管，镇碎叶"[4]。局势变得严峻起来，俀子可能是感到难以支持，便到吐蕃求援去了。

但是，吐蕃内部这时正在经历一场重大的政治变动。噶尔家族的

---

[1] 现在看来，汉文文献记载的垂拱—永昌间（685—689）的东突厥向西侵掠和景龙二年（708）左右的"默啜凭陵"（岑仲勉《突厥集史》，中华书局，1958年，865页）均非《暾欲谷碑》所记攻突骑施事，这些已被俄国突厥学家克里雅什托内对《暾欲谷碑》的卓越研究廓清了（克里雅什托内1964，136—155页）。克里雅什托内指出：过了17年，汤姆森经过对碑铭的仔细研究，证明夏德所做的、为拉德洛夫和巴托尔德等学者所采用的断代是站不住脚的。《暾欲谷碑》所述之西征突骑施等并不在689年，而与和硕-柴达木碑（即俗所谓《毗伽可汗碑》与《阙特勤碑》）所述一致，是在710—711年。克里雅什托内本人则以下述成果有力地支持了汤姆森的结论：
    1. 暾欲谷和移涅（inäl）可汗远征粟特的时间适在711—712年初；
    2. 上述暾欲谷和移涅可汗之行正在默棘连和阙特勤征行粟特之前（前引书，140—141页）。进行这项研究的关键段落在《暾欲谷碑》第44—48行。尤其是第45行中"(顾虑到）大食人和吐火罗人……"（参特勤1968，289页以及294页所刊 Küli Čor 碑东面第4行译文）这一句，既排除了暾欲谷之行在689年的可能，又显示了东突厥西征与大食东侵的关系。
    克里雅什托内通过对《暾欲谷碑》断代问题的研究，揭示了吐火罗与七河的历史联系，阐明了东突厥、大食等与中亚最复杂的政治时期的关系。其中涉及了唯有雅古比记载的屈底波相继两次出兵萨末鞬的真实性问题（参巴托尔德《文集》卷2第2册，383—384页及注21），穆格山出土文书（见张、王1986，341—342页）的断代问题，大食与吐火罗等土著连兵的问题，大食帝国的东部边界问题等。当然，克里雅什托内的研究也非尽善尽美。例如，他把战败的突骑施人逃向铁门关说成是与7—8世纪吐火罗与七河的联系有关就嫌太牵强。

[2] 《通鉴》卷二〇六，6543—6544页。

[3] 实际是圣历三年腊月，对应公历699年11月27日至12月26日。

[4] 《通鉴》卷二〇六，6545页。吐鲁番出土73TAM193：38（a）号文书《武周智通拟判为康随风诈病避军役等事》（录文见《吐文书》第八册，492—493页）第6—9行有："又斩啜猖狂，蚁居玄冀，拥数千之戎卒，劳万乘之宸。奉敕伊、西二州，占募强兵五百，官赐未至日，私家借便资装"。整理者断此件年代在圣历元年（698）至神龙元年（705）间，是。我认为，此件反映唐以斛瑟罗为平西军大总管镇碎叶，确是针对默啜任命"拓西可汗"事而来，斛瑟罗的平西军中有伊、西二州兵募。至于唐朝差发兵丁征行，官赐未至、私家借资的事，在吐鲁番出土文书中更是屡见不鲜，值得专门研究。

长期专权引起了吐蕃内部矛盾的加剧：由于对外进行武力扩张，加重了吐蕃内部的赋税徭役负担，征调频繁，人民不堪其苦，社会生产遭到严重破坏；扩张战争中掠夺来的大批财产和奴隶又被噶尔家族中饱私囊，使其实力有增无已，加上其摄政地位，直接威胁到王室的利益和存在。为了扭转这种局面，都松莽布支赞普于698年以"出猎"为名亲征青海。《大事纪年》：及至狗年（698），"其年冬，噶尔家族获罪"[1]，结果是拥兵在外的钦陵战败自杀，赞婆投唐[2]，从而结束了噶尔家族的专政。噶尔家族自禄东赞为相辅佐弃宗弄赞，以后其子钦陵兄、弟相继，专国政数十年，一朝覆灭，不能不对吐蕃内政、外交造成影响。内战也在一定程度上消耗了吐蕃的国力。然而，赞普能战胜噶尔家族，这也反映了赞普的政治能力及所控制的军事力量之强。所以，敦煌所出古藏文《赞普传记》七说："噶尔等数大论心怀异志，谋逆背叛，赞普乃深谋远虑，运筹帷幄，以坚甲利兵处置之，将叛变诸臣悉数治罪。赞普掌执政事，权位高于往昔诸王，突厥等天下别部均一一降归治下，征其贡赋。攻下坚城深池，征服富庶地域"[3]等。这些已为《大事纪年》所记载的那些赞普亲征活动所证实。

《大事纪年》：及至鼠年（700），夏，"遣送暾叶护可汗往突厥地"。对这里的"突厥地"（Dru gu yul）一词，学界有些不同意见。森安孝夫认为有两种可能，一是指西部天山—拔汗那地区，一是指东突厥[4]；白桂思虽然很欣赏森安关于阿史那俀子作为联结吐蕃与东突厥使者的假说，却也指出："这种说法的主要缺陷是：《大事纪年》说，暾叶护可汗是被派往Dru gu yul即突厥斯坦的。后来的古突厥文和经典藏文用法是把Dru gu这个词用作表示'突厥人'的一般术语，包括回鹘人。然而，在这份《大事纪年》中，单独确指东

---

[1] 参见王忠1958，55—56页；《敦煌本吐蕃历史文书》，222页。
[2] 见两唐书《吐蕃传》。参王辅仁、索文清，27页。
[3] 《敦煌本吐蕃历史文书》，141页。
[4] 参见森安孝夫1984，22—24页。

突厥是用'Bug cor 这个名称，而不是 Dru gu。"[1] 乌瑞说："由于吐蕃的帮助，阿史那俀子在700年以后的一段时间内还在拔汗那掌权，因此，公元700年时藏文材料中的突厥之境完全可以比定为拔汗那。"[2] 森安则说："乌瑞把700年以后的 Dru gu 国比定为拔汗那的说法完全是任意的，未可信从。"[3] 我认为，上述乌瑞的说法前半部未必可信，后半部却未必没有道理。《旧唐书·郭元振传》所收郭元振景龙二年（708）《论十姓、四镇疏》中有这样一段："又欲令郭虔瓘入拔汗那税甲税马以充军用者，但往年虔瓘已曾与忠节擅入拔汗那税甲税马，臣在疏勒具访，不闻得一甲入军，拔汗那胡不胜侵扰，南勾吐蕃，即将俀子重扰四镇。又虔瓘往入之际，拔汗那四面无贼可勾，恣意侵吞，如独行无人之境，犹引俀子为蔽。今北有娑葛强寇，知虔瓘等西行，必请相救"云云。我认为，这次拔汗那南勾吐蕃将俀子重扰四镇的时间，可以比较准确地断在久视元年（700）七月至九月间：

第一，当时"拔汗那四面无贼可勾"，那只能是长安三年（703）乌质勒攻得碎叶以前的情况，那时碎叶驻有（阿史那阙啜）忠节请去的唐平西军大总管、竭忠事主可汗斛瑟罗[4]；同时，大食军受阻于渴石，未过那密水（Nahr Şughd=Zarafshan R.）。[5]

第二，在上述时限内，郭元振要到疏勒具访，只能是在久视元年七月至长安元年（701）十一月他任主客郎中期间。《旧唐书·郭元振传》："吐蕃将麹莽布支率兵入寇，凉州都督唐休璟勒兵破之。元振参预其谋，以功拜主客郎中。"《通鉴》卷二○七系此事于久视元年闰七月丁酉，同卷并说：长安元年十一月，"以主客郎中郭元振

---

[1] 白桂思 1987，63 页注 56。
[2] 荣译乌瑞 1983，95 页。
[3] 森安孝夫 1984，67 页注 111。
[4] 参见《旧唐书·郭元振传》，3046 页。
[5] 参见塔巴里《年代记》卷 2，1040—1042、1078 页。

为凉州都督、陇右诸军大使……元振善于抚御，在凉州五年，夷夏畏慕，令行禁止，牛羊被野，路不拾遗"。

第三，在此期间，西域最重大的战事就是久视元年九月平定阿悉结薄露之叛。《册府元龟》卷九八六外臣部征讨五：久视元年"九月，左金吾将军田扬名、左台殿中侍御史封思业斩吐蕃阿悉吉薄露，传首神都。初，薄露将叛也，令扬名率兵讨之，军至碎叶城。薄露夜伏兵于城傍，掠官驼马而去。思业率轻骑追击之，翻为所败。俄而扬名与阿史那斛瑟罗、忠节率众大至[1]，薄露据城拒守，扬名拔之。积十余日，薄露诈请降，思业诱而斩焉，遂虏其部落"。《旧唐书·郭元振传》："顷年，忠节请斛瑟罗及怀道俱为可汗"云云，可见斛瑟罗与忠节并非同一人。《通鉴》卷二〇七记此事作："扬名引西突厥斛瑟罗之众攻其城"，略去"忠节"一名，遂失其真。据此，虞瓘与忠节入拔汗那税甲税马即为平薄露一事。白桂思认为薄露可能是阿悉结泥孰俟斤，由此联想到延载元年碎叶镇守使韩思忠攻拔吐蕃泥熟没斯城等事件。[2]因此，我认为，说薄露与拔汗那早有联系当无大差。

第四，《大事纪年》所记遣曀叶护可汗阿史那俀子往Dru gu yul之事也在鼠年（700）夏季。

可见，《大事纪年》鼠年所说的Dru gu yul与该文书其他地方对该词的使用是一致的，都是指西域（包括十姓、四镇地）；具体到鼠年的事件来说，就是指拔汗那。

元振疏中说拔汗那南勾吐蕃将俀子重扰四镇，表明吐蕃人与俀子都参与了700年阿悉结薄露袭扰碎叶之乱。[3]无论如何，薄露之乱是被平定了，薄露被诱斩，曀叶护可汗阿史那俀子却不知所终。

---

[1] 周勋初等校订《册府元龟》将此处人名断为阿史那斛瑟、罗忠节（凤凰出版社，2006年，11415页），恐有未安。
[2] 参见白桂思1987，62页及注51。
[3] 事见《册府元龟》卷九八六，久视元年九月条；《通鉴》卷二〇七，6550页。有关研究参本书137页注释〔4〕、138页注释〔1〕及白桂思1987，62页注56。

有些学者曾推测过俀子此后的活动，但都没有直接证据[1]。我认为，如果俀子没有死于700年的薄露之乱，那么他只能是朝他来时的方向南逃吐火罗，那里是他的发迹之地。塔巴里《年代记》卷2的1078—1079页讲到：82/701年，正在渴石（Kashsh）作战的呼罗珊长官穆哈拉伯（al-Muhallab）派其兄弟耶兹德（Yazīd）前往末禄处理丧事，后者在那色波（Nasaf）[2]草原遇到了五百名突厥人。这些突厥人作战勇猛，不讲信义，向大食人强行索要一些微不足道的东西作买路钱，如一件衣服、几张纸之类。同年，这些拦路抢劫的突厥人被穆哈拉伯的副手胡里斯（Hurīth）彻底击败，《年代记》卷2（1080页）说："他追杀他们并抓了许多俘虏。突厥人赎买自己，他便宽大为怀，把他们放了，并把赎金也还给了他们。"这一事件，曾被马迦特比定为和硕-柴达木碑所记载的东突厥军队进攻 altü čub Soγdag 之役，现在看来，此说不可信。[3] 从其人数、活动方式、活动地点等情况来看，倒有可能是俀子率领南逃的残兵败将。

突骑施取碎叶并向南发展

长安二年（702）十二月，唐置北庭都护府于庭州。

《通鉴》卷二〇七，长安三年秋七月，"庚戌，以夏官尚书、检校凉州都督唐休璟同凤阁鸾台三品。时突骑施酋长乌质勒与西突厥诸部相攻（《考异》曰：武平一《景龙文馆记》作'乌折勒'，今从新、旧书），安西道绝。太后命休璟与诸宰相议其事，顷之，奏上，太后即依其议施行。后十余日，安西诸州请兵应接，程期一如休璟

---

[1] 参见森安孝夫1984，68—69页注119。
[2] 当时大食叛将穆萨（Mūsā）据有怛蜜，大食呼罗珊长官远征河中的渡口在湛木（Zamm）。湛木国王伊本·穆罕默德（Ibn Muhammad al-Zammyī）已改宗伊斯兰教，见塔巴里《年代记》卷2，1078页。这一事实足以使白桂思关于吐蕃人704年到怛蜜是为了夺取商路的说法不攻自破。
[3] 参见张广达1986，74—75页。

所画……时西突厥可汗斛瑟罗用刑残酷，诸部不服。乌质勒本隶斛瑟罗，号莫贺达干，能抚其众，诸部归之，斛瑟罗不能制。乌质勒置都督二十员，各将兵七千人[1]，屯碎叶西北；后攻陷碎叶，徙其牙帐居之。斛瑟罗部众离散，因入朝，不敢复还，乌质勒悉并其地。"《通鉴》同卷：长安四年"春正月，丙申，册拜右武卫将军阿史那怀道为西突厥十姓可汗。怀道，斛瑟罗之子也"。可见，长安三年唐休璟等人所议乌质勒与西突厥诸部相攻事，正是乌质勒攻陷碎叶的事件；所谓安西诸州请兵应接，正为斛瑟罗入朝事。胡三省注："天授元年书斛瑟罗入居内地，神功元年书来俊臣诬陷斛瑟罗，则其入朝必不在是年（指长安三年。——引者），此因书乌质勒事叙其得国之由，遂及斛瑟罗失国事耳。"[2]身之不忆久视元年平西军大总管乎！长安四年春正月唐朝正式册立斛瑟罗之子怀道为第一个西突厥十姓可汗[3]，显示出对从前那种人为地分立两部可汗的政策有所反省。不过，怀道似乎未能还藩，最多只在神龙二年（706）乌质勒死后，因持节册命娑葛曾到碎叶去过一次。[4]

白桂思认为，乌质勒这一名称的突厥语原文应当是 *Ocïrlïq，"这个名字可能是印度佛教名称 Vajrapāṇi 的古突厥语音译"[5]。然而，据巴托尔德研究：七、八世纪间，七河（Semirechye，即十姓可汗故地及其以北地区）"最流行的宗教大概还是摩尼教"[6]。这与学界对七河与吐火罗之间宗教文化联系的研究[7]是一致的。据《大慈恩寺

---

[1] 白桂思就二十员都督各将兵七千人提出了一个很有意思的问题："这相当于共有 140000 人，就是十四个土绵（tümän）。这就是西突厥随后分为'十四姓'的由来吗？"（白桂思 1987，65 页注 71）
[2] 《通鉴》卷二〇七，6563 页。
[3] 《新唐书·突厥传》下："仪凤中，都支自号十姓可汗，与吐蕃连合，寇安西。"（6064 页）显然，都支的"十姓可汗"称号并没有得到唐朝承认。最近在这个问题上做文章的有日本的内藤みどり[内藤 1988（2）]，但她并没有突破前人已有的结论。
[4] 参见《新唐书·突厥传》下；《册府元龟》卷九六四。
[5] 白桂思 1987，65 页注 70。
[6] 巴托尔德《文集》卷 2，第 2 册，32 页；巴托尔德 1956，82 页。
[7] 参见克里雅什托内 1964，144 页及注 30。

三藏法师传》卷二说,玄奘西行时,飒秣建(Samarkand,一译萨末鞬)已"不信佛法,以事火为道",因玄奘向王说法,上下乃革变邪心。至94/712—713年屈底波攻克此地时,其和平条件之一竟是"焚毁神龛供奉之七宝庄严佛像"[1]。然而,这未见得就是当地宗教文化的主流[2],因为白拉祖里记述的一种说法表明,当时的和平条件还包括毁去"拜火神殿"。[3]所以,我怀疑"乌质勒"一名或者竟与摩尼教有关也未可知。[4]

塔巴里《年代记》卷2(1601—1602页)记载了这样一件事:119/737年,"与可汗在一起的有一个哈里斯(al-Ḥārith b. Surayj)的信徒,可汗让他大声喊话:'喂,阿萨德(Asad,大食呼罗珊长官,当时正在进攻珂咄罗。——引者)!难道河中地还不够你征服吗?你也太贪心了!珂咄罗不关你的事,它是我祖辈(传给我)的国家。'阿萨德答道:'要像你说的那样,真主会报应你的!'"这里的可汗,克里雅什托内认为就是突骑施可汗[5],显然指苏禄无疑。我认为,苏禄这些话显示了长安三年突骑施取碎叶以后,其部落沿葱岭山地向南往吐火罗地区的渗透程度。《新唐书·突厥传》下说苏禄为"突骑施别种[6]车鼻施啜",《通鉴》卷二一一说他纠集突骑施余众为之酋长是开元三年(715)的事,当然,其父祖所率的车鼻施部应在此前就到达珂咄罗一带了。《全唐文》卷二八六所收的一份《敕安西节度王斛斯书》,讲到开元二十三年(735)前后突骑施与唐朝在西域的战事时有这样的话:"且苏禄凶徒,本是乌合,今其师老,必有怨嗟。至如骨咄王子来投,已是其效;何国胡不受处分,已是明

---

[1] 伊本·阿萨姆《战胜纪》,转引自克里雅什托内1964,151页。注意,这一条并没有写进随后签订的和平条约,见斯米尔诺娃1960。
[2] 参见巴托尔德1984,第三讲。
[3] 参见白拉祖里《诸国之征服》,421页。
[4] 参见林悟殊1987,40页以下。
[5] 参见克里雅什托内1964,144页。
[6] 古代北方民族中的别部、别种含义,周一良先生有专门研究,见《论宇文周之种族》,收入周一良1963。

征。其下离心，已至于此。"这是骨咄／珂咄罗确曾处在突骑施控制之下的明证。[1]苏禄之子骨啜，或即与骨咄一地有关。[2]《世界境域志》第26节第10条Kumījiyan、第11条K. njīna都是珂咄罗和鞠和衍那境内的突厥部落，而紧接上两条的第12条便是"吐蕃之门"（Dar-i Tubbat）[3]，这是值得注意的。在这种情况下，突骑施尤其是苏禄统治时期经常沿此线活动（与大食争战，与吐蕃连兵）就很容易理解了。

吐蕃与大食兵刃相见及与唐和亲

有关盖斯部落的穆萨（Mūsā b. 'Abdallāh b. Khāzim）据有怛蜜进行叛乱的事件，最近的较为彻底的研究当数沙班。[4]从塔巴里《年代记》可知，穆萨的父亲伊本·喀兹姆（Ibn Khāzim）是僭位者左拜尔（'Abdallāh b. al-Zubayr）的呼罗珊总督，691年被杀死，于是穆萨便逃向河中组织叛乱。[5]塔巴里在记述85/704年穆萨在怛蜜被杀死的情况时，有这样一段情节：穆萨及其支持者与其同盟者（河中及吐火罗的一些王公）之间发生了分裂，"他们的事业衰落了，正在这时，挹怛人（al-Hayāṭilah）、吐蕃人（al-Tubbat）和突厥人突然向他们进攻，这些人约有七万，都戴着球顶尖盔（dhāt qūnas），此外还有数不清的不穿甲胄者、有盔无冠者"。[6]吉布认为，这一记载不过是一种夸大的传说[7]；白桂思最近的研究却得出了肯定的意见。[8]诚

---

[1] 参见郭平梁1988，52页。
[2] 参见《通鉴》卷二一四，6833—6834页；《新唐书·突厥传》下，6068页。
[3] 参见《世界境域志》，120页。
[4] 参见沙班1979，42及以下各页。
[5] 参见塔巴里《年代记》卷2，488、593、834及1145页以下。关于伊本·左拜尔之乱及其历史意义，请参阅希提1979，219—223页。
[6] 塔巴里《年代记》卷2，1153页。
[7] 参见吉布1923，24页。
[8] 参见白桂思1987，66—69页。

如白桂思所指出的,"在 718 年阿史那仆罗呈送中国皇帝的诉状(见《册府元龟》卷九九九)中特别谈到,705 年左右——可能是在此前——吐火罗一方面限于大食,另一方面限于吐蕃"[1]。白桂思认为"这些吐蕃和突厥人的首领很可能不是吐蕃人的盟友阿史那俀子,就是(吐火罗)叶护的兄弟仆罗"[2],没有直接证据,姑且存疑。但是,怛蜜发生的事件表明,至迟到 704 年,吐蕃与大食已经在吐火罗地区发生了直接接触。塔巴里提到参与此事的几个中亚王公中就有珂咄罗国王萨布勒(al-Sabl),所以也不排除突骑施别种车鼻施部作为"突厥人"参与这一事件的可能性。

然而,吐蕃未能维持住 704 年的对外活动势头。《大事纪年》:及至龙年(704),"冬,赞普牙帐赴蛮地,薨"。[3]《大事纪年》在蛇年(705)记载的下述事件可窥当时吐蕃政局之一斑:"岱仁巴农囊扎、开桂多囊等叛,于本教之那拉山顶杀岱仁巴等诸叛臣。于邦拉让,赞普兄自泥婆罗王位被迫引退";"任命麹·莽布支拉松为大论。其后,于林仁园,麹·莽布支拉松获罪。任命韦·乞力徐尚辗为大论。悉立叛。是为一年。"《旧唐书·郭元振传》所收景龙二年(708)郭元振《论十姓、四镇疏》中说:"今吐蕃不相侵扰者,不是顾国家和信不来,直是其国中诸豪及泥婆罗门等属国自有携贰。故赞普躬往南征,身殒寇庭,国中大乱,嫡庶竞立[4],将相争权,自相屠灭。兼以人畜疲疠,财力穷匮,人事天时,俱未称惬。所以屈志,且共汉和,非是本心能忘情于十姓、四镇也。如国力殷足之后,则必争小事,方便绝和,纵其丑徒,来相吞扰,此必然之计也。"元振所述事实,与《大事纪年》的记载适相印证;元振所作分析,亦为随后唐蕃争战的发展所证实。

---

[1] 参见白桂思 1987, 67 页。
[2] 同上书, 68 页。
[3] 《敦煌本吐蕃历史文书》, 225 页。
[4] 参见本书 132 页注释〔3〕。

与吐蕃赞普更替同时，唐朝也正是武则天老死，宫内政变迭起的时期。[1]北边东突厥在默啜治下却臻于极盛。上述708年郭元振疏中就说："顷缘默啜凭陵，所应处兼四镇兵士，岁久贫羸，其势未能得为忠节经略，非是怜突骑施也。"意思是唐朝还想靠突骑施帮忙在西域抵抗东突厥[2]，所以忠节请怀道为可汗，突骑施不肯相让，唐朝也只好隐忍不发。正是在这种情况下，唐、蕃达成了新的和亲（即金城公主事）。然而，和亲不过是给双方都提供一个新的政治借口而已。《旧唐书·吐蕃传》上："时（710年）张玄表为安西都护，又与吐蕃比境[3]，互相攻掠"，当时"吐蕃内虽怨怒，外敦和好"。就在同一年，鄯州都督杨矩奏割河西九曲之地为金城公主汤沐邑，此地以后便成了吐蕃攻唐的基地。

大食名将屈底波在中亚的征服

白桂思看到了这样一个事实："与动荡的吐蕃和唐朝不同，在大食哈里发朝，做出了一项重要的决定：705年，大食伊拉克和东方的总督哈贾吉（al-Ḥajjāj b. Yūsuf）任命他的杰出的年轻助手屈底波·并波悉林（Qutaybah b. Muslim）做了呼罗珊长官。705年，屈底波以重新征服西吐火罗开始了他的统治。"[4]屈底波在其担任呼罗珊长官的十年间（705—715），运用计谋和武力，将大食在东方的扩张活动推到了顶峰。确实，在阅读塔巴里的巨著《年代记》时，可以很容易地发现：屈底波以前，大食在东方尤其是中亚的征服结果多半都是Ṣālaḥa"讲和"，尽管总是索取了大量赔款；而到屈底波

---

[1] 参见陈寅恪 1982，中篇，55—57页。
[2] 参见本书附录陆。
[3] 《通鉴》卷二一〇作"安西都护张玄表侵掠吐蕃北境"（6661页）。有关当时唐蕃边境的讨论请参森安孝夫 1984，26—27页。
[4] 白桂思 1987，70页。

时，开始出现了许多 fataḥa"攻克"。可以说，屈底波死后大食在中亚的征服活动基本上没有超出屈底波时的活动范围，主要就是巩固和发展屈底波的征服成果。不过，有关屈底波在中亚的征服，巴托尔德[1]、吉布[2]以及近年的沙班[3]等人都从各自的角度进行了广泛而深入的研讨[4]。我这里只举述几件与本书主题关系密切的史实：

1. 两唐书《波斯传》说景龙二年波斯王泥涅师又来入朝，这应当与屈底波任呼罗珊和塞斯坦的总督以后，加强了大食在中亚的攻势有关。[5]据塔巴里《年代记》说，90/708—709 年，挹怛王捺塞（Nīzak）撕毁了与穆斯林订立的和约，重启战端。他逃进了"昏磨山道"（Shi 'b Khulm），把名叫"设"（al-Shadhdh）的懦弱的吐火罗叶护软禁起来，把屈底波委派的镇将（'Āmil）赶走。过冬以后，屈底波从四面八方召集军队讨伐捺塞，"当末禄鲁兹的玛札班（Marzabān）听到屈底波前来的消息以后，便向波斯逃去"[6]。据汉文史料说，泥涅师自调露元年（679）回国，"客于吐火罗国二十余年，有部落数千人，后渐离散"[7]。他大概一直在吐火罗叶护庇护下以"波斯"国号为号召进行复国活动。捺塞拘押叶护，泥涅师只好逃走。末禄鲁兹的玛札班曾响应捺塞反抗大食的号召，他所逃向的"波斯"，十有八九是指昏磨山道里的吐火罗地区。

---

[1] 参见巴托尔德 1977。
[2] 参见吉布 1923，29—57 页。
[3] 参见沙班 1979，63—75 页。
[4] 当然，在这里值得提到的还有克里雅什托内，他对鄂尔浑碑铭所涉及的 711—713 年的中亚事件做出了迄今实际上最令人满意的解释（参 134 页注释 [1]）。此外，白桂思最近的研究也是值得注意的，他对一些问题做了新的解释，例如所谓屈底波攻克疏勒入侵中国的问题（白桂思 1987，82 页）。
[5] 屈底波上任伊始就攻下吐火罗，见塔巴里《年代记》卷 2，1179—1180 页。屈底波上任后便派其兄弟到塞斯坦收缴贡赋，从而激化了与尊比勒的矛盾，见白拉祖里《诸国之征服》，400 页。另，有关哈贾吉任东方总督期间大食人在塞斯坦和谢䫻征服活动的研究，见沙班 1979，67—69 页。
[6] 《年代记》卷 2，1218 页。有关这一事件的详细经过见《年代记》卷 2，1204—1206、1218—1225 页；有关研究参沙班 1979，66—67 页。
[7] 《旧唐书·波斯传》，5313 页。

我注意到，史书未载泥涅师入朝是否请兵。不过，即使请兵，恐怕结果也同永徽、调露时一样。如前所述，唐朝不会出兵葱岭以西同大食直接对抗，并不是无兵可出。就在泥涅师入朝的景龙二年，唐朝就曾在西域出兵助阙啜忠节讨娑葛，尽管是以失败告终。[1] 顺便说说，阙啜本是突骑施乌质勒的部将，然而史载其常在拔汗那一带活动；且入朝曾行至播仙，又勒兵攻陷于阗坎城，表明他的活动地域主要是在接近南部绿洲的地区。塔巴里《年代记》卷2（1195页）说：88/707年屈底波从捕喝附近退兵时，"突厥人和粟特人、拔汗那人一道向他挺进，挡住了穆斯林的去路"；"据巴希里氏族（al-Bāhilī，屈底波亦为此族。——引者）的人说：挡住穆斯林的突厥人首领叫'突厥 Kūrbaghānūn'，中国皇帝的外甥（ibn ukht malik al-Ṣīn），他率领着二十万人。但真主使穆斯林战胜了他们"。白桂思把这个人名的前一部分比定为 *Kül Bagha "阙莫贺"，并假定他就是阿史那俀子。[2] 我认为此人更可能是阙啜忠节，尤其是考虑到后者有可能是突骑施别种车鼻施（阙）啜。[3] 白桂思因为"他的劫掠曾使得拔汗那招来吐蕃人援助"[4] 而否认后一种比定，但正如白桂思自己也看到的，到708年，阙啜也可以"为吐蕃作向导主人"，难道同拔汗那的关系倒不能改变？[5] 问题在于这个突厥首领的中国亲缘，现在还不太好解释。

2. 据塔巴里《年代记》卷2的1225页：91/710年，在镇压了捫塞的叛乱之后，"屈底波把（吐火罗）叶护释放出来，冠冕堂皇地把

---

[1] 参见两唐书《郭元振传》；《通鉴》卷二〇九。胡三省曾注"阙啜"一名说："阙，部落之名；啜，官名也。"（《通鉴》卷二〇九，6625页）参森安孝夫1984，24—26页。
[2] 参见白桂思1987，72—73页。
[3] 骨啜 *kuət tɕ ʽiwet、阙啜 ʽk ʽiwet tɕ ʽiwet 当为一音之转。
[4] 白桂思1987，73页注107。
[5] 郭元振708年《论十姓、四镇疏》说：拔汗那"今北有娑葛强寇，知虔瓘等西行，必请相救"云云，这是他的主观分析。显然，郭元振并没有看到当时大食人侵所引起的中亚政局变化。而且，值得注意的是，整个盛唐时代，唐朝都没有人对大食在西域的活动进行战略分析，反倒是到中唐德宗时代，有李泌、韩滉等人注意到大食的作用。这也从一个侧面反映出唐朝统治西域的基本政策。

他送给瓦立德（al-Walīd，哈里发）。直到瓦立德谢世时，他还留在苫国（al-Shām，指白衣大食京城大马士革。——引者）。屈底波让自己的兄弟阿布德拉赫曼（'Abdraḥmān）留作缚喝长官，便回末禄去了"。这个叶护已被克里雅什托内比定为《册府元龟》卷九九九在开元六年（718）一份上书中提到的吐火罗叶护那都泥利，亦即同卷开元十五年吐火罗叶护遣使上言中提到的"慈父身被大食统押"[1]者。平定捺塞之乱在大食征服史和中亚社会史上都有重要意义，沙班的下述议论概括了有关研究成果："应该同意吉布的这一论断：'这次征行的结果极为重要：不单是粉碎了捺塞的阴谋和下吐火罗就此并入大食帝国，而且还使大食的权力首次伸展到了缚刍河流域的叶护领地及其直接属地。'然而，这并不是说，在这个地区的行政管理方面有什么变化。只是任命了几个大食代理人，同时，土著王公仍留下来继续其行政管理。值得一提的是，屈底波在缚喝的州衙和军镇都不在那座城里，而是在缚喝近郊的巴禄干（al-Barūqān）村里。"[2]沙班的这一论述与巴托尔德对大食在河中征服结果的论述完全一致。[3]其实，这还是一个可与同时代唐朝在四镇实行的羁縻制进行比较研究的题目。吐蕃占领西域也实行了类似的制度，于阗的王统看来就没有中断。[4]

3.《新唐书·谢䫻传》说："国中有突厥、罽宾、吐火罗种人杂居，罽宾取其子弟持兵以御大食。景云（710—712）初，遣使朝贡，后遂臣罽宾。"这些与阿文史料的记载基本一致。据记载，哈贾吉总督东方期间，曾有三次对塞斯坦和谢䫻用兵，分别是在78/697年、80/699年、92/711年，其中第二次就是著名的"孔雀军"出征，第三次是由屈底波指挥的。第三次用兵的结果，据沙班研究：屈底波接受了议和条件"便回末禄去了，只在塞斯坦留了一个大食代理人。

---

[1] 克里雅什托内1964，146—147页及147页注46。
[2] 沙班1979，67页。
[3] 参见巴托尔德《文集》卷1，244页。
[4] 参见荣新江1991，33页以下。

在白衣大食余下的时期里，再也没有征讨过尊比勒，尽管事实上他已停止了向大食人交纳贡赋"[1]。我们注意到，谢颶向唐朝遣使与大食人第三次出兵塞斯坦事有可能同属一年，这对认识和分析此后这一地区的政治形势相当有意义。慧超《往五天竺国传》说：谢颶，"其王即是罽宾王侄儿，自把部落兵马住于此国，不属余国，亦不属阿叔"。可见《新唐书》所说谢颶"后遂臣罽宾"应是开元十五年慧超经行以后的事。显然，大食也未能有效地征服罽宾；罽宾反而在开元年间积极参与了唐朝遏制吐蕃的活动。

4. 关于哈贾吉的侄子喀斯木（Muḥammad b. al-Qāsim）在信德的征服，塔巴里《年代记》里只有这么一句：94/712—713 年，"这年，喀斯木征服了信德地（arḍ al-Hind）"[2]。白拉祖里书中则提供了较多的细节。[3] 雅古比记载过这样一个说法：哈贾吉曾向其在东方的两员大将喀斯木和屈底波应允，谁先到达中国，就任命谁做中国总督。[4] 吉布认为："当然，这里的'中国'与其说是今天意义上的边界明确的国家，不如说是泛指远东的一个不太严格的名词，其中甚至包括东北方向的突骑施地。"[5] 信德，藤田丰八比定为《慧超传》里的西天（竺）国。[6]《旧唐书·天竺国传》记西天竺与唐朝的交通只两次，一次是天授二年（691）五天竺王并来朝献，另一次就是"开元二年（714），西天竺复遣使贡方物"。显然，开元二年西天竺单独来贡，很可能与大食的征服活动有关。《慧超传》说到西天竺"现今被大食来侵，半国已损"，藤田丰八考证这是讲开元十二、十三年之交的情况[7]。总之，当时大食在信德的活动离中国还很远，

---

[1] 沙班 1979，69 页。
[2] 塔巴里《年代记》卷 2，1256 页。
[3] 参见白拉祖里《诸国之征服》，436 页以下。
[4] 参见雅古比《历史》卷 2，346 页。
[5] 吉布 1923，53 页。
[6] 参见《慧超传》，叶 20。
[7] 同上书，叶 19、20。

更不会引起唐朝关心。如希提所说："这次的侵入，导致信德和南旁遮普的永久占领，但是，印度其他地区并未受到侵略。直到10世纪末，在哥疾宁人麦哈茂德领导下开始新的入侵，这时才侵入了其他地区。印度边疆的省区，从此永远伊斯兰化了。"[1]

5. 塔巴里《年代记》卷2的124页：93/711—712年，"屈底波在从货利习弥（Khwārazim）返回的途中入侵萨末鞬（Samarqand）并攻克之"。此事亦见于汉文史料。《册府元龟》卷九九九所收开元七年（719）二月庚午康国王乌勒伽（Ghūrak）遣使上表，其中讲到"经今六年，被大食元率将异密屈底波（amīr Qutaybah）领众军兵来此"等，沙畹解释："此事盖指屈底波围攻康国之役，其时在712年。表文六年云云，盖修表之年应在前一年也。"[2]殆无疑义。有人撰文说，康国王乌勒伽这份"表文发出的具体时间应当是公元711年（景云二年）"，因"鸿胪乱档"，误置于开元七年。[3]其实，查一下陈垣先生的《二十史朔闰表》便可知道，景云二年二月丙子朔，无庚午。可以肯定，这份表文是在战后六年发出的。因为，现有史料表明，中亚各国兴起向唐朝求援，都是开元三年（715）张孝嵩大捷于拔汗那之后。求援的原因并非直接由于征服战争，而多半是因为与征服者在改宗、赋税方面的矛盾（见下）。

屈底波攻克萨末鞬以后同粟特（康国）王乌勒伽签订了和约。[4]这次萨末鞬事件的重要意义在于，它实际上是大食与当时势力已臻于极盛的东突厥汗国的冲突，后者刚刚攻灭了突骑施娑葛并追击逃兵直至铁门。冲突的结果是东突厥失败退走[5]，吐蕃的势力就又伸到了大食人未能征服的真珠河以北和十姓可汗故地。

---

[1] 希提1979，243页。
[2] 沙畹1934，146页注五。
[3] 参见薛宗正1988，1—6页。
[4] 参见伊本·阿萨姆《战胜纪》卷7，239页。参斯米尔诺娃1960。
[5] 克里雅什托内认为东突厥军队在711—712年间两入粟特，屈底波也是两攻康国，参克里雅什托内1964，152页以下。

150　唐、吐蕃、大食政治关系史

6. 关于塔巴里《年代记》有关 96/714—715 年"屈底波攻克疏勒（Kāshghar）并入侵中国"的记载[1]，我们将在下节和吐蕃重新进入中亚的问题一起讨论。总之，诚如沙班所说："在 94—95/713—714 和 96/715 年的战役中，屈底波率领大食军队远远进入了真珠河地区，有时候远达白水城（Isfijāb）和深入拔汗那。然而，大食的权力注定在这些地区建立不起来，黑密牟尼（Amīr al-Mu'minīn，一译噉密莫末腻，俗所谓"哈里发"）瓦立德一世之死使征服活动停了下来。"[2] 克里雅什托内也说："可以肯定，锡尔河中游[3]（指石国。——引者）、拔汗那和七河实际上并没有成为大食国的一部分，尽管大食东面将军们多次企图攻占这里。"[4] 与瓦立德一世去世同年（回历 96 年止于公历 715 年 9 月 4 日），屈底波因反抗黑密牟尼苏利漫（Sulīmān b'Abdulmalik）在拔汗那被部下士兵杀死[5]。苏利漫对这些士兵所下的第一道命令就是让他们回末禄去，然后在那里把他们都遣散了。此后五年，直到欧麦尔二世（'Umar Ⅱ，717—720）去世，反对派秉政，在呼罗珊施行的政策与哈贾吉时完全不同。[6]

第四节　吐蕃借道小勃律攻四镇及其失败

吐蕃于小勃律"借道"之始

《新唐书·小勃律传》："开元初，王没谨忙来朝，玄宗以儿子畜

---

[1] 塔巴里《年代记》卷 2，1275 页以下。
[2] 沙班 1979，70 页。据塔巴里《年代记》卷 2，1269 页："96 年 6 月中的一个星期六，瓦立德谢世。"
[3] 克里雅什托内认为，古典文献中的"真珠河"（Jaxartes）仅指今列宁纳巴德（忽毡）到塔什干附近的这一段，见氏著 1964，75 页。
[4] 同上，155 页。
[5] 详见塔巴里《年代记》卷 2，1283 页以下。据说屈底波在费尔干纳的陵墓直到近代还被当作朝拜的麻扎，见吉布 1923，56 页。
[6] 参见沙班 1979，75 页。

第三章　葱岭地区的政治角逐　　151

之,以其地为绥远军。国迫吐蕃,数为所困,吐蕃曰:'我非谋尔国,假道攻四镇尔。'久之,吐蕃夺其九城。"没谨忙来朝的具体年份史无明文,不过,我们认为基本上可以断在开元二年(714):首先,先天二年十二月朔(公元713年12月22日)方改元开元,开元元年实际只有一个月。其次,从传文来看,没谨忙来朝前后,小勃律一直受到吐蕃逼迫,据汉、藏两种史料的记载,弃隶蹜赞赞普继位后首次大规模向外用兵都是在开元二年[1]。最后,开元三年张孝嵩等用兵拔汗那时,那里已经有所谓吐蕃和大食共立的拔汗那王阿了达,可见吐蕃此前已到过拔汗那。因此,可以认为,没谨忙来朝就是想依靠唐朝抵抗吐蕃的困迫。所以,《新唐书·吐蕃传》上说:勃律王"还国,置绥远军以捍吐蕃,故岁常战"。绥远军看来还是小勃律自己的军队,所谓"有以名其军"而已,所以并不能完全阻止吐蕃"借道"。在这种情况下,发生像护蜜"地当四镇入吐火罗道,故役属吐蕃"[2]这样的事就很自然了。

实际上,正是《新唐书·小勃律传》的上述记载明确了吐蕃由小勃律借道入西域的最早年代。如果说吐蕃前此可以经由其他道路以达葱岭以西的话,那么现在吐蕃非从小勃律借道,很可能就是迫于大食名将屈底波于710年平捺塞之乱、掳吐火罗叶护而东进的势头。当然,应该认为,吐蕃于此时北进也与十姓可汗故地的形势有关。虽然711年突骑施娑葛已被东突厥军队殄灭,但当时吐蕃太后当政,内政不稳[3],无力北进。《大事纪年》:鼠年(712),"赞普徼

---

[1] 参见《敦煌本吐蕃历史文书》,112、229页。黄正建认为,藏文 'bu shing kun 按开元二年实际情况应译为"临洮军"(见黄正建1985,131页),其说是。参《藏族简史》39页,然写作 'bu shing kan,末字脱元音 u 符号。又,《新唐书·沙陀传》:"先天(712—713)初避吐蕃,徙部北庭"云云,恐当为避突厥,即东突厥,因为,据突厥文碑铭可知,先天初年东突厥势力最盛,兵锋直抵中亚铁门关[Tämir Qapïy 为河中地粟特与吐火罗之分界处,地在今乌兹别克斯坦沙赫里夏勃兹以南90公里之白松套山,见《大唐西域记校注》,99页注(一)],参克里雅什托内1964,140页以下。

[2] 《新唐书·护蜜传》,6255页。

[3] 参见《藏族简史》,38页。并参本章132页注释[3]及第三节。

号由野祖茹（Rgyal gtsug ru）升为弃隶蹜赞（Khri lde gtsug rtsan，亦译赤德祖赞）。祖母器玛娄（Khri ma lod）薨"。据《大事纪年》说，弃隶蹜赞是龙年（704）诞生，次年继位。然而《王统世系明鉴》第二十章却说弃隶蹜赞"铁阳龙年生于丹噶宫，十岁时继承王位"。藏历铁阳龙年对应公元680年，这一记载肯定有误。不过，若以705年十岁继位，则鼠年（712）正当成年亲政，"弃隶蹜赞"应即其尊号。太后死于同年，事颇可疑。总之，据敦煌所出古藏文《赞普传记》七说："赤德祖赞赞普之时，此王温顺，内政和穆，全体人众均能安居乐业。"[1]可见，该赞普亲政后以在内政方面有所建树而著称，当然有利于向外开展活动。《通鉴》卷二一一：开元二年，"西突厥十姓酋长都担叛。三月，己亥，碛西节度使阿史那献克碎叶等镇，擒斩都担，降其部落二万余帐（《考异》曰：《实录》此月云，'献擒贼帅都担，六月，枭都担首。'盖此月奏擒之，六月传首方至耳）。"711年东突厥军队擒杀突骑施可汗娑葛[2]之后，突骑施汗国汗统中断[3]；尤其是713年东突厥默棘连、阙特勤等相继从中亚败退之

---

[1]《敦煌本吐蕃历史文书》，141页。
[2]《通鉴》卷二一一将此事系在开元二年后（6707页）；《旧唐书·突厥传》下系此事在景龙三年（5191页）；《新唐书·突厥传》上系此事在景云中（6048页）。克里雅什托内据鄂尔浑古突厥文碑铭认为当不晚于711年夏，极是。《通鉴》卷二一〇：景云二年（711）"十二月，癸卯，以兴昔亡可汗阿史那献为招慰十姓使"。十二月，《册府元龟》卷九九二作"十月"。这是文献中最后一次提到"兴昔亡可汗"，很可能与娑葛被擒杀、西突厥十姓无主的情况有关。又，《册府元龟》卷九七一记先天元年（712）九月有"突厥骑施守忠"、十一月有"突厥十姓"遣使来朝。突骑施守忠（即娑葛）与突厥十姓不应重出，此处恐有误。马小鹤曾撰文说先天元年九月左右娑葛还盛极一时（马小鹤1986，79页），似嫌与其所据景龙四年（710）《命吕休璟北伐制》相去时日太久。顺便说说，马小鹤此文主要是编译介绍克里雅什托内1964年书的有关内容，但他对克氏的批评看来是没把原文读懂所致。例如，克氏书第144页转译了塔巴里《年代记》中的这样一句话：Не достаточно ли было у тебя места для походов за рекой（Аму-Дарьей）马译："你这方面过河（阿姆河）攻击还不满足吗？"实际上，这句话里的места за рекой译写的是阿拉伯语专有名词Ma warā' an-nahr，即"河外地"，或通常所谓河中地，指中亚缚刍水与真珠河之间的地区。俄语没有定冠词，故克氏特意括注出"阿姆河"。而且，即使不谙专业，不懂阿拉伯语，仅据俄文Mecta за рекой的第五格形式，也不应把这句话译错。这句话应译为："难道河中地还不够你征服的吗？"此语出自突骑施苏禄之口，可见所谓突骑施支持中亚各国抵抗大食入侵纯属无稽之谈！然而，如马译那样，一条重要的史料就变得毫无意义了。
[3] 参见克里雅什托内1964，140页；白桂思1987，78页。

后，其活动范围西限在左厢五咄陆诸部[1]，十姓可汗故地出现权力真空。在这种情况下，都担据碎叶而起事是可以理解的。同样，阿史那献克碎叶杀都担引起吐蕃北进，也是可以理解的。而且，都担据碎叶而称"十姓酋长"（可汗？），这些情节与从前吐蕃所支持的都支、俀子等人一模一样，令人怀疑都担起事就已受到了吐蕃支持。[2]

《册府元龟》卷四二："（开元）三年二月，北庭都护郭虔瓘破吐蕃及突厥默啜，以其俘来献。"《全唐文》卷二六所收《赐北庭都护郭虔瓘手诏》中提到此事："默啜残凶，倔强边徼；吐蕃小丑，孤负圣恩。我国家豫在怀柔，未遑吊伐。而乃敢肆蜂虿，屡犯疆陲。"所谓"孤负圣恩"，当指金城公主事。《通鉴》卷二一一：开元二年十月"乙酉，尉迟瓌使于吐蕃，宣慰金城公主。吐蕃遣其大臣宗俄因矛至洮水请和，用敌国礼，上不许。自是连岁犯边"。然而唐朝此时已是玄宗治世，国运上升[3]，东突厥在五咄陆部的统治正在土崩瓦解[4]，吐蕃想在西域得手谈何容易！这些吐蕃军肯定是遭到严重挫折[5]而撤退了。

715年拔汗那之战及其意义

《通鉴》卷二一一：开元三年（715），"初，监察御史张孝嵩奉

---

[1] 参见《通鉴》卷二一一等所记开元二年以后东突厥袭击北庭、所统诸部降唐事。白桂思引特勤的说法："反叛头目都担于714年夺取了碎叶，这马上就引起了默啜可汗和阙特勤的还击。"（白桂思1987，79页）这大概是把《阙特勤碑》的内容理解错了。总之，都担是被唐军平定的。714年，东突厥已不再到碎叶那边去活动了。因此，我们也不认为火拔颉利发石阿失毕是石国王，至少他在714年与东突厥一道攻北庭时已不是石国王了。否则很难理解他的降唐行动（参白桂思1987，79页）。夏德认为这表明开元初石国王曾求援于中国（参吉布1923，51页），恐有未当。《新唐书·石国传》："开元初，封其君莫贺咄吐屯，有功，为石国王。"（6246页）吐屯本为突厥人于西域绿洲小国所置监国，唐册其为国王，说明原国王火拔颉利发石阿失毕确已去国随阙特勤而东。

[2] 参见引拙文《七、八世纪之交吐蕃入西域之路》。

[3] 《册府元龟》卷一一八略云："（开元）二年十月，吐蕃复侵渭源，帝思亲征……及闻（薛）讷等克捷，大悦，遂停亲征。"总之，开元、天宝年间唐蕃争战，总是吐蕃败多胜少。

[4] 参见《通鉴》卷二一一，6706、6709—6710页等。并参《册府元龟》卷一七〇所收开元二年十一月丙申诏（《全唐文》卷二六，《宣慰突厥降户诏》）等。

[5] 《册府元龟》卷一三三记开元三年二月事，说郭虔瓘"累破吐蕃及突厥默啜，斩获不可胜计"。

使廓州还，陈碛西利害，请往察其形势，上许之，听以便宜从事。拔汗那者，古乌孙也，内附岁久。吐蕃与大食共立阿了达为王，发兵攻之，拔汗那王兵败，奔安西求救。孝嵩谓都护吕休璟曰：'不救则无以号令西域。'遂帅旁侧戎落兵万余人，出龟兹西数千里，下数百城，长驱而进。是月（十一月。——引者），攻阿了达于连城。孝嵩自擐甲督士卒急攻，自巳至酉，屠其三城，俘斩千余级，阿了达与数骑逃入山谷。孝嵩传檄诸国，威振西域，大食、康居、大宛、罽宾等八国皆遣使请降"。张孝嵩所陈碛西利害形势自属当时绝密，史无明文。但从"不救则无以号令西域"的说法来看，我们认为，主要是指吐蕃的势力还在西域发展。因为无论从唐朝的立场来看，还是从大食东侵的形势来看，唐朝都不可能认为大食的威胁比吐蕃更严重。而突骑施苏禄虽然在纠集余众，却还没有正式形成势力打出旗号。下面我们谈几个细节问题：

首先是所谓吐蕃与大食共立阿了达为拔汗那王及其时间问题。虽然屈底波曾于713年和715年两次入侵拔汗那，但考虑到张孝嵩是应拔汗那王之请出兵的，当距后者兵败不会太久，所以可以肯定此事发生在715年。[1]屈底波入侵意图，我们基本上同意克里雅什托内的意见："屈底波石国和拔汗那之行的惩罚性允许断定，在713—714年的征行中应该看到的并非如吉布所以为的是大食人的征服运动，而是力求清除这些国家继续支持粟特地区抗大食运动的可能性。屈底波是一个相当有远见的政治家，他知道汗国（指东突厥或其他草原游牧民建立的国家。——引者）与中亚各国的联盟对大食在河中统治的威胁有多大，所以他一生最后几年的全部活动都在致力于防止这种威胁。"[2]

----

[1] 参见白桂思1987，81—82页。
[2] 克里雅什托内1964，154—155页。不过，吉布并没有完全否认大食人对突厥入侵问题的重视。例如他在谈到95/714年入侵石国的事件时还说过这样的话："虽然，在这项决定中或许有控制这条商路的经济意义，尤其是考虑到他们新近获得的粟特商业的资助，但是，可能这在大食人心目中并不如它作为中亚突厥人进入河中之路的战略价值更重要。"（吉布1923，51页）

第三章　葱岭地区的政治角逐

克里雅什托内的论断完全正确,后来的事实证明,对大食在河中统治造成最大威胁的正是突骑施苏禄。就我们正在讨论的问题而言,我们看不出吐蕃有与大食合作的机会。哈里发瓦立德死于回历96年6月/公历715年2—3月间,屈底波是得知其死讯后才远征拔汗那的,而且不久便被部下杀死,大食退兵。[1]吐蕃北上十姓可汗故地而被北庭都护郭虔瓘击败适在开元三年二月(715年3月10日—4月8日)。吐蕃在败退中或许会与屈底波在拔汗那"共立阿了达为王",但阿拉伯文史料中毫无这种迹象。因此我们认为,更可能的还是屈底波被杀(715年9月以前)而大食撤兵以后,吐蕃乘虚而入,继大食而成为阿了达的宗主。

其次是屈底波入侵疏勒问题。这场入侵本身的真实性早已被吉布的有力论证所否定[2],吉布的结论得到了巴托尔德的赞同[3],沙班在其近年的有关研究中也没有提出异议。[4]只有白桂思想翻案,但他只提出屈底波派兵追击拔汗那王而到疏勒的说法,并没有就吉布的论证展开反驳。[5]他提出伊本·阿萨姆《战胜纪》卷7之251页的说法,除了有遣兵和掠奴的具体数字外,并不比塔巴里《年代记》卷2之1276页所讲的更多。考虑到大食人对真珠河以北地区进行攻掠的意图(见前)及屈底波715年征讨拔汗那的逃亡性质[6],我们倾向于仍然肯定吉布的论断:"屈底波可能没做一点(入中国)作战的准备,或许正打算发动一场小规模的奔袭,瓦立德的死讯就使一切都停了下来。"[7]

再则关于张孝嵩作战本身的一些问题。吐鲁番出土72TAM184:

---

[1] 参见塔巴里《年代记》卷2,1275—1276页。并请参沙班1979,75页。
[2] 参见吉布1922,467—474页;参同作者1923,52—53页。
[3] 参见巴托尔德《文集》卷1,244页注1。
[4] 参见沙班1979,70页。
[5] 参见白桂思1987,82页。
[6] 参见塔巴里《年代记》卷2,1275—1276页。并请参沙班1979,75页。
[7] 吉布1923,53页。

12/5（a）号文书第5行："弟洛子年叁拾陆岁，卫士，开元二年帐后疏勒道未还。"[1]这份文书，整理者认为是开元二年帐后西州柳中县某乡户籍。本行文书所反映唐朝兵制等情况当另行研究。我在这里想指出的是，这个卫士在开元二年计帐以后参加的某次疏勒道行军作战，很可能就是张孝嵩开元三年十一月救拔汗那之战。因为张孝嵩出兵由龟兹往西，疏勒与拔汗那适在同一方向；且救拔汗那本为号令西域，称"疏勒道"可谓名正言顺。诚如是，说明当时唐朝方面参加作战的并非只是"旁侧戎落兵"，还兴发了汉兵参战，这些大概都属于玄宗"听以便宜从事"的内容。张孝嵩作战的对象，应当只是吐蕃支持下的阿了达而不包括大食兵，这从作战时间上一望而知：96年，屈底波死后苏利漫便下令大食军队撤回末禄并将其遣散，回历是年止于公历715年9月4日；张孝嵩开元三年十一月攻阿了达于连城，是年十一月乙卯朔，值公历715年12月1日，大食军队早就撤离了。[2]

最后谈谈715年唐救拔汗那的作用和影响：

1. 如《通鉴》所说，此战"威振西域，大食、康居、大宛、罽宾等八国皆遣使请降"。这些国家应该再做一些区分，即对于作为征服者的大食和被征服国家这两类，此战的作用和影响是不同的：

1)《册府元龟》卷九七四：开元四年（716），"七月，戊子，大食国黑密牟尼苏於（同书卷九七一作'利'）漫遣使献金线织就宝装、玉洒地瓶各一，授其使员外中郎将，放还蕃"。联系到前述苏利漫和欧麦尔二世时期大食东方政策的改变，苏利漫这次遣使很可能就是因头年年底唐救拔汗那之战影响而来。据巴托尔德说，"拔汗那

---

[1] 录文见《吐文书》第八册，282页。
[2] 巴托尔德曾经推测过屈底波死后大食军在当地被歼灭的情况（巴托尔德《文集》卷1, 216、244页），但缺乏直接证据。塔巴里和白拉祖里的著作中都没有屈底波死后大食军队与土著发生冲突的记载。

要到9世纪才被穆斯林彻底征服"[1]。

2)中亚各国向唐朝请求援救,基本上全是此战之后的事,显系当地王公的一厢情愿,其所告诉内容,未必都是实情(见本书第四章)。

2. 对于唐朝来说,此战更重要的意义是继碎叶之后,又将吐蕃的势力逐出了拔汗那。我们认为,"阿了达与数骑逃入山谷",反映的正是吐蕃势力循葱岭之道向南败退的情况。《大正藏》卷五〇所收李华撰善无畏行状及碑铭序,恰能为我们的说法提供一条佐证。善无畏是中天竺僧人,开元四年(716)入唐,其经行路线大致为:发中天竺—历迦湿弥罗国中—至乌场国—至雪山下大池—路出吐蕃,与商旅同次—到中国西境—至西洲(州)渡河。[2]乌场当即乌苌;所谓"雪山下大池"应即玄奘《大唐西域记》卷十二之"大龙池"。由此可见,拔汗那战后,吐蕃的势力退到了葱岭南部,仍然控制着东到渴盘陀的播密川商道。正因为如此,开元十年唐救小勃律。要破平渴盘陀,在这里设置葱岭守捉。[3]慧超《往五天竺国传》说:"过播蜜川,即至葱岭镇。此即属汉,兵马见今镇押。此即旧日王裴星国境,为王背叛,走投土蕃。然今国界无有百姓。外国人呼云渴饭檀国,汉名葱岭。"[4]土蕃即吐蕃。慧超所述可视为这段历史的真实反映。[5]

白桂思说715年的拔汗那之战是欧亚大陆历史的里程碑:唐、大食、吐蕃三方聚头了,"力量均衡——在大陆规模上——于715年已然最终建立起来"[6]。这话未免言过其实!他并没有考证出唐朝与大食是否直接交战[7],他也没有看到,吐蕃正在节节败退,恐怕此后

---

[1] 巴托尔德《文集》卷1,216页。
[2] 参见《大正藏》卷五〇,291页上栏。
[3] 参见《新唐书·喝盘陀传》,6234页。参《册府元龟》卷三五八,将帅部立功十一,"张嵩为北庭节度"条。
[4] 《大正藏》卷五一,979页上栏。
[5] 有关这段历史的新研究,详见前引拙文《七、八世纪之交吐蕃入西域之路》。
[6] 白桂思1987,84页。
[7] 参见上书,82页。

在西域还由唐朝治理时就再也没有到过十姓可汗故地了。在我们看来，如果一定要找一个三方聚头的焦点，那么与其说是715年在拔汗那，莫若说是722年在上吐火罗。而且，旧大陆上这三方的政治军事力量远远没有达到均衡。唐朝国力达到极盛是在天宝末年，吐蕃则要到8世纪末年。如果说在吐蕃极盛时三方力量达到了均衡，那时唐朝与大食在大陆上又已远远地被隔开而不能聚头了。

唐朝在葱岭以南取得的成功

关于开元五年（717）七月汤嘉惠奏突骑施引大食、吐蕃谋取四镇事和开元七年（719）俱密、康、安三王乞兵救援事，放到下一章讨论。这里只需指出一点：在前述715年屈底波死后大食国内政治及对外政策发生变化的形势下，突骑施引大食军队入侵四镇根本是不可能的。白拉祖里《诸国之征服》426页所提到的99/717年欧麦尔二世的呼罗珊总督贾拉合（al-Jarrāḥ）派阿布杜拉（'Abdullah b. Ma 'mar al-Yashkurī）袭击河中远达中国入口处的事件，已为沙班所否定。[1] 白桂思宁可信其有[2]，其说未能令人首肯。因此，我完全同意沙班的见解："总之，在贾拉合的总督任内，实际上是在欧麦尔二世的统治时代（717—720）确实没有重大入侵活动。相反，我们得知，后者（指欧麦尔二世）还向河中诸王公写信，请他们接受伊斯兰教，其中有些人也确实改宗了（Balādhurī, Futūḥ, p.426）。"[3] 总之，治中亚史者不可不注意大食国内政治和对外政策的变化。而且，当地土著与大食人的矛盾未必都与政治有关，中亚王公与大食连兵的例子也不少。因此，宗教与赋税问题引起的矛盾值得重视。[4]

---

[1] 参见沙班1979，86页。
[2] 参见白桂思1987，88页注19。
[3] 沙班1979，86—87页。
[4] 参见邓尼特1950。

开元五年五月，唐朝册大勃律国王苏弗舍利支离泥为勃律王[1]，这很可能是因该国遣使[2]而作的政治姿态[3]。同开元初年在小勃律置绥远军一样，册大勃律王并没能阻止吐蕃在同年七月与突骑施连兵谋攻四镇。然而，这一次进攻四镇毕竟是失败了[4]，这不能不对吐蕃在葱岭地区的势力造成影响（有关朝贡、封册、请求情况请参本书附表二）。

开元八年（720），唐朝在葱岭南部和以南地区的政治活动比较频繁：

二月（一作三月），册护蜜王；

四月，册乌苌、骨咄、俱位王；

六月，册大勃律王；

八月，册箇失密王；

九月，册谢䫻、罽宾王；同月名南天竺军为怀德军；

十一月，册南天竺王。

对开元八年的这种形势，白桂思的看法是："吐蕃人在葱岭的地位受到大批投向中国的损害，以至于他们之间的严重冲突实际上已不可避免。720年，唐授予乌苌、骨咄、Chitral[5]王以称号，说是对他们抗击大食入侵，保卫中国在塔里木地区的有效统治的报赏。同年，南天竺要求玄宗让它进攻大食和吐蕃人。显然，事实上直到720年还有吐蕃—大食联盟的威胁，甚至在南印度都感觉很深。"[6]可是，我不同意白桂思的结论。

---

[1]《册府元龟》卷九六四，参《新唐书·大勃律传》，6251页。

[2]《册府元龟》卷九七一。

[3] 据《新唐书·大勃律传》："万岁通天逮开元时，三遣使者朝。"（6251页）开元五年是第二次来朝，却是第一次册封，其政治用意十分明显。

[4] 见《新唐书·突厥传》下，6065页；《通鉴》卷二一一，6728页。并参白桂思1987，88—89页。

[5] 这是白桂思对《通鉴》原文国名"俱位"的比定。我们认为俱位即藏文史料中的 Kog yul，参本书附录伍。

[6] 白桂思1987，91页。

如前所述，大食在710年征服了下吐火罗；而吐蕃至少在善无畏东来的开元四年还控制着葱岭南部地区，即上吐火罗或藏文史料中的 Stod phyogs "上部地区"。那时候他们之间或许还保持着和平共处的关系。但是，据塔巴里《年代记》卷2之1253页说，100/718—719年，当时的呼罗珊总督贾拉合曾派其堂弟贾合姆（Jahm）进击骨咄/珂咄罗。这虽然不是一次大规模的袭击，但却是苏利漫和欧麦尔二世两位哈里发在位期间（715—720）大食在中亚的唯一可以考订的一次出兵。[1]汉文史料在720年提到的骨咄等"三国不从大食叛唐"[2]当即指此。"不从大食叛唐"这句话的表达显然受当时中亚各国请求形势的影响，其实至迟到开元初年大食遣使来朝时，唐朝已经知道"其时西域康国、石国之类皆臣属之"[3]等情况了。因此，当时的实际情况应是不从大食而投唐。但是，骨咄不论，乌苌、俱位本在吐蕃势力范围之内，不属大食。所谓"不从大食"应即《新唐书·乌苌传》所说："大食与乌苌东（"西"之讹。——引者）鄙接，开元中数诱之，其王与骨咄、俱位二王不肯臣"，情节与塔巴里书所述贾合姆说骨咄王退位完全一致，汉文史料所提供的乌苌、俱位国名可视为对阿文史料的补充。那么，汉、阿两种史料记载的这同一事件显然意味着大食对吐蕃的损害，表明双方利益已然对立，尽管这些小国表示不从大食而投向了唐朝。应当指出，唐朝不过是乘虚而入，史料明确记载："玄宗命使者册为王。"所以，开元八年葱岭以南的形势是唐朝积极开展外交活动的结果。在这种情况下，出现"南天竺国王尸利那罗僧伽请以战象及兵马讨大食及吐蕃等"这样的现象也就不奇怪了。

开元八年的形势，不过是唐朝使用"册封"一类的外交手段造成的。古往今来的国际政治中多半还是通行实力第一的原则。于是，

---

[1] 参见沙班1979，86页。
[2] 《通鉴》卷二一二，6740页。
[3] 《旧唐书·大食传》，5316页。

可以看到在《大事纪年》中出现了："及至鸡年（721）……上部地区之使者多人前来致礼。"白桂思认为，这大概就是开元十年（722）吐蕃攻小勃律的原因[1]，其说是。开元十年九月，北庭节度使张孝嵩[2]应小勃律王没谨忙之请遣疏勒副使张思礼率蕃汉马步四千人赴援，与小勃律王合兵大破吐蕃，尽复勃律故地九城，"自是累岁，吐蕃不敢犯边"[3]（《册府元龟》卷三五八作"不敢西向"），勃律这才成了名副其实的"唐之西门"。

《慧超传》说："又迦叶弥罗国东北，隔山十五日程，即是大勃律国、杨同国、娑播慈国，此三国并属吐蕃所管"；"又迦叶弥罗国西北，隔山七日程，至小勃律国，此属汉国所管"；"此胡蜜王，兵马少弱，不能自护，见属大寔（食）所管"。这就是直到开元十五年左右的三方形势。在这种形势下，吐蕃不同大食或唐朝发生冲突就不能与突骑施交通，西道不通了。

[1] 参见白桂思1987，95页。
[2] 《册府元龟》卷三五八将帅部立功十一"张嵩为北庭节度"条，引小勃律王没谨忙的话称张孝嵩为"都护"。很可能，当时正值张孝嵩由北庭节度迁转安西副大都护而与其前任汤嘉惠进行交割期间。斯坦因第三次西域探险在吐鲁番阿斯塔那发现的Ast.III.3.09—010号文书，其19行有"使、安西副大都护汤惠并家口乘马肆匹"，31行有"以前使闰五月十三日发，马子董敬元等领送"，40行有"右开元十年闰五月十日付使，师文尚等自领"，41行有"前安西副大都护汤嘉惠并家口乘马陆匹、驴参头、□壹头"等字样（见马伯乐1953，123—124页），显然，汤嘉惠是开元十年闰五月卸任的。不过，这个时间去张孝嵩九月发兵似嫌稍长。或许，张孝嵩的身份与唐朝西域军政建制的变化有关，如《新唐书·方镇表》四："先天元年（712），北庭都护领伊西节度等使"（1862页）；然而，开元"六年（718），安西都护领四镇节度、支度、经略使；副大都护领碛西节度、支度、经略等使，治西州。"（1864页）那么，张孝嵩也有可能是安西副大都护领北庭节度（伊西节度？碛西节度？）。实际上，学界迄今为止对"碛西节度"的研究不尽令人满意。目前请参看伊濑仙太郎1955及松田寿男1987有关章节。
[3] 《通鉴》卷二一二，6752页。

第四章 唐、蕃西域较量的新发展

本章要讨论的这个历史时期,是以唐朝的国力强大并最终达到极盛为主要标志的。这一时期的西域政治关系史以唐、蕃在西域的反复较量为主要内容。唐与吐蕃在西域的较量可分为两个阶段:第一阶段主要是吐蕃与突骑施联盟在西域同唐朝多次较量,从吐蕃经营西域的方向来看,大致为720—737年;第二阶段主要是吐蕃在葱岭南部地区同唐朝反复争夺,结果唐朝大获全胜,时间大致为737—755年。大食与突骑施在中亚的争夺,主要表现为新宗教代表的新的政治统治(伊斯兰教与大食宗主)与当地历史文化传统(佛教、祆教、摩尼教等与草原族群宗主)的冲突,基本上与唐朝无干。唐朝只是在其国力极盛而草原上的突骑施汗国又已衰落的情况下,才同大食在怛逻斯发生了一次遭遇战(751)。此后不久,唐朝内部爆发了"安史之乱"(755—762),自身便由盛转衰了。

第一节 吐蕃从东道入西域

"吐蕃东道"及其开通

突骑施自711年娑葛为东突厥擒杀后,汗统一度中断。《新唐书·苏禄传》:"突骑施别种车鼻施啜苏禄者,哀持余众,自为可汗。苏禄善抚循其下,部种稍合,众至二十万,于是复雄西域。开元五年(当为"三年"之讹——引者),始来朝,授右武卫大将军、突骑施都督，却所献不受。"[1]开元四年（716），东突厥默啜死于漠北征讨，东突厥的势力退出了西域。[2]然苏禄"诡猾，不纯臣于唐，天子羁系之"[3]。我们可以看到，凡是他与唐"和好"时，多半是他有事中亚时；唐朝则依仗自己在西域的强大军力，服则怀柔之，叛则攻伐之，这就是唐朝与突骑施苏禄的基本关系。[4]

吐蕃与突骑施苏禄的同盟关系，最早可追溯到开元五年（717）双方连兵"谋取四镇，围钵换及大石城"，结果被安西副大都护汤嘉惠与阿史那献发三姓葛逻禄兵击走之。[5]对吐蕃来说，那还是从渴饭檀道攻四镇时的事。[6]后来，随着唐朝在葱岭地区外交和军事活动的胜利，吐蕃不得不谋求从东边，即从图伦碛东南打通进入西域的道路。

吐蕃要从这样一条东道进入西域，显然，必须首先取得丝路南道重镇——石城镇（今新疆若羌）。据《沙州图经》说，这里有六条

---

[1]《新唐书·突厥传》下，6067页。《旧唐书·突厥传》下、《通鉴》卷二一一、《册府元龟》卷九七九均说开元三年授苏禄左羽林大将军、金方道经略大使等。据新传，其事当在开元五年王惠充使时，并请参《全唐文》卷四〇《赐郭虔瓘等玺书》、同书卷二一《封突骑施苏禄顺国公制》、同书卷二〇七《请缓令王惠充使往车鼻施奏》。实际上，由于开元五年苏禄引吐蕃谋取四镇，王惠的使命到开元六年（718）才完成，见《通鉴》卷二一二，6733页。正因为开元六年有册封苏禄事，次年唐应其请允府碎叶为安理中事。薛宗正1984, 103页说所谓唐朝驻西域两派将领"交讼于朝。玄宗遣王惠持节前来调解（薛注：《册府元龟》卷一九七，开元五年六月），很快承认了苏禄政权，表明安西派政见占了上风。开元三年（715）诏王惠持节册拜苏禄为左羽林大将军、金方道经略大使"。五年调解，三年承认，恐误。而且，如果册封为开元三年事，五年苏禄复引吐蕃寇四镇，七年唐应其请许居碎叶就不可理解了。
[2] 参见《通鉴》卷二一一，开元四年八月条。然而，见于记载的东突厥兵再到西域，只有开元八年（720）暾欲谷西到北庭附近破拔悉密那一次。是行本为奔袭，事后即引兵还，且掠凉州，《通鉴》说其"尽有默啜之众"（卷二一二，6743页），未免言过其实。
[3]《新唐书·突厥传》下，6067页。
[4] 关于开元年间唐与突骑施、吐蕃在西域的争战，亦请参看森安孝夫1984, 28、34—39页。薛宗正1988, 5页说："至719年（开元七年）唐朝决心把大食势力从中亚地区排除出去，正式册立苏禄为突骑施忠顺可汗，授权代唐主宰西域。"果然如此，唐朝多年在西域的苦心经营岂非无事生非？他可能忽略了《新唐书·突厥传》下说苏禄"诡猾，不纯臣于唐，天子羁系之，进号忠顺可汗"这一句。
[5] 参见《通鉴》卷二一二，6728页；《新唐书·突厥传》下，6065页。汉文史料说突骑施所引还有大食，从阿拉伯文史料的记载来看，这是不可能的（参本书第三章第四节）。吉布则认为，即使有，也不是大食正规军，而是中亚或波斯雇佣军（参张日铭1975, 注33）。
[6] 参前引拙文《七、八世纪之交吐蕃入西域之路》。

道路通向四方：

1）一条北路：往东北经屯城，由西关（玉门故关？）向沙州（今甘肃敦煌）。

2）一条南路：从镇东去，由古阳关向沙州。

3）一条路：从镇西经新城取傍河路去播仙镇（今新疆且末）。

4）一条路："南去山八十里，已南山险，即是吐谷浑及吐蕃境"[1]。

5）一条路："北去焉耆一千六百里。有水草，路当蒲昌海，西度计戍河。"[2]计戍河即今塔里木河。

6）一条路："东南去萨毗城四百八十里。"[3]

早在延载元年（694），吐蕃便试图开通这条东道而被驻守当地的粟特移民部落击退（见前）。此后直到开元初年，石城、播仙一线都在唐朝手中，吐蕃、吐谷浑的活动限在阿尔金山以南。[4]开元七年，唐以焉耆备四镇，除了抚绥突骑施以外，可能也受到了吐蕃和东突厥在西域东边活动[5]的影响，即所谓"铁关、于术，四镇咽喉，倘为贼所守，事乃交切"[6]。

吐蕃打通进入西域的东道应该是开元八年（720）的事。《大事纪年》：及至猴年（720），"东突厥（'Bug Cor）之使者前来致礼。……冬……攻陷唐之 Sog song 城"。白桂思在谈到这条史料时曾正确地指出："Sog 是古藏文对名词 Sog dag（粟特人）的简写形式（或词源单字 etymologized singular）。"[7]所以，我们认为将 Sog song

---

[1] 池田温 1975，95 页。
[2] 同上书，95—96 页。
[3] 同上书，96 页。
[4] 参见森安孝夫 1984，27 页。
[5] 《册府元龟》卷九八一，开元六年十一月吐蕃遣使奉表中有"又以北突厥骨吐（咄）禄共吐蕃交通者"一句，王忠以为"此处之骨咄禄当指突骑施而言"（王忠 1985，66 页）。森安以为非（森安孝夫 1984，30—32 页），森安是。
[6] 《张曲江文集》卷十二，《敕西州都督张待宾书》。
[7] 白桂思 1987，92 页注 42。

城比定为石城镇可能符合当时的具体情况：

1.《寿昌县地境》：石城，"自贞观中康国大首领康艳典东居此城，胡人随之，因成聚落，名其城曰兴谷城。四面并是沙卤。上元二年改为石城镇，属沙州"[1]。《沙、伊州地志》石城镇条所叙与此全同，唯地名作"典合城"[2]，恐本为兴谷，形近致误。兴谷，察其原意当作"兴胡"（谷音 kuk，胡音 *γu，旁纽对转[3]），即兴生胡[4]，在唐代是用来称呼以粟特商人为主的西域商胡的一个专名，常见于敦煌、吐鲁番出土文书。[5]以"兴胡"名城，与内地常见的"贾胡堡"是一个意思，无非是表明胡人聚落所在而已。藏语 song 是动词 'gro 的过去时，意为"走，往来，变成；流行"等，因此，我们推测藏语 Sog song 城可能是"兴胡城"的意译，在这里指唐朝的石城镇。《沙、伊州地志》："屯城，西去石城镇一百八十里。……胡以西有鄯善大城，遂为小鄯善，今屯城也。"[6]出土藏文简牍也有 Nob ched po"大罗布"和 Nob chung"小罗布"[7]，但不见于《大事纪年》，亦颇耐人寻味。或许，这正好表明，《大事纪年》的作者是用 Sog song"兴胡"这个词来称呼鄯善大城即石城镇的，他大概利用了较早的资料。

2. 吐蕃这次可能是和东突厥商量好的在河西的联合行动。这次连兵性质在汉文史料中未能反映出来，但从藏文史料却一望而知。大概，正因为同时有暾欲谷"掠凉州羊马，大败唐兵"，才使吐蕃在多次乞和未果[8]时竟然得到了久攻不下的战略要地。值得提起注意

---

[1] 向达 1979，441 页。
[2] 羽田亨 1957，75 页。
[3] 参见郭锡良 1986，92、94 页。参王力 1982，78—80 页。
[4] 参见周一良 1985，199—200 页。
[5] 参见张广达 1986，78 页。
[6] 同本页注〔2〕。池田温 1975，92 页节录《沙、伊州地志》作"西去石城镇一百十里"，百、十两字间脱"八"字。
[7] 参见托玛斯 1955，135 页以下。参王尧 1986，34 页；冯承钧《论著汇辑》，21、34 页。
[8] 参见白桂思 1987，91 页及同页注 39。

的是，从此以后，就经常见到唐朝的河西节度使在青海以西作战，显然，这反映吐蕃在西域东边的军事活动加强了。

不过，吐蕃数年内竟未能循此进路西上，究其原因，除上一章所述开元十年在小勃律的失败之外，还有其内部政治不稳的因素。[1] 白桂思认为，723年夏天，金城公主写信给箇失密王，后者求援于1500里以外的谢䫻而没有求其近邻、唐朝的盟友小勃律，这表明"即使中国（722年）取得了胜利，吐蕃及其盟友仍在这个地区通行无阻"[2]。这基本上就是森安孝夫的观点。[3] 我不同意这种看法。因为，如果是这样，开元二十五年（737）"吐蕃西击勃律，勃律来告急"[4] 就不可理解了。而且，没有任何材料确切表明吐蕃在开元十年以后仍和以前一样借道小勃律向西方活动；箇失密不向小勃律借兵是因为小勃律本身并非强国，而谢䫻国王尊比勒之强大则是著名的（见本书第三章第三节）。日本的关根秋雄则认为：金城公主当时正在女国即大羊同（Ladākh）一带，她不投奔亲唐的小勃律而转求箇失密，可能因为大勃律是前线，有吐蕃重兵防守。[5]

唐、蕃在西域东边的和战

《通鉴》卷二一二：开元十三年（725），"于阗王尉迟眺阴结突厥及诸胡谋叛，安西副大都护杜暹发兵捕斩之，更为立王"。此事亦见于《文苑英华》卷九一七所收《四镇节度副使右金吾大将军杨公神道碑》（已收入《全唐文》卷四二二），其文略云："公名和，字惟恭。凡三破石国，再征苏禄，开勃（律）者三，诛达觅（奚）者

---

[1] 参见王忠1958，67—68页。
[2] 白桂思1987，96页注62。
[3] 参见森安孝夫1984，37页。
[4] 《通鉴》卷二一四，6827页。
[5] 参见关根秋雄1978，108页。

一。始自弱水府别将至执金吾。初,开元中,群胡方盛,南寇于阗,公以中军副鼓行而前。"显然,尉迟眺所勾结为北方的突骑施无疑。《旧唐书·杜暹传》叙此事,"诸胡"作"诸蕃国"。伊濑仙太郎认为,于阗的叛乱企图,肯定也是吐蕃的唆使所致。[1]《大事纪年》在此前一年记道:"及至鼠年(724),夏,赞普驻于Spel,巡临北方。"从整个《大事纪年》的记述来看,赞普"巡临北方"都是有事青海[2]的代名词,所以我们可以同意伊濑仙太郎的意见。开元十三年于阗的事件很可能是突骑施与吐蕃进行勾结的结果。

开元十五年(727)赞普亲征,吐蕃攻陷唐朝瓜州,遂移军西上,与突骑施连兵攻安西。赞普第二年才返回吐蕃本土。这些在汉、藏史料中都有清楚明确的记载。《赞普传记》七里有一段这样说:"大论达札恭禄及诸小邦王子大臣一致同意后,赞普亲自出征,于唐境推行政令,攻陷唐之瓜州等城堡。彼时,唐国威远震,北境突厥等亦归附于唐,(西)直至大食国以下均为唐廷辖土。唐地财富丰饶,聚集起来运往西域之财宝贮于瓜州者[3],均在吐蕃攻陷之后截获,是故,赞普得以获大量财物,民庶、黔首普遍均能穿着唐人上好绢帛矣。"[4]这应当就是当时形势的反映。史料记载,新任河西节度使萧嵩曾纵反间计使赞普诛杀大论,吐蕃稍衰[5]。实际上,导致吐蕃稍衰的应是唐朝的军事反击。《册府元龟》卷九八六:开元十七

---

[1] 伊濑仙太郎1955,311页。
[2] 请比较《大事纪年》664、698、724、744年诸条。参《敦煌本吐蕃历史文书》有关各页。
[3] 这句话的原文是:Rgya'i nor mang po Stod phyogs su 'don pa rnams/Kwa cu na tshogs byas pa las/ 乌瑞的译文是:"唐之财物转输上部地区而集于瓜州。"(荣译乌瑞1983,97页)白桂思的译文是:"The many riches of Chinese being taken out to the Western Regions, after having been amassed in Kua chou."(前引书,101页)就是说,这是由汉地聚集起来准备运往西域的物资,而不是相反。实际上,这里涉及的是唐朝运往西域的大量军资绢的转输问题。这个问题的研究不仅关系到唐朝如何支持在西域的巨额军费支出的问题,而且关系到唐代丝路贸易的具体操作问题。敦煌、吐鲁番出土文书中,有许多资料都与此有关。最新研究见拙文《丝路运作与唐朝制度》,收入拙著《追索文明之光——丝路研究与考察》,生活·读书·新知三联书店,即刊。
[4] 《敦煌本吐蕃历史文书》,141页。
[5] 参见《通鉴》卷二一三,6780—6781页;《大事纪年》龙年(728)。参白桂思1987,106页。

年（729），"三月，瓜州刺史（《通鉴》卷二一三作瓜州都督）、墨离军使张守珪、沙州刺史贾思顺领伊、沙等州兵入吐蕃大同军，大破吐蕃，驱羸不可胜纪。是月，礼部尚书信安郡王祎帅众攻拔吐蕃石堡城"。《通鉴》卷二一三记信安王拔石堡城后有"乃分兵据守要塞，令虏不得前。自是河陇诸军游弈，拓境千余里。上闻，大悦，更命石堡城曰振武军"。《大事纪年》的记载略有不同："及至蛇年（729）夏，赞普牙帐驻于斯立格之册布那。论·结桑东则布等于 Mu le cu le 作战，击唐军多人。冬，（赞普）驻于札玛牙帐之上首园。唐廷使者李总管前来致礼。大论穷桑于畿·萧玛苑集会议盟。征集、增加预备军旅之数字，引兵赴突厥地，还，是为一年。"对于这一记载，有人提出："Mu le cu le 应为吐蕃之地。查 mula 有'共同'之意，或 mu le cu le 即《新（守珪）传》所谓'大同军'？李总管使吐蕃事不见记载。据旧传，信安王李祎时为朔方大总管，或李祎即李总管？然其未有使吐蕃事也。"[1]可备一说。

然而，开元十七年的这场大同军之战显然是两败俱伤。玄宗降书守珪竟这样说："其立功人，叙录具状奏闻，必须据实，勿使逾滥。今内出绯紫袍，卿等领取，量功分赏。其被伤人，仍给医药，使得安全。阵亡人具名录奏，当加优赠。"[2]结果大同军仍在吐蕃手里。[3]是年冬，吐蕃大论征集、增加预备军旅之后，随即引兵赴突厥地，然而，没有经过任何战斗（汉文史料中也毫无反映！）便回去了。很可能，吐蕃大论此行便是为重新配置大同军一带战后的兵力。白桂思认为，吐蕃这次出兵是参与了同年突骑施在中亚对大食人的作战[4]，但是，他没有拿出这种参与的任何直接证据。我们这里

―――――――――

[1] 黄正建 1985，133 页。
[2] 《册府元龟》卷一二八，帝王部明赏。
[3] 参见《通典》卷一七四，安西府四至。参岑仲勉 1990，563 页以下；《全唐文》卷二八七，《敕吐蕃赞普书》。不同的意见见森安孝夫 1984，46 页。
[4] 参见白桂思 1987，108 页以下。

第四章 唐、蕃西域较量的新发展　　169

可以肯定地说,白桂思的这一说法错了!例如,白桂思自己承认,他这一段叙述"主要取自吉布的广征博引"[1],但他所取的那一段战事恰恰不是111/729年而是其前一年即110/728年的事[2],同《大事纪年》所记蛇年冬(很可能就是730年年初)大论穷桑赴突厥地之事根本就对不上茬。顺便说说,由于塔巴里记载在110/728年的战事中突厥可汗抬出了波斯末帝伊嗣俟的孙子库萨和,吉布便认为:"萨珊王族既避居于唐廷,则库萨和之从军可能表明叛乱者也得到唐朝鼓励,尽管汉文史料未提及此役。"[3]这种联想现在连白桂思也不信。[4]

从汉文史料的记载来看,此后"吐蕃兵数败而惧,乃求和亲"[5]。从开元十八年(730)到开元二十一年(733),双方无大战事,且使者往来不绝,这亦为藏文史料的记载所证实[6]。开元二十一年,唐蕃双方在金城公主的促成下甚至于赤岭(今青海日月山)立碑分界。[7]

《大事纪年》:"及至猴年(732),赞普驻于巴局之丁丁塘,唐廷使者李京[8]、大食与突骑施之使者均前来赞普王廷致礼。"可惜的是,在塔巴里的巨著《年代记》里,113—114/731年3月15日—733年2月20日这两年间恰恰是属于最无事可记的年代之一,两年的大事(包括宣告新年来临)在de Goeje刊印本里只占了3页半纸共66行字(卷2,1559—1562页)。有关呼罗珊方面只有这样一条消息:"这一年(113),一群阿拔斯人的宣传者(du 'ātu banī l-'Abbās)来到了呼罗珊。居乃德(al-Junayd,白衣大食呼罗珊总督)抓住了其中一个,把他杀了,并说:'他们这些人枉自流血。'"(卷2,1560页)

---

[1] 参见白桂思1987,108页注1。
[2] 参见塔巴里《年代记》卷2,1521—1522页。
[3] 吉布1923,71页。
[4] 参见白桂思1987,108页。
[5] 《通鉴》卷二一三,6790页。
[6] 参见《大事纪年》马年(730)至牛年(737)。
[7] 参见《通鉴》卷二一三,6800页。《旧唐书·玄宗纪》下,201页;同书《李嵩传》,3336页。碑文见《册府元龟》卷九七九。
[8] Li Kheng,中央民族学院黄布凡译作"李卿"(黄正建1985,133页),是。

如果说那些逃走的阿拔斯人可能就是《大事纪年》中唯一出现了一次的"大食"使者的话，这从当时各方关系的背景（吐蕃与突骑施结盟，突骑施与大食相争）来看完全是可以理解的。不过，这样的一次事件对于研究文化交流可能有一定意义[1]，对于我们正在讨论的西域政治关系就显得索然无味了。森安孝夫和白桂思都想从这一次偶然事件中看到吐蕃借道小勃律同突骑施和大食往来[2]，未免过分奢望了些。

第二节　唐与大食共灭苏禄

唐朝与大食计会连兵

开元二十二至二十四年（734—736），吐蕃与突骑施联姻结盟，通谋连兵进攻唐朝西域，其事正史多失载，但却详见于当时的唐朝宰相张九龄为此而起草的敕书及其他文稿中。[3]郭平梁先生已将有关文稿辑出进行了研究[4]，事件发展的线索基本上清楚了。这一事件在古藏文《大事纪年》中也有反映。[5]这些史料叙述的基本史实是：

---

[1] 这方面的大作有丹诺布1973，并请参乌瑞1983。然而，必须注意，古藏文的 Ta zig 很可能是指波斯人而不是指阿拉伯人，见本书第一章第二节。
[2] 参见森安孝夫1984，37页；白桂思1987，111页。
[3] 张九龄的文集有多种版本。本书除利用了郭平梁先生引用的《张曲江文集》外，还参考了《全唐文》卷二八四至二八九所收张九龄文稿，以及《曲江集》。
[4] 参见郭平梁1988，47—60页。
[5] 《大事纪年》有这两条：狗年（734），"王姐卓玛类遣嫁突骑施可汗为妻"；鼠年（736），"属庐莽布支绮穷领兵赴突厥"。莽布支此次自东向西，到了焉耆，已由郭平梁指明（郭平梁1988，58—59页）。白桂思说莽布支是"经小勃律进了突厥斯坦"，甚至"到了葱岭以西某处"（1987，114页），没有史料根据。顺便说说，白桂思说唐军在葱岭捕捉到的突骑施阙伊难如所率使团"带着给弃隶蹜赞的礼品和信件"（前引书，111页），显然也是误解了汉文史料。观《敕突骑施毗伽可汗书》中说："所有著书，具言物数，朕皆送还赞普"（《全唐文》卷二八六，叶十一）；《敕吐蕃赞普书》中说："所送金银诸物及偷盗人等并付悉诺勃藏却将还彼。既与赞普情厚，岂复以此猜疑。"（同前，叶十五）显然是从蕃地回突骑施去，否则，"偷盗人等"就无法理解。所谓"著书"就是藏文信件，并不是白桂思想得很神秘的"用某种或某些非汉语写成的"信件（前引书，111页注15）。

开元二十二年秋，唐朝派使者张舒耀去同大食商量从吐火罗和勃达岭（Bedal P.，今新疆乌什西北别迭里山口）两路出兵夹击突骑施汗廷碎叶；由于某种原因，张舒耀开元二十三年秋天（或夏天）才返回，大食答应第二年四月出兵；开元二十三年冬天，骨咄王子来投；开元二十四年，大食出兵杀吐火罗叶护；唐朝安西驻军因有吐蕃莽布支"侵轶军镇，践暴屯苗"[1]，未能趁机出兵响应；同年，突骑施请和（以对付大食）[2]。这些与阿拉伯文史料记载的史实基本吻合[3]。

首先，唐朝使者星夜倍道赶往大食计会，却迁延整整一年才返回，其原因是正好赶上了呼罗珊境内的动乱。116/734年，呼罗珊总督居乃德（Junayd）去世，戍守乌那曷（al-Nakhūd/Andkhūy）的大食将领哈里斯（al-Ḥārith b. Surayj）发动叛乱。关于这场叛乱的原因，巴托尔德认为是什叶派运动利用了115/733年的呼罗珊大饥荒所造成的社会不安[4]，沙班则认为主要是哈里发希沙木（Hishām）的新的移民和戍守政策激化了大食人内部的部族矛盾[5]。可以说，部族纠纷和什叶派运动是导致白衣大食最终灭亡的两个最主要因素，而这些因素主要又是与呼罗珊地区有关的[6]。无论如何，哈里斯首先

---

[1]《张曲江文集》卷十二《敕吐蕃赞普书》，并参卷十《敕安西节度王斛斯书》等。
[2] 参见郭平梁1988，55页。白桂思说："736年初，盖嘉运（北庭都护、瀚海军使）战胜了突骑施。不久，再次打败了他们，一个突骑施的重要首领'叶护'被杀死了（原注：《张九龄文集》卷八，叶七背）。于是，苏禄求和。"他显然没把张九龄的文稿读懂。因为，那份给盖嘉运本人的敕书中说："叶护被杀，事势合尔，殆非妄传"，怎么会是被盖嘉运自己杀死的呢？
[3] 台湾的张日铭亦从汉、阿史料对勘的角度，提出了开元二十三至二十四年唐、大食结为同盟的看法，惜未展开详细论证（见张日铭1975）。白寿彝先生五十多年前曾发表《从怛逻斯战役说到伊斯兰教之最早的华文记录》说："唐朝和大食"这种军事上的合作，未见施行事实"（白寿彝1983，90页），他显然没有利用阿拉伯文史料。而且，他说："就唐和大食之直接的军事关系来说，共有三次军事合作的拟议；却只有大食助唐平（安史）乱一事，见之实行。共有四次军事冲突，有两次是大食打败了，一次胜负不明。只有怛逻斯之战，是大食打胜仗。"（同前，93页）恐怕也还有可商榷之处。例如，所谓开元三年、开元五年大食与唐朝的冲突，我们业已证明纯属子虚。
[4] 参见巴托尔德《文集》卷1，248—249页。
[5] 参见沙班1979，116—118页。
[6] 参见希提1979，326—330页。其实，白衣大食的盛衰与呼罗珊地区的社会发展及政治形势息息相关。可以说研究750年以前白衣大食治下的中亚史，光讲征服史是远远不够的。而且，不研究大食人自身的社会结构和文化状况，讲征服史只能是触及皮毛。

举起了黑旗[1]，而他本人是塔米姆部落人[2]。可是，新任总督阿绥木（'Āṣim b. 'Abdillah al-Hilālī）是个叙利亚将军，他未能得到当地驻军的支持，因而也未能平息哈里斯之乱[3]。阿绥木向哈里发写信说，对付呼罗珊局势的唯一办法就是把它并入伊拉克总督治下[4]。沙班认为，阿绥木此举意在避免末禄（今土库曼斯坦马里）城部落民队伍的进一步分裂[5]。总之，哈里发接受了阿绥木的建议，将呼罗珊并入（ḍamm）伊拉克总督哈立德（Khālid b. 'Abdillah）的治下，后者派其兄弟阿萨德（Asad b. 'Abdillah）为呼罗珊总督（735—738），这是 117/735 年的事[6]。

其次，给唐朝上表约定出兵时间的大食东面将军呼逻散诃密（Amīr）就是阿萨德。阿萨德个人品格的主要特点就是讲信义。阿萨德上任的时候并没有带新的部队去，他之所以能够一到末禄马上便同叛乱者开战，据说就是一靠信誉，二靠他与各部落首领良好的私人关系[7]。阿萨德这是第二次任呼罗珊总督，第一次是在 106—109/724—727 年，那次他曾于 108/726 年入侵呬啰，当他渡河进入鞠和衍那（al-Qawādiyān，一译久越得健）时，曾与突骑施可汗遭遇，但没有交手[8]。

这一次阿萨德很可能同意了唐朝关于双方从吐火罗和勃达岭分兵合击突骑施苏禄的建议。塔巴里《年代记》卷 2，1589 页：118/736 年，"阿萨德在由萨末鞬返回的途中驻足缚喝（今阿富汗巴

---

[1] 参见巴托尔德《文集》卷 1，248 页。并见塔巴里《年代记》卷 2，1566 及以下各页。
[2] 参见沙班 1979，117 页。
[3] 参见上书，118—120 页。
[4] 参见塔巴里《年代记》卷 2，1573—1574 页。
[5] 参见沙班 1979，121 页。
[6] 参见塔巴里《年代记》卷 2，1573 页。塔巴里所引马代尼的说法此事在 116/734 年，但不为人们所取。马代尼说阿绥木在听说对阿萨德的任命以后便同哈里斯连兵了（《年代记》卷 2，1576—1577 页），此说为吉布所袭用（吉布 1923，77 页）。沙班经分析后认为此说不可取（沙班 1979，120—121 页），沙班是。
[7] 参见沙班 1979，121 页。
[8] 参见塔巴里《年代记》卷 2，1492 页。

尔赫），派遣居代厄（Juday 'al-Kirmānī）[1]前往哈里斯及其信徒的辎重所在之城堡。该城堡名叫 Tabūshkān，位于上吐火罗（Ṭukhāristān al-'Alī）。城堡里住着 Barzay[2]的后裔 at-Taghilbī 人，他们是哈里斯的姻亲。居代厄围攻他们，攻克了城堡，逐杀他们的战士，屠杀了 Barzay 的所有后裔，俘虏了城堡里的所有居民——大食人、支持者（al-muwālī，此词又可译为'封臣'）和孩子们，并在缚喝的市场上把他们拍卖了"。沙班引用大英博物馆收藏的一份写本[3]说参加这次征行的有六千人，表明战斗规模并不算小。可惜，这份写本尚未正式刊布，我们无法得知其中是否还有更有意思的情节。

更重要的是，就在这一年，阿萨德干了一件在大食诸呼罗珊总督中空前绝后的大事，即把呼罗珊首府从末禄搬到缚喝（到他死后才于738年由继任总督 Naṣr b. Sayyār 搬回末禄）。对于这件事的原因，巴托尔德、吉布、沙班都从各自的角度提出了许多不同的解释。[4]我们认为，阿萨德这样做的主要原因不是别的，就是应允了唐朝分兵合击消灭苏禄。请看塔巴里《年代记》有关原文（卷2, 1591页）："118年，阿萨德卜宅缚喝，并将行政机关迁往彼处，建立了作坊（? al-Maṣāni'）。然后入侵吐火罗，然后[5]是叶护领地（arḍ Jayghūyah）并攻克之，掳获甚丰。"这与汉文史料反映的情况完全一致，汉文史料能为阿文史料作的补充就是：这件事发生在开元二十四年四月（5月15日—6月13日）或稍后，吐火罗叶护被杀了，唐朝安西驻军因故未能乘虚讨袭，故大食中途退兵，使苏禄

---

[1] 这人是 Azd 部落的一名首领，阿萨德的主要助手，后来在阿拔斯革命中起过很重要的作用。748年2月14日，并波悉林（Abū Muslim）正是率领着他们的 Azd 部族攻进了呼罗珊的首府末禄。参沙班1979, 160页。
[2] 这个名字也可以读成 Baruzī，很像是汉语里的"卑路斯"。
[3] Ibn al-Kalbī, Nasab Ma'dd wa-l-Yaman al-Kabīr（"众多亲人与伟大的也门"），*British Museum Manuscript*, no.ADD 22475, p.67A.
[4] 参见巴托尔德《文集》卷1, 249页及同页注3；吉布1923, 80—81页；沙班1979, 122—123、126页。
[5] de Goeje 参校的 BM 本中这一个词不是 thumma 而是 min（同页脚注 m），那么，这一句话就成了"然后入侵叶护领地之吐火罗并攻克之"。

漏刃又多活了一年。当然，汉文史料的记载也为阿文史料记载的这次迁移提供了最为正当的理由。塔巴里《年代记》搜集的多半是参战各部落的传说，这次迁移的理由，塔巴里未能留下任何记载，很可能就是阿萨德个人掌握的军机，他本人不说，别人就谁也不知道了。应该说，细心的沙班还是看出了一点苗头，他注意到在宣布迁移以前军事重心已经转移到了缚喝[1]，显然，这是一次重大的军事行动而不是一般的行政措施。而且，沙班指出的下述事实很重要："我们的史料表明，在阿萨德的总督任内没有任何一支部队回了末禄。相反，种种迹象都表明，阿萨德在呼罗珊能够控制的部队全部驻扎在最接近缚喝的地方。怛密和亚梅的守军被撤在那儿了。在昏磨建立了一个新的军镇，那儿在缚喝东面两天路程。"[2]这也不像是同反叛的哈里斯[3]作战的阵势。因为，如沙班所说，阿萨德在收拾完呼罗珊境内的叛乱分子以后仍然不去进攻萨末鞬，而是进攻珂咄罗（119/737）这个苏禄的禁脔之地[4]，其用意是很明显的。

当然，要说阿萨德完全听命于唐也不实际。如前所述，阿萨德已经任过一次呼罗珊总督并同苏禄打过交道。大食人把苏禄叫作 Abū Muzāḥim "象，断角牛"[5]，唐朝把苏禄说成"异方禽兽"[6]，双方可谓同仇敌忾。阿萨德很可能也同屈底波一样，看出这些草原上的突厥人实乃中亚绿洲祸乱的外部根源，遂决意与唐朝共同剪除这一祸害。阿萨德之所以接受唐朝从吐火罗进兵的建议，显然是因为他在第一次总督任上入侵珂咄罗时遇到苏禄，从而了解到苏禄南下活动的路线以及珂咄罗为苏禄禁脔等情况。而且，拔特山是往珂咄罗的要道路口，据《慧超传》说，至迟到开元十五年（727）慧超经

---

[1] 参见沙班1979，123页。
[2] 同上。
[3] 此人死于128/746年，参沙班1979，136—137页。
[4] 沙班1979，124页。参塔巴里《年代记》卷2，1601—1602页所引苏禄与阿萨德的对话。
[5] 塔巴里《年代记》卷2，1593页。
[6] 《全唐文》卷二八七，叶七。

行时，吐火罗叶护已经住到了拔特山（蒲特山）。同时，《册府元龟》卷九九九收有开元十五年吐火罗叶护遣使上言，其中提到"又承天可汗处分突厥施可汗云，西头事委你，即须发兵除却大食，其事若实，望天可汗却垂处分"等，恐怕不久就同突骑施勾结上了。所以，阿萨德接受唐朝建议是完全可以理解的。

第三，塔巴里《年代记》卷2（1593页）：119/737年，"阿萨德入侵珂咄罗并攻克Zagharzak城堡，由此往攻Khidāsh，掳获甚丰。但是，（珂咄罗王）al-Jish早就逃到中国去了"。这最后一句提到的Jish应该就是前引汉文史料中提到的骨咄（即珂咄罗）王子。从汉文史料可知，他不是由于大食人的进攻，而是由于不堪苏禄的长期压迫而投向唐朝的。史料中提到737年苏禄南下时有珂咄罗王、吐火罗叶护等参战。据研究，那个珂咄罗王是从梵衍那（Bāmyān）去的一个僭位者[1]；所谓吐火罗叶护，显然也是新立的。塔巴里《年代记》卷2之1629页说那个珂咄罗王名叫Badr Ṭarkhān或作Tudun Ṭarkhan "吐屯达干"，很像是一个突厥官号。我怀疑这些参加苏禄队伍作战的新王公们，很可能都是苏禄扶植的傀儡。换言之，是年苏禄南下作战时的势力实际上比吉布设想的[2]还要小。

苏禄之死

据塔巴里《年代记》卷2之1613页，苏禄于119/737年冬末回到突骑施地，因与阙啜（Kūrṣul，即汉文史料中的莫贺达干）下棋（lāʻaba bi-l-nard）不忿，为之所杀。《旧唐书·突厥传》下则说："（开元）二十六年夏，莫贺达干勒兵夜攻苏禄，杀之。"《通鉴》卷二一四取《实录》、旧传之说，时间与阿拉伯文史料相近，情节亦相

---

[1] 参见沙班1979，126页。
[2] 参见吉布1923，83页。

似，是。在塔巴里《年代记》卷2之1593页记述的另一说法中，突厥可汗是被阿萨德杀死的；《旧唐书·玄宗纪》下于开元二十七年（739）秋七月辛丑条下说："北庭都护盖嘉运以轻骑袭破突骑施于碎叶城，杀苏禄"（211页），均不可信。盖嘉运于开元二十六年已为碛西节度（《通鉴》卷二一四），《旧唐书·突厥传》下径作"安西都护"；《新唐书·玄宗纪》此条作"盖嘉运败突骑施于贺罗岭"（141页）。旧纪"苏禄"或为"吐火仙"之误（参《旧唐书·突厥传》下，《通鉴》卷二一四）。韩儒林说："司马君实亦舍《本纪》而采《突厥传》文。但据柏林民族博物馆所藏高昌残碑证之，攻杀苏禄之役，实有中原之人参加。此碑虽已被损，不能成文，然大意尚仿佛可测，碑铭之文，殆纪念死于是役将士也。"（韩儒林1985，429页）韩先生此文已发表五十多年了，我没有见到韩先生提到的碑文正式刊布，也没有见到其他人引用此碑。最近，白桂思还说"吉布经常引述的突骑施崩溃是由于汉人阴谋的观点没有史料根据"[1]。看来他也没有看到上述韩先生引用的碑文，故存疑。《文苑英华》卷九一七所收《四镇节度副使右金吾大将军杨公神道碑》（亦收入《全唐文》卷四二二），其中有"二十七年，有诏四镇诸军大出汉南垒，问罪苏禄"等句，且此人"以十四载五月死于镇西之官舍"。但碑文用词，容有修饰，其中"苏禄"当指代其余孽所据之突骑施。例如该碑中还有"历莎车、临大夏，见条支之卵，饮郅支之头"，只能根据具体情况去做理解。

吉布将突骑施的内乱说成是"由汉人长期暗中鼓动的纷争爆发了"[2]，白桂思认为他的观点没有史料根据，我们认为这个问题还有商榷的余地。如《张曲江文集》卷十所收开元二十三年冬《敕安西节度王斛斯书》中有："至如骨咄王子来投，已是其效；何国胡不受

---

〔1〕 白桂思1987，112页注22。
〔2〕 吉布1923，85页。

处分，亦是明征。其下离心，已至如此，可令间谍，更诱其余，此贼败亡，将从内溃。"史料中又记载，正是杀苏禄的莫贺达干将内乱情况通知了盖嘉运，"嘉运率兵讨之"（《旧唐书·突厥传》下，5192页）。这些都十分可疑。另外，研究者们引起争议的，119/737年被苏禄在珂咄罗截获的那批货载（athqāl）[1]到底是什么性质？是来自中国还是运往中国？对勘汉文史料，很有可能就是所谓"诃密若能助国，破此寇仇，录其远劳，即合优赏"[2]的实物。

总之，无论苏禄致死的直接原因如何，说由此而来的突骑施之衰是唐朝和大食共同打击的结果，当无大差。开元二十七年（739）八月，盖嘉运率唐军扫荡苏禄余孽，唐朝政治势力不仅又回到了碎叶、拔汗那，而且兵锋直入怛逻斯，连石王莫贺咄吐屯、史王（柘羯王）斯谨提也参加了战斗。[3] 史载是年九月，处木昆、拔塞干、鼠尼施、阿悉吉、弓月、哥系（舒）等部先隶突骑施者"皆帅众内附，仍请徙居安西管内"[4]，看来，突骑施在真珠河以北的势力范围都转到了唐朝治下[5]。当然，消除突骑施的威胁以后，大食人重建其对河中的统治也容易多了。[6] 据研究，尽管继阿萨德为总督的纳斯尔（Naṣr b. Sayyār, 738—748）几次向唐朝的属国拔汗那和石国（Shāsh）开战，但他仍然力求保持和唐朝的友好关系，唐朝亦然。[7]

---

[1] 参见塔巴里《年代记》卷2，1594—1595页。参吉布1923，82—83页；沙班1979，124—127页及127页注2；白桂思1987，117页。
[2] 《全唐文》卷二八五，叶十八。
[3] 参见两唐书《玄宗纪》下、《突厥传》下；《新唐书·拔汗那传》、《通鉴》卷二一四。《新唐书·石国传》："怛逻斯城，石常分兵镇之。"（6246页）这应该是石王参战乃至高仙芝天宝十载（751）与大食在此遭遇的重要原因。内藤みどり在其近著中说怛逻斯为安国胡移居地[内藤1988（1）]，纯属臆测。史王（《册府元龟》卷九六四作"柘羯王"）斯谨提这时可能正在石国避难，参吉布1923，86—87页注25；白桂思1987，124页注99。
[4] 《通鉴》卷二一四，6838页；《册府元龟》卷九七七。
[5] 有的史料如《旧唐书·康国传》《册府元龟》卷九六四等反映：开元二十七年，唐朝的政治影响也到了真珠河以南（参沙畹1934，214—215页）。然而，这同从前一样没有什么实际意义。大食人正在恢复其在河中的统治，唐朝并未在这里扮演从前的突厥人那种角色。
[6] 参见沙班1979，130—131页。
[7] 参见白桂思1987，124—125页。

何况，741年以后，他也不可能再入侵河中了，旨在推翻白衣大食的阿拔斯运动就从他眼皮底下的末禄开始了。[1]吉布曾就苏禄之死评论说："是汉人的外交手段搬掉了伊斯兰教深入中亚的这个最大的外部障碍，而使其自身直接面对大食人。"[2]这未免有点危言耸听。

西域的"三方四角"关系

讨论开元、天宝年间唐、大食关系的性质，主要有两个内容：一个是所谓"唐朝抗御大食"[3]的问题，一个是"怛逻斯战役"（751）的评价问题。对这两个问题，白寿彝先生早在五十多年前就已发表过很好的见解："我们不必等怛逻斯战败后，就可看出唐朝霸权之没落的征象了。可是，在怛逻斯战败后，中国国势却也并不遂'绝迹于西方'。"[4]现在看来，除了史料可以做些补充[5]，细节可以做些讨论[6]外，白先生的结论基本上是正确的。近年来国内持不同看法者虽多，仔细看来，都不足以改变白先生的结论。

我认为：

1. 唐朝同葱岭以西中亚各国的关系，如白寿彝先生所说："虽不能尽保护的责任，但如有胡国对唐有所妨害，或'无蕃臣礼'的时候，安西都护府是会代表唐政府执行讨伐责任的。"[7]这基本上就是本文第一章所说的同四镇以外的其他羁縻府州的关系。但白先生所举小勃律的例子并不恰当。实际上，由于唐、蕃斗争的重要性，

---

[1] 参见吉布1923，91页以下；沙班1979，130页以下。
[2] 吉布1923，85页。
[3] 这个观点最早大概是沙畹提出来的，见氏撰1934，210—214页。然通观所述，实例仅有开元三、五年两事件，显系不谙大食史料之误。参本书第三章第三节。
[4] 白寿彝1983，80页。
[5] 参见丹诺布1964。
[6] 例如，唐朝在葱岭以西、真珠河以南未必是霸权没落，而是一开始就处在"荒服来王"的入蕃关系，（注意：不是"绝域"！）当然不负保护的责任。唐代"入蕃""绝域"等概念请参《唐令拾遗》卷三三《杂令》，第十四条，852页。
[7] 白寿彝1983，84页。

小勃律处在唐朝政府的特殊保护之下。

2. 唐朝并没有支持突骑施苏禄抗击大食，如沙畹所说："719年安国王及727年吐火罗叶护之请求，皆请令突骑施可汗发兵往救，乃当时突骑施可汗苏禄实不常臣服中国，故中国当时无以应其请。"[1]这里只需再强调指出一点，所谓"唐朝支持突骑施抗击大食"这样的事，连当事人本身都不太相信。就在人们引之为据的727年吐火罗叶护的请求（《册府元龟》卷九九九）中，就有一句"其事若实"这样的问话常常被忽视了。据塔巴里《年代记》卷2，1601—1602页记载，苏禄曾令人向阿萨德喊话说："难道河中地还不够你征服的吗？"可见苏禄自己也没有抵抗侵略的意识，为自身利益不惜将"祸水"引向河中地。

3. 对中亚各国向唐朝请求援助应做客观分析。如同我们在汉文史料里看到中亚各国纷纷向唐朝求救一样，我们在阿拉伯文史料里看到中亚各国经常是向突厥可汗（学界公认即突骑施苏禄）求救。不过，我们注意到，中亚各国向突骑施求援总是很及时；而向唐朝求援时却已无征战或战争已过去了好多年，如人们常引的719年康国王遣使上表（《册府元龟》卷九九九），就明说战争已经过去六年了。结果一方面是中亚各国的输款献诚，一方面是唐朝的不听不允，这到底是为什么呢？除了唐朝固有的态度以外，考虑到当时的中亚诸国中也不乏与大食友好合作的例子，我们认为，中亚各国向唐朝遣使告诉，主要不是由于侵略战争而是由于与新宗主发生了矛盾。白先生已经指出："胡人在大食的管辖下，则正和在唐人管辖下情形相反。我们看诸国的表文……可见大食在诸国课税相当地重。"[2]这就是人头税（jizyah或Kharāj），即宗教税。所以，中亚各国向唐朝的请求，反映的并不仅仅是经济负担问题，还包括新宗教与传统

---

[1] 沙畹1934，214页。
[2] 白寿彝1983，83—84页。

文化的冲突问题，值得深入研究。[1]我们这里只需举出一个现象：白衣大食统治时期（750年以前）中亚各国向唐朝请求、遣使最集中的是719、729、739年，而718、728、739年正是大食在中亚积极推行伊斯兰教的年头。[2]据阿拉伯文史料记载，头两次都引起了土人的反抗，后者都是得到突厥可汗支持的。同时，沙畹指出的下述史实也是值得注意的：719年"吐火罗是否亦同时求救，吾人不知，然亦有其可能。缘同年六月吐火罗国支汗那王帝赊上表献解天文人大慕阁也，是为摩尼教师入中国之始（原注：参考《册府元龟》卷九七一）"[3]。

4. 开元、天宝年间，唐朝在西域的主要对手仍是吐蕃。开元年间，唐朝与突骑施的矛盾显得突出一些，但仍然有吐蕃参与到突骑施一边与唐争战。因此，开元年间西域地区四股政治势力的关系可以右图直观地表示：

图中双线表示同盟友好；

单线表示敌对争战；

单虚线表示趋向敌对。

关于第二个问题，我们认为怛逻斯战役只是唐朝与大食之间的一次遭遇战，因为战后大食并没有乘胜东进：

1. 战后，唐在西域仍旧保持相当的势力，天宝十三载（754）"东曹国王设阿（忽）及安国副王野斛及诸胡九国王遣使上表请同心击黑衣"[4]，唐朝也没有乘虚而入。

---

〔1〕参见邓尼特1950。
〔2〕参见巴托尔德《文集》卷1，246、247—248、250页；沙班1979，87、111—112、129—130页。另外，天宝十三载（754）中亚各国也有一次请求，那主要是与黑衣大食初建时呼罗珊的动荡有关，参巴托尔德《文集》卷1，254页，沙班认为这次也有宗教因素，见沙班1976，5页以下。
〔3〕沙畹1934，212页。
〔4〕《册府元龟》卷一七〇，并见同书卷九七三。

2. 怛战时，虽值大食改朝换代，但就唐、大食间整个关系来说，并未见受到怛战的显著影响。中国造纸术西传和伊斯兰教义开始有中文的记录，只是怛战的两种偶然结果。[1]

其实，唐代西域政治关系史的真正转折点是在"安史之乱"爆发的755年。

第三节　唐朝势力在西域之臻于极盛

苏禄死后，据《大事纪年》记载，猴年（744）还曾有过一个突骑施使者到吐蕃赞普王廷致礼。但是，分裂的突骑施黄、黑二姓完全处在唐朝的控制之下[2]，不可能再同吐蕃实行连兵。所以吐蕃在西域与唐朝争夺的战场又转移到了葱岭以南。这一轮争夺经历了一个反复过程，先是吐蕃取得胜利，发展势力；后来唐朝实行彻底反击，从陇右到大勃律取得了对吐蕃作战的全面胜利，从而达到其国势的峰巅。

这一轮吐蕃同唐朝在葱岭以南的争夺，一开始就具有扩张势力的性质。

吐蕃征服小勃律

直到开元二十一年（733），唐朝仍在葱岭及其以南地区占据优势。除了开元二十年已封真檀为护密王外，据《册府元龟》记载，开元二十一年先后有骨咄/珂咄罗王、石汗那王、小勃律王、箇失密王及大食国王等遣使朝献。[3] 小勃律王遣使来朝是谢册立之恩[4]，箇失密

---

[1] 参见白寿彝1983，87、97页。关于怛逻斯战役的一些细节情况，近年国外据阿拉伯文史料做了一些补充，见丹诺布1964；并参白桂思1987，137页以下。
[2] 参见《新唐书·突厥传》下，6068—6069页。
[3] 参见沙畹1934,249—250页。请比较《慧超传》所述开元十五年此地形势，可窥其变化之一斑。
[4] 参见沙畹1934, 249页。此说遣使者为"勃律国王没谨忙"；然《册府元龟》卷九六四，开元十九年四月条说："册小勃律王难泥为其国王。"并参《新唐书·小勃律传》，6251页。

王遣使来朝则是新王继立，请求册命。[1]《新唐书·箇失密传》："天木[2]死，弟木多笔立，遣使者物理多来朝，且言：'有国以来，并臣天可汗，受调发，国有象、马、步三种兵，臣身与中天竺王厄吐蕃五大道，禁出入，战辄胜。有如天可汗兵至勃律者，虽众二十万，能输粮以助。又国有摩诃波多磨龙池，愿为天可汗营祠。'因丐王册"云。有人据《克什米尔王统纪》研究，此时箇失密已战胜中天竺成为北印度强国[3]。在这种情况下，不要说吐蕃军队不能从此路进入西域，就是狗年（734）"王姐卓玛类遣嫁突骑施可汗为妻"一事，看来也不是正大光明去的。[4]在当时张九龄起草的两份《敕吐蕃赞普书》中都提到了此事，都说是赞普越界/越境与其婚姻[5]，其中一份还这样责备赞普："今与突骑施和亲，密相结托，阴有赞助，而傍作好人。如此潜谋，亦非远计，所欲为患，不过边庭。"[6]吐蕃重新经营葱岭以南主要就是想驱逐唐朝势力，打破这种封锁并建立自己的霸权。换言之，吐蕃这次并不只是想以此为通道进入西域，唯其如此，才能解释它在莽布支已到突厥地的情况下，又派兵攻破小勃律这一现象。森安孝夫[7]和白桂思[8]都说莽布支是从帕米尔/小勃律进入西域的。倘若如此（实在毫无史料根据！），论结桑东则布再打破小勃律就没有道理了。森安说在汉文史料里全然看不出莽布支等从河西入西域的痕迹，我检查他所利用的汉文史料，发现他没有利用与此事件关系最密切的张九龄所起草诸敕书。白桂思倒是提到了《曲江张先生文集》，可惜，事实表明他的汉语水平妨碍了他正确利用史料。

---

[1] 册文见《册府元龟》卷九六四。参沙畹1934，148页注1所考世系。
[2] 沙畹据《克什米尔王统纪》考订，天木（Tarapida）应即开元八年受册封之真陀罗秘利（Candrapida）之弟，见沙畹1934，148页注1所考世系。
[3] 参见关根秋雄1978，110页。
[4] 森安说是吐蕃借小勃律道送公主至突骑施（森安1984，37页），白桂思附和其说（白桂思1987，96页），但他们都没有提出可靠的史料证据，其说经不起推敲（参本章169页注[4]）。
[5] 见《全唐文》卷二八七，叶五、七。
[6] 同上书，叶六。
[7] 参见森安孝夫1984，37页。
[8] 参见白桂思1987，114页。

开元二十二年（734），吐蕃破大勃律。[1]开元二十五年（737）吐蕃破小勃律。[2]实际上，吐蕃破大勃律以后便接着进攻过小勃律。《张曲江文集》卷十一所收《敕吐蕃赞普书》："且如小勃律国归朝，即是国家百姓，前遭彼侵伐，乃是违约之萌。朕以结信既深，不顾其小，中间遣使，曾不形言。"这份敕书还提到莽布支西行，未到安西[3]；卷十二所收另一份敕书则提到令窦元礼使吐蕃问莽布支西行之故；《大事纪年》猪年（735）条记"唐廷使者窦常侍（元礼）前来致礼"，可见吐蕃侵伐小勃律是开元二十三年（735）的事。《册府元龟》卷九七五记开元二十三年"四月，甲午，勃律国大首领拔含伽来朝，授郎将，赐帛五十尺，放还蕃"，很可能就是与遭到吐蕃侵伐有关。总之，开元二十五年吐蕃破小勃律并不像森安所说的那样是因为在722年吃了苦头，特意选在唐朝不可能把其西域军主力远远派到帕米尔的年头。[4]恰恰相反，一方面，通观吐蕃这一次的战略方针，显然是以为西域方面与突骑施连兵有莽布支就足够了，攻打大、小勃律纯属其自我经营（其影响另当别论）；另一方面，史料中说吐蕃破勃律后"安西都护三讨之无功"[5]，其中盖嘉运派兵初讨时是开元二十六年（详见下），当年正是苏禄败亡，盖嘉运受命招集突骑施之时。可见当时唐玄宗好大喜功，唐军出战与否完全由他决策[6]，未必与战争形势全合。这从上引《张曲江文集》所收诸敕书内

---

[1]《旧唐书·罽宾传》："又有勃律国，在罽宾、吐蕃之间。开元中频遣使朝献。八年，册立其王苏麟陀逸之为勃律国王，朝贡不绝。二十二年，为吐蕃所破。"（5310页）据新传，苏麟陀逸之为大勃律王（6251页）。《大事纪年》狗年（734）："论结桑东则布克 khyi sha can 部族。"王尧释 Khyi sha can 为"吐谷浑之吃狗肉内部族"（《敦煌本吐蕃历史文书》，232页），可疑。以本年事当之，应在大勃律一带，而且，牛年（737）正是此人引兵攻破小勃律。
[2] 此据《大事纪年》牛年（737），有关各种史料记载年代不同及诸家意见，请参森安孝夫 1984，38页。
[3]《大事纪年》鼠年（736）所记"属庐莽布支绮穷领兵赴突厥"，显然属于已到安西的性质。
[4] 参见森安孝夫 1984，38—39页。
[5]《新唐书·小勃律传》，6251页。
[6] 例如，《全唐文》卷二八七所收的一份《敕吐蕃赞普书》说："所言阴承本（时为陇右节度使）奏请不拟与彼和，将兵马大入者。至如和与不和，事皆由朕自断，何人辄敢奏闻？何兵即敢擅入？"

容中也可以看出来。

开元二十五年，唐朝令河西节度使崔希逸破吐蕃于青海西，作为对吐蕃破小勃律的报复[1]，双方自开元十八年以来的盟信关系便正式破裂了。《大事纪年》牛年（737）条下说"是年唐廷败盟"，《通鉴》卷二一四则说"自是吐蕃复绝朝贡"。

《大事纪年》："及至龙年（740），夏，赞普牙帐驻于册布那之昂木林。嫁王姐器玛屡与小勃律君（Bru zha rje[2]）为妻。"《新唐书·小勃律传》："没谨忙死，子难泥立。死，兄麻来兮立。死，苏失利之立，为吐蕃阴诱，妻以女。[3]故西北二十余国皆臣吐蕃，贡献不入，安西都护三讨之，无功。"白桂思说这些臣服吐蕃的国家中包括有护密和竭师[4]，其说是。《贤者喜宴》记载弃隶蹜赞执政的情况时说："由于此奉行佛法之加持，遂于西方达瓦才巴之边地，征服了 Tang tang 及 Si gur，由是统辖地区直达 Sba stag shad dung 之门。"[5]这最后一个地名，"据中央民族学院洛桑群觉老师查阅藏史，此地曾是靠近大食的一个地区"[6]，或许就是本书第三章第二节里提到的"吐蕃之门"或"大食之门"。这样看来，天宝六载（747）高仙芝讨勃律时于婆勒川所破吐蕃之连云堡，亦当建

---

[1] 参见王忠 1958，76—77 页。
[2] 白桂思提出了一个很有意思的看法："他被叫作 Bru Zha rje '勃律君'，而其前任，亲中国的统治者被吐蕃人叫作 Bru Zha'i rgyal po '勃律王'。"或许，《大事纪年》这种修辞的不同确实具有进行区别的含义。这种区分有点类似《世界境域志》的作者所做的另一种区分，他把大勃律叫作"勃律的吐蕃"，把小勃律叫作"勃律"（参《世界境域志》，369 页）。
[3] 《册府元龟》卷九六四："（开元）二十九年二月，小勃律国王卒，册立其兄麻来号嗣位，册曰"云云，此麻号来即麻来兮，森安以为这一册命只是一种名义（1984,39 页），诚哉斯言。但是，据《大事纪年》可知，娶了吐蕃公主的苏失利之在开元二十八年已是勃律王了，而且《新唐书·小勃律传》说他是麻来兮死后继位的。《册府元龟》此条可能是误记。否则，就是有一个两勃律王并立的时期。诚如是，上注所说白桂思对名称所做的区分就更有意义。它或许反映了当时唐、蕃双方斗争的激烈程度。不过，开元二十九年的麻来兮会住在哪儿呢？存疑。
[4] 参见白桂思 1987，123 页。并参《册府元龟》卷九八一，天宝元年九月条。
[5] 黄译（四），17 页。
[6] 同上书，22 页注 26。

于740年左右[1]。汉、藏史料都记载了开元二十九年（741）十二月吐蕃攻陷石堡城/铁刃城（Lcags rtse）[2]的事件，这实际上是吐蕃这一轮对唐争战达到最高潮的标志。[3] 不过，唐朝的反击要取得成功尚需时日。

安西都护三讨小勃律

讨伐勃律西北诸国的三位安西都护节度使[4]顺序应为盖嘉运、田仁琬、夫蒙灵詧：

1. 据史料记载，盖嘉运于开元二十六年（738）为安西都护、碛西节度使[5]，开元二十八年（740）三月入朝献捷，六月改河西、陇右节度使。[6]《全唐文》卷四二二所收杨炎撰《云麾将军郭公神道碑》："开元中，西讨石国，负羽先登，特拜游击将军、折冲都尉。二十六载，诏公与中使刘元复开葱岭，以功胜，虏不能军。"这是盖嘉运任职安西期间唐军唯一的一次在葱岭作战的记录，且发生在吐蕃破小勃律之次年，可信此即所谓"安西都护三讨之"之初讨。讨勃律而仅开葱岭，当然不能说是取得了成功。

2.《全唐文》卷三〇五所收徐安贞撰《田公（仁琬）德政之碑并序》："公名琬，字正勤。（中略）廿七年，公次计会，朝于京师。廿八年春二月，制摄御史中丞，迁安西都护。"《唐方镇年表》卷八

---

[1] 乌瑞曾在藏文《大藏经》里检出一个"小勃律国之军镇"（Bru sha yul gyi khrom），时间似乎要晚些。见荣译乌瑞1986，111页及注46、47。
[2] 请比较《通鉴》卷二一四开元二十九年十二月乙巳条（6846页）和《大事纪年》蛇年（741）的记载。
[3]《宋高僧传》卷第一所收《唐京兆大兴善寺不空传》说"天宝中，西蕃、大石（食）、康三国帅兵围西凉府"（《大正藏》卷五〇，714页上栏）等；伯希和已指出其为虚饰佛教的伪说。参森安孝夫1984，40页。
[4]《新唐书·百官志》四下："大率节度、观察、防御、团练使，皆兼所治州刺史；都督府则领长史；都护府则领都护，或亦别置都护。"（1316页）
[5] 参见《旧唐书·突厥传》下，5192页；《新唐书·突厥传》下，6068页；《通鉴》卷二一四，6834页。并参本书第三章，160页注[2]。
[6] 参见《通鉴》卷二一四，6841—6842页。

引《金石萃编·易州田公德政碑》则作："公名仁琬，字仲勤。除易州刺史。二十八年春三月，制摄御史中丞，迁安西都护。"是年春三月盖嘉运入朝献捷，应该就在京师与仁琬作了交割。田仁琬的事迹见于记载的还有如下两条：

《册府元龟》卷二四："（天宝）元年正月戊申，安西都护田仁琬于于阗东玉河获瑞玉龟一，画以献。"

同上书卷四五〇："玄宗天宝元年制曰：田仁琬忝居节度，镇守西陲，不能振举师旅，缉宁夷夏，而乃恭行暴政，不务恤人，挠乱要荒，略无承禀，边官之责，职尔之由。宜黜远藩，用诫边使，可舒州刺史，即驰驿赴任。"（此件收入《唐文拾遗》卷二。题《贬田仁琬舒州刺史制》）一个在易州赢得"德政碑"的人，到安西任上才两年左右便遭贬远藩，所谓"不能振举师旅，缉宁夷夏"，应该就是讨伐小勃律打了败仗。

3. 夫蒙灵詧（亦作"马灵察"[1]）至迟到天宝元年（742）已经是安西节度（副大）使/四镇节度使了。[2]《全唐文》卷三——所收孙逖撰《为宰相贺陇右破吐蕃表》："陛下谓臣等：'朕料至重阳以来，诸军必频克捷。'近者陇右果奏斩获莽布支，并生擒苏毗王；剑南节度使章仇兼琼又奏，西山将士分为五道，破吐蕃城堡镇栅等四十余所；四镇节度马灵察又奏破吐蕃不可胜数，并闻护密、识匿等数国共为边捍者。数旬之间，三方告捷，尽决于宸衷。斩级获丑，陷阵毁城。分南方之五将，举无遗策；道西城（域）之诸蕃，仍为外蔽。百战百胜，以夷攻夷。"这份表文所述陇右破莽布支事，《通鉴》卷二一五系于天宝元年十二月；且陇右节度使皇甫惟明至天宝

---

[1] 参见《通鉴》卷二一五，天宝三载五月条胡前注引《元和姓纂》及同条《考异》（6860页）。
[2] 参见《新唐书·高仙芝传》；《旧唐书·封常清传》；《全唐文》卷三三〇，叶十一《独孤峻小传》。请比较《新唐书·突厥传》下（6069页）与《通鉴》卷二一五（6854、6860页）。又《贞元新定释教目录》卷十四，三藏沙门达摩战湿罗"以天宝二年岁次癸未十一月二十三日卒于阗国金轮寺矣，时本道节度副大使夫蒙灵詧监护葬仪"。

第四章　唐、蕃西域较量的新发展　187

五载为王忠嗣所代为止,其事迹唯此可当。[1]由此看来,本年夫蒙灵詧破吐蕃显然与是年九月护密王子遣使请降有关。这一次,唐朝既然重新控制了识匿、护密等数国,俱位亦当复"为中国候"。[2]

《册府元龟》卷九八一:"天宝元年九月,以护密国王子颉吉里匐遣使上表请北吐蕃来属,赐铁券曰"云云。我们注意到,铁券文中有"自卿父继位,近阻强邻,被制凶威,有乖夙志。今遂能献诚款,潜托归怀"等字句;《新唐书·护密传》又有"(天宝)八载,真檀来朝,请宿卫"的记载,可以肯定这个颉吉里匐正是真檀之子。《通鉴》卷二一五说:"其王颉吉里匐遣使请降"(6856页),"王"下脱"子"字。森安孝夫未能看出"王子"与"王"之不同,说"护密来降,只是极为例外的暂时现象(即护密在南帕米尔诸国中最靠近唐朝葱岭守捉),直到747年,以小勃律为主的南帕米尔诸国大多仍处在吐蕃控制之下"[3],实误。白桂思则说:"直到747年高仙芝讨击,护密仍在吐蕃控制之下";甚至,"749年秋,护密王罗真檀来朝留宿卫,护密似乎从此成了中国的附属"[4]。他对史料的认识显然是不系统的、不全面的,因而是任意的。

《旧唐书·段秀实传》:"天宝四载(745),安西节度马灵察署为别将,从讨护密有功,授安西府别将。"夫蒙灵詧这一次进攻的应该是护密之婆勒城,即吐蕃所据之连云堡,其地在小勃律北五百里。唐朝这次虽未能攻取吐蕃据点,却得以进一步恢复和扩大自己在葱岭以南地区的影响,以至于这年九月竟能册命罽宾国王勃匐准"袭罽宾国王及乌苌国王,仍授右骁卫将军"[5]。这种袭封二国的形式应

---

[1] 请比较《通鉴》卷二一五天宝元年十二月条与《册府元龟》卷三十七天宝元年十二月条。
[2] 参见《新唐书·俱位传》,6260页。《大事纪年》鸡年(745)条下也提到了"唐朝元帅马将军(灵察)引俱位之唐人斥堠军至。"参本书附录伍。另外,《新唐书·识匿传》说:"天宝六载,王跌失伽延从讨勃律战死",也证明此前识匿已归顺了唐朝。
[3] 森安孝夫1984, 40页。
[4] 白桂思1987, 123页注95及135页。
[5] 册文见《册府元龟》卷九六五。

是反映了当时实际的政治变化。[1]

无论如何，三任安西都护接连讨伐而未能夺回小勃律，吐蕃重兵防守连云堡可能起了相当大的作用。认识到这一点，我们就能正确理解高仙芝天宝六载进兵的路线和作战方向了[2]。

就在这一年——天宝四载，"春正月，回纥怀仁可汗击突厥白眉可汗，杀之，传首京师。突厥毗伽可敦率众来降。于是北边晏然，烽燧无警矣"[3]。漠北完成了回纥对东突厥的更替。

唐朝国势极盛

盛唐天宝年间的赫赫武功是与哥舒翰、高仙芝、封常清这三位边将的名字紧密相连的。而他们的功勋又主要是在对吐蕃的战争中建立的。哥舒翰的主要战绩是天宝八载（749）攻拔石堡城，十二载（753）拔洪济、大漠门等城悉收九曲部落，以及十四载（755）迎苏毗王子来降[4]，活动范围在河西、陇右。高、封二人则先后主事唐朝西域。[5]

高仙芝的主要战绩是：天宝六载（747）破小勃律，擒勃律王苏失利之，"诏改其国号归仁，置归仁军，募千人镇之"[6]。《新唐书·小勃律传》说："于是拂菻、大食诸胡七十二国皆震恐，咸归附。"显然是夸大之词。从史料记载来看，天宝六载以后来唐朝贡情况与此前并无明显不同（见附表二）。大食是天宝六载五月遣使朝献，以后直到十一载才又遣使。而且，天宝六载及以后，呼罗珊的

---

[1] 参见本书第二章第 105 页注〔4〕，及第三章第三节。
[2] 参见本书第三章第二节及第 125 页注〔5〕。
[3] 《通鉴》卷二一五，6863 页。
[4] 参见两唐书《哥舒翰传》；《通鉴》卷二一六，6896、6918 页。并参王忠 1985，83—84 页。
[5] 参见森安孝夫 1984，40—43 页。
[6] 《新唐书·小勃律传》，6252 页。并见《大事纪年》猪年（747）。

阿拔斯运动正进入高潮[1]，何来"震恐""归附"？仙芝天宝八载又与于阗王尉迟胜一起击破萨毗、播仙。[2]天宝九载应吐火罗叶护之请破朅师[3]，高仙芝因此以"中国山岭之主"（Ṣāhib jibāl al-Ṣīn）而闻名于西方。[4]同年（九载）破石国及突骑施。[5]十载春正月，入朝献所擒突骑施可汗、吐蕃酋长、石国王、朅师王。[6]

封常清的主要战绩是天宝十二载（753）击大勃律，"大破之，受降而还"[7]；十三载（754）破播仙。[8]

至此，唐朝对吐蕃的反击取得了全面胜利，唐朝在西域的势力也达到了极盛。《通鉴》卷二一六："是时中国盛强，自安远门西尽唐境万二千里，闾阎相望，桑麻翳野，天下称富庶无如陇右。"这里仅举几例：

《新唐书·火寻传》："十载，君稍施芬遣使者朝，献黑盐。"

《新唐书·骨咄传》："十一载，册其王罗金节为叶护。"[9]

《册府元龟》卷九六五：十二载"十月，封石国王男邦车俱鼻施

---

[1] 参见沙班 1979，159 页以下。
[2] 参见《新唐书·尉迟胜传》，4127 页。新传仅说事在天宝中。我们断代的理由是：仙芝以六载破勃律功拜安西节度；《旧唐书·高仙芝传》八载入朝无献俘事；《通鉴》卷二一六，十载春正月入朝献吐蕃酋长、突骑施可汗等。故破萨毗、播仙事当在八、九两载间。然九载仙芝先后破朅师、石国，也许还有突骑施可汗（《旧唐书·李嗣业传》："复破九国胡并背叛突骑施"），而突骑施移拨是八载秋七月册为十姓可汗的（《通鉴》卷二一六）。所以，推测破萨毗播仙、俘吐蕃酋长事应在八载仙芝入朝并于阗王归国后。并参本书 169 页注〔3〕。
[3] 参见《通鉴》卷二一六，6897、6898 页；《册府元龟》卷九九九，天宝八载吐火罗叶护上表；同书卷九六五，天宝九载册封朅师国王文。
[4] 参见白桂思 1987，136 页及注 167。
[5] 参见本页注〔2〕；白桂思 1987，137—138 页。
[6] 同上。
[7] 《通鉴》卷二一六，6920—6921 页。前引《全唐文》卷四二二所收《杨和神道碑》有"明年，元帅封常清署公行军司马都虞侯，西讨石国，观兵海隅"等句。《册府元龟》卷九六五，天宝十二载"十月，封石国王男邦车俱鼻施为怀化王"一事或与此有关。有关此事的最新详细研究，见前引拙文《封常清伐大勃律之路》。
[8] 《全唐诗》卷二〇一收有岑参《献封大夫破播仙凯歌等六首》，柴剑虹以为事在天宝十三载（《岑参边塞诗中的破播仙战役》，载《文史》第十七辑，182 页）。然柴文以播仙为回纥所据，误。
[9] 册文见《册府元龟》卷九六五。关于黑衣大食初建时呼罗珊尤其是吐火罗与河中的政治形势，参沙班 1978，4—5 页。

为怀化王"[1]。

《新唐书·宁远（拔汗那）传》："十三载，王忠节遣子薛裕朝，请留宿卫，习华礼，听之，授左武卫将军，其事唐最谨。"[2]

《新唐书·陀拔斯单传》：十三载，"遣子自会罗来朝，拜右武卫员外中郎将，赐紫袍、金鱼，留宿卫"[3]。

然而，"安史之乱"就在这时候（十四载十一月）爆发了。著名史学家陈寅恪先生说："当玄宗文治武功极盛之世，渔阳鼙鼓一鸣，而两京不守。安禄山之霸业虽不成，然其部将始终割据河朔，与中央政府抗衡，唐室亦从此不振，以至覆亡。"[4] 盛极必衰，这似乎已成了一条规律。这条规律背后起作用的力量或因素究竟是什么，这是每门具体专史的研究任务。就我们正在讨论的题目来说，"安史之乱"确实大大削弱了唐朝在亚洲大国政治中的地位，它成了一个转折点，从此以后，唐朝在与吐蕃的斗争中就只有招架之功而无还手之力，直到贞元八年（792）彻底丢失西域。

---

[1] 《全唐文》卷三九收有《赐故石国王男邦俱车鼻施进封怀化王并铁券文》。
[2] 《全唐文》卷三七五收有张谓为封大夫撰《进娑罗树枝状》，亦可见当时与拔汗那关系密切之一斑。
[3] Ṭabaristān 是可萨海（里海）南岸一小国，自波斯灭国后依阻山险长期与大食抗衡，至此尚未被彻底征服。参沙畹 1978，13—14 页。
[4] 陈寅恪 1982，28 页。

第五章　东争唐地、西抗大食的吐蕃帝国

古代史上的"帝国"，主要是指通过征服而形成的多部族联合体。我们现在讨论的这个历史时期，在吐蕃史上是赞普娑悉笼腊赞[1]（Khri srong lde brtsan 今译"弃松德赞"，755—797）在位时期。该赞普在吐蕃史上的作用和地位，不亚于开国君主弃宗弄赞，而且是唯一可与之相提并论者。在藏史中，娑悉笼腊赞的主要功绩是确立了佛教尤其是印度佛教在吐蕃社会文化中的地位。[2]从我们研究的角度看来，实际上正是在娑悉笼腊赞在位时期，吐蕃扩张成了一个包括诸部族的、具有多层次统治形式的帝国。这些在汉藏史料中均有反映。《大事纪年》："及至虎年（762）……尚·野息与论·悉诺扎（达札路恭，唐译'马重英'）、尚·东赞、尚·赞哇（磨）等人引劲旅至京师，京师陷。唐帝遁走，乃立新君，劲旅还。"[3]《贤者

---

[1] 此译名恐有误，参见王忠 1958，84—85 页。据诸藏史，娑悉笼腊赞为金城公主子，但"甥舅关系"并没有对唐蕃关系产生实质性影响。
[2] 参见《赞普传记》八（《敦煌本吐蕃历史文书》，143—144 页）；《布顿佛教史》，172—178 页；《红史》，33—34 页；《王统世系明鉴》第二十一章，164 页以下；《西藏王臣记》，54—64 页；王辅仁 1983，45—48 页；王辅仁、索文清，29—30 页。不过，我们这里需要特别指出的是，张广达老师的研究表明：藏史中关于"摩诃衍辩论失败乃至被遣返汉地之说，恐系 14 世纪以后藏地某些教派文献为张扬本派声势之所为，具有虚构、传说的性质"。见张广达 1981，52 页。近年学界的有关研究状况，亦请参此文介绍。
[3] 并见两唐书《吐蕃传》；《通鉴》卷二二三，广德元年（763）十月条。参王忠 1958，89 页。汉藏史料有关此事记载相差一年，未知何故。从《通鉴》的记载来看，吐蕃陷关陇及剑南西山诸州均在广德元年（7146—7147、7157、7158—7159 页），使唐朝形成了所谓"西境不过泾、陇"的局面。这些请参汉史诸文及唐蕃诸会盟盟书。对于东线唐、蕃和战的评价，我认为《旧唐书·吐蕃传》后"史臣曰"的看法是中肯的（5267 页），但其表述上难免带有偏激的情感色彩。

喜宴》在记载此事以后接着说:"故(吐蕃势力)东达昴宿星升起之地京师万祥门;南抵轸宿星升起的边地恒河河畔建立石碑之地。遂之统治世界地区的三分之二。"[1]不过,就我们所研究的西域地区来说,吐蕃帝国的形成尚须时日。

第一节　安史乱后的西域形势及唐军的坚守

安史之乱对西域形势的影响

《通鉴》卷二二三在论及广德元年(763)吐蕃陷关、陇事时说:"唐自武德以来,开拓边境,地连西域,皆置都督、府、州、县。开元中,置朔方、陇右、河西、安西、北庭诸节度使以统之,岁发山东丁壮为戍卒,缯帛为军资,开屯田,供糗粮,设监牧,畜马牛,军城戍逻,万里相望。及安禄山反,边兵精锐者皆征发入援,谓之行营,所留兵单弱,胡虏稍蚕食之;数年间,西北数十州相继沦没,自凤翔以西,邠州以北,皆为左衽矣。"唐朝由于"安史之乱"而撤回边备,所造成的严重后果由此可见一斑。

为了对付安禄山的叛乱,唐朝除了征调边兵[2]外,还"欲借兵外夷以张军势,以邠王守礼之子承寀为敦煌王,与仆固怀恩使于回纥以请兵。又发拔汗那兵,且使转谕城郭诸国,许以厚赏,使从安西兵入援"[3]。史载入援的有于阗王尉迟胜[4],吐火罗叶护乌利多并九国首领[5]等。据汉文史料记载,入援的西域军中还有大食兵众[6],可

---

[1] 黄译(十),57页。并请参《敦煌本吐蕃历史文书》,144页。
[2] 参见《通鉴》卷二一七,6938页;同书卷二一八,6987页。参吴玉贵1987,113—114页。
[3] 参见《通鉴》卷二一八,6938页。
[4] 事在至德元载(756)十二月,见《通鉴》卷二一八,7010页。并参《新唐书·尉迟胜传》。
[5] 事在乾元元年(758)秋七月,见《旧唐书·肃宗纪》,252页。并参《新唐书·吐火罗传》。
[6] 参见两唐书《玄宗纪》《大食传》;《新唐书·回鹘传》上;《通鉴》卷二一九;《册府元龟》卷二〇、四八、九七三等。

惜未被任何阿拉伯文、波斯文史料证实。[1]

　　唐朝劲旅的撤离很快便对葱岭地区的形势产生了影响。《大事纪年》："及至猴年（756）……护密（Ban 'jag nag po=Qara panjah）、俱位（Gog）和识匿（Shig nig）等上部地区之使者前来致礼，任命巴郭那东、介·朗赞二人为使前往报聘。"虽然汉文史料有乾元元年（758）"秋七月辛未朔，吐火罗叶护乌利多并九国首领来朝，助国讨贼，上令赴朔方行营"这样的记载，但据《大事纪年》，鼠年（760），又有"上部地区之使者前来致礼"。森安孝夫认为：747年高仙芝远征以后进入唐朝势力范围的诸国，据吐蕃史料看，"又都臣属了吐蕃。而与本国中断联系的唐朝西域留驻军无法制止这种情况，他们的力量最多只够据守安西四镇等主要城市及其周围地区。于是，幸赖前述状态之中亚形势，结果将其命脉一直保持到了790年左右"[2]。森安所说的中亚形势就是：大食从一开始就无意于东跨葱岭；突骑施苏禄死后黄、黑二姓持续内讧；消灭了东突厥的回纥人尚远在漠北未染指西域；吐蕃则因唐朝国内形势从河西展开入侵。[3]我们基本上同意森安的这些看法。不过，似乎有必要强调一下，塔里木盆地缘边绿洲素称"城郭诸国"，守住了绿洲诸城也就等于守住了诸国。也就是说，实际上整个安西四镇地区仍在唐手。同时也应该注意到，这一次葱岭南部及以南地区向吐蕃表示臣服，并不是吐蕃派兵征服的结果，而是唐朝撤兵引起强权政治倾斜的结果。实际

---

〔1〕 白桂思有关此事的说法是："在哥舒翰撤退东北藏区的中国驻军以后，不久，唐朝中亚驻军也照样撤退了。这批军队中包括于阗国王及其人员，某些拔汗那人，以及一些大食人。有关他们在中国活动的情况，属于本书范围之外。不过，中亚人在中国的势力肯定是很大的，因而应该彻底考察。他们对中国人的影响如同阿拔斯革命以后对伊拉克的大食人的影响一样大吗？"（白桂思1987，145页及同注11）显然，他也未能发现汉文史料以外的证据。白寿彝先生认为《旧唐书·肃宗纪》及《通鉴》卷二二〇所记载乾元元年（758）九月大食、波斯兵攻广州城事"就是助唐平乱的大食兵作的"（白寿彝1983，91—92页）。近年出版的《广州港史》（古代部分）却认为是"外商在忍无可忍的情况下，亦作激烈之反抗"（55页）。

〔2〕 森安孝夫1984，51—52页。

〔3〕 参见上书，51页。

上吐蕃无暇西顾，所以，葱岭南部的政治形势又出现一些反复也是可以理解的。

王尧说："天宝十四年（755）安史之乱起，河陇以西之地尽失，只有若干孤城在吐蕃包围之下苦战苦撑。建中二年（781）以后，河陇、西域一带都是吐蕃的势力范围"[1]，没有根据。迄今所知新疆出土的吐蕃简牍，能够确切断代在 790 年即吐蕃大规模进攻西域以前的不多，恐怕绝大部分应该是吐蕃在西域的统治确立（792）以后的产物。白桂思怀疑 Ban'jag 是 *Gan'jag 的笔误，后者"转写的是 Ganjak（疏勒地区的乡间），其语言尝为中世纪语言学家马合木·喀什噶里提到过"[2]。其言虽辩，不合史实。因为据《悟空行纪》，贞元四年（788）左右疏勒仍在唐手。[3]白桂思说："虽然吐蕃武装反击的主要目标显然是对准汉人的，可是，在同帕米尔诸国的这些初步接触之后的许多年里，吐蕃在中亚的广泛活动毫不为人所知。"[4]他将此归咎于"汉文史料没有提到这一时期（指 758—791 年。——引者）吐蕃在塔里木盆地或准噶尔盆地的任何军事行动"[5]。这种抱怨是没有道理的。因为白桂思设想的这些活动或行动根本就不存在，因而就不可能存在这样的汉文史料。这些，他只要像森安孝夫那样分析一下当时的唐蕃战争形势，甚至只要留意一下《大事纪年》对吐蕃与上部地区关系的不同描述就可明白。

石城镇、屯城一带应该也在这期间落入了吐蕃手中。[6]因

---

[1] 王尧 1986，7 页。
[2] 白桂思 1987，145 页注 7。
[3] 参见本书附录肆。
[4] 白桂思 1987，145 页。
[5] 同上书，148 页。
[6] 《旧唐书·地理志》三：安西"南至吐蕃界八百里"（1648 页），这与本书第四章第一节引《通典》卷一七四所载天宝八载以前的情况是一样的。但旧志接着又说"都护兼镇西节度使"（同前）。据《新唐书·方镇表》四说"安西改镇西"在至德二载（亦见《通鉴》卷二二〇，2051 页）；且至德元载于阗王尉迟胜曾率兵入援，十有八九走的是丝路南道。又从《旧唐书·地理志》三可知：乾元元年更郡为州，当有最后的一批地理资料。虽《旧唐书·地理志》序说："今奉天宝十一载地理"云云，可同志第三又说："右西域诸国，自天宝十四载以前，朝贡不绝"（1650 页）。所以，我们推测石城、屯城复入吐蕃乃至德、乾元间事。

第五章　东争唐地、西抗大食的吐蕃帝国

为《沙、伊州地志》说伊州"宝应中陷吐蕃"[1]。虽然戴密微（P. Demieville）关于伊州失陷于781年的见解[2]是值得考虑的，但我认为，该地在宝应（762—763）中实际是经历了一次重大争夺，很可能是陷落以后又恢复了（见下）。考虑到沙、伊州都曾在吐蕃围困下长期坚持这一史实，不应当怀疑当地唐军的战斗力。在这种情况下，可以肯定吐蕃已经控制了石城镇和屯城。近年在若羌米兰古堡等处发现的那些藏文木简，有的可能反映了当时当地吐蕃军队的活动情况。[3]

吐蕃取河西及伊西庭唐军的坚守

《旧唐书·地理志》安西大都护府条："上元元年，河西军镇多为吐蕃所陷。有旧将李元忠守北庭，郭昕守安西府，二镇与沙陀、回鹘相依，吐蕃久攻之不下。"《旧唐书·郭昕传》更明说：郭昕"肃宗末为四镇留后"。人们往往就是根据这些文献史料，认为安史乱后的安西四镇一直是由郭昕坚守，而伊西北庭一开始也是由李元忠保持的。[4]其实事情并不这么简单。戴密微很敏锐地察觉出伊州和凉州"都属于河西节度使"这一事实，但他参考的只是河西节度建立时的情况[5]，那显然不足以服人。我认为，伊西庭节度观察由河西兼起自广德元年（763）杨志烈，起因是宝应元年吐蕃陷伊州后，是杨志烈率河西军将收复的。下面我们看一下史料：

《文苑英华》卷九一七所收杨炎撰《四镇节度副使右金吾大将军杨公神道碑》（亦收入《全唐文》卷四二二）："嗣子预，有霸王之

---

[1] 羽田亨 1957，77 页。
[2] 参见戴密微 1984，214—216 页。
[3] 参见托玛斯 1955；王尧 1986。
[4] 例如戴密微 1984，215 页。
[5] 参见上书，216—217 页。

略,好俶傥之奇,初以右武卫郎将见于行在。天子美其谈说,问以中兴。遂西聚铁关之兵,北税坚昆之马,起日城,开天郎,特拜左卫将军兼瓜州都督、关西兵马使,又迁伊西北庭都护。"杨预迁伊西北庭都护的时间,吴廷燮《唐方镇年表》卷八及其《考证》卷上作乾元二年(759);郁贤皓《唐刺史考》第三编作约乾元、上元间,郁说是。我的理由是:

敦煌出土P.4698号文书《残公事文》(据缩微胶卷):

(前缺)
1. 副使太常卿兼侍御史知留后事李秀璋
2. 使太常卿兼御史大夫杨
3. 大使彭王　在内

这件文书中的李秀璋又见于《全唐文》卷五〇所收德宗《赠杨休明等官诏》(据《旧唐书·德宗纪》上为建中三年五月丙申诏),作"故西州刺史兼御史中丞李琇璋"。考证这份文书的关键人物是"大使彭王"。《唐大诏令集》卷三六收有乾元三年闰四月《授彭王仅等节度大使制》(亦见于《旧唐书·彭王仅传》《全唐文》卷四二),其中有"彭王仅可充河西节度大使,兖王僴可充北庭节度大使"(值得注意的是没有委任四镇节度大使),并不出阁。据《旧唐书·肃宗纪》,乾元三年闰四月辛酉朔,甲子(四日)制彭王仅等节度大使,己卯(十九日)改乾元为上元。又据《旧唐书·彭王仅传》,彭王为肃宗第五子,于受任河西节度大使同年薨。[1]因此,上述P.4698号文书年代可断在上元元年(760)。所谓"在内",即"并不出阁"。由此可知上元元年在任河西节度使为姓杨的某人。

然而戴密微对P.2555号文书中《为肃州刺史刘臣璧答南蕃书》

---

[1] 参见《旧唐书·彭王仅传》,3386页。

进行了绵密考证。[1]该文书第35—37行（据缩微胶卷）提到"今我河西节度使吕公……拥旄羗四载"，戴密微的解释是：河西节度使杜鸿渐于758年离任后，"事实上，吕崇贲应该是于759年被敕授为河西节度使的。当时，实际上是由一位叫来瑱的人接替了杜鸿渐；但这位官员没有能到任，由于军事原因而被阻留在中原，因此又另委新任（《唐书》卷一四四，《来瑱传》，1页）"[2]。戴密微将文书中的"吕公"比定为吕崇贲确属高明之见，可惜，将其受任之年断在759年却太牵强。《唐方镇年表》将吕崇贲受任之年断在上元元年（760），《唐刺史考》从之。考虑到戴密微的断代并无特别的理由，我们可以接受"上元元年"说。吴廷燮将吕崇贲任河西节度下限断在宝应元年（762）与P.2555所说吕公"拥旄羗四载"说不合，不可取。当然，戴密微考订的P.2555号文书的断代也应顺延到763年。而且，尚赞摩参与（据《大事纪年》）的攻陷唐朝京师之役在广德元年（763）冬十月（《通鉴》卷二二三），与P.2555所述事件并不矛盾。[3]换句话说，吕崇贲实际接替的是上引P.4689号文书中提到的河西节度使杨某。这位杨某就是在杜鸿渐于758年初离任后到吕崇贲760年接任这两年多时间里担任河西节度使的，或者，考虑到副使知留后事李秀璋的存在，杨某至少是在彭王受节度大使时任节度使的。遍查河西诸州长官（主要据《唐刺史考》），乾元年间在任的只有瓜州都督杨预和伊州刺史袁光庭，因此，我认为P.4689号文书中姓杨的河西节度使只能是杨预，他于上元元年彭王去世前后"又迁任伊西北庭都护"，于是，李秀璋也同杨预一道迁到西州刺史任上。敦煌县博物馆藏《大唐都督杨公纪德颂》，一般断代在肃、代之间。其中说杨公曾任"河西副持节"，后又"除伊西庭节度等使"。

---

[1] 参见戴密微1984，401—423页。
[2] 同上书，421页。
[3] 有兴趣者还可根据这些资料进一步探讨广德元年发生的事件，因为据P.2555第21—22行说，尚赞摩"秉东道数节"。

唐长孺先生认为"都督杨公"应是沙州都督[1]；安家瑶则直接说："杨公应就是杨志烈。"[2]将《纪德颂》与P.4689号文书等材料联系起来考虑，我们认为，如果断代不误的话，《纪德颂》的主人有可能是瓜州都督杨预。因为二者事迹几皆重合，而杨预在出任大使彭王的副手之前，也有可能改任沙州都督。因来瑱未能到任，杨预即由沙州都督改迁河西副使。军兴之际，迁转迅速是可以理解的。

《旧唐书·地理志》三北庭都护府条下有"上元元年陷吐蕃"的记载。吐鲁番地区文管所柳洪亮据1984年12月上旬在哈拉和卓古墓群东边发现的84TKM383:1号《高耀墓志》加以否认[3]；新疆博物馆的吴震却肯定"上元元年北庭一度陷于吐蕃"，并说"杨预可能死于此事"[4]。我基本同意柳洪亮的意见。《旧唐书·地理志》三的记载是一条孤证，上元元年西、伊二州均在唐手，很难设想吐蕃能攻陷北庭。总之，杨预这时并没有死；兖王僴据本传也要到宝应元年才薨。顺便说说，吴震1988文有缺陷。如他说《全唐文》卷二八六所收张九龄起草的致瀚海军使盖嘉运的敕书中"且西、庭虽无节度，受委固是一家"的意思是"西域镇兵无论安西或北庭（乃至河西），总是相互支持、协同行动的"[5]。实际上，这里的西、庭是指西州和北庭，当时已移隶属四镇节度[6]，见该书同卷《敕碛西支度等使章仇兼琼书》："西、庭既无节度，缓急不相为忧。藉卿使车，兼有提振，不独长行、转运、营田而已。"吴又说盖嘉运"以北庭都护（或节度使）却率兵讨伐与安西邻近的小勃律"[7]，实际上，如本书第四章第三节所说，盖嘉运讨苏禄余孽时已是碛西节度、安西都护了。如此等等。

---

〔1〕参见唐长孺1980，5页。
〔2〕安家瑶1982，258页。
〔3〕参见柳洪亮1985（2），65页。
〔4〕吴震1988，66及67页注10。
〔5〕同上文，63页。
〔6〕《旧唐书·玄宗纪》，203页。并请参《新唐书·方镇表》四，1866—1867页。
〔7〕同本页注〔4〕。

宝应元年（762）吐蕃陷伊州，同年又为唐军收复，《新唐书·地理志》四记宝应元年高昌改前庭，蒲类[1]改后庭，新置西海县等措施就反映了唐朝在河西和伊西庭防务上所做的调整。[2]总之，这场战争显然非常激烈残酷。西、庭军队肯定投入了战斗，杨预很可能就死于此役。[3]《高耀墓志》说："公德业日新，嘉声远播，宝应二年特加银青光禄大夫试卫尉卿充伊西庭支度营田副使。"[4]高耀由朝议大夫（正五品下）特加至银青光禄大夫（从三品），一下子超擢六资，显然是在前一年立了战功。伊州的收复是在河西军将参与下实现的，池田温刊布的一份龙谷大学图书馆收藏的橘瑞超文书还提到广德三、四年（765—766）西州前庭县驻有河西军将。池田温为这件文书定名《唐广德三年（765）、四年（766）西州高昌县百姓周思温牒》。[5]池田先生看来忽略了高昌已于宝应元年改前庭这一事实。P.3918跋文还提到贞元八年（792）有"西州长史兼判前庭县事"，改名一事是不会错的。"广德四年"亦见于《高耀墓志》，和高耀个人的经历无关[6]，实际上是因为广德元年吐蕃尽陷关陇，河西和西域与朝廷的联系就中断了，到永泰元年（765）才经回纥联系上。[7]

我认为，救伊州、入西州之河西军将很可能是由杨志烈率领的，宝应元年杨预死后，他就接任了伊西北庭都护或伊西北庭节度观察使[8]（北庭节度大使究王于是年薨）。吐鲁番阿斯塔那509号墓出土

---

[1]《元和郡县图志》卷四〇作"金蒲"，《太平寰宇记》卷一五六作"金满"，当是。
[2] 这是个值得专门研讨的题目。吴震曾宣布他已就此撰有《唐瓜州西海县之建置与方位考》待刊（吴震1988，注10）。现在看来，他并没有取得突破性进展（见吴震1989）。
[3] 我做这种判断的主要依据：一是杨志烈于广德元年（763）兼伊西庭观察使，杨预之死当在此前；二是据P.4698，李秀璋与杨预曾一起共事，但在德宗《赠杨休明等官诰》（《全唐文》卷五〇）中李秀璋却是与杨休明一起受赠。显然，杨预死要比李秀璋早。就现有资料看来，这样的机会只有宝应元年吐蕃陷伊州这一次。
[4] 柳洪亮1985（2），64页《高耀墓志》录文16—17行。
[5] 参见池田温1979，445页。
[6] 吴震的意见和我们正好相反，参见吴震1988，65页。
[7] 参见《通鉴》卷二二四。关于回鹘道的情况，见《元和郡县图志》卷四〇，庭州条。
[8] 这后一个官衔是从《赠杨休明等官诰》中杨休明的官衔得知的。《千唐志》所收《唐故朝散大夫使持节丹州诸军事守丹州刺史杨公（乾光）墓志铭》则说："祖休明，河西伊庭节度使，赠司空。"

的《元年（762）建午月四日西州使衙榜》最后一行（第10行）署有"使、御史中丞杨志烈"[1]。肃宗上元二年（761）九月壬寅去年号但称元年，以建子月为岁首。然而到建巳月甲子（四月十五日）又改元宝应，复寅正。[2]既然文书上仍用建午月，应该名从主人，池田温定名为宝应元年无道理。看来，这份文书很可能是杨志烈复伊州、入西州不久就发布的文件。

广德元年（763），杨志烈继吕崇贲，改任河西[3]兼伊西北庭节度观察使。杨志烈及其继任者的主要事迹与河西诸州的相继陷落密切相关。据《元和郡县图志》卷四〇，凉州广德二年（764）陷蕃，甘州永泰二年（766，是年十一月改大历）陷蕃，肃州大历元年陷蕃，瓜州大历十一年（776）陷蕃。[4]很显然，这是吐蕃继陷关陇以后的军事进攻重点的转移。戴密微认为："吐蕃人的征战是由东向西推进的，这无疑是按照一种企图切断这些边塞州城和中原联系的战略方针行事的。"[5]这个问题看来还有讨论的余地。我没有看到反映吐蕃人这种主观意愿的资料。我认为，吐蕃人的活动呈现这种趋势主要是限于兵力等方面的客观条件。因为在此之前，吐蕃也曾分兵进攻过伊州和肃州，均未得手。

据史料记载，广德二年年底，吐蕃围凉州，杨志烈被迫逃向甘州，凉州遂陷[6]。《新唐书·代宗纪》：永泰元年（765）"十月，沙陀杀杨志烈"。《通鉴》卷二二三总记杨志烈事迹说："志烈奔甘州，为沙陀所杀。沙陀姓朱耶，世居沙陀碛。因以为名。"戴密微认为，杨志烈"于765年被害于甘州"[7]。这里显然有误。首先，杨志烈既然

---

[1] 池田温1979，493页。
[2] 参见陈垣1978，98页。
[3] 参见《旧唐书》之《吐蕃传》上，5239页；戴密微1984，421页。
[4] 参见《元和郡县图志》卷四〇，1018、1021、1023、1027页。
[5] 戴密微1984，219页。
[6] 请参《旧唐书·吐蕃传》上，《代宗纪》；《通鉴》卷二二三，7168—7169页。
[7] 戴密微1984，421页。

死于永泰元年，那么，他的死便与次年甘州的陷落没有直接的关系。其次，史载沙陀徙甘州在贞元六年（790）吐蕃陷北庭之后[1]，那么，杨志烈之死就不应在甘州，而应在沙陀所居之北庭附近。能对此加以证实的史料找到了。敦煌出土 P.2942 号文书《唐年次未详（约 765 年）河西节度使判集》[2]第 46 项（190—216 行），题为"伊西庭留后周逸构突厥杀使主，兼矫诏河已西副元帅"，说的就是杨志烈被杀的事。该文书第 1、11、35、87、145、146 等行都提到了"尚书"，且第 145 行说"玉门过尚书"，显然即是第 197 行提到被周逸杀害的尚书。第 191 行提到的"副帅"（当为"元帅"之误），第 219 行提到的"元帅"也都是指此人，此人即判文题目中的"使主"。注意到同文书第 47 行提到"（杨）休明肃州少物"，第 92 行提到"肃州使司"，第 97 行提到"肃州刺史王崇正"，可以肯定杨休明当时正主持迁到肃州的使司，比照 P.4698 号文书，他当时的身份很可能是"副使知河西节度留后事"（因为同时有相应的伊西庭节度留后周逸）。那么这份文书中的尚书，无疑就是被周逸杀害的"使主"杨志烈。杨休明是杨志烈的继任者，参照《赠杨休明等官诏》，可知杨志烈当时的官衔至少也应是"河西兼伊西北庭节度观察使、检校工部尚书兼御史大夫"。

通观整个判文集所叙有关史实，结合文献史料[3]，我认为，杨志烈之死是反叛的仆固怀恩唆使周逸所为。仆固怀恩本铁勒部酋，其女嫁回纥牟羽可汗移地健，与回纥关系非同一般。众所周知，广德二年怀恩于灵武起兵反唐，就是引回纥、吐蕃一起入寇。[4]杨志烈曾派兵（一说亲自）与怀恩战于灵州，败绩。志烈弃凉投甘，亦与

---

[1] 参见《新唐书·沙陀传》，6154 页；《通鉴》卷二三七，7651 页"沙陀勇冠诸胡"条及同条《考异》引赵凤《后唐懿祖纪年录》；《新五代史·后唐庄宗纪》上；《旧五代史·后唐武皇纪》上。
[2] 录文见池田温 1979，493—497 页。此件长达 228 行，存 47 项及不完整 1 项。保存了当时河西政治、经济、军事等方面的极为重要的资料。
[3] 同 201 页注［6］。并参《新唐书·仆固怀恩传》，6365 页以下。
[4] 参见《通鉴》卷二二三，7166 页。

兵败不无关系。[1]杨志烈到甘州不久便亲自西出玉门巡视管内并征调军兵救援河西。然而，当时西域与朝廷交通已经借道回纥，伊西庭留后周逸并同怀恩有所勾结，遂受其唆使借与北庭相依之沙陀突厥兵将杨志烈击杀。《判集》最后一项是"周逸与逆贼仆固怀恩书"，惜已残缺。总之，杨志烈被杀时（十月）仆固怀恩已经暴卒（九月八日丁酉），周逸看来还不知道。

周逸的结局没有直接明确的资料。《判集》第209—210行有"彼道军将，早挹忠贞。数州具寮，素高节操"；第213行有"既要留后，任择贤良，所贵当才，便请知事"等文字，联系到前述当时西州有刺史李秀璋，北庭有伊西庭支度营田副使高耀等忠于唐朝官员的情况，以及周逸只能勾结沙陀兵行动，估计他在仆固怀恩死后也就随之灭亡了。

上述《判集》第46项的最后一语是"仍录奏闻，伏待进止"。这与文献史料记载对事情的善后处理正好相应。《通鉴》卷二二四永泰元年"闰十月，乙巳，郭子仪入朝……河西节度使杨志烈既死，请遣使巡抚河西及置凉、甘、肃、瓜、沙等州长史。上皆从之"。看来，杨休明就此袭任了杨志烈遗留的职位。《通鉴》同卷记载：永泰二年"夏，五月，河西节度使杨休明徙镇沙州"。看来，当时甘州已经陷落，吐蕃兵逼肃州，使衙被迫再迁。上引《判集》第47项为"差郑支使往四镇索救援河西兵马一万人"，很可能就是在这种情况下采取的应急措施之一。

目前，人们一般是据颜真卿所撰《唐故太尉广平文贞公宋公（璟）神道碑侧记》（《全唐文》卷三三八）等资料来推断从大历二年（767）开始，由周鼎担任了河西节度。[2]我注意到，在所有的资料中，周鼎的职务都只是河西节度而没有"兼伊西庭节度观察使"，因

---

[1] 参见《通鉴》卷二二三，7168—7169页。
[2] 参见《唐刺史考》，430—431页。参戴密微1984，220页以下。

此，我认为，从大历二年起，河西与伊西庭又分为二节度，杨休明实际上专任伊西庭节度观察使去了。大谷文书1035号第3行："大历二年二月 日节度副使大将军令狐☐☐"[1]，此人，应该是杨休明的一个副手。吴廷燮《唐方镇年表》卷八推测杨休明卒于大历三年前后，《唐刺史考》第三编作四年，但都没有举出如此断限的理由。我认为，杨休明和李秀璋之死应在大历七年（772）以后、建中二年（781）伊州陷蕃之前。大历七年曹令忠初次与朝廷通使时称"北庭都护"（见《唐大诏令集》卷一一六，《喻安西、北庭诸将制》。又据《旧唐书·代宗纪》，是年八月庚戌赐曹令忠姓名为李元忠）；建中二年李元忠、郭昕遣使时李元忠已称"伊西北庭节度观察使"（《全唐文》卷五〇，《赐李元忠、郭昕诏》），而郭昕还是"留后"。我注意到，李元忠这后一个官职承袭的正是杨休明大历二年以后的官职。此外，大历七年《喻安西、北庭诸将制》没有提杨休明和李秀璋（比较建中三年《赠杨休明等官诏》），但却说到"以答西州贤士大夫忘身报国之诚"，这足以说明当时西州的形势和杨休明等人的处境。很可能，这就是指杨、李二人死国一事。

由此可见，伊、西、北庭并不是一开始就是由李元忠统辖的。退一步说，即使大历七年《喻安西、北庭诸将制》中"每念战守之士，十年不得解甲"一句具有实在意义，李元忠（曹令忠）任北庭都护也只能是广德元年的事。

唐安西四镇留守与吐蕃取西域

下面再看一看四镇的情况。至德二载（757）和大历二年间，曾改安西为镇西。[2]

---

[1]《大谷文书》，7页。
[2] 参见《通鉴》卷二二〇，7051页；同书卷二二四，7197页。

首先，我们看到，乾元三年闰四月的《授彭王仅等节度大使制》中有河西、北庭、陇右，却无四镇/镇西，比较至德元载七月丁卯上皇（玄宗）制丰王珙为河西、陇右、安西、北庭节度大使[1]的情况，很值得注意。无论如何，不能认为乾元三年没有四镇建制，因为就在这年春正月，唐朝还以于阗王胜之弟曜同四镇节度副使、权知本国事。[2]

其次，在前引P.2942《唐年次未详（约765年）河西节度使判集》中，第41项（164—169行）题为"朱都护请放家口向西，并勒男及女聟送"，其中第166行提到"朱都护久典军州，饱谙边务"[3]。如上所述，广德元年（763）曹令忠已任北庭都护，因此，这个朱都护只能是镇西（安西）的都护。从该项判文的内容来看，当时四镇地区相对河西还要安定一些，所以朱都护想把家口接到那里去。同上《判集》第47项（217—226行）题为"差郑支使往四镇，索救援河西兵马一万人"，其中第223行提到"四镇骁雄，伫排风而骤进"[4]，可见当时四镇唐军还相当有实力。

再次，《唐大诏令集》卷一一六所收常衮撰《喻安西、北庭诸将制》（亦收入《全唐文》卷四一四）中提到："河西节度使周鼎，安西、北庭都护曹令忠、尔朱某等，义烈相感，贯于神明，各受方任，同奖王室……微三臣之力，则度隍逾陇，不复汉有矣。"《旧唐书·代宗纪》：大历七年"八月庚戌，赐北庭都护曹令忠姓名曰李元忠"。可见前引制书在赐姓名之前。"安西、北庭都护曹令忠、尔朱某"这种笼统的提法不妨碍依据其他资料进行判断。如在《旧唐

---

[1] 参见《旧唐书·玄宗纪》下。《旧唐书·丰王珙传》作"河西陇右安西北庭等路节度大使"，《通鉴》卷二一八作"河西陇右安西北庭节度使"，《新唐书·丰王珙传》作"河西陇右安西北庭节度大使"。按：唐朝称"道"不称"路"，当以《新唐书》所记为是。
[2] 参见《新唐书·于阗传》，6236页；《通鉴》卷二二一，7090页。《新唐书·百官志》四下说每道有"同节度副使十人"（1309页），无乃过乎？
[3] 池田温1979，496页。
[4] 同上书，497页。

书·德宗纪》上也有"初，李元忠、郭昕为伊西北庭留后"的笼统提法，其中"伊西"是"安西"之误。既然曹令忠是北庭都护，与之并提的尔朱某就只能是安西都护。而且，这个尔朱某很可能就是P.2942提到的朱都护。

大历七年左右杨休明战死，李元忠接任了伊西北庭节度观察使之职。《全唐文》卷五〇所收《赐李元忠、郭昕诏》："伊西北庭节度观察使李元忠可北庭大都护；四镇节度留后郭昕可安西大都护、四镇节度观察使。"[1]其将吏已下，叙官可超七资。"据《通鉴》卷二二七，此诏乃建中二年（781）秋七月戊午朔日所下。《新唐书·于阗传》："初，德宗即位，遣内给事朱如玉之安西，求玉于于阗，得圭一，珂佩五，枕一，带胯三百，簪四十，食三十，钏十，杵三，瑟瑟百斤，并它宝等。及还，诈言假道回纥为所夺。久之事泄，得所市，流死恩州。"德宗即位次年改元建中。朱如玉假道回纥使于阗，当与建中二年《赐李元忠、郭昕诏》不无关系。总之，郭昕最多也是在大历七年以后才以"四镇节度留后"的身份活动。《旧唐书·郭幼明传》说"昕阻隔十五年，建中二年，与伊西北庭节度使李元忠俱遣使于朝"，恐有未安之处。

建中四年（783）春正月，唐蕃清水会盟[2]，同年十月便发生了"泾原兵变"。唐朝借吐蕃兵讨朱泚，曾许诺成功则以四镇、北庭隶属吐蕃。次年六月，朱泚平。李泌以为："安西、北庭又分吐蕃之势，使不能并兵东侵，奈何拱手与之！"遂不果予。[3]

贞元三年（787）闰五月，吐蕃于平凉劫盟。[4]是年，沙州在经

---

[1] 《唐大诏令集》卷一〇七所收《优奖安西北庭将士诏》中无此句。"节度观察使"，《旧唐书·郭昕传》、《通鉴》卷二二七均作"节度使"。"李元忠可北庭大都护"，《通鉴》作"加元忠北庭大都护"，是。《新唐书·地理志》四说："建中二年，元忠、昕遣使间道入奏，诏各以为大都护，并为节度。"（1048页）颇失其真。

[2] 参见《旧唐书·吐蕃传》下；《旧唐书·张镒传》；《通鉴》卷二二八。

[3] 参见《通鉴》卷二三一，7442页。参《陆宣公奏议》制诰卷十，《慰问四镇北庭将吏敕书》、《赐吐蕃将书》（均已收入《全唐文》卷四六四）。

[4] 详见两唐书《吐蕃传》；《册府元龟》卷九八一，外臣部盟誓门。

过长期坚守以后终于陷落了。[1]但是，唐朝仍通过借道回纥等途径继续与西域守军保持联系。《通鉴》卷二三二记载了贞元三年秋七月发生的一件事："初，河、陇既没于吐蕃，自天宝以来，安西、北庭奏事及西域使人在长安者，归路既绝……（李）泌曰：'此皆从来宰相之过，岂有外国朝贡使者留京师数十年不听归乎！今当假道于回纥，或自海道各遣归国……'于是胡客无一人愿归者，泌皆分隶神策两军，王子、使者为散兵马使或押牙，余皆为卒，禁旅益壮。"这件事已为1955年冬在西安西郊土门村发现的汉、婆罗钵文双体合璧《苏谅妻马氏墓志》所证实[2]，所以，肯定当时仍在利用回纥道也是不会错的。

现在，随着学者们对本地出土的汉文文书及各种胡语文书的深入研究，安史乱后唐朝西域的军政体制及社会生活状况正在逐步得到阐明。[3]总之，直到贞元四、五年间（788—789）悟空归国经行此地，唐朝在安西四镇和西州、北庭的统治仍十分巩固、完善。而且，悟空在北庭正遇上刚到该地的唐朝四镇、北庭宣慰中使段明秀，然后，又是和他及安西、北庭的奏事官一道"取回鹘路"入朝的。[4]不过，这条"回鹘路"并不是轻易可以利用的。回鹘除了"肆行抄夺""诛求无厌"[5]之外，由于笃信摩尼[6]，还对其他宗教采取排斥态度。悟空因为可汗"不信佛法，所赍梵夹，不敢持来，留在北庭龙兴寺藏所译汉本，随使入都"[7]。

---

〔1〕 参见《新唐书·吐蕃传》下，6101页。有关沙州陷蕃时间诸说参饶宗颐1982，687—688页。我亦取戴密微说，见戴密微1984，225页以下。
〔2〕 参见夏鼐1964及刘迎胜1990。
〔3〕 参见张、荣1983（2），69页以下；张、荣1988，60—69页；荣译哈密屯1988，133页以下。
〔4〕 参见《大正藏》卷五一，981页上栏。
〔5〕 《旧唐书·回纥传》，5209页。
〔6〕 《通鉴》卷二三七，"是岁回鹘入贡"条胡注："回鹘之摩尼，犹中国之僧也；其教与天竺又异。按《唐书会要》十九卷：回鹘可汗王令明教僧进法入唐。大历三年六月二十九日，敕赐回鹘摩尼，为之置寺，额赐为'大云光明'。六年正月，敕赐荆、洪、越等州各置大云光明寺一所。"（7638页）《唐书会要》未知是何书，"明教"为唐代对摩尼教的称呼，见于《九姓回鹘可汗碑》。参沙畹、伯希和《摩尼教流行中国考》，见冯承钧《译丛八编》，59、64页。
〔7〕 同本页注〔4〕。

从贞元五年（789）冬天开始，吐蕃向唐朝西域发动大规模进攻。至次年四月左右，吐蕃与早已南迁十姓可汗故地的三姓葛逻禄[1]等攻陷北庭。[2]到这年年底，整个西域就只剩下"西州犹为唐固守"。据《通鉴》的说法，是年秋回鹘大相与北庭节度杨袭古将复北庭，又为吐蕃所败，回鹘杀袭古。"安西由是遂绝，莫知存亡，而西州犹为唐固守。"[3]迄今为止，在和田出土的唐代汉文文书最晚的纪年是贞元六年十月四日。[4]《赞普传记》第八也说到娑悉笼腊赞时，"没庐·墀苏茹木夏领兵北征，收抚于阗归于治下，抚为编氓并征其贡赋"。斯坦因亦认为吐蕃占领于阗是在790年。[5]这些与《通鉴》的说法是相应一致的。但是，目前还没有资料能说明安西其余三镇陷落的确切时间。贞元八年（792），西州也陷落了。敦煌出土P.3918（2）号文书《佛说金刚坛广大清净陀罗尼经》跋文为贞元九年（癸酉岁）十月十五日西州没落官、甘州寺户、唐伊西庭节度留后使判官、朝散大夫、试太仆卿赵彦宾所写，其中说到"去年西州倾陷"，森安将此解释为"790年秋以后792年以前陷于吐蕃的西州在792年归到回鹘手中"。[6]我认为森安曲解了原文的意思。试想，在"蕃法唯正岁一日许唐人没蕃者服衣冠"[7]的情况下，如果西州已在吐蕃治下三年，赵彦宾还会在写经中说自己是唐官吗？而且如果西州已经沦陷三年，赵彦宾早就应该沦为寺户了，何必再迁这样的人到甘州？我们只见到吐蕃在北庭得胜以后将沙陀迁往甘州的例子，没听说打了败仗还会带着寺户们逃命。实际上赵彦宾应该是在吐蕃

---

[1] 参见《新唐书·回鹘传》下附《葛逻禄传》，6143页；《新唐书·突厥传》下，6069页。
[2] 有关吐蕃陷北庭事，史料多有歧异。我排比研究了各种说法，认为《通鉴》卷二三三的说法最为可取。近年国外学者在这个问题上的讨论，其实主要是对汉文史料的理解、驾驭问题。参森安1979，203页以下。
[3] 《通鉴》卷二三三，7522页。又，森安认为贞元七年（791）回鹘在北庭对吐蕃取得了胜利，见森安1976，202页；并参森安1985，247—257页。
[4] 参见马伯乐1953，187页所刊Mr.tagh.0634号文书。
[5] 参见斯坦因1921，207页。转引自张、荣1988（2），79页。
[6] 森安孝夫1979，229页。
[7] 《元氏长庆集》24，转引自王忠1958，135页。

陷西州时被俘或被掠卖的。

吐蕃人追求了近一个半世纪的目标终于达成了。此后，与吐蕃在西域对抗的不再是唐朝而是回鹘。唐朝的退出预示着西域乃至整个亚洲大陆的强权政治时代行将结束，因而，吐蕃保有其胜利的时间远不如它为争取这个胜利的时间长。

第二节 "蕃军太半西御大食"说考辨

吐蕃与大食抗争的若干迹象

《旧唐书·大食国传》："贞元中，与吐蕃为勍敌。蕃军太半西御大食，故鲜为边患，其力不足也。"贞元二年（786）韩滉上《请伐吐蕃疏》说："吐蕃盗有河湟，为日已久。大历以前，中国多难，所以肆其侵轶。臣闻其近岁以来，兵众寖弱，西迫大食之强，北病回纥之众，东有南诏之防。"[1]贞元三年，李泌亦欲结回纥、大食、云南、天竺共图吐蕃，其年九月上言中有："大食在西域为最强，自葱岭尽西海，地几半天下，与天竺皆慕中国，代与吐蕃为仇，臣故知其可招也。"[2]这些就是有关这一时期吐蕃与大食关系的全部汉文史料。我们也注意到，从大历五年（770）以后到贞元元年（785）这一段时间，吐蕃与唐朝之间争战的激烈程度确实大不如广德、大历间那些年。而且，建中二年（781）以后，唐朝中央与其西域守将间

---

[1] 《册府元龟》卷四四六，将帅部生事门。此疏亦收入《旧唐书·韩滉传》及《全唐文》卷四三四。
[2] 《通鉴》卷二三三，7305页。孙永如1991文论述"元和中兴与吐蕃、大食在中亚的冲突"，所据仅贞元二、三年间唐人议论，与元和相去甚远；且未能考虑吐蕃、大食的内政变化，尤其是漠北强大的回鹘政权的作用，其说很难令人信服。《新唐书·四夷传》总序略云："凡突厥、吐蕃、回鹘以盛衰先后为次；东夷、西域又次之，迹用兵之轻重也；终之以南蛮，记唐所繇亡云。"（6027—6028页）陈寅恪谓："故观察唐代中国与某甲外族之关系，其范围不可限于某甲外族，必通览诸外族相互之关系，然后三百年间中国与四夷更迭盛衰之故始得明了，时当唐室对外之措施亦可略知其意。"（陈寅恪1982，128页）治唐史者，可不慎与！

联系较多，有关"蕃军太半西御大食"的说法应该是有来由的。虽然直到190/806年拉费厄（Rāfi'b.layth b.naṣr b. sayyār，此人即白衣大食最后一任呼罗珊总督纳斯尔的孙子）在萨末鞬起事[1]之前都没有吐蕃人向西活动的直接证据，但阿拉伯文、波斯文史料中记载的一些事件却很可能与吐蕃有关。

白拉祖里《诸国之征服》445页："黑密牟尼曼苏尔（al-Manṣūr）任命希沙木（Hisham b.'Amr al-Taghlibī）为信德（al-Sind）总督。他征服了从前未被征服的地方，并派阿木尔（'Amr b. Jamal）率舰队前往Narind。他还前往印度（al-Hind）诸地并征服了箇失密（Kashmīr/Kishmīr），掳获许多俘虏与奴隶。"据塔巴里《年代记》可知，希沙木担任信德总督的任期为151—157/768—774年[2]，而其主要事迹都被系于初上任的151/768年。[3]因此，可以肯定大食进攻箇失密属于希沙木任职初期的事。从塔巴里的《年代记》可以看出，大食人向东方的扩张基本上在白衣大食时期就完成了。黑衣大食代兴以后，在东方主动出击的次数屈指可数。然而，就在152/769年，塔巴里书又记载："这一年，胡买德（Ḥumayd b. Qaḥṭabah）入侵高附（Kābul），曼苏尔任命他为呼罗珊总督。"[4]这可以作为我们推测大食攻打箇失密时间的佐证。那么，吐蕃对此不可能无动于衷。而且，据研究，箇失密名王木多笔已于760年去世，此后其国内陷入混乱，吐蕃有可能趁机介入其事务。[5]

尽管大食人主动出击的次数不多，但大食治下的呼罗珊东部的叛乱活动却不少。从塔巴里的记载来看，767、777、778—780年都

---

[1] 河中地区的这次叛乱从806年持续到810年，详见塔巴里《年代记》卷3，707页及以下各页。参巴托尔德《文集》卷1，258—259页；米诺尔斯基1948，301—303页；沙班1976，37—38页。
[2] 参见塔巴里《年代记》卷3，359、380页。
[3] 同上书，362—364页。
[4] 同上书，369页。
[5] 参见关根秋雄1978，113页。

发生了叛乱。[1]其中规模最大的要数150/767年由塞斯老师（Ustādh-Sīs）领导的也里、纳商（Pūshang）和报蚕希里（Bādghis）的挹怛人的起义，并得到其塞斯坦同族的支持。他们曾在其捺塞率领下在阿拔斯革命中与并波悉林连兵，后来才发现他们的合作不仅无益，反倒损害了他们自己的利益。他们这次起事就是想重建对自己那些小王国的统治。这场叛乱当年就被镇压下去了。据沙班研究："这次胜利的一个重要成果就是挹怛人普遍改宗伊斯兰。他们的首领之一就是纳商的穆斯阿伯（Muṣ'ab b. Ruzayq），他的后裔——塔黑尔家族（Ṭāhirids）很快就要在伊斯兰史上起重要作用。"[2]吉布曾评论说："呼罗珊东部那些在宗教运动引导下的经常性叛乱表明，许多人对征服者们仍然满怀仇恨。"[3]他说的也许是对的。但是，我们看到，就在767年的事件中，大食军队先是筑起营垒等待并奥恩（Abu 'Aun）等人率领的援军从吐火罗赶来；后来，尽管并奥恩姗姗来迟，逃进深山的塞斯老师及其追随者却偏偏向他表示无条件投降[4]。这些奇怪的现象令人疑惑。并奥恩（此人后来在159/775—776年继任呼罗珊总督）的吐火罗驻军因何延误军机？莫非在这些叛乱中已有吐蕃人的介入，如后来在拉费厄事件（806—810）中然？

西域的"吐、葛、黠联盟"

《全唐文》卷四六四收有陆贽撰《赐安西管内黄姓纛官铁券文》（并收入《唐大诏令集》卷六四，但有脱讹）："维贞元二年岁次丙寅，八月丁巳朔，三日己未，皇帝若曰：咨尔四镇节度管内黄姓纛

---

[1] 参见塔巴里《年代记》卷3，354—358、470—471、484、494等页。
[2] 沙班1976，15—16页。
[3] 吉布1923，98页，并参99页注16引布朗《波斯文献史》(E. G. Browne, *A Literary History of Persia*)卷1，308页等。
[4] 参见塔巴里《年代记》卷3，357—358页。

官、骠骑大将军行左金吾卫大将军员外置同正员、兼试太常卿顿啜护波支,惟尔乃祖乃父,代服声教,勤劳王家,勋书于鼎彝,族列于藩籍。尔克绍先祖之烈,而重之以忠贞,嗣守职官,祗若朝化。率其种落,保我边陲。丹诚向化,万里如近。是用稽诸令典,锡以券书,若金之坚,永代无变。子孙继袭,作我藩臣,尔其钦承,勿替休命。"考虑到天宝元年唐朝也曾赐三姓叶护(前大矗官)都摩度阙颉斤铁券[1],可以相信这件事是真实的。《新唐书·回鹘传》下附《葛逻禄传》说:"至德后,葛逻禄寖盛,与回纥争强,徙十姓可汗故地,尽有碎叶、怛逻斯诸城。"然而,据同书《突厥传》下记载,实际上是:"至德后,突骑施衰,黄、黑姓皆立可汗相攻,中国方多故,不暇治也。乾元中,黑姓可汗阿多裴罗犹能遣使者入朝。大历后,葛逻禄盛,徙居碎叶川,二姓微,至臣役于葛禄;斛瑟罗余部附回鹘。"因此,我认为,虽然不排除一部分葛逻禄人先期向南渗透的可能,但三姓葛逻禄的主体应该是大历年间南迁的。[2]白桂思以怛逻斯战役(751)中有葛逻禄参加作为其主体早已南下的论据[3],其实未必充分。因为,实际上早在开元五年(717)阿史那献就曾经兴发过葛逻禄讨击突骑施苏禄[4],但那并不能作为葛逻禄南徙的证据。《新唐书·地理志》四北庭大都护府条:轮台县"有静塞军,大历六年置";大历七年曹令忠、尔朱某与朝廷联系,这些可能都与葛逻禄南迁的形势有关。在这样的背景下,贞元二年唐朝赐突骑施黄姓矗官铁券这件事就很有意义了。联系到贞元五、六年间吐蕃与葛逻禄连兵在北庭附近与回鹘的争战[5],可以认为,唐朝联络突骑施反映了一种利用矛盾与吐蕃、葛逻禄联盟进行对抗的企图,尽管突

---

[1] 参见《册府元龟》卷九七五,外臣部褒异二。
[2] 参见王小甫1984,95页。近年发现的有关碑文资料见白桂思1987,126页注113。
[3] 参见白桂思1987,126页注114。
[4] 参见《新唐书·突厥传》下,6065—6066页;《通鉴》卷二一一,6728页。
[5] 参见《旧唐书·回纥传》,5209—5210页。

骑施是否还具有实力已很难说。从这一件事情上又可发现，至少在贞元二年，吐蕃与葛逻禄间的军事同盟已然形成。如果贞元初年真有"蕃军太半西御大食"的形势，这个同盟不会不起作用。《新唐书·回鹘传》下附《坚昆传》：黠戛斯"常与大食、吐蕃、葛禄相依杖，吐蕃之往来者畏回鹘剽钞，必住葛禄，以待黠戛斯护送"。这反映的当然是以后吐蕃与回鹘在东部天山地区形成对峙时的情况。[1]不过，说大食亦卷入他们对付回鹘的军事同盟中却未必属实。从该传记载的情况来看，大食与黠戛斯的关系主要是商业关系。[2]相反，从后来的拉费厄叛乱中的情况看来，倒是回鹘（Toghuzghuz）和吐蕃、葛逻禄都卷入了旨在反对大食的军事行动。[3]

最后谈谈"大食之门"的建立问题。关于这座"门"即"吐蕃之门"的地理位置，本书第三章第二节里已经讲过了。如果接受米诺尔斯基的考证[4]，那么，可以认为所谓"大食之门"应该是在哈里发赖世德（Hārūn al-Rashīd，786—809）时代由178/794—795年任呼罗珊总督的法德勒（Faḍl b. Yaḥyā b. Khālid）修建的，而不是像雅古比所说是由哈里发马蒙（Ma'mūn，813—833）修建的。塔巴

---

[1] 参见王小甫1984，95—96页。后来的情况更复杂。《新唐书·坚昆传》说："回鹘稍衰，阿热（黠戛斯首领）即自称可汗。其母，突骑施女也，为母可敦；妻葛禄叶护女，为可敦。回鹘遣宰相伐之，不胜，挈斗二十年不解。"（6149页）开始呈现小国分立、政治纷繁的局面。

[2]《新唐书·坚昆传》中提到与大食关系的资料有三条，除了正文所引，另两条是：1. 黠戛斯"女衣毾㲪、锦、罽、绫，盖安西、北庭、大食所贸售也"（6147—6148页）。2. "大食有重锦，其载二十囊它乃胜，既不可兼负，故裁为二十匹，每三岁一饷黠戛斯。"（6149页）商业性质很明显。

[3] 同210页注[4]。三姓葛逻禄尤其是炽俟部在九、十世纪的中亚史中，在黑汗王朝的建立过程中起过很重要的作用。本人1986年拟作为硕士论文提交《三姓葛逻禄研究》，其中第一部分《Chigil为炽俟考》（收入拙著《边塞内外——王小甫学术文存》，东方出版社，2016年）考证突厥文回鹘碑铭及阿拉伯文、波斯文史料中的Chigil即三姓葛逻禄之一炽俟。Chigil的勘同，学界有炽俟和处月两说，影响对史料乃至对有关西北民族史的认识。其实，中古汉语"处"字昌母（照三）御韵遇摄。遇摄在中古主元音为o或u，故御韵与知照系声母相切只能读圆唇音[（见高本汉1941，148页；同作者1987，84—85页。参王力1982（1），248页］。伯希和举《阙特勤碑》以Likan译"吕向"为据，然"吕"字来母非知照系，不足为训，伯氏其惑乎！所以处月 *tɕ ʻio ŋĭwɐt 是不可能比定为Chigil的。而且，从史料记载的情况来看，处月的主体后来蜕变成了沙陀，其名称除有可能保存在沙陀酋长"朱邪"之姓中以外，不再作为部族名出现。

[4] 参见《世界境域志》，350页。

里《年代记》卷3之631页讲到法德勒在呼罗珊的主要政绩之一就是"在这里修建清真寺和戍边要塞（ribāṭ）"。雅古比在其《地理书》（Kitāb al-Buldān）中说："法德勒征服了吐火罗、迦毕试（Kābūlshāh）和识匿的许多村镇。"[1]在其《历史》书中，雅古比还提到法德勒在塔里寒（Ṭālaqān，今昆都士以东65公里处）附近战胜了突厥人。[2]法德勒修建的另一座著名的门在惹瑟知（Rāsht）地区。伊本·忽尔达兹比在其《道里与诸国志》有关"赤鄂衍那（al-Ṣāghāniyān）之路"那一节最后说："惹瑟知是呼罗珊在那个方向最遥远的地点，它位于两山之间。突厥人常常经由此处前来侵袭，所以Barmak家族的法德勒在那儿建造了一座大门。"[3]米诺尔斯基考证后得出结论："Rāsht肯定就是Garm（突厥语名称为Qarategin）。"[4]因此，可以肯定Rāsht地区就是《悟空入竺记》里提到的惹瑟知国，这里是连接十姓可汗故地和吐火罗地区的要道路口之一。

在794年，大食呼罗珊总督法德勒与之斗争的"突厥人"究竟是什么人呢？如果惹瑟知之门可以说是为了防止已经成为十姓可汗故地主人的葛逻禄南下侵袭的话，那么"大食之门"呢？如米诺尔斯基所指出的，"'突厥人'一词的使用在早期穆斯林文献里是很宽松的，甚至吐蕃人也被看作是突厥人"。[5]因此，如果法德勒的征服活动已经东达识匿的话，那么，他必然要和吐蕃人发生冲突，更何况我们知道，"大食之门"在这之前是叫"吐蕃之门"的。通过对这个问题的讨论我们可以看出：

1. 穿越葱岭的南北交通路线又被吐蕃与葛逻禄的军事联盟利用了起来，不难想象，这肯定是从吐蕃攻陷唐朝的安西四镇以前就开始了。

---

[1] BGA第七卷，304页。
[2] 参见雅古比《历史》卷2，492页。
[3] BGA第六卷，34页。
[4] 《世界境域志》，361页。
[5] 同上书，362页。

2. 吐蕃在其势力刚达到顶峰时就开始走下坡路了。不仅是 794 年建造了"大食之门"的法德勒已经东侵达识匿，而且 196/811—812 年马蒙（当时正在与其长兄艾敏 Amīn 争夺哈里发职位）还任命伊本·萨赫勒（Faḍl b. Sahl）为东方诸省"从哈马丹直到识匿（Siqīnān）和吐蕃山"的总督[1]。因此，长庆三年（823）《唐蕃会盟碑》背面藏文部分第 14 行提到"西若大食（Ta zig）"[2]云云，那最多是指在护密、识匿一带与大食交界。

※　　　※　　　※

综上所述，我把有关唐、吐蕃、大食政治关系史讨论的下限定在唐朝在西域的最后一个据点——西州陷落的 792 年。而且，随着唐朝退出西域，亚洲的强权政治基本上就结束了。回鹘进入西域实际上并没有形成新的强权政治局面：吐蕃虽然取得了天山以南部分地区——主要是塔里木（图伦碛）南缘地带，但却是依赖与葛逻禄、沙陀、黠戛斯等突厥部族的联盟东抗回鹘、西御大食的；回鹘则一开始就未能成为整个北部草原的霸主，它一直未能征服三姓葛逻禄，而且后来在同黠戛斯争斗二十年以后竟被其扫灭，赶出了蒙古高原（840）。所以我认为，只有立足于强权政治时代已经结束这样一个基本立场，才能正确认识和理解唐朝退出西域以后开始出现的纷繁复杂的政治局面和文化现象。如：从 9 世纪 20 年代起大食东部开始了由土著（波斯人、突厥人）控制的各小王朝交错兴替的时代[3]；9 世纪 40 年代，回鹘、吐蕃相继崩溃；由回鹘西迁推动的中亚突厥化和伊斯兰化；等等。而且，这才是开始。随着分立趋势的愈加发展，整个亚洲大陆都进入了一个新的历史时代。

---

[1] 参见塔巴里《年代记》卷 3，841 页。
[2] 参见王尧 1982，31 页。参王忠 1958，141 页。
[3] 参见希提 1979，550 页以下。

结　语

总结本书研究的内容，可以归纳为以下三点：

1. 7世纪中叶到8世纪末叶是亚洲大陆上的强权政治时代。这一格局由于唐、吐蕃、大食三方在西域的政治扩张而呈现出阶段性（见本书《引言》）；小国的向背依强权政治倾斜的方向和角度发生变化，但基本上是出于自身利益的考虑，并不直接反映各强权间的关系。

2. 吐蕃进入西域的道路主要有三条，它们是随着唐朝在西域经营的发展而先后被启用的。通过考证这一进程，使一些相关史实的年代得以参照确定。这一进程的发展，明显影响着西域政局的变化。然而，当吐蕃最终取代唐朝占领西域时，这里的强权政治时代也就结束了。

3. 与相对稳定的强权政治不同，北部草原几易其主，操突厥语诸族基本上都是强权政治的附庸：唐朝要隔断二蕃，吐蕃力求连兵，大食则想根绝祸源，这些就构成了一种复杂的"三方四角关系"。在这种关系中，无论和、战，突厥人均被阻隔在草原上。

通过本项研究可以得出如下结论：

1. 唐、吐蕃、大食关系史主要是政治史。唐朝方面，如季羡林先生所说："最初只不过是保持边疆的稳定，后来又有了扩大版图的企图。"[1] 特别以掩护河西、陇右，进而保障长安之安全为然。无论

---

[1] 《大唐西域记校注》前言，40页。

是当时人的议论，还是唐朝在经营过程中巨大的人力、物力耗费，都可以用来证明这个观点。不是唐朝为攫取丝路利益而经营西域，而是丝路贸易在唐朝经营西域的活动中，由于巨额军资练的转输、使用而更加发达。

吐蕃方面也同唐朝相似，其经营西域的动机和目的已在万岁通天二年（697）论钦陵与郭元振的野狐河会谈中表露得很清楚了。白桂思说吐蕃人深入吐火罗是为了保持"商路畅通"[1]，这既不符合吐蕃社会农、牧兼营的情况，也不符合吐蕃向外经营活动的实际。这些，单从吐蕃入西域道路的变化情况中也可以看出来。

大食后来也许攫取到了商业利益。但在对外扩张的初期，大食人的征服活动既非为了经济利益，也不是为了"圣战"，而主要是为了在内战平息后"给各部族的好战精神找出路"[2]。

其实，最希望控制商道贸易的是草原上游牧的突厥人[3]，只是他们当时还力不从心，所以这时期商业族群（如粟特人）的活动也特别活跃。国外有的学者喜欢从经济角度分析历史问题，大概与他们在殖民时期形成的文化传统有关，其实未必都中肯。

2. 吐蕃向西域的积极发展表明，藏民族从一开始登上历史舞台，就主要是同祖国大家庭其他各族在一个共同的地域内活动，并且通过同唐朝及西域诸族的一系列和战联系，共同创造了祖国辉煌灿烂的历史文化。吐蕃在经营西域过程中，也把势力扩展到了葱岭山区和恒河岸边。通过这些活动，刚刚形成统一的藏民族为青藏高原的开发和祖国西南边疆的形成做出了重大贡献。正是这些活动奠定了历史上藏族分布的范围，这些地域至元代大都进入了祖国统一的版图。实际上，只是到了近代，才被殖民主义者用武力与欺骗手段强行改变了中外政治边界。

---

[1] 白桂思1987，69页。
[2] 希提1979，169页，并请参166—167页。
[3] 参见本书附录柒。

3. 唐朝和大食分别领有葱岭东、西，他们同突厥人的斗争在政治和文化上都具有新旧之争的性质。然而，回鹘西迁（840）以后，连突厥人自己也逐步接受了伊斯兰教。中亚的伊斯兰化实际上是指突厥人的伊斯兰化，因此，它必须以中亚的突厥化为前提。这在突厥人不能大规模进入绿洲、进而转向农耕定居的时代是根本办不到的。尽管有的突厥人可能在草原上就接受了伊斯兰教，但那同中亚的许多伊兰人已经接受了伊斯兰教一样，只是运动的先声。所以，只有在西域的强权政治时代结束以后，中亚才有可能变成本来意义上的"突厥斯坦"——操突厥语诸族群居之地。

1989 年 4 月初稿写于北大健斋
1992 年 5 月改定于北大畅春园
2021 年 5 月校订于五道口嘉园寓所

附 录

壹 "弓月"名义考

本文之作意在为探讨古老本教由 Stag gzig 传入吐蕃一说提供有关年代及传播途径的背景参考。作者认为本教的传入对吐蕃兴起及强盛有重要作用,但尚待深究。

"弓月"一名见于有关唐代西域的汉文史料。[1]日本松田寿男曾撰《弓月考》[2],认为"弓月"即突厥文碑铭中的 Kängäräs[3],阿拉伯—波斯文史料中的 Kangli,其意为"车",即北魏时代的高车部,《唐会要》卷七二"诸蕃马印"中之康曷利,《金史·粘割韩奴传》等史料中的康里。[4]松田寿男还提出,弓月部属于西突厥弩失毕部

---

[1] 在《资治通鉴》中,最早见于卷一九九,唐高宗永徽二年(651)秋七月条;最晚见于卷二一四,唐玄宗开元二十七年(739)九月戊午条。有关资料并见于两唐书、《册府元龟》《唐会要》《全唐文》等。此外在敦煌、吐鲁番出土文书以及《阿史那忠碑》《阿史那忠墓志》里也有关于弓月的材料,请参岑仲勉《弓月之今地及其语原》,收入同作者《西突厥史料补阙及考证》,中华书局,1958年,186—187页;池田温《敦煌本判集三种》,收入末松保和博士古稀纪念会编《古代东亚史论集》(古代東アジア史論集),吉川弘文馆,1978年,440页;郭平梁《阿史那忠在西域》,收入《新疆历史论文续集》,新疆人民出版社,1982年,189页;黄惠贤《唐西州高昌县上安西都护府牒稿为录上讯问曹禄山诉李绍谨两造辩辞事》,收入唐长孺主编《敦煌吐鲁番文书初探》,武汉大学出版社,1983年。
[2] 该文初刊于《东洋学报》第18卷4号,后收入氏著《古代天山历史地理学研究》,见陈俊谋译本,中央民族学院出版社,1987年,387页以下。
[3] 此名见于《阙特勤碑》东面第39行,参 T. 特勤《鄂尔浑突厥语语法》(*A Grammar of Orkhon Turkic*),印第安纳大学出版社,布鲁明顿,1968年,269、350页。
[4] 同前引松田寿男书,393—396、425—427页。岑仲勉指责"松田误信白鸟旧说,将《阙特勤碑》所见 Kängäräs(即 Kangar)与蒙古时代习见之康里(Kangli)分为两个不同部族"

原有五姓之一，其居地在伊塞克湖至纳林河谷一带。[1]岑仲勉则撰有《弓月之今地及其语原》，对松田寿男的观点进行辨正，认为弓月乃马合木·喀什噶里《突厥语词典》中之 Küngüt，今伊犁河上源之一巩乃斯（Künges，旧译"空格斯"）即"弓月"之遗音，其地即弓月部所辖之牧地，所以弓月部当为左厢五咄陆[2]属部[3]。见于汉文史料与弓月有关的名称还有弓月道[4]、弓月国[5]、弓月城[6]、弓月部落[7]、弓月山[8]。关于弓月城的位置，多数学者都同意王国维先生的比定，即唐之弓月城就是元代的阿里马城（Almalik，亦译阿里麻里、阿力麻里）[9]，其遗址即今伊宁地区霍尔果斯北之废城。近年除了易漫白对弓月城地望提出过异议[10]外，没有专文讨论弓月问题。但是，这并不是说有关研究已经没有工作可做了。例如，松田寿男和岑仲勉两人对弓月的语源、部落的居地和归属意见都不相同，而实际上汉文史料却多次记载弓月部的活动往南到了于阗[11]，如此经常性的长距离、大范围活动似非一般突厥部落所能为，因此松田先生和岑先生的意见恐怕都不能认为已成定论。本文就是想通过对"弓月"语源、语义的重新考证，对弓月部在西突厥诸部中的地位及历史作用提出

（见前引岑文 188 页），恐怕是没把松田文章读懂。其实，松田寿男是倾向于将二者统一起来的，见前引氏著 396、426 页及 427 页注 2。

[1] 参同前引松田寿男著，392 页。
[2] 西突厥沙钵罗咥利失可汗（634—639）曾以碎叶水为界分十姓部落为左、右两厢，见《新唐书·突厥传》下，6058 页。
[3] 参见前引岑文 188、191 页。
[4] 《通鉴》卷一九九，6274 页；《旧唐书·高宗纪》上，69 页。
[5] 《册府元龟》卷九九五，外臣部交侵条；敦煌出土 P.2007 号文书《老子西升化胡经·序说一》第 54 行。
[6] 《旧唐书·王方翼传》，4803 页；《新唐书·突厥传》下，6066 页；《吐鲁番出土文书》第六册，文物出版社，1985 年，471 页以下。
[7] 《册府元龟》卷九七七，外臣部降附条。参《通鉴》卷二一四，6839 页。
[8] 参耶律铸《双溪醉隐集》卷二（《知服斋丛书》本），乐府，"婆罗门六首"之五。
[9] 参王国维《长春真人西游记注》，收入同作者《蒙古史料校注》，清华研究院排印本，1926 年。
[10] 参氏撰《弓月城及双河位置考》，收入前引《新疆历史论文续集》，194—210 页。两唐书《突厥传》中有关唐军破贺鲁过程的记载显然有重大倒错，易漫白似乎没有注意到松田寿男就此所做的整理工作。请比较易文 200—203 页与前引松田书 409—421 页。
[11] 《通鉴》卷二〇一，6332—6333、6339、6344 页。参同书卷二〇二，6375 页。

自己的看法。愚者千虑，或有一得，博雅君子幸不以冒昧谫陋为哂也。

一　弓月的语源和语义

马合木·喀什噶里《突厥语词典》的手稿里提到名词 Küngüt/Kingüt[1]的地方共有三处，即：

第 83 叶上说，三姓 Yaghma[2]之一为 Küngüt[3]；

第 502 叶上说，鹰娑海（Yulduz Köl）是位于龟兹（Kuča）、Kingät 和回鹘（Uighur）边界上一个湖泊的名称[4]；

第 603 叶上说，Kingüt 是回鹘边界上一座城市的名称。[5]如前所述，岑仲勉已将喀什噶里书中之 Küngüt 比定为弓月。但是，岑先生未能进一步深究 Küngüt＝弓月一名的来源及其语义，从而得出了弓月为咄陆所辖这一与史实相左的结论。

我认为，汉文史料中的"弓月"一名来自由古突厥语 Kün"日，太阳"[6]和 ört"火，火焰"[7]组成的一个合成词，其意为"日火"或"太阳之火"，表达了当时已传入突厥的祆教信仰。

Kün 这个词在现代维吾尔语中仍然保留着古老的形式和意义。[8]

---

[1] 二者为同一词汇的不同变体，参马合木·喀什噶里《突厥语词典》(Compendium of the Turkic Dialects)，罗伯特·丹柯夫编辑、英译并附导言与索引，哈佛大学出版社，1985 年，第三册（索引），114 页。
[2] 阿拉伯—波斯文史料中的 Yaghma 一般被比定为汉文史料中的样磨部，但也有人将之比定为汉文史料中的咽面部，三 Yaghma 就是三姓咽面。如果肯定作为三 Yaghma 之一的 Küngüt 就是弓月部的话，或许应该认为上述后一种说法更有道理。不过，我以为应该将两种说法统一起来，即咽面和样磨只是不同时期汉文史料对 Yaghma 一名的异译。从唐代汉文史料记载的弓月与咽面连兵（见《通鉴》卷二〇二，6371 页）到 11 世纪马合木·喀什噶里书中的 Küngüt 为三 Yaghma 之一，中间经历了复杂的历史变化。
[3] 参前引《突厥语词典》，第三册（索引），44 页 ottuz 条。
[4] 同上书，第二册，217 页 Köl 条。
[5] 同上书，334 页 Kingüt 条。
[6] 同前引特勤书，354 页。
[7] 同上书，364 页。
[8] 参见《维汉词典》，新疆人民出版社，1982 年，221 页 kün 条。

ört 在现代维吾尔语中变成 ot，语义仍为"火"。[1]在现代土耳其语里还保留着两个表示"火"的旧词 ort 和 ot/od[2]，表明 ört 这个词在突厥语的历史发展中经历了前元音变后元音及复辅音中音素 r 脱落[3]的过程。另一方面，也有元音 o 变元音 u 的例子，譬如现代蒙古语里有一些以 ut 为词根的派生词，研究者就认为其词根源自突厥语 ot。[4]

弓月一名的唐代读音可拟为 *kĭuŋ ŋĭwet[5]。从声母来看，弓字的声母与突厥语 kün 的辅音只有送气与否的区别，[k]、[k']这两个辅音音素在古汉语里同属牙音，旁纽[6]，可能发生音转；月字的声母则与弓字的韵尾同音重合。从韵母来看，弓月二字均为合口三等，与古突厥语 kün ört/öt 的圆唇前元音正好相应；弓为阳声韵，对应 kün 的鼻音闭音节尾；月为以 -t 收声的入声韵，对应 ört/öt 的音节尾。虽然弓字的韵尾 -ŋ（转写作 -ng）比突厥语 kün 末尾的鼻音 n 发音部位稍后，但由于后一个突厥语词 ört 以元音开头，有可能使前行辅音 n 产生逆同化，即发音部位向 ŋ 靠近。况且，我们在喀什噶里《词典》中看到这个合成词已经读作 küngüt。所以，我认为唐代用弓月二字来音译突厥语的 kün ört 是非常合适的。

---

[1] 参见《维汉词典》，308 页。
[2] 《土英辞典》（New Redhouse Turkish-English Dictionary），红屋出版社，伊斯坦布尔，1968 年，902、903、897 页。
[3] 阿尔泰语系诸语言在历史发展中呈后元音优势，至少在词尾方面肯定如此，参陈伟、沈成明译，G.J.兰司铁著《阿尔泰语言学导论》，中国社会科学出版社，1981 年，7—8 页。马洛夫指出，突厥语里的 rt 音组为古老语言的标志，见陈鹏译，埃·捷尼舍夫著《突厥语言研究导论》，中国社会科学出版社，1981 年，587 页；现代维吾尔语中的 r 音在其他辅音前容易脱落，参罗常培、王均《普通语音学纲要》，商务印书馆，1981 年，170 页；并请参新疆大学《基础维语》，116—117 页。
[4] 参 Г.Р.加勒达诺娃《蒙古语诸族之拜火及其在喇嘛教中的反映》，载《苏联民族学》（Советская Этнография）1980 年第 3 期，95 页。不过，蒙古语里的 ut 很可能并不直接来源于突厥语 ot，因为我们看到，由 Kün ört/öt 组成的合成词在 11 世纪喀什噶里的《词典》中已经读作 Küngüt 了。所以，古突厥语的 ört/öt 到现代蒙古语的 ut，中间很可能经过了一个 öt→üt 阶段，然后才由前元音变为后元音。
[5] 参郭锡良《汉字古音手册》，北京大学出版社，1986 年，44、282 页。
[6] 参王力《同源字典》，商务印书馆，1982 年，80 页。

二　古代突厥人的事火习俗

汉文史料中有关于突厥事火的明确记载。唐慧立、彦悰撰《大慈恩寺三藏法师传》卷二："突厥事火不施床，以木含火，故敬而不居，但地敷重茵而已。"[1]唐段成式《酉阳杂俎》卷四："突厥事祆神，无祠庙，刻毡为形，盛于皮袋。行动之处，以脂酥涂之，或系之竿上，四时祀之。"[2]此外，沙畹《西突厥史料》引六、七世纪间东罗马史家Théophylacte[3]的《年代志》也说："突厥拜火，亦敬空气、水、土，然仅奉天地之唯一造化主为神，以马、牛、羊祀之，并有祭司预言未来之事。"[4]因此，可以肯定地说，突厥事火即他们对于火的崇拜肯定属于祆教即琐罗亚斯德教的内容[5]，而不是原始自然崇拜或萨满教。

众所周知，祆教属于波斯宗教，曾经过中亚地区向东传播。陈垣先生曾撰《火祆教入中国考》，裒辑了大量有关祆教东传中原的汉文史料。[6]然而，关于祆教何时怎样传入突厥的问题，国内外学界却很少深究。德裔俄国突厥学家巴托尔德（В. В. Бартольд，1869—1930）在其名作《中亚突厥史十二讲》里曾说："自从突厥人占领这个地区（指里海东南的戈尔甘河流域。——引者）以后，他们深受波斯文化的影响，并接纳了祆教。"[7]从现有研究来看，巴托尔德所说的事件只可能是西突厥统叶护可汗（619—628）时期的事。[8]然

---

[1]　《大慈恩寺三藏法师传》，28页，北京，中华书局，1983年。
[2]　《酉阳杂俎》，45页，北京，中华书局，1981年。
[3]　Théophylacte Simocatta，英文拼作 Theophylact Simocatta，《新大英百科全书》（*The New Encyclopaedia Britannica*）第9卷有传，芝加哥，1983年，940—941页。
[4]　冯承钧译，沙畹《西突厥史料》，商务印书馆，1934年，177页。
[5]　参魏庆征译，托卡列夫著《世界各民族历史上的宗教》第18章，"伊朗的宗教"，中国社会科学出版社，1988年，369页以下。
[6]　《陈垣学术论文集》第一集，中华书局，1980年，304页以下。
[7]　罗致平译，巴托尔德著《中亚突厥史十二讲》，中国社会科学出版社，1984年，42页。
[8]　参前引沙畹书，183—184页。

而，巴托尔德所依据的是波斯《英雄史诗》[1]，他只能间接利用少量翻译的汉文史料[2]，得出"在中亚祆教胜过佛教这一事实是属于萨珊王朝的末期"[3]的结论，未必正确。

陈垣先生曾说："火祆之名闻中国，自北魏南梁始，其始谓之天神，晋宋以前无闻也。"所谓天神，"在中国人祀之则曰胡天，或曰胡天神，所以别于中国恒言之天，或天神地祇之天神也"。[4]其实，中原有"胡天"比陈垣先生所说的还要早。《晋书·石季龙载记》下记载，后赵"龙骧孙伏都、刘铢等结羯士三千伏于胡天，亦欲诛（冉）闵等"[5]。此事《通鉴》系于晋穆帝永和五年（349）十二月，胡三省注曰："胡天盖石氏禁中署舍之名。"[6]石氏指后赵石勒、石虎。石羯是中亚石国（Tashkent）胡人[7]，石勒是听从佛图澄的劝说才改宗佛教的。可以相信，石氏禁中的胡天是羯胡信祆的遗迹。南北朝时，中亚滑国（嚈哒）"事天神火神"[8]；康国（Samarkand）"有胡律，置于祆祠，将决罚，则取而断之"[9]；西域焉耆国"俗事天神，并崇信佛法"[10]；高昌"俗事天神，兼信佛法"[11]。所以，祆教

---

[1]《中亚突厥史十二讲》，42页。
[2] 参见张锡彤、张广达《试论俄国东方学家瓦·弗·巴托尔德对蒙古史的研究及其〈突厥斯坦〉一书》，《元史论丛》第一辑，中华书局，1982年，204、211—212页。
[3]《中亚突厥史十二讲》，42页。
[4]《陈垣学术论文集》，305、306页。
[5]《晋书》，2791页。
[6]《通鉴》，3099页。
[7] 参唐长孺《魏晋杂胡考》，收入同作者《魏晋南北朝史论丛》，生活·读书·新知三联书店，1987年，416—417页。
[8]《梁书·滑国传》，标点本812页。
[9]《北史·康国传》，标点本3234页。
[10]《北史·焉耆传》，3216页。
[11]《北史·高昌传》，3212页。尽管留存至今有关摩尼教的资料远较祆教为多，但从文献记载来看，伊斯兰化以前的中亚各国，仍以信仰祆教为主。如慧超《往五天竺国传》："安、曹、史、石骡、米、康，此六国总事火祆。"《酉阳杂俎》卷十："俱德建国乌浒河中，滩派中有火祆祠。"阿拉伯史家塔巴里《年代记》卷2之1447页曾记载722年阿拉伯军队擒杀粟特王迪瓦什提（Dīwāshtī）之事。20世纪30年代，苏联考古工作者发掘了当年毁于兵燹的城堡，有属于迪瓦什提的大批粟特文书。该城堡所在之山名为Mug，此即祆教祭司名称，汉译"麻葛"或"穆护"。

完全有可能同在中原一样[1]，早就经由中亚胡人传到了草原上，从而为突厥人所接受。

突厥最早见于汉文文献记载是在542年。[2]值得注意的是，《北史》和《隋书》的《突厥传》在述有关突厥先世的传说时都提到："突厥本平凉杂胡，姓阿史那氏。"[3]杂胡是魏晋时期对与匈奴有关各部的惯称，其中包括的族属很复杂，也有很大一部分是西域胡人。[4]如《魏书·羯胡石勒传》说："其先匈奴别部。"[5]《周书·突厥传》也说："突厥者，盖匈奴之别种，姓阿史那氏。"[6]当然，这并不是说突厥本身就是西域胡人，只是表明从他们的先世起就可能与西域胡人发生了联系。突厥的崛起确实与西域商胡有关系。《北史·突厥传》："其后曰土门，部落稍盛，始至塞上市缯絮，愿通中国。西魏大统十一年（545），周文帝（宇文泰）遣酒泉胡安诺槃陀使焉。其国皆相庆曰：'今大国使至，我国将兴也。'"[7]安诺槃陀虽是作为西魏使者出使突厥，他本身却是徙居酒泉的西域安国商胡。[8]当时西域胡人信仰以祆教为主[9]，所以"后周欲招来西域，又有拜胡天制，皇帝亲焉，其仪并从夷俗"[10]。因此，说突厥的兴起与贸易的开展以及祆教的传入有关也是可能的。

从其他有关突厥先世的传说及对突厥习俗的记载中，我们也可

---

[1] 参耿世民译，羽田亨《西域文化史》，新疆人民出版社，1981年，55—56页；张广达《唐代六胡州等地的昭武九姓》，《北京大学学报》（哲学社会科学版）1986年第2期，77—79页。至于羽田亨先生曾撰《天、祆与祁连》（《羽田博士史学论文集》下卷，京都，1958年，513—525页），说这几个汉字全为一音之转，恐怕不能看作是严肃的学术意见。语音考察不能脱离历史发展提供的可能性，这应是一个常识。
[2] 参见《周书·宇文测传》，454页。
[3] 《北史》，3286页；参《隋书》，1863页。
[4] 同前引唐长孺书，382页及414页以下。
[5] 《魏书》，2047页。
[6] 《周书》，907页。
[7] 《北史》，3286页。
[8] 参《中国大百科全书》民族学卷，突厥条，中国大百科全书出版社，1986年，425页。
[9] 参前引张广达文，78—79页。
[10] 《隋书·礼仪志》二，149页。

附 录　225

以发现祆教的影响。

据《北史·突厥传》(《周书·突厥传》同)记载的另一说法，突厥先世有部落大人叫阿谤步，其兄弟之一为泥师都，泥师都娶二妻为夏神、冬神之女，共生四子，"其一居跋斯处折施山，即其大儿也。山上仍有阿谤步种类，并多寒露，大儿为出火温养之，咸得全济。遂共奉大儿为主，号为突厥，即纳都六设也"。都六为阿史那之父。[1] 所谓夏神、冬神是否指光明与黑暗二神[2]，无从得知。但是种类因火而得以存活，大儿因燃火而得奉为首领，突厥遂兴，这些情况不容忽视。如前所述，我们很难把这里所讲的火的重要作用完全归结为自然崇拜。如果我们把这条传说里的都六之子与前述平凉杂胡阿史那联系起来认识，那么可以说，即使突厥先世有过对火的自然崇拜，那也早就同他们所接受的祆教信仰统一起来了。[3] 流传下来的并不是关于自然崇拜的内容，所以才特别强调火对于部落崛兴的作用。

《北史·突厥传》(《周书·突厥传》同)记载突厥的习俗有如下一段："可汗恒处于都斤山，牙帐东开，盖敬日之所出也。每岁率诸贵人，祭其先窟。又以五月中旬，集他人水拜祭天神。于都斤西五百里有高山迥出，上无草树，谓为勃登凝梨，夏言地神也。"[4] 伯希和在其《中亚史地丛考》之三《古突厥之"于都斤"山》里曾全文引述《周书·突厥传》中的这段史料，但他主要讨论的是其中专名的音义，未能深究全文反映的宗教背景。[5] 我认为，这段记载的

---

〔1〕 参见《北史》，3286 页。
〔2〕 参见前引托卡列夫书，372—374 页。
〔3〕 托卡列夫认为，祆教之二元论根源于古代社会农耕与游牧的对立，甚至在《阿维斯塔》里明说黑暗之主居于北方即土兰草原（同前引书，375—376 页）。这样的教义而为游牧的突厥人所接受，令人很难理解。或者，突厥人确实是从本身固有的对火的自然崇拜出发，来理解并接受祆教敬火、事火等教义的。
〔4〕《北史》，3288 页。
〔5〕 参见冯承钧译《西域南海史地考证译丛五编》，中华书局，1956 年，120—126 页。最近，中华书局《文史》第 32 辑（1990 年）刊载樊圃《六到八世纪突厥社会研究·上》，其中亦引此段史料，但仅仅说是萨满教，未加论证。

内容都与突厥人的祆教信仰有关：

1. 于都斤山，汉文文献亦作郁督军山、乌德鞬山，古突厥文碑铭作 Otükän/Ütükän。[1] 其地即今蒙古国之杭爱山，突厥人将之目为圣山。[2] 关于该山命名之意，前人有种种说法，见前述伯希和论文。伯希和本人比较了吐鲁番所出摩尼回鹘文中的 el ötükän qutï、蒙古语土地女神名 Atügän Itügän（《柏朗嘉宾蒙古行纪》中之 Ytoga，《马可波罗游记》中之 Natigay）、《蒙古秘史》第 113 节中之 Atügän（汉译作"地"）以及他本人从敦煌所获 14 世纪蒙古诗句 Ütügin äkä–yin däyär-ä "在吾母大地之上"等资料，推测古突厥语之 Ötükän/Ütükän 可能是土地女神。[3] 伯希和以蒙古语来推测古突厥语自属其高明之处，可是他说《秘史》中的 Atügän"或者即是 1362 年未刊本汉、蒙古碑文中之 Ütügän"[4]，表明他仍未能"解说"（用他自己的话）Ötükän/Ütükän 的本义。

我认为，古突厥语 Ötükän/Ütükän 不是指土地神，而是表示火神，理由如次：

第一，汉文史料明确说，于都斤西五百里之山名勃登凝梨，"夏言地神"。伯希和以"此于都斤山疑为一山系之总称"为由，强解两山为一神二相（一男一女）[5]，甚无谓也。

第二，据俄国学者 Г. P. 加勒达诺娃研究："在蒙古语族中仍保留着突厥语词 ot(火)，以及固定在祀火经文中的用语 othan galahan(这里用两个词表示一个概念。这种现象并不少见，例如 borte chono——

---

[1] 参见韩儒林重译，V. 汤姆森撰《蒙古古突厥文碑铭》，收入《突厥与回纥历史论文选集》上册，中华书局，1987 年，508 页。并参韩先生《读阙特勤碑札记》，同前论文选集，518 页；同前引特勤书，364—365 页。古突厥文字母 ö、ü 不分。汉文用作对译的於字音 ˀio，郁字音 ˀiwət，有利于我们采用较低的圆唇前元音开头即 ötükän 这一写法。前引特勤书中正是这样转写的，参该书 364 页。öt 变 üt 是后来发生的事，参本书 222 页注〔4〕。
[2] 参见《中国大百科全书·中国历史》隋唐五代史分册，突厥条，中国大百科全书出版社，1988 年，381 页。
[3] 参见前引冯承钧《译丛五编》，124—126 页。
[4] 同上书，125 页。
[5] 同上书，125—126 页。

狼），这些都表明，蒙古语诸部是在与突厥人为邻时知道祀火的，他们在生活习俗方面有许多共同之处。在经文里经常见到对火的呼语 othan galahan äkä（字面意为火王老母），也肯定了这种祭祀起源的久远。在这里，äkä 即'母亲'这个词用来表示拟人化为妇女形象的火，至于其他两个词，otgan（即 othan）来自突厥语 ot- '火'，galahan 来自蒙古语 gal- '火'，它们在一起意味着'主人—火'或'火之主'。而且，udagan（utgan、udgan、odgan、odigon）意味着'女巫'，这是突厥语及蒙古语诸部尽人皆知的，它源于 ut（ot）'火'这个词，只是按照普通蒙古语的规律给它附加了 -gan 以表示阴性名词。含义为'火'的 ut 这个词在蒙古语里已经消失了，不过它却产生了一些派生词，包括 utaan（烟）和 utha（一灶所出）。在萨满教徒那里，utha 这个词还有'世系''血统'的意思。"[1]

第三，我认为蒙古语中的 otgan/othan 这个词的构成并不完全像加勒达诺娃分析的那样是突厥语词根加蒙古语后缀，而是全部来源于古突厥语词 Ötükän，是阿尔泰语系语言历史发展过程中呈后元音优势[2]的变化结果。首先，如前所述，在古突厥碑铭上同时出现 ört（火）及其变体 öt（构成派生词），主要是古突厥语复辅音 rt 中的 r 音容易脱落的缘故，加之鄂尔浑碑铭时期的古突厥文正字法本来就不太严格。[3]

第四，ötükän 词中的 ü 属于阿尔泰语系语言中常见的联结元音，当以辅音开头的词缀附加于以辅音收尾的词干时，置于这两个辅音之间。[4] 同复辅音一样，联结元音也不稳定。[5] 汉文文献中对译 ötükän 的名称有一个"乌德鞬"，德音 *tək，端母德韵开口一等入

---

〔1〕 前引加勒达诺娃文，95 页。
〔2〕 同 222 页注〔3〕。
〔3〕 请比较前引特勤书后附词汇表中的各参见条。
〔4〕 参前引兰司铁书，4 页。
〔5〕 参见道布《蒙古语简志》，民族出版社，1983 年，14—15 页。并请参前引兰司铁书，3 页。

声,显然不是对译含圆唇前元音 ü 的音节,而是对译复辅音 tk 的。

第五,阿尔泰语系并没有严格语法意义上的性范畴。[1]加勒达诺娃所提到的后缀 -gan 实际上是阿尔泰语系共有的一种表爱、指小形式[2]。按照阿尔泰语系的语音和谐规律,该后缀至少应有 -kän、-gan 两种形式。兰司铁就曾提到"突厥语中也有 tängrikän(回鹘语)'皇后'及其他词"[3],只是"后缀 -qan(即 -gan。——引者)现在已经不再属于突厥语中能产生的语言财富"。[4]我推测古突厥语词缀 -kän、-qan 很可能就来源于根词 qan,该词在突厥文碑铭中有两个含义:一是"血、血统",一是"汗王、统治者"。[5]正因为该词有"血、血统"的含义,所以作为词缀能表达表爱、指小[6]、阴性等意义;正因为该词有"汗王、统治者"的含义,所以作为词缀能表达主人、主宰等意义。因此,加勒达诺娃所引蒙古祀火经文中之呼语 othan galahan 并非因为两词在一起才表达"火之主"这个概念,而是用不同的形式重复呼唤"火之主",前一句是宗教传统中的突厥语形式,后一句是世俗通用的蒙古语形式。

由此可见,古突厥语 ötükän/ütükän 本意为"火之主",突厥人以此来称呼他们所崇拜的圣火(汉文史料称之为火神)。以 ötükän 名山当然也应与突厥人的袄教信仰有关。据说蒙古传统认为,国家首领的火魂就是全蒙古灶火的火魂,察合台与其妻子珊合阑因为主持成吉思汗灶火的祭祀,他们死后就成了全蒙古的火主。[7]由此可以推测,突厥可汗恒处于都斤山,就是因为那里被公认为突厥诸部

---

[1] 参前引兰司铁书,374 页注 53(这是该书俄译者的意见)。
[2] 同上书,60—61、270—271 页以及 365 页注 191。
[3] 同上书,60 页。
[4] 同上书,271 页。
[5] 参见前引特勤书,341 页。请注意,古突厥文碑铭中 qan 与 qaghan 表示"可汗、帝王"的(前引书 338 页)是两个词。
[6] 例如蒙古语的 keüken(女儿,小姑娘)、nojaqan(公爵夫人,太太)在卡尔梅克语里也表示"小王子"或"少年王子",见前引兰司铁书,60 页。
[7] 参见 Б. 仁亲《蒙古萨满教中的历史人物祭祀》,收入《中世纪西伯利亚、中央亚与东亚》(Сибирия, Централъная и Восточная Азия в средние века),新西伯利亚,1975 年,191 页。

的火神所在。那么，摩尼回鹘文中的 el ötükän qutī 也非如伯希和所释为"国土之女神"，而应释为"国之圣火"。

2. "牙帐东开，盖敬日之所出也。"祆教最重拜火，其次便是对太阳的崇拜，前者为地上之火，后者为天上之火。祆教的这些祭祀内容产生于古伊朗人的信仰，古伊朗人极重拜火，同时崇奉太阳神密特拉（Mitra）。[1]古代波斯大流士一世（前522—前486）所建贝希斯敦纪功摩崖上，即以与太阳象征相联属的阿胡拉·玛兹达（祆教最高神）拟人像为饰。《酉阳杂俎》卷十记载中亚俱德建（其他汉籍亦作久越得健、鞠和衍那）国礼拜波斯祆神，便提到"人向东礼"。陈垣先生认为此即拜日。[2]伊朗早期的密特拉崇拜还与道德观念相联系，"密特拉"一词有"忠实"之意。[3]所谓忠实，不外是指太阳每天东升西落，从不失信。突厥人"敬日之所出"显然也有这种意义。因此，突厥人的这些习俗应该同他们所接受的祆教信仰联系起来认识。研究者认为，突厥以东方为上，所以《阙特勤碑》突厥文主文刻于东面，汉文刻于西面；突厥碑文中每言及方向，必定先说东方。[4]这些习俗可能都源于宗教生活。

3. "每岁率诸贵人，祭其先窟。"伯希和认为，此窟指有关突厥先世另一传说中的"狼种"所居之窟，窟在高昌西北山。[5]人们注意到，有关突厥先世的三种传说中均有故国曾遭破灭的相同情节。而且，一说狼生十男，其一为阿史那；一说大儿（都六）有十妻皆生子，小妻之子为阿史那，何其相似乃尔。众所周知，狼种之说不过是突厥曾以狼为图腾的反映。因此，有理由把"狼种"和"大儿"

---

[1] 在《阿维斯塔》古本中并无密特拉一神，但民间崇奉极盛。伊朗语的Mithra一词可能源于婆罗钵语的Mihr，参沙畹、伯希和《摩尼教流行中国考》，冯承钧译《西域南海史地考证译丛八编》，中华书局，1958年，54页。Mihr在现代波斯语中仍有"太阳""火坛"等意，见 A Comprehensive Persian-English Dictionary, 1353页 Mihr 条。
[2] 参前引陈垣书，312页。
[3] 参前引托卡列夫书，380页。
[4] 参前引韩儒林《读阙特勤碑札记》，518页。
[5] 参见《周书》、《北史》、《隋书》之突厥传。参前引冯承钧《译丛五编》，121页注8。

两种传说也联系起来,大儿所居即所谓"先窟",跋斯处折施山即高昌西北山。那么,"祭其先窟"实际是祭最初奉火之处,显然属于突厥贵族礼拜圣火的活动之一。汉文史料有关高昌"俗事天神"[1]等记载也有利于我们作上述推测。

4. "又以五月中旬集他人水拜祭天神。"他人水,伯希和解为河流专名,但亦说:"人字在译名中尚未见其例。"[2]《隋书·突厥传》仅说:"五月中,多杀羊马以祭天";同书《西突厥传》则说:"每五月八日,相聚祭神"[3],故"他人"二字或有错讹。[4]然而,此种祭祀与水有关却是可以肯定的。土、水、火都是祆教奉为圣洁的自然元素。关于拜祭天神,陈垣先生曾说:"天神云者,以其拜天也,其实非拜天,不过拜日月星耳,日月星三光皆丽天,拜日月星无异拜天,故从中国名谓之天神,继以其兼拜火也,故又谓之火神天神。"[5]可是,研究者认为祆教亦崇奉天宇。[6]况且,在我们分析的这段有关突厥习俗的记载中,对太阳的崇拜是单作一项来讲的。所以这一句实际上讲的是祆教中对其他纯自然现象和洁净元素的崇拜。

5. 勃登凝梨,伯希和解后三字为 tängri,此言为"天",亦可训为"神"。[7]tängri 的本意可能还是神,只因天宇被视为神的化身或居所,其意遂与天混同。[8]至今在蒙古语诸族尤其是布里亚特的神话中,仍有许多 tängri。[9]"勃"字无相当音义的古突厥语原字,疑讹。好在汉文史料已明说此四字"夏言地神"。此处神化看来与对土

---

[1] 《北史·高昌传》,3212 页。
[2] 同前引冯承钧《译丛五编》,122 页注 9。
[3] 《隋书》,1864、1876 页。
[4] 卜弼德(Peter A. Boodberg)指出"人"本当作"民"(唐人避讳所改),他民水,即漠北鄂尔浑河的支流塔米尔河(Tamir Gol),见其 "Some Tentative Etymologies", *Selected Works of Peter A. Boodberg*, Compiled by Alvin P. Cohen, University of California Press, 1979, pp.77-78. 此注承罗新提供,谨此致谢。
[5] 见前引陈垣书,305 页。
[6] 参前引托卡列夫书,378 页。
[7] 参前引冯承钧《译丛五编》,122—123 页。
[8] 参前引托卡列夫书,190 页及同页汉译者注 2。
[9] 参上书,并参前引加勒达诺娃文。

的崇拜有关，如前所述，土也是祆教奉为圣洁的自然元素。

由以上分析可以看出，汉文史料所记载的突厥习俗几乎涉及了祆教所有的崇拜对象：圣火、太阳、天宇、水、土，甚至涉及该教某些属于深层的伦理道德内容，如"敬日之所出"——忠实。这些记载也涉及了宗教场所：于都斤山及牙帐、高昌西北山之先窟、他人水（？）、于都斤西五百里之勃登凝梨。可是我们也看到，这些宗教内容大都与对物的祭祀和礼拜有关，因而很容易同萨满教混淆起来。在这种情况下，倘若没有专门的教团维持活动，祆教很难作为一个独立的宗教在草原上长期流传下去。据研究，祆教的种种礼拜活动均操于祭司之手，他们集一切宗教祭祀事宜于一身。除了祭司之外，任何人不得僭越行祭。[1] 而且，实际上至今为止很少发现祆教经典被译成伊朗语以外的其他语言来作为宗教经典使用。也就是说，祆教作为一个独立宗教传播时，其祭祀礼拜活动到处都控制在伊朗语族人手中。在草原上，这些活动就控制在把祆教传入草原的西域商胡和他们的后来者手中。无怪乎我们在上述有关突厥习俗的记载中看不到主持这些活动的宗教人士。

三 事火习俗在草原上的流播

隋唐时代，诸突厥汗国一直保持着其先世所崇奉的宗教信仰。

西突厥除前述"每五月八日，相聚祭神"外，据《隋书》记载，亦"岁遣重臣向其先世所居之窟致祭"[2]。唐玄奘西行过西突厥牙帐，还见到"突厥事火不施床"。《元和郡县图志》卷四〇庭州条：所管诸蕃，"其俗帐居，随逐水草，帐门皆向东开门，向慕皇风也"[3]。这最后一语显然是中原人士的主观臆测。

---

［1］ 参前引托卡列夫书，378页。
［2］ 《隋书》，1877页。
［3］ 《元和郡县图志》卷四〇，中华书局，1983年，1033页。

东突厥汗国复兴以后，仍以于都斤山建牙。日本大谷光瑞所获吐鲁番出土唐代文书中，有一份《李慈艺授勋告身》，其中提到瀚海军破东胡祆阵等。王国维先生考证此即开元二年（714）突厥默啜遣子同俄特勒等围北庭时的战事。[1] 日本石田干之助认为"东胡祆阵"或许就是西域常见的粟特人的聚居地之类，未必是指奉行祆教的什么事物。[2] 当然，单凭这条材料要推测"东胡祆阵"的具体情况确实很困难，但它至少表明，东突厥当时仍与祆教有关系。

840年，回鹘汗国溃亡，有王子（特勒）嗢没斯率众南下诣振武军（今内蒙古呼和浩特西南）降唐，唐赐其姓名为李思忠。[3] 据研究，"嗢没斯"一名即"起源于伊朗的Ormuzd或波斯古经中的Ahura-Mazdāh"[4]。阿胡拉-玛兹达（Ahura-Mazdāh）即祆教最高神。

宋初《王延德行纪》说高昌回鹘"有摩尼寺、波斯僧各持其法，佛经所谓外道者也"[5]。伯希和以为此波斯僧尚有景教徒之嫌，因为景教初入华，其寺曾名波斯寺，而且中国不名祆教为波斯教，况在吐鲁番发现景教经文甚多而无一祆经。[6] 然而，敦煌所出S.6551号文书背面有一件在西州（高昌，今新疆吐鲁番）写成的《讲经文》，其中明确说："且如西天有九十六种外道，此间则有波斯、摩尼、火祆、哭神之辈"。[7] 所以，高昌回鹘除摩尼、波斯（景教）外尚有火祆教徒也是无可怀疑的。而且从伯希和本人转述大食诸史家的说法来看，九姓回鹘中仍以祆教徒居多，摩尼教徒仅在可汗所居之都城（高昌）占优势。[8] 至于祆教经典写译甚少，不独吐鲁番一地如此，

---

[1] 参王国维《唐李慈艺授勋告身跋》，见《观堂集林》卷十七。
[2] 参见《祆教丛考》附记，同作者《东亚文化史丛考》，东京，1978年，245页。
[3] 参见《旧唐书·回纥传》，5214页；《新唐书·回鹘传》下，6131—6132页；岑仲勉《李德裕〈会昌伐叛集〉编证上》，收入《岑仲勉史学论文集》，中华书局，1991年，357页以下。
[4] 林筠因译，劳费尔著《中国伊朗编》，商务印书馆，1964年，408页及同注2。
[5] 王明清《挥麈前录》卷四，见《挥麈录》，中华书局，1961年，37页。
[6] 参前引冯承钧《译丛八编》，83页。
[7] 张广达、荣新江《有关西州回鹘的一篇敦煌汉文文献》，载《北京大学学报》（哲学社会科学版）1989年第2期，24页。
[8] 参前引冯承钧《译丛八编》，83页。

当时尚有专门教团维持，未必影响到该教的传播。

10世纪以后，中亚逐渐突厥化，而且操突厥语族人开始伊斯兰化，袄教失去了专门教团的来源，很难再作为一个独立的宗教在草原上流传下去。但是，有理由相信，袄教的某些信仰和仪礼经过几百年的传播已经深入民间，它们或与萨满教相混，或作为草原民族的生活习俗延续下来。

据研究，古代蒙古族相信居于众神灵之首的是天神（即蒙元时代史料中常见的"长生天"）[1]，而且，在他们所尊奉的仪礼中，"火"居于至关重要的地位，人们相信"火"具有祛厄辟邪之力。众所周知，为了免遭他人的法术暗算，蒙古人与来自异部落者会晤前，要让其从火堆间通过，金帐汗国的蒙古汗就是这样对待前来陛见的俄罗斯王公的。[2] 加勒达诺娃研究过许多蒙古祀火经文，她在其论文《蒙古语诸族之拜火及其在喇嘛教中的反映》里分析了这些经文及她本人考察所得民俗学材料和比较民族学资料，认为："凡是宗奉喇嘛教的地方，火祀都进入了它的仪式体系并成为喇嘛教徒家庭生活仪轨范围内流行的祭祀活动之一。"[3]

此外，在雅库特人、阿尔泰人和西部布里亚特人的传统信仰中，都有善的光明之神与恶的黑暗之神两大神统，双方势不两立，展开争斗。[4] 研究者认为："力主光明与黑暗两种本原如此针锋相对的二元论，是为《阿维斯塔》以及整个玛兹达教（即袄教。——引者）的主旨，它是种种古代宗教中极为罕见的现象。综观中国、日本、

---

[1] 参见班札罗夫《黑教，或蒙古人的萨满教》，收入《道尔吉·班札罗夫文集》（Доржи Банзаров, *Собрание сочинений*.），苏联科学院出版社，1955年，59—60页。
[2] 参前引托卡列夫书，115页。
[3] 同前引该文，97—98页。加勒达诺娃在文中还研究了成吉思汗时代以来蒙古人祀火观念、形式的变化以及喇嘛融合古代祭祀与佛教的过程，因离本篇主题较远，这里不再引述，有兴趣者可自行参看。另一位苏联学者卡努科夫（Х. Б. Кануков）撰有《喇嘛教徒对火的崇拜》和《天上的火神》两文，分别载于《卡尔梅克草原》（*Калмыцкая Степь*）1928年8—9号与1929年4—6号，其中可能有更有趣的材料，惜在国内未能查到。
[4] 参前引托卡列夫书，190页。

印度三国的宗教，这种二元论无迹可寻；而埃及和两河流域的宗教中，也无非是微露端倪。二元论如此引人注目，堪称伊朗宗教几乎有异于世界一切宗教的特征。"[1]考虑到草原历史上的祆教传统，我们可以用后面这句话来判断雅库特人、阿尔泰人和西部布里亚特人传统信仰的宗教属性。

最后还可以提到现代哈萨克族的一些习俗。我国新疆哈萨克族学者倪华德（尼合迈德·蒙加尼）对此有专门的研究。在倪华德先生提到的哈萨克生活习俗中，我注意到有这些内容[2]：

1. 在哈萨克娶亲仪式上，"新娘向公婆等行礼，给炉火内倒油。油燃起时在座的人都口念：'火娘娘、油娘娘，给我们把福降。'这是哈萨克族在信仰伊斯兰教之前拜火风俗的遗传"。

2. 哈萨克族依旧保留着古代的许多观念。他们认为自然界里万物皆有生命，均受着万能的神的支配。他们将神分为两大类——能给人间赐予好处的称作慈善之神，使人们身怀疾患、遭受磨难的是煞神、恶魔。这两类神在不停地争斗。哈萨克旧时的观念认为，凡是家养四畜都有其主宰的天神。这些主宰的天神在保护着牲畜，而恶魔却给牲畜降临疾病和灾害，造成牲畜的死亡。

3. 哈萨克族曾经信奉天、地（地娘娘）、水（水娘娘）、火（火娘娘）以及太阳、月亮等。每逢发生瘟疫和旱灾时，人们都聚集在河边或山包上，宰羊（黑色的山羊羔）祭献神灵。然后就在野外煮食这些祭牲的肉，并且对天祈求"愿自天而降，愿从地而生"。看到新月初升时这样祈祷："愿旧月怜悯，求新月恩赐。"

4. 哈萨克族认为火是光明、阳光的象征，是驱除一切恶魔的神，是屋内锅灶的保护神。所以，牲畜发病时用火熏，新娘进门先拜火。很早以前，在哈萨克族中就流传着用火熏的习俗。在迁往夏

---

[1] 参前引托卡列夫书，374页。
[2] 参见尼合迈德·蒙加尼《新疆的哈萨克族》，载《新疆社会科学研究动态》1981年第11期，23、25—26、38页。

牧场的途中，要在两处点上火，然后将驮载东西的驮畜和牛羊等畜群从两堆火之间吆赶过去，通常还有两位老婆婆站在火堆旁口念："驱邪、驱邪，驱除一切恶邪！"

5. 根据宇宙四方之说和太阳运行方向，把东方称为"日出方向"，西方是"日落方向"，南方是"右方"，北方为"左方"。

比较祆教的宗教观念和仪礼，参考前述古代突厥人及蒙古人的事火习俗，我认为，哈萨克族的这些传统习俗很可能都是他们信仰伊斯兰教以前拜火风俗的遗留。

本文用了较长的篇幅来讨论古代突厥人的事火习俗及其流播，无非是想说明，古代突厥人从他们的先世起，就通过同西域商胡的接触、交往接受了祆教。在古代突厥人那里，以其宗教崇拜对象作为山岭、地区乃至部落、城镇的名称是完全可能的。这种习惯如同在上古时代人们用其部落的图腾为部落命名一样。[1]弓月一类名称的分布从一个侧面反映了祆教在草原上的传播情况。此外，从某些属于所谓萨满教的草原民族习俗中，也可以看出较早传入草原的发达宗教——祆教的痕迹。

（本文曾刊于《季羡林教授八十华诞纪念论文集》，江西人民出版社，1991年，351—363页。收入本书时做了部分修改。）

----

[1] 参见何星亮《图腾名称与姓氏的起源》，载《民族研究》1990年第5期，31—38页。

贰　弓月部落考

一　对《"弓月"名义考》的若干补充

《"弓月"名义考》（见本书附录壹）写完以后，在继续收集和整理有关资料的过程中，感到有必要再补充几句。

已故美国东方学家劳费尔（Berthold Laufer，1874—1935）在其名作《中国伊朗编》之附录一《蒙古语里的伊朗语成分》第1条就说："大约一百年前蒙古语言学的真正创始者史密德已知蒙古语与伊朗语的某些关系。史密德[1]远在1824年首先看出蒙古语Xormusda（Khormusda）起源于伊朗的嗢没斯（Ormuzd）或波斯古经中的'阿胡拉-玛兹达'（Ahura-Mazdāh）。就连史密德的反对者克拉卜罗斯也不得不承认这个说法是正确的。[2]雷慕沙的异议已由史密德本人加以反驳。[3]现在我们知道，上述这个字是粟特（康国）人将之传播到亚洲中部，写作Xūrmaztā（Wurmazt）和Ōharmīzd。[4]我们所尚未知道的是伊朗最高无上的神怎么会成了印度最高无上的神，因为在蒙古佛经里Xormusda这个名字严格地指Indra（因陀罗）神。在数国语言对照的佛学词典里，汉语、藏语等的相等词都与Indra无关。"[5]劳费尔最后所提的问题涉及一个更大的文化分合现象，我们这里暂且勿论。

一百四十五年前，布里亚特蒙古人的杰出学者道尔吉·班札罗夫（Dorji Banzarov，1822—1855）在《喀山大学学报》1846年第3

---

[1] 参见《中亚民族源流考》（*Forschungen im Gebiete der Bildungsgeschichte der Völker Mittel-Asiens*），148页。
[2] 参见《新亚杂志》（*Nouveau Journal Asiatique*）第七卷（1831），180页。
[3] 参见《蒙古源流》德译本（*Geschichte der Ost-Mongolen*），353页。
[4] 参见缪勒《波斯历法》（F. W. K. Müller，*Die "persischen" Kalenderausdrücke im chinesischen Tripitaka*，6、7页）；《写本残卷》（*Handschritenreste-Reste im Estrangelo-Schrift*）二、20、94页。
[5] 林筠因译，劳费尔《中国伊朗编》，商务印书馆，1964年，408页及同页注2。

册上发表了他的副博士论文《黑教，或蒙古人的萨满教》。[1]在这篇著名的论文中，班札罗夫对草原民族古代宗教研究中的一些基本问题提出了自己卓越的见解，其中许多观点今天看来仍未失去其意义。例如，柏朗嘉宾（Giovanni de Plano Carpini，约 1182—1252）在其行纪里提到所谓鞑靼（蒙古）之神 Itoga，人们常常将其还原为蒙古语 Ätügän/Itügän "土地神"，这完全是囿于原作错误的记音所致。[2]班札罗夫根据原作中的对比提法——"该神叫作 Itoga，而库蛮人称之为 Kam"，认为 kam/ham（柏朗嘉宾常将其与 khan "可汗"搞混）就是突厥语的 Shaman（萨满，巫师）[3]。蒙古人称男巫为 bögē，女巫为 udagan 或 idogan。因此，柏朗嘉宾提到的 Itoga 应是 udagan（女巫）[4]而非 Ätügän/Itügän 之讹[5]。我在《"弓月"名义考》中曾指出伯希和（P. Pelliot，1878—1945）推测 ütügän（火神）为 Ätügän（土地神）之误。显然，伯希和未能参考班札罗夫的研究成果。

  班札罗夫肯定了火神奉祀是由波斯传到蒙古高原的，"这种奉祀最初从波斯帝国向游牧在其东北边界的突厥诸部渗透（据说吉尔吉斯人至今还向火献祭），再经这些民族中介传给蒙古人。火之女神在蒙古人那里带有突厥语名称 Ut 或 Ot，即'火'。蒙古人给这个名字附加了一个别称 Galayhan '火之女王'（Ud, galayihan, galai-han, gal-un han）"。[6]确实，火作为自然力之一受到

---

[1] 参见《道尔吉·班札罗夫文集》（Доржи Банзаров, Собрание сочинений.），苏联科学院出版社，1995 年，48—100 页。
[2] 参上引《班札罗夫文集》，65—66 页。这一神名在《马可·波罗游记》中更讹为 Natigai（参前引书 66 页及注 81）；而《柏朗嘉宾蒙古行纪》汉译本（中华书局，1985 年，120 页）则将韩百诗（L. Hambis, 1906—1978）注释中提及的 Natigai 一名直接译作"额秃坚"（=Ätügän/Itügän）一误再误。
[3] "萨满"在现代图瓦语里仍作 xam，见《中国突厥语族语言词汇集》，民族出版社，1990 年，312—313 页，2728 条。
[4] 这是蒙古语中的一个突厥语借词，本意为"火神娘娘"，见《"弓月"名义考》有关考证。并参上引《班札罗夫文集》，72 页。
[5] 同上引《班札罗夫文集》，65—66 页。
[6] 同上引，72 页。1891 年首次为班札罗夫论文结集的波塔宁（G. N. Potanin）对此有一条注释："有时候火神被称为 gal han（galaihan）eke—'Galahan（妈妈）'即'火王老母'，或 Odhan galhan

崇拜并能深入民间,很可能发生在远古时代人们还没有产生超自然(而独立存在的)神观念的时期,即盲目拜物的时期。但是,并非每一个民族的物质文化史都必须追溯到这一时期。随着社会的发展,交流在人们的经济、文化生活中所起的作用越来越明显,晚近若干原始部落直接进入现代社会就是明证。因此,我们可以肯定地说,突厥"事火"——即他们对于火神的奉祀——应该属于已经传入草原的发达宗教——祆教即琐罗亚斯德教(Zoroaster's religion)的内容。[1]班札罗夫断言,蒙古祀火经文中最尊崇的霍尔穆斯达(Hormusda)天神不是别人,正是祆教最高神阿胡拉-玛兹达:"嗢没斯(Ormuzd)[2]从自己的故乡移居中亚草原,得以在那里成为天帝,其先前的性质并无任何改变。"[3]

不过,直到20世纪70年代,德国蒙古学家海西希(W. Heissig, 1913—2005)还说:"就目前情况而言,我们尚无法解释这种伊朗神的偶像(指霍尔穆斯达天神。——引者)是何时渗透进来的,尤其是无法解释它是通过什么渠道渗透进来的。"[4]本文希望通过对弓月部落及其在草原上活动的分析,能对海西希提出的问题有所解释。

(年轻的 Galahan),准确地说是'火王 Galahan'。"这表明,我在《"弓月"名义考》中推测突厥—蒙古语里的后缀 -han(gan/qan)来源于古突厥语根词 qan 是完全是正确的。

[1] 见《"弓月"名义考》。不同的意见请看樊圃《六到八世纪突厥人的宗教信仰》,见《文史》第 19 辑,中华书局,1983 年,202 页以下;蔡鸿生《论突厥事火》,《中亚学刊》第 1 辑,中华书局,1983 年,145—149 页。樊圃虽然提到了班札罗夫的论文,但他显然没有通读该文(他利用的是日译文)。樊圃似乎并不真正了解古代草原民族的宗教信仰,例如,他根本没有提到霍尔穆斯达天神。

[2] 此即阿胡拉-玛兹达,参见 J. 达姆施泰特英译《阿维斯塔经》(The Zend-Avesta)第 2 部,《东方圣典》(Sacred Books of the East)丛书第 23 卷,牛津,1883 年,第 3 页以下及第 177 页注 1。

[3] 同前引《班札罗夫文集》,59—60 页。关于蒙古传统信仰中的"霍尔穆斯达天神",亦请参考图齐、海西希著《西藏和蒙古的宗教》(汉译本),天津古籍出版社,1989 年,416 页以下;佟德富等《萨满教在蒙古文化深层结构中的积淀》,收入《中央民族学院建校四十周年学术论文集》,中央民族学院出版社,1991 年 5 月,461 页;王宏刚《萨满教祭坛上的女神》,吉林社会科学院《学术研究丛刊》1991 年第 2 期,99 页。

[4] 同前引《西藏和蒙古的宗教》,417 页。

附 录　239

二　弓月部落的性质

张广达老师在他的《唐代六胡州等地的昭武九姓》[1]一文中，对昭武九姓（即中亚操东伊朗语的粟特胡人）聚落的迁徙、分布、延续等情况进行了相当全面、深入的探讨。张老师明确指出：粟特商人的"祆教等宗教信仰、音乐舞蹈等文化娱乐、婚丧等习俗也必然随着他们的足迹传到越来越多的地区，其中既包括农耕地区，也包括草原游牧地区"[2]。而且，张老师还论证并断定，昭武九姓胡在突厥汗国内都是配为部落，聚族而居的。[3]这些观点无疑是正确的，对于我们探讨弓月部落的性质很有启发。基于这一认识，我们可以从以下几点来分析弓月部落的性质：

1. 本书附录壹《"弓月"名义考》已经论证，"弓月"一名为突厥语 Kün ört（日火，太阳之火）的音译，显示出该部落奉行祆教。

2. 我们看到，弓月部虽然活跃于西突厥十姓部落之间，但却并非十姓部落之一。[4]松田寿男先是推测弓月部是所谓"从历史上消失的五弩失毕部两姓"之一[5]，后又推测该部是突骑施兴盛时从弓月城南迁弩失毕之境的[6]。可是，众所周知，早在6世纪中突厥兴起而室点密西征时，已经有了"十姓部落"[7]；沙钵罗咥利失可汗以碎叶水为界分十姓为左、右厢各五部，其事《通鉴》系在贞观十二年（638）[8]；而突骑施崛兴却是7世纪末年的事。[9]松田寿男两条推测自相矛盾，不可取。

---

[1] 该文载《北京大学学报》（哲学社会科学版）1986年第2期，71—82及128页。
[2] 张广达《唐代六胡州等地的昭武九姓》，77页。
[3] 同上书，73页。
[4] 十姓部落名称见两唐书《突厥传》下《阿史那贺鲁传》。
[5] 陈俊谋译，松田寿男著《古代天山历史地理学研究》，中央民族学院出版社，1987年，392页。
[6] 同上书，426页。
[7] 《旧唐书·突厥传》下，5188页。
[8] 《通鉴》卷一九五，6142页。
[9] 《通鉴》卷二〇六，圣历二年（699）八月癸巳条。参本书第三章第三节。

3. 我们看到，弓月城——就它是弓月部的根据地而言——位于天山以北的伊犁河流域，而史料中记载的弓月部落的活动，却经常远远向南到了昆仑山北麓的于阗一带。[1] 岑仲勉认为弓月为咄陆所辖之突厥部落，今新疆巩乃斯河一带即其牧地。[2] 但是，实际上史料所记咄陆五部并无弓月。而且如果该部确为突厥游牧部落，怎么可能长期远离自己的牧地去活动？因此，我认为以"日火"为号的弓月部很可能并不是一个突厥部落，他们不事游牧，因而也无固定的牧地。

4. 弓月部的根据地弓月城是一个商业中心。松田寿男已经注意到这一点，他说："估计弓月城是从游牧突骑施部中心出现的贸易场所发展起来的"；"就弓月城来说，我认为建筑在今伊犁九城之地（固尔扎地方）的这座城……因与西方伊朗胡商的贸易和作为部内政治的中心地而受到重视"。[3] 近年吐鲁番出土的《唐西州高昌县上安西都护府牒稿为录上讯问曹禄山诉李绍谨两造辩辞事》[4] 文书，断代为咸亨二年（671）[5]，其中提到安西司马的女婿汉人李绍谨在弓月城向胡商曹炎延贷取大批绢帛，还说有曾经客居京师、现留住弓月城的曹果毅、曹二等胡辈知见云云。绢帛本为中原特产，然作为汉人的李绍谨却在弓月城向胡商大量贷取，可见当时弓月城确为商胡聚居、转贩兴易的一个中心。弓月城的地理位置[6] 也有利于它成为这样一个中心：它正处在由东往西的"碎叶路"[7] 上；东面是咄陆诸部，西面是弩失毕诸部[8]；它本身所在的伊犁河流域历来就是西突

---

[1] 参本书 220 页注[11]。
[2] 参岑仲勉《西突厥史料补阙及考证》，中华书局，1958 年，188、191 页。
[3] 同前引氏著，405、408 页。
[4] 参《吐鲁番出土文书》，文物出版社，1985 年，470—479 页。
[5] 参本书第二章第一节。
[6] 参 220 页注[9]。
[7]《元和郡县图志》卷四〇，中华书局点校本，1983 年，1034 页；《新唐书·地理志》四，1047 页。前引吐鲁番出土文书中也提到商胡曹炎延由弓月城西去。并参前引松田寿男、岑仲勉二书。
[8] 638 年，西突厥沙钵罗咥利失可汗曾与乙毗咄陆可汗以伊列水（伊犁河）为界中分其地，见《通鉴》卷一九五，6142 页。

附录 241

厥的中心地区之一。[1] 上述吐鲁番出土文书还提到李绍谨贷绢后向龟兹（今库车）去，途中遇到来自安西（时驻龟兹）的四名使人[2]，这些透露出从弓月城横穿天山与南部绿洲间的交通联系。这提示我们，史料中记载弓月部沿着马头川[3]（今吉尔吉斯斯坦纳林河上游之 At-Bash，突厥语意为"马头"）、疏勒（今喀什）、朱俱波（今叶城）、于阗（今和田）一线活动，不仅反映战争进程，还表明这也是他们经商的一条传统路线。

5.《隋书·西域传》：曹国，"国中有得悉神，自西海以东诸国并敬事之"[4]。白鸟库吉认为，此"得悉神"即祆教之水神 Teštar，并将阿尔泰突厥人所崇奉的 Töstör 与之勘同，他说："突厥人称天曰霍尔穆兹达（Hormuzda），亦为伊兰人所称之名。因云，突厥人遂得学习崇奉伊兰 Teštar，系可能之事，但其神名则变为 Töstör 矣。"[5] 我颇怀疑所谓 Töstör 就是前引《北史·突厥传》(《周书·突厥传》同）中所说五月中拜祭天神所集之"他人水"。曹国和突厥的这种祭祀有一个共同之处，就是多杀羊、马。[6] 我注意到，在前引吐鲁番出土文书中，弓月城正是曹国商胡集中之地。因此，可以肯定，就是这些在草原上经商的操东伊朗语的粟特商胡，把他们自己的祆教信仰传给了突厥人。

6. 弓月部活动所及也大都是奉祆之地。如疏勒国"俗事祆神，有胡书文字"[7]；于阗国"好事祆神，崇佛教"[8]。和田有遗址

---

[1] 651年，西突厥阿史那贺鲁反，建牙双河（今新疆博尔塔拉，当地人称"双河"）及千泉，见《旧唐书》本传，5186页；703年突骑施乌质勒攻陷碎叶，以弓月城、伊丽水为小牙，见《新唐书》本传，6066页。参拙文《论安西四镇焉耆与碎叶的交替》，载《北京大学学报》（哲学社会科学版）1991年第6期。
[2] 据文意，被整理者分开为该文书第四和第六的两件应当缀合，见前引《吐鲁番出土文书》第6册，475—476页。
[3] 参见《旧唐书·苏定方传》，2779页。参本书第一章第四节。
[4] 《隋书》，1855页。
[5] 傅勤家译《康居粟特考》，商务印书馆，1936年，45页。
[6] 请比较上引《隋书·西域曹国传》和同书《北狄突厥传》。
[7] 《旧唐书·西戎传》，5305页。
[8] 同上。

名 Yotkan，斯坦因比定为古代于阗国都[1]，此名很可能即突厥语 Otükän"火神"[2]之讹。此外，史料中记载弓月部的活动还涉及朱俱波、渴盘陀（今新疆塔什库尔干一带），有迹象表明它们都可能与祆教有关。[3]考虑到当地悠久的佛教传统以及《隋书》尚未记疏勒、于阗有祆等情况，我们可以认为，这一带的祆教即使不是由弓月部传去的，也是与弓月部的活动大抵同时传去的。而且，弓月部在这些地方活动也不会与祆教毫无关系。

7. 突厥信祆并非直接传自波斯，而是经过中亚操东伊朗语的粟特人中介，这从语言学上也可以找到证明。由前引劳费尔书可知，突厥—蒙古语里的 Hormusda/Hormuzda 并非直接来自古伊朗语（阿维斯塔语）的 Ahura-Mazdāh，也非来自中古波斯语（Pahlavi）的 Ormuzd，而是来自粟特语。因为，正是在粟特语里，词首元音在后续音节可能减音时要脱落。古伊朗语的 Ahura-Mazdāh 到粟特语里就变成了'ghwrmzt，在摩尼粟特语里则直接成了 xwrmzt'[4]，显然，这是上述突厥—蒙古语神名的直接来源。

综上所述，我认为，弓月属西突厥别种、别部[5]，是一个在草原上经商、传教的粟特人部落，弓月城是他们活动的一个中心。

---

[1] 参黄文弼《古代于阗国都之研究》，收入氏著《西北史地论丛》，上海人民出版社，1981年，270页。
[2] 参本书附录壹《"弓月"名义考》有关考证。
[3] 《北史·西域传》："悉居半国，故西夜国也，一名子合。"（3211页）此即同传朱居国，《北史》误分为二。子合当即"朱居/朱俱波"一名之由来。西夜，疑即《酉阳杂俎》卷四中"举俗事祆，不识佛法"的孝亿国。于帕米尔山民与事火有关的习俗，请参库兹涅佐夫（Б. И. Кузнецов, 1931—）《藏族崇拜火神的仪式》，载《东方学》(Востоковедение) 第5辑，列宁格勒大学出版社，1977年，207—211页。
[4] 参格塞维茨《摩尼粟特语语法》(L. Gershevitch, *A Grammar of Manichean Sogdian*)，牛津，1954年，11页。
[5] 周一良《论宇文周之种族》："今案'别种'之称犹'别部'，为政治上相属而种族上十九不相同之部落。"见中央研究院《历史语言研究所集刊》第7本第4分，商务印书馆，1938年，512页。

附录 243

三 弓月在西突厥诸部中的地位

有关弓月部活动的文献史料,岑仲勉先生已罗列殆尽[1],兹不赘引。可以看到,弓月最早见于记载就是永徽二年(651)西突厥阿史那贺鲁反,唐朝遣弓月道行军以讨之[2]。唐军讨贺鲁之所以以弓月城为目标,据松田寿男研究是因为贺鲁牙帐所在的金牙山就是弓月山,山在弓月城附近[3]。贺鲁以弓月山建牙,使人很容易想到本文上篇所分析的突厥"可汗恒处于都斤山"的情况,显然,都有礼拜圣火的意义。史料中记载后来突骑施乌质勒"谓碎叶川为大牙,弓月城、伊丽水为小牙"[4]就更能说明问题。建牙弓月城并不仅仅因为它位于肥美的伊丽水牧场,另外还有宗教祭祀的意义,所以才将二者并列,均谓之小牙所在。贺鲁时代也是如此。史料明确记载贺鲁反唐,"建牙于双河及千泉"[5];657年唐军平贺鲁,双河仍为主要战场[6],但贺鲁牙帐实际驻跸双河西南二百里的金牙山[7],即弓月山。"国之大事,在祀与戎",虽为突厥,其能免乎!

由此我又想到贾耽《皇华四达记》中所述碎叶水北四十里之羯丹山。弓月等活动失败以后,与唐朝分而治之政策进行对抗[8]的西突厥余部之"十姓可汗每立君长于此"[9]。从碎叶往西直到石国北之千泉,是从前西突厥可汗经常驻跸的地方,因而在史籍中被称作

---

[1] 参前引岑书,186—187页。
[2] 《通鉴》卷一九九,6274—6275页。
[3] 参陈俊谋译,松田寿男《古代天山历史地理学研究》,中央民族学院出版社,1987年402、410、414—415、420—426页。
[4] 《新唐书·突厥传》下,6066页。
[5] 651年,西突厥阿史那贺鲁反,建牙双河(今新疆博尔塔拉,当地人称"双河")及千泉,见《旧唐书》本传,5186页;703年突骑施乌质勒攻陷碎叶,以弓月城、伊丽水为小牙,见《新唐书》本传,6066页。参前引拙文《论安西四镇焉耆与碎叶的交替》。
[6] 参两唐书《突厥传》下,《阿史那贺鲁传》。
[7] 参《新唐书·突厥传》下,6062页;《通鉴》卷一九九,6273—6274页及同书卷二〇〇,6306—6307页。并参本页注[3]。
[8] 参前引拙文《论安西四镇焉耆与碎叶的交替》。
[9] 《新唐书·地理志》七下,1150页。

"十姓可汗故地"。羯丹，突厥语 Ak-Tagh，意为"白山"。祆教拜火，亦崇尚光明、洁净。香港饶宗颐研究北朝尚白习俗，认为"以白色为预兆，此必深受天神净居国思想之影响"[1]。古代草原民族传统尚黑。"喀拉"（Qara）本义为黑色，在突厥语中又用来表示最好的程度，转义指首要地位，具有尊崇的含义，所以被广泛用于草原民族的各种名称之中[2]。十姓可汗却以"白山"为立君长之地，显然是后起的，也就是说受祆教影响而产生的意识。更可能的还是把立君长之地作为"白山"——祭拜天神之地，因为，我们知道现代突厥语是将这一带山脉称之为"阿拉套"，意为杂色山（而不是白山）。

更有意思的是，《新唐书·西域传》上说：龟兹王城"北倚阿羯田山，亦曰白山，常有火"。据沙畹考证，此白山即"最初西突厥诸可汗之驻地"[3]。据沙畹引东罗马史家弥南（Ménandre）的说法，568年左右，东罗马使臣 Zémarque 在到达此山之前，曾有"突厥巫师使罗马使臣行逾火焰，谓以此清净其身"[4]。班札罗夫曾就此评论说："如果，Ormuzd 为他们（指突厥人。——引者）所知与他们奉祀火神同时，那么这应是公元六世纪早期的事，因为那时 Zémarque 已在突厥可汗那里见到了对火的崇拜。"[5]据《隋书·北狄传》说，西突厥在龟兹北的这个汗庭，"其地名应娑"。应娑或作鹰娑，即今大、小裕勒都斯河相衔的巴音布鲁克草原。本书附录壹《"弓月"名义考》引马合木·喀什噶里《突厥语词典》手稿第 502 叶上说，鹰娑湖（Yulduz köl）是位于龟兹、Kingüt 和回鹘边界上一个湖泊的名称。如果我们把鹰娑湖比定为巴音布鲁克西面的天鹅湖，那么从相对位

---

[1] 《选堂集林·史林》中，香港中华书局，1982 年，487 页。
[2] 参拙文《从回鹘西迁到黑汗王朝》，收入拙著《边塞内外——王小甫学术文存》，东方出版社，2016 年。
[3] 冯承钧译，沙畹《西突厥史料》，商务印书馆，1934 年，169 页。
[4] 同上书，168 页。
[5] 同前引《班札罗夫文集》，60 页。

置来看，可以肯定喀什噶里书中的 Kingüt 就是弓月部。换言之，这表明西突厥的这一汗庭——鹰娑湖（唐代称鹰娑川）、龟兹白山也曾是弓月部的活动场所。况且，我们从前节所引吐鲁番出土文书中也已知道，从弓月城往龟兹本来就有一条传统的商道。这样看来，《新唐书·西域传》上说龟兹白山上"常有火"，很可能就是突厥人礼拜的圣火。[1]

由此可见，诸如于都斤、弓月、阿羯田这些专名的分布都显示了古代祆教在草原上的流播。我们注意到，这些地方又都是突厥可汗的牙帐所在，这当然反映了突厥人礼拜圣火的宗教需要。这种情况启发我继续探寻其他突厥汗庭，相信在那里也能找到祆教传播的痕迹。我发现，高昌北面的北庭（今新疆吉木萨尔县一带）就是这样的一个地方：

《隋书·高昌传》：高昌"北有赤石山，山北七十里有贪汗山，夏有积雪。此山之北，铁勒界也"。6世纪80年代，突厥有贪汗可汗。后来突厥分东、西，贪汗奔西突厥达头可汗[2]，其汗庭应在贪汗山附近。同传记大业元年（605）铁勒诸部拒西突厥处罗可汗，"遂立俟利发俟斤契弊歌楞为易勿真莫何可汗，居贪汗山"。此为贪汗山曾置汗庭之证。所谓贪汗山，实际就是天山（东段），此两名很可能为一语之讹。《元和郡县图志》卷四〇，西州前庭县（即高昌）有"天山，夷名折罗漫山，在县北三十里"。同书同卷伊州有"天山，一名白山，一名折罗漫山，在州北一百二十里。春夏有雪。出好木及金铁。匈奴谓之天山，过之皆下马拜"[3]。李吉甫乃唐人，所谓匈奴当指突厥。突厥拜白山，非祆者何？

---

[1] 据《北史·西域传》，悦般住龟兹北，"其国南界有火山"（3219—3220页）云云。此火山即龟兹白山无疑，悦般显然与突厥先世有关。中华书局《文史》第24辑刊有余太山《柔然、阿瓦尔同族论质疑》，其中论及阿瓦尔即悦般，恐非。

[2] 参见《隋书·北狄传》，1868页。参《通鉴》卷一七五，5465页。

[3] 同前引《元和郡县图志》，1029、1032页。

高昌、北庭一带，常有处月、处蜜部落活动，皆西突厥别部。[1]处月，伯希和曾疑其为 Chigil 的对音[2]，本人曾撰《Chigil 为炽俟考》辩之，指出：中古汉语"处"字昌母（照三）御韵遇摄。遇摄在中古主元音为 o 或 u，故御韵与知照系声母相切只能读圆唇音。所以，"处月"是不可能对 Chigil 的。[3]我认为，处月一名中的"月"字，应同弓月名中一样，为突厥语 ört/ot（火）的对音。"处月"可能是突厥语 chöl ört（草原之火）的对音。[4]处蜜一名，伯希和认为即喀什噶里书中之 chomül（=chömül）。[5]我现在从语义上考虑，这个"蜜"字为什么就不能是中古波斯语的 Mihr 或粟特语的 Mir（日，太阳）的译音[6]呢？本书附录壹《"弓月"名义考》提到大谷文书《李慈艺授勋告身》反映开元初年东突厥在北庭大摆"东胡祆阵"，石田干之助认为或许是西域常见的粟特人聚居地之类，恐怕有一定道理。近年刊布的吐鲁番出土文书表明西州、北庭多有贾胡，并且信祆[7]，虽应另当别论，但也从另一方面反映处在商路要冲的这一地区祆教信仰确实很盛。

现在让我们再回到本节的主题上来。我们看到，弓月是粟特商胡部落，但部落名称却非粟特语而是突厥语，这表明该部落是以从事宗教活动著称于突厥人中的。在汉文史料有关突厥事火习俗的记

---

[1] 参《新唐书·沙陀传》，6153 页。并请参两唐书《西突厥传》序：其人杂有都陆（咄陆）及弩失毕、歌逻禄、处月、处蜜、伊吾等诸种。都陆（咄陆）、弩失毕为十姓部落；歌逻禄为异姓突厥实即铁勒种（《隋书·北狄传》铁勒传内道有歌逻禄/葛逻禄三姓）；处月、处蜜、伊吾恐皆为胡种。
[2] 参见冯承钧译《西域南海史地考证译丛五编》，中华书局，1956 年，128—129 页。
[3] 拙文已收入前引《边塞内外——王小甫学术文存》。《新疆社会科学》1990 年第 5 期刊有黄盛璋《炽俟考》，对音方面仅以"炽"字照三、"处"字是常用字为据。其实，"处"字也是照三。黄盛璋未能指出御韵与知照系声母相切只能读圆唇［据王力归纳高本汉的意见，鱼部在中古只有合口三等，见《汉语音韵学》，中华书局，1982 年，248 页），恐怕今后难免有人"再在这些纠葛问题上枉费笔墨"（黄盛璋语）。
[4] 处月，我原拟音为 *chong ot（大火）。陈宗振先生来信指出突厥语中的 chong 字出现较晚，甚是。谨此向陈先生深表谢意。
[5] 参冯承钧译《西域南海史地考证译丛五编》，128—129 页。
[6] 参本书 230 页注〔1〕。
[7] 参见上引《选堂集林·史林》中，480 页。

载中看不到主持这些活动的宗教人士,大概就是因为这些活动到处都控制在非突厥种的粟特商胡祭司团体手中。[1]这正是祆教仪轨的特点。[2]从弓月部落的活动来看,虽然不能说整个部落是一个祭司集团,但可以说西突厥十姓部落特别是可汗牙帐的祀火活动是完全操纵在他们手中的。正是这些确定了弓月部落在西突厥诸部中的地位,就是说,他们控制着十姓部落的宗教生活。从这个观点出发,非十姓之一的弓月部落在唐平贺鲁灭西突厥汗国以后突然活跃起来[3]就很容易理解了。当然,弓月部借助自己的宗教影响而积极活动肯定与其商业利益有关;西突厥余部追随弓月活动并非单纯出于宗教信仰,也是为了维护经济利益。古代社会中商人与宗教的关系,季羡林先生在他的名作《商人与佛教》[4]中已经论证、阐述得非常透彻、明晰,我完全赞同并接受季先生的观点。

最后,本书附录壹《"弓月"名义考》提到:"从唐代汉文史料记载的弓月与咽面连兵,到11世纪马合木·喀什噶里书中的Küngüt 为三 Yaghma 之一,中间经历了复杂的历史变化。"这主要指的就是中亚的突厥化与突厥语族人的伊斯兰化进程。正是在这一进程中,祆教失去了专门教团的来源,才未能再作为一个独立的宗教在草原上继续流传下去。

四 结 语

1. 祆教东传,当在萨珊王朝(226—651)定其为国教之后:

饶宗颐曾考证吐谷浑之祖莫护跋即穆护跋,时当曹魏(220—

---

[1] 前述沙畹引弥南的说法,曾有"突厥巫师使罗马使臣行逾火焰"(沙畹《西突厥史料》,169页),此处巫师即指异教祭司,未必是突厥种人。樊圃说传自波斯用火进行洁礼的风习在西突厥是由萨满教巫师来完成的(前引《文史》第19辑,202—203页),没有根据。
[2] 参本书232页注[1]。
[3] 同本书243页注[3]。
[4] 该文已收入《第十六届国际历史科学大会中国学者论文集》,中华书局,1985年,91—207页。

265）初年[1]；

饶先生又考证汉语之"纥那"或"阿那"其语源可能即最高级圣火之 Gu(sh)Na(sp)，[2] 并提出柔然主名阿那瓌（520年降魏），意亦与此有关。[3] 本文前篇考证突厥先世已奉祆，时亦当五六世纪间。

霍夫曼（H. Hoffmann, 1912—1992）说："西藏人还保存了一种传说，在松赞前五代，拉陀陀日王时代，当时还是统治着雅隆一带的一个小国，就从天上降下了百拜忏悔经、佛塔、佛像等，但这仅仅是一种传说，很可能是接受了一个本教的传说，因为本教的传统是一切都来自天上，对天非常崇敬。"[4] 所以，我认为原始本教受到祆教的影响[5]应当是在所谓"恰本"（'khyar bon）时期，尤其是吐蕃王朝（629—846）建立前后的时期。[6]

2. 祆教主要是经中亚商胡向东方传播的：

饶宗颐说：胡天信仰在各地分布甚广，"亦以胡人商旅到处有之"[7]。

张广达老师也指出：祆教随着粟特商人的足迹"传到越来越多的地区，其中既包括农耕地区，也包括草原游牧地区"[8]。

本文只是受前辈学者启发，希望就祆教在西突厥及吐蕃地区的传播情况做一点实证研究。

（本文曾提交"庆祝季羡林教授八十大寿东方文化国际学术讨论会"，收入本书时做了修改）

---

[1] 参《选堂集林·史林》中，479页。
[2] 参上书，474页及注3。
[3] 参上书，481页。
[4] 见李有义译，霍夫曼《西藏的宗教》，中国科学院民族研究所编印，1965年，20—21页。
[5] 参见向红笳、陈庆英译，卡尔梅（S. G. Karmay）著《本教历史及教义概述》，《藏族研究译文集》第一集，中央民族学院藏族研究所，1983年，61—62页。
[6] 参前引《本教历史及教义概述》，53页。
[7] 《选堂集林·史林》中，491页。
[8] 同240页注[1]。

叁 崔融《拔四镇议》考实

在唐代西域史研究中，安西四镇的弃置是人们长期感兴趣的题目。近年，张广达教授考订了碎叶城的地理位置和四镇初置的年代，同时指出，两唐书《龟兹传》和《册府元龟》卷九六四外臣部封册二中有关四镇弃置的三条材料出于同一史源。[1] 我认为，这一史源就是崔融的《拔四镇议》。本文试图通过对《拔四镇议》有关史实的考证，对唐初安西四镇之弃置提出自己的看法。

一 崔融献议的时间与背景

崔融《拔四镇议》全文见于《文苑英华》卷七六九，《全唐文》收在卷二一九。余外史籍如《唐会要》卷七三所收《请不拔四镇议》等均非全文。《拔四镇议》涉及当时史事者主要是如下一段：

> 至唐，太宗方事外讨，复修孝武旧迹，并南山至于葱岭为府镇，烟火相望焉。其在高宗励精为政，不欲广地，务其安人；徭戍繁数，用度减耗，复命有司拔四镇。其后吐蕃果骄，大入西域，焉耆以西所以（据《全唐文》当作"所在"。——引者）城堡无不降下。遂长驱东向，逾高昌壁，历车师庭，侵常乐县界，断莫贺延碛以临我墩煌（当作"燉煌"。——引者）。伏赖主上神鉴通幽，冲机测远，下严霜之令，兴时雨之兵，乃命右相韦待价为安息道行军大总管，安西都护阎温古为副问罪焉。时也，先命兰州刺史、行军司马宋师将料敌简徒，倍道据碛。贼逢有备，一战而走，我师追蹑，至于焉耆，粮道不继而

---

[1] 参见张广达《碎叶城今地考》，载《北京大学学报》（哲学社会科学版）1979年第5期；《唐灭高昌国后的西州形势》，载《东洋文化》第68号，1988年3月。

止，竟亦无功。朝廷以畏懦有刑，流待价于琼州，弃温古于秦州，放弃二罪而诸将咸肃。至王孝杰而四镇复焉。今者拔之，是弃已成之功，忘久安之策。[1]

这是当时人叙述西域史事极为难得的一段文字，今日所见文献中有关史料无不源出于此。可惜，由于载籍未见崔融献议的时间，人们不明其所以由来，以致舍本逐末，使如此重要一史源长期湮没，很少有人探究、引用。

岑仲勉《西突厥史料补阙及考证》[2]对崔融献议时间考证如下：

《会要》七三、《新书》二一六上，均称曰右史崔融献议。《会要》系长寿复四镇下；《新书》置于长寿元年复四镇后，延载元年王孝杰破吐蕃前。余按《旧书》九四，融本传："圣历中，则天幸嵩岳。……及封禅毕，乃令融撰朝觐碑文，自魏州司功参军授著作佐郎，寻转右史。圣历二年，除著作郎，仍兼右史内供奉。"则天实以万岁通天元年封嵩岳，非圣历中；且此处如作圣历，下文不必复提圣历二年也。故知"圣历中"之"圣历"字误。(《校勘记》失校。)复次，依旧传文，则延载元年前融尚未官右史；《会要》、新传亦自踳驳。今姑附于长寿末记之。

岑先生所考无不是，唯仍"姑附于长寿末"，岂非"亦自踳驳"？实际上，要考证崔融献议时间，应从两个问题着手，一是崔融转任右史的时间，一是崔融献议的直接原因，要使这两个问题的答案能够相应。

---

[1] 《文苑英华》卷七六九。
[2] 岑仲勉《西突厥史料补阙及考证》，中华书局，1958年。

关于第一个问题，除了旧本传的资料外，《陈子昂集》卷七收有《送著作佐郎崔融等从梁王东征序》及《登蓟州城西北楼送崔著作入都序》（均收入《文苑英华》卷七一八）。据罗庸考证，两文均作于万岁通天元年（696）。[1]可见，崔融转任右史只能是万岁通天元年或是年以后，圣历二年（699）除著作郎以前的事。换句话说，作为右史的崔融献议只能发生在696—698年这三年中间。

再说第二个问题。《唐六典》卷八侍中条略云："凡下之通于上，其制有六。四曰议（原注：谓朝廷之疑事，下公卿议，理有异同，奏而裁之）。"从崔融献"议"可知，他反对"拔四镇"的主张[2]。这种主张的主要论点引在崔融议中，即"议者但忧其劳费，念其远征"。这种说法无疑以狄仁杰《言疏勒等凋弊疏》最具代表性。该疏收入《文苑英华》卷六九四，《唐文粹》题作《请罢百姓西戍疏勒等四镇疏》。《旧唐书·狄仁杰传》全文收录此疏，传言："神功元年，入为鸾台侍郎、同凤阁鸾台平章事，加银青光禄大夫，兼纳言。仁杰以百姓西戍疏勒等四镇，极为凋弊，乃上疏曰：（前略）近贞观年中，克平九姓，册李思摩为可汗，使统诸部者，盖以夷狄叛则伐之，降则抚之，得推亡固存之义，无远戍劳人之役。此则近日之令典，经边之故事。窃见阿史那斛瑟罗，阴山贵种，代雄沙漠，若委之四镇，使统诸蕃，封为可汗，遣御寇患，则国家有继绝之美，荒外无转输之役。如臣所见，请捐四镇以肥中国，罢安东以实辽西，省军费于远方。"这实际上就是拔四镇的全部设想。

然而，幻想不费人力物力单靠羁縻政策就能维持边疆安定，这并非始自狄仁杰。[3]况且，如崔融《拔四镇议》中所述，唐朝已有过拔四镇引起边防大滑坡的教训。那么，狄仁杰于神功元年（697）上疏就不可能是空穴来风、老生常谈，而应是事出有因的。尽管在

---

[1] 参见罗庸《陈子昂年谱》，载国立北京大学《国学季刊》5卷2号，1935年。
[2] 由此可见，《唐会要》卷七三所收《请不拔四镇议》，标题扞格不通。
[3] 参见《贞观政要》卷九，安边第三六。

现存所有收录狄疏的史料中都看不出上疏的直接原因，我们还是在《通典》卷一九〇吐蕃条找到了与此有关的材料，其文略云：

> 武太后如意初，武威军总管王孝杰大破吐蕃，复龟兹、于阗、疏勒、碎叶四镇。至万岁通天初，又寇凉州，执都督许钦明。二年，吐蕃大论钦陵遣使请和。武太后遣前梓州通泉县尉郭元振往，至野狐河与陵遇，陵曰："大国久不许陵和，陵久不遣使。以久无报命，故去秋有甘、凉之抄，斯实陵罪。今天恩既许和好，其两国戍守，咸请罢置，以便万姓各守本境，靡有交争，岂不休哉！然以西十姓突厥、四镇诸国，或时附蕃，或时归汉，斯皆类多翻覆。伏乞圣恩含弘，拔去镇守，分离属国，各建侯王，使其国君人自为守，既不款汉，又不属蕃，岂不人免忧虞，荒陬幸甚！"振曰："兹事漫体大，非末吏所能明，论当发使奉章以闻，取裁于圣主。"陵乃命郎宗乞思若为使，即罢兵散卒，遂指天为信，斯具之表矣。振与思若至，时朝廷以四镇十姓事，欲罢则有所顾，欲拒则有所难，沉吟久之，莫之能决。振乃献疏曰："今宜报陵云：'国家非吝四镇，本置此以扼蕃国之尾，分蕃国之力，使不得并兵东侵。今若顿委之于蕃，恐蕃力强易为东扰。必实无东意，则宜还汉吐浑诸部及青海故地，即俟斤部落当以与蕃。'如是足塞陵口而和事未全绝。"

仔细比较这条史料中论钦陵的议和条件和前引狄仁杰疏中请捐四镇的设想，何其相似乃尔！可以肯定地说，神功元年（万岁通天二年九月改元神功）狄仁杰上疏就是当时朝廷有关钦陵和议的廷议之一。崔融献议则是对钦陵和议及狄仁杰上疏提出的异议。这从崔议中的另一段话可以看出来："汉时，单于上书愿保塞，请罢边备，郎中侯应习边事，以为不可。东汉时，西羌作乱，征天下兵，赋役无已。司徒崔烈以为宜弃凉州，议郎傅燮厉言曰：'斩司徒天下乃安。'……

今宜日慎一日，虽休勿休，采侯应不可之言，纳傅燮深虑之议。"可见，崔融献议时，钦陵议和、狄仁杰上疏已经在先了。正是在崔、狄双方争执不下的情况下，才有郭元振上疏。两唐书《郭元振传》、《册府元龟》卷六五五都引有郭元振疏，并说"太后（则天）从之"，看来这就是整个争论的结果。

《资治通鉴》卷二〇五将钦陵议和、元振上疏事系在万岁通天元年九月丁巳突厥寇凉州条后，而将狄仁杰上疏事系在神功元年冬闰十月甲寅仁杰为鸾台侍郎同平章事条后，遂使仁杰上疏失去所由，显然有误。如我们在前引《通典》卷一九〇吐蕃条中所见，万岁通天元年吐蕃曾寇凉州并执都督许钦明，论钦陵在万岁通天二年也自认："去秋有甘、凉之抄，斯实陵罪。"《资治通鉴考异》卷一一引《则天实录》亦云："吐蕃寇凉州，都督许钦明为贼所杀。"但定《则天实录》为误[1]，这恐怕也是《资治通鉴》作者未能正确认识钦陵议和等史实的主要原因。

综上所述，我们可以把崔融献议的时间断在神功元年，并且是在该年闰十月甲寅（697年12月10日）以后，此时狄仁杰已拜相，崔融正在右史任上（见前）；献议的原因是吐蕃论钦陵是年提出"拔四镇"为议和条件，狄仁杰上疏请捐四镇。

二 《拔四镇议》与其他史料的关系

我们注意到，各种史籍引崔融之议尽管详略不一，都有许多相同之处，有关各种史料也大都具备这些相同之处，例如《唐会要》卷七三所收崔融《请不拔四镇议》、《新唐书·吐蕃传》上、《旧唐书·龟兹传》、《册府元龟》卷九六四外臣部封册二、《新唐书·龟兹传》中所见。这些材料从行文上看有以下共同点：

---

[1] 参岑仲勉《通鉴隋唐纪比事质疑》，中华书局，1964年。

1. 语气相同，都是追述过去的事。即使是人们最常引用的旧《龟兹传》，也不是陈述现状。

2. 都以同样的顺序叙述了一些相同的内容：太宗时置府镇；高宗时拔四镇，其后吐蕃大入，焉耆以西所在城堡无不降下；王孝杰复四镇。

3. 许多字句几乎完全一样。如崔融《拔四镇议》略云："其在高宗励精为政，不欲广地，务其安人……复命有司拔四镇。其后吐蕃果骄，大入西域，焉耆以西所在城堡无不降下。"《旧唐书·龟兹传》："高宗嗣位，不欲广地劳人，复命有司弃龟兹等四镇，移安西依旧于西州。其后吐蕃大入，焉耆已西四镇城堡，并为贼所陷。"

由此可见，所有这些材料出于同一史源。我还注意到，这批材料中只有《文苑英华》和《唐会要》所收崔融议文中提到了"主上"，这正是对当时已称帝的武则天的称呼。从文字上看，《文苑英华》所收起"议曰"，止"谨议"，首尾完整；字数最多，陈述详尽；整篇文章虽有刊刻错误（这是《文苑英华》的通病），但字句无窜改痕迹。这应该是崔融《拔四镇议》的完篇，即是这一批材料的原本。

另外也可看到，崔融的这份献议早就被引用改动过了。如《新唐书·吐蕃传》上在"右史崔融献议曰"以下的直接引文中，竟出现了"太宗……并南山抵葱岭，剖裂府镇，烟火相望，吐蕃不敢内侮"这样的话。众所周知，自唐太宗贞观十五年（641）遣嫁文成公主于吐蕃，此后唐蕃和好，直到太宗去世双方无任何冲突见于记载。况且，太宗贞观二十二年（648）才遣军讨平龟兹[1]；次年太宗去世，高宗又授吐蕃赞普驸马都尉，西海郡王[2]，哪里谈得上"吐蕃不敢内侮"呢？显然，这既非当时实情，也非崔融原话。此外，在

---

[1] 参两唐书《阿史那社尔传》《焉耆传》《龟兹传》；《资治通鉴》卷一九九。
[2] 参《新唐书·吐蕃传》上；《资治通鉴》卷一九九。

《唐会要》所引崔融《请不拔四镇议》中，还出现了"汉兵难度，则碛北伊西、北庭、安西及诸蕃无救"这样的句子（《新唐书·吐蕃传》上的引文中也有类似的话）。众所周知，北庭都护府置于长安二年（702），在神功元年（697）的崔融献议中是不应该出现"北庭"这个名称的。[1]《唐会要》所引显然已经后人改动。《文苑英华》所收崔融议文中，相应的这句话是："汉兵难度碛北，伊、西、延、安及诸蕃无救。"很明显，"延"为"庭"之讹，"及"为"西"之讹[2]。至于《旧唐书·龟兹传》中居然出现了"则天临朝"这样的话，就更非崔融原文了。

进一步比较崔融《拔四镇议》原文和人们最常引以为据的《旧唐书·龟兹传》，可以发现两文各有特点。《拔四镇议》文字生动，《旧唐书·龟兹传》地名具体。如议文说："太宗方事外讨"；旧传说："太宗既破龟兹"。议文说："并南山至于葱岭为府镇，烟火相望焉"；旧传说："移置安西都护府于其国城，以郭孝恪为都护，兼统于阗、疏勒、碎叶，谓之'四镇'"。议文说："复命有司拔四镇"；旧传说："复命有司弃龟兹等四镇，移安西依旧于西州"。通过对比可以明显看出，《旧唐书·龟兹传》这一段是作者在摘录崔融《拔四镇议》的基础上进行改动，主要是增加具体地名而成的。旧书的作者在进行改动时甚至未能仔细核对史实，如郭孝恪在讨龟兹时已经战死，岂能在战后再任都护。因此，旧传这一段不可凭信，尤其不可作为原始史料引用。与《新唐书》在《吐蕃传》上明确引用崔融献议相比，以保存史料为特点的《旧唐书》竟然没有一处明确提到崔融此议，岂非欲盖弥彰！旧传所用四镇名称极有可能就取自《唐会要》卷七三所述长寿元年王孝杰复四镇的名称（《唐会要》正是把狄疏、崔议收在王孝杰复四镇之下，而崔议明确提到

---

[1] 参见郭平梁《唐朝在西域的几项军政设置》，《新疆历史论文集》，新疆人民出版社，1978年。
[2] 此处无须"及"字，参《全唐文》卷二一，玄宗《授郯王嗣直等都护制》。

"至王孝杰而四镇复焉")。

三 唐初安西四镇弃置之真相

崔融《拔四镇议》里所讲拔四镇后吐蕃大入西域的事件本来不难断代。由于其中讲到该事件后派遣的韦待价安息道行军，可以断言，这里讲的就是近年因吐鲁番出土《汜德达轻车都尉告身》[1]等文书的刊布而被多数学者所肯定的垂拱二年（686）拔四镇及其以后发生的事件。[2]但是，垂拱为武后年号，崔融为何说成高宗（649—684）？而且《新唐书·龟兹传》讲："仪凤（676—679）时，吐蕃攻焉耆以西，四镇皆没"，是否在崔议之外另有所据？有人甚至说，自高宗咸亨元年（670）唐放弃四镇，除了长寿元年（692）一度夺回，此后一百多年（693—866）整个西域都在吐蕃手中[3]，这是事实吗？要回答这些问题，就必须弄清唐初安西四镇弃置的真实情况。唐人苏冕在编《唐会要》时曾说："咸亨元年四月罢四镇是龟兹、于阗、焉耆、疏勒，至长寿元年十一月复四镇是龟兹、于阗、疏勒、碎叶。两四镇不同，未知何故。"现在，经过许多学者的长期努力并由于若干新材料的发现、刊布，其中真相已逐渐清楚了。

唐初四镇弃置有三次。（详见本书第二章第一节及第三章第一节）

我认为，垂拱二年十一月唐朝下令拔四镇本身完全是唐军有计划的主动撤退，既非安抚西突厥，更非从吐蕃之请。[4]这个问题可以从两方面得到证明：

---

[1] 参见《吐鲁番县阿斯塔那-哈拉和卓古墓群清理简报》，《文物》1972年第1期；《吐鲁番出土文书》第7册，文物出版社，1986年。
[2] 参见唐长孺《唐西州差兵文书跋》，《敦煌吐鲁番文书初探》，武汉大学出版社，1983年。
[3] 参见王尧、陈践《吐蕃简牍综录》，文物出版社，1986年，7页。
[4] 说见前引唐长孺《唐西州差兵文书跋》，445—446、451—452、453页注6。唐先生引《旧唐书·郭元振传》中"吐蕃大将论钦陵请去四镇兵，分十姓之地"一说，然据《通典》卷一九〇吐蕃条，其为万岁通天二年而非垂拱二年事。

第一，《文苑英华》卷六八四陈子昂《谏雅州讨生羌书》说："国家近者废安北、拔单于、弃龟兹、放疏勒，天下翕然谓之盛德，所以者何？盖以陛下务在仁不在广，务在养不在杀，将以息边鄙，休甲兵，行乎三皇五帝之事者也。"据罗庸考证，此书撰成于垂拱三年（687）[1]，所谓弃龟兹、放疏勒必垂拱二年事无疑。《通鉴》卷二〇二引陈子昂此书作"盖以陛下务在养人，不在广地也"[2]，与崔融《拔四镇议》中"其在高宗励精为政，不欲广地，务其安人"如出一辙。可见这些都是当时一班士大夫对武则天垂拱二年下令拔四镇进行歌功颂德的惯用语。崔融献议时不过是套用了这些惯用语，因为要对拔四镇提出异议，为主上讳计，故指为高宗。总之，说拔四镇出自唐朝那班幻想不费人力物力而单靠一项羁縻政策就能维持边疆安定的士大夫的策划，殆无大差。

第二，从前引狄仁杰神功元年上疏中可以看出，所谓"拔四镇"的本意并非舍弃边疆不要，而是撤回镇将防人，把防务交给忠实于唐朝的羁縻府州长官即当地土著首领来负责，从而减轻一些财政和人力负担。同时，狄仁杰疏中已将拔四镇的安排设想得很具体。从前引《通典》卷一九〇吐蕃条也可以看出，当时唐蕃双方都知道拔四镇就意味着委四镇于吐蕃，崔融献议特别强调这种后果，而狄仁杰却有意回避这一情况。可见，拔四镇的设想及其后果都是有先例的，这应当就是垂拱二年拔四镇的情况。因此，可以认为，唐朝于垂拱元年十一月擢阿史那弥射之子元庆兼昆陵都护、袭兴昔亡可汗押五咄陆部落；垂拱二年九月以阿史那步真之子斛瑟罗兼濛池都护、袭继往绝可汗押五弩失毕部落，不仅是对他们参加田扬名金山道行军抗击东突厥的报赏[3]，也是为垂拱二年十一月拔四镇预做安排。然

---

[1] 参前引《陈子昂年谱》。
[2] 《通鉴》将此书系在垂拱四年，恐误。因陈子昂同书又讲到"臣又流闻西军失守"，当指垂拱三年吐蕃大入西域攻破焉耆事。
[3] 参见本书附录陆。

而拔四镇以后（注意：崔融原话有"其后"二字），吐蕃乘虚而入，"却令元庆没贼，四镇尽沦"[1]，以致攻破焉耆，兵临敦煌，这却是唐朝所始料未及的。

（本文曾发表于《历史研究》1991年第4期，收入本书时做了删改）

---

[1]《旧唐书·郭元振传》。

肆　四镇都督府领州名称、地望略考

据两唐书《地理志》记载，四镇都督府共领蕃州三十四，其中龟兹领州九，毗沙领州十，疏勒领州十五，焉耆无蕃州。四镇都督府所领州名史书失载。我认为，这方面根据其他史料还可以做些钩稽查考的工作，初步意见如下：

在《新唐书》卷四三下所收贾耽《皇华四达记》佚文中，我们发现在安西四镇地区明确提到的有姑墨州（拨换城，一曰威戎城）、温肃州（大石城、一曰于祝）、郁头州（据史德城）、演渡州、碛南州（郅支满城）。《新唐书》卷四三下在紧接四镇都督府条后又有这样一条，"河西内属诸胡，州十二，府二：乌垒州、和墨州、温府州、蔚头州、遍城州、耀建州、猪拔州、达满州、寅度州、蒲顺州、郅及满州、乞乍州"。仔细对比这两条史料，使人很受启发。《唐六典》卷三户部郎中员外郎条："凉、甘、肃、瓜、沙、伊、西、北庭、安西（原注：已上河西）"。这些地区均属景云二年（711）所置河西按察使[1]的活动地域，或者就是"右隶安西都护府"且被列在四镇都督府条后的那些诸胡州被冠以"河西"的理由。[2]

岑仲勉说："贾耽《道里》之温肃州与河西诸胡州之温府州，均非同地，亦不毗接。"[3]恐非。例如，河西内属诸胡十二州中有遍城州，《张曲江文集》卷十《敕瀚海使盖嘉运书》："突骑施凶逆，犯我边陲。自夏以来，围逼疏勒。顷得王斛斯表，见屯遍城。[4]张羲之等入据此城"云云，可见遍城为疏勒诸城之一。又有耀建州，《册府元龟》卷九七一有："（天宝）十二载正月，疏勒首领摄耀建州司

---

[1] 参见《旧唐书》卷四〇，1639页；《通鉴》卷二一〇，6661、6666页。
[2] 这十二州应该本来就属于四镇都督府，可能在开元二十二至二十四年（734—736）曾一度追随突骑施苏禄，苏禄死后又同其他"先隶突骑施者"一样，"皆遣使谢恩请内属"，仍在原地安置。参《通鉴》卷二一四，6839页；《册府元龟》卷九七七、卷九二等。
[3] 岑仲勉《西突厥史料补阙及考证》，中华书局，1958年，195页。
[4] 《全唐文》卷二八六改作"边城"，误，且与文义不通。

马裴国良、金州首领阿满儿褐车鼻施并来贺正。"此事亦见于《新唐书·疏勒传》，可见耀建州确为疏勒十五州之一。乞乍，《广韵》音可拟为 *kʻi̯ɛt dʒeāk [1]；藏文《于阗国悬记》(Li yul Lung bstan pa)里提到一个地名 Ga' jag，该文献的校勘、英译者恩默瑞克（R. E. Emmerick）教授认为其地就在疏勒一带[2]，这个地名读音与"乞乍"几乎全同。吐鲁番出土 64TAM4：46/1 号文书为一流水破用历，顺序记录了在胡乍城、据史德城、拨换城、安西（龟兹王城）等沿途各处破用军资钱练的情况。[3] 由前引《新唐书》卷四三下所收《皇华四达记》佚文可知："据史德城，龟兹境也"[4]。胡乍城在据史德以西，地属疏勒无疑。"胡"字上古音 *γa，中古音 *γu，胡乍、乞乍恐均为 Ga' jag 一名之不同异译。白桂思则将 Ga' jag 与 11 世纪马合木·喀什噶里《突厥语词典》中的 Känjäk 勘同。[5] 据喀什噶里书第 1 卷第 9、第 31 叶说，在疏勒乡间讲一种叫作 känjäk 语的非突厥语言，而该城本身则使用叫作"可汗语"（khāqānī）的突厥语。[6] 因此，可以认为乞乍州亦属疏勒。

所以，我认为，所谓"河西内属诸胡十二州"都应不出安西四镇地区，而且可以由《皇华四达记》佚文等史料得到印证。根据这些史料的记载，以及《皇华四达记》关于"唐置羁縻诸州，皆傍塞外，或寓名于夷落……州县有名而前所不录者，或夷狄所自名"[7] 等说法，我考订四镇都督府所领诸州的名称或地望结果如下（具体考证此处从略）：

---

〔1〕 参见郭锡良《汉字古音手册》，北京大学出版社，1986 年，1、74 页。
〔2〕 参见《有关于阗的藏文文献》(*Tibetan Texts Concerning Khotan*)，牛津大学出版社，1967 年，94 页。
〔3〕 录文见《吐鲁番出土文书》第六册，文物出版社，1985 年，434—435 页。
〔4〕 《新唐书》，1150 页。
〔5〕 参见白桂思《中亚的吐蕃帝国》(*The Tibetan Empire in Central Asia*)，普林斯顿大学出版社，1987 年，144—145 页注 7。
〔6〕 参《世界境域志》(*Hudūd al-ʻĀlam*)，牛津，1937 年，280 页注 3。
〔7〕 《新唐书》卷四三下，1146 页。

龟兹都督府领州九：乌垒州、龟兹（安西郡，伊逻卢城）、俱毗罗城、白州（阿悉言城）、姑墨州（和墨州，拨换城，威戎城）、小石城、温肃州（温府州，大石城，于祝）、达干城、蔚头州（郁头州，据史德城）；

毗沙都督府领州十：吉良、皮山城、固城、胡弩、于阗（西山城）、坎城（六城质罗[1]，渠勒）、汗弥（达德力城，宁弥故城，拘弥城）、精绝、兰城、戎卢（？）；

疏勒都督府领州十五：岐山、达满州（达漫城）、疏勒、汉城、遍城州、耀建州、猪拔州、蒲顺州、演渡州（寅度州）、半城、双渠（羯饭馆）、黄渠、苦井、碛南州（郅及满州，郅支满城）、乞乍州（胡乍城，Ga'jag）；

焉耆都督府无蕃州。

据此，可以大致勾画出三个都督府的四至：

龟兹：东乌垒州（今轮台县东策大雅）、西北温肃州（今乌什县境）、西蔚头州（今巴楚县东北九间房）；

毗沙：东兰城（今民丰县东安得悦一带）、南胡弩（Korum，今赛图拉以东以南及阿克赛钦地区）、西皮山（今皮山县）；

疏勒：东岐山（今巴楚县）、东南碛南州（今叶城县）、西南蒲顺州（今塔什库尔干自治县）。

应当指出，安西四镇与四镇都督府的辖区并不完全一致，例如，于阗镇的东边可能就超出了毗沙都督府的范围，所以四镇经略使可以在播仙城（播仙镇，今且末县）活动[2]，而这一片地区在行政上都属于沙州。[3]

---

〔1〕参见张广达、荣新江《〈唐大历三年三月典成铣牒〉跋》，载《新疆社会科学》1988年第1期。
〔2〕参见《通鉴》卷二〇九，6625页。
〔3〕参见向达《唐代长安与西域文明》，生活·读书·新知三联书店，1979年，437、442页。

伍 古藏文 Kog（Gog）yul 为俱位考

Kog yul 是敦煌所出古藏文历史文书《大事纪年》中的一个地名，[1] 此名亦作 Gog。[2] 长期以来，学界对这个地名的比定及其两种写法的勘同众说纷纭，莫衷一是。例如，最早刊布这份文书的英国藏学家托玛斯（1867—1956）在原文转写的脚注里将 Gog 与 Kog 画了等号，并且认为 Gog 地在堆巧（Stod Phyogs，意为"上部地区"或"西部地区"），但因无具体地点可资比定，编入索引时又在等号后面画了一个问号。[3] 张琨《敦煌本吐蕃纪年之分析》对地望的推测与托玛斯一致，并在其索引中以 Gog 和 Kog 这两种写法为互见条。[4] 王尧《敦煌本吐蕃历史文书》将 Kog yul 译为"廓州"，Gog 译为"高地"或"廓"，而该书地名索引中又译 Kog 为廓州，Kog yul 为廓地，并说 Gog 即 Kog。[5] 日本学者山口瑞凤的观点比较特别，他认为 Kog yul 是汉文史料中的黑党项，"黑"字是 Kog 的音译，其地当距青海石堡城不远[6]；他先是说 "Ma khrom/rMa grom、Gog/Kog 等等都与 rMa chu（玛曲，即黄河。——引者）密切相关"[7]，后来又申明 "Kog 国应当与《编年纪》中和 Shig nig（Sarikol）一起提到的 Gog 有区别"[8]。森安孝夫认为 Kog 即 Gog，并将 Kog yul 直

---

[1] 参见巴考、托玛斯、杜散《有关吐蕃历史的敦煌文书》(J. Bacot, F. W. Thomas, Ch. Toussaint, *Documents de Touen-Houang relatifs l'histoire du Tibet*)，巴黎，1940—1946，55、62 页。参王尧、陈践译注《敦煌本吐蕃历史文书·大事记年》鸡年（745）、猪年（747），民族出版社，1980 年，36、37 页。
[2] 同上引巴考、托玛斯等书，55、58 页。上引王尧等译注本 38 页猴年（756）条，该名写作 Kog，恐误。参张琨《敦煌本吐蕃纪年之分析》(Chang Kun, *An Analysis of the Tun-Huang Tibetan Annals*)，见香港大学《东方文化》第五卷，1—2 号，1959—1960 年，149—150 页；森安孝夫《吐蕃の中央アジア进出》，《金沢大学文学部论集·史学科篇》第 4 号，1984 年 3 月，29 页。
[3] 参见上引托玛斯等书，55、69、73 页。
[4] 参见上引张琨大书，150、166 页。
[5] 参见上引王尧书，118、119、247、248 页。
[6] 参见山口瑞凤《吐蕃王国成立史研究》，岩波书店，1983 年，346、666、668 页。
[7] 参见上书，667 页。
[8] 参见上书，712 页注 93。

附录　263

接译为 Gog 国,说其位在婆勒川(今瓦罕河)流域的连云堡一带。[1]美国学者白桂思却将《大事纪年》猪年(747)条中的 Kog yul 订正为 Gog yul,认为 Gog yul 或 Gog 就是汉文史料中的护蜜(今阿富汗瓦罕地区)[2],Kog yul 或 Kog 则为汉文史料中的廓州[3]。

我们认为,古藏文《大事纪年》中的 Kog yul 或 Gog 都是指《新唐书·西域传》下所记载的俱位。本文将就此从语音、地理、史实等方面进行考察,希望得出肯定的结论。

一 语音考察

白桂思说:"据考察,发现 Gog 不过是古藏文对瓦罕人族称的音译,即瓦罕的两个汉文音译名——镬侃和护蜜——的前一个字(《新唐书》卷二二一下,6255 页)。在唐代,'镬'音为 $^*g'wăk/γwăk$,'护'音为 $^*g'wăg/γuo$(据高本汉拟测),两个字都可以准确地用古藏文音译为 gog。因此,Gog yul 是护蜜王国的古藏文名称。"[4]白桂思所言甚辩。可惜,人们一眼就可以看出来,他在进行汉、藏语音勘同时有意回避了这些双音节专有名词的后半部分。显然,这一部分的语音无法勘同。白桂思先生也没有提出解决这一问题的任何办法。因此,我不能接受他的这项比定。

然而,汉文史料中的"俱位"却能与古藏文 Kog(Gog)yul 的语音勘同。

《大唐西域记》卷一二:"越达摩悉铁帝大山之南,至商弥国。"商弥,慧超《往五天竺国传》作"拘卫",《悟空入竺记》作"拘

---

[1] 参见前引森安文,42 页及 73 页注 195、198。
[2] 参见白桂思《中亚的吐蕃帝国》(*The Tibetan Empire in Central Asia*),普林斯顿大学出版社,1987 年,133 页注 148。
[3] 参见上书,128—129 页注 124。白桂思曾将 Gog 比定为汉文史料中的揭师,参上引森安文,73—74 页注 198。
[4] 同上书,133 页注 148。

纬"，《新唐书·越底延传》作"赊弥"。《新唐书·波斯传》传后称："俱位，或曰商弥，治阿赊颱师多城，在大雪山勃律河北，地寒，有五谷、蒲陶、若榴[1]，冬窟室。国人常助小勃律为中国候。"因此我推测，这些史料中俱位、拘卫、拘纬这一组名称是国名；商弥、赊弥、阿赊颱师多这一组名称是都城名。两种名称同指一地，乃不同时代的文化传统所致。

俱位，《广韵》音 *kǐu jwi，"俱"字又音 *gǐu。[2]俱字两读声母一清一浊，俱位两字韵母均为合口三等，与古藏文《大事纪年》中该地名的两种写法 Kog yul 和 Gog 正好相应。问题在于，《广韵》这两组音全为阴声韵（开音节），与古藏文 Kog（Gog）yul 不合。我注意到，白桂思所引高本汉拟唐代读音中的前一个实际是上古音。考虑到中唐以前古音在语言中尤其是方音中可能的残余，我们也可以将"俱位"的读音拟为 *kǐwo（gǐwo）γiwət。[3]这样，问题就不难解决了。显然，这个地名在连读中，后一音节的声母成了前一音节的韵尾（藏语中这种情况更为常见），后一音节则成为零声母。这一读音与古藏文 Kog（Gog）yul 的读音相当吻合。而且，考虑到古藏文后加字 -g 是发音的，Kog（Gog）yul 也可能读成 Ko（Go）gyul。因此，可以肯定，古藏文 Kog（Gog）yul 与汉文史料中的俱位译写的是同一地名。

当然，地名作为一种专有名词，它的读音应该是唯一的。我认为，俱位的"俱"本音应读清音，即藏文的 Kog。因为这个地名在汉文史料中还有另外两个异译——拘卫和拘纬，"拘"字《广韵》音 *Kǐu[4]，清声母。敦煌所出汉藏对音《大乘中宗见解》中以藏文

---

[1] 当为"石榴"，形近致讹。
[2] 参见郭锡良《汉字古音手册》，北京大学出版社，1986年，114、115、139页。
[3] 参见上书。关于中古音由喻变匣的例子，请参罗常培《唐五代西北方音》，上海，1933年，25—26页。
[4] 参见前引郭锡良书。关于中古音由喻变匣的例子，请参罗常培《唐五代西北方音》，25—26页。

kh 对译汉语全浊声的群母字，将"俱"字读作 khu，罗常培先生认为：这"恐怕是由声符'具'字类推的结果"[1]。至于在古藏文《大事纪年》中对于同一地名采用了不同写法，可以视为藏文初创时期正字法尚不严格的反映。

山口瑞凤在进行地名比定时也回避了该专有名词的后半部分。他说 Kog yul 就是黑党项，可众所周知，党项在藏文史料中被称作 Mi nyag（汉文音译为"弭药"）。他说黑党项的"黑"字就是 Kog 的音译，但"黑"字《广韵》音 *xək[2]，晓母德韵开口一等，声韵等呼全然不合。所以，我也不能接受他的比定。

二 地理考察

据前引《新唐书·波斯传》记载：俱位"国人常助小勃律为中国候"。所以，学者们一般考订其地当在今巴基斯坦北部马斯土季和奇特拉尔之间，北与护蜜、东南与小勃律相邻[3]。《大事纪年》猪年（747）条说："Kog yul 出现唐军[4]，勃律与 Gog 均失。"托玛斯就此所作的注释是："既然勃律就是吉尔吉特，那么 Kog 国应当就在同一个地区。可是所知这一地区并非如此（不过，我们下面将会看到，Gog 与识匿有关）。唐军征服吉尔吉特，即著名的高仙芝远征就发生在本年。"[5]可见托玛斯仍倾向于认为 Kog（Gog）yul 与勃律邻近。

托玛斯所谓"Gog 与识匿有关"的材料，就是《大事纪年》中

---

[1] 同上引罗常培书，26 页。
[2] 参见前引郭锡良书，131 页。
[3] 参见《大唐西域记校注》，中华书局，1985 年，980 页。
[4] 古藏文写作 byim po，山口瑞凤译为"征发兵"，见前引氏书 244 页；王尧则译为"斥堠军"，见前引氏书 118、119 页；白桂思直接译为"军队"，认为该词可能源于汉语"兵部"，见该书 128—129 页，注 124。
[5] 同前引托玛斯书，69 页。

的另一条记载：猴年（756），"Ban' jag nag po、Gog 和 Shig nig 等上部地区之使者前来致礼"。我注意到，这里 Gog 与其他两国同属上部地区。也就是说，考订了其他两国的地望。Gog 的位置便不难确定了。

首先，这条史料中的 Shig nig 已被托玛斯本人比定为汉文史料中的识匿[1]，学界迄无异议。

其次，在 Ban' jag nag po 这个地名中，Ban' jag 已被山口瑞凤解作波斯语 panj[2]（意为数字"五"，喷赤河一名意为"五水"）；nag po 在藏语中意为"黑"。可以肯定，这是一个双语混合地名。白桂思曾将播蜜川（今大帕米尔河）与婆勒川（今瓦罕河）汇合处西南之 Qala Panjah 读作 Qara Panja，并将其比定为古藏文史料中记载的"Ban' jag nag po。[3] Qara 为突厥语，意亦为"黑"。藏语文法置形容词于所修饰名词之后，所以用 Ban' jag nag po 对译 Qala Panjah 这一地名，无论从语音还是从语法来看都是非常合适的。

Qala Panjah 现在译为"喷赤堡"，成了一个纯波斯语地名。然而，波斯语里的地理通名 Qala（正确的写法是 qal'a）完全借自于阿拉伯语的 qal'ah，其意为"城堡，要塞"[4]。从历史上看，这种现象要在帕米尔地区出现绝不会早于 8 世纪 20 年代。因为，实际上在迄今所见有关的各种文字史料中，还是新罗僧人慧超最早提到："此胡蜜王，兵马少弱，不能自护，见属大寔所管。"[5] 胡蜜即护蜜，大寔即大食（阿拉伯）。慧超经行此地是开元十五年（727）左右的事。但是，公元 7 世纪初叶唐玄奘已经行此地，他明确说：当时达摩悉铁帝国（亦名镬侃，又谓护蜜）的都城名为昏驮多。[6] 该城直到

---

[1] 参见前引托玛斯书，70 页。
[2] 参见前引氏书，245 页。
[3] 参见前引森安文，70 页注 154。
[4] 参见 F.Steingass ed., *A Comprehensive Persian—English Dictionary*, p.984；参北京大学东方语言系阿拉伯语教研室编《阿拉伯语汉语词典》，商务印书馆，1966 年，1065 页。
[5] 《大正新修大藏经》卷五一，979 页上栏。
[6] 参见《大唐西域记校注》，974—976 页。

10世纪还叫昏驮多。据公元982年成书的佚名作者波斯文地理著作《世界境域志》第26节第15条记载:"Khamdādh 是一个有护蜜人偶像寺院的地方。那里还有少数吐蕃人。在其左岸是吐蕃人占据的一座城堡。"[1]该书的英译及注释者米诺尔斯基(V.Minorsky,1877—1966)说:"Khamdādh 无疑就是昏驮多(Khandūd),这是瓦罕地区阿富汗一侧的一个相当大的村镇。在它对面的俄国一侧散落着古代城堡的一片遗迹,本篇所述应即指此(当其记述转向东南方时,'左岸'意味着北侧)。"[2]今天被人们称作"喷赤堡"的地方,其位置就在古代的昏驮多附近。因此,即使该地真的还有这样一个波斯语地名,在10世纪以前也找不到证据。

其实,吐蕃人早在大食人之前已经到达并据有护蜜之地了。《新唐书·护蜜传》:"王居塞迦审城,北临乌浒河。……地当四镇入吐火罗道,故役属吐蕃。"塞迦审亦见于《世界境域志》,该书第26节第14条:"塞迦审(Sikāshim)城是护蜜地区的首府。其居民既有异教徒[3],也有穆斯林,护蜜王即居于此城。当地产有鞍衣外罩及护蜜箭。"[4]塞迦审即今伊什卡什姆(Ishkāshim),位于昏驮多西南约一百公里。护蜜王由昏驮多西徙塞迦审之事发生在玄奘经行以后,联系到慧超所述勃律王因吐蕃来逼而西迁,勃律因而分为大、小两国之事[5],可以肯定,护蜜王西迁也与吐蕃兴起以后的扩张、征服有关。大食史家塔巴里(Tabarī,839—923)《年代记》在记载85/704年发生于中亚怛蜜(Tirmidh)的事件时提到,当时一部分河中与吐火罗的王公召来了挹怛人(al-Hayatilat)、吐蕃人(al-Tubbat)和突

---

[1] Hudūd al-'Ālam, Oxford, 1937, p.121.
[2] 同上书, p.336。
[3] 此处米诺尔斯基注为"祆教徒",恐非。慧超亲历护蜜后明确说:"王及首领、百姓等总事佛,不归外道。所以此国无外道。"见前引《大正藏》。
[4] 参见前引 H—'Ā., p.121.
[5] 参见前引《大正藏》。

厥人的联军。[1]这是史料中有关吐蕃人到达葱岭以西的最早记载，可见吐蕃的势力发展到葱岭应该是七、八世纪之交的事。[2]那么，到 727 年慧超经行护蜜的时候，护蜜王很可能已经迁都塞迦审了。

由此可见，由于护蜜曾经役属吐蕃，其故都昏驮多又长期为吐蕃人所据有，因而产生了藏文史料中特有的指称这一地区的专名——Ban' jag nag po。如上所述，这一名称很可能来自另一个突厥—波斯双语混合地名 Qala Panjah。慧超《往五天竺国传》说：护蜜"言音与诸国不同"[3]。Qala Panjah 这一地名的语言成分可能正好反映了当时土著的语言状况。吐蕃人称其为 Ban' jag nag po，不过是名从主人罢了。在清代的地理书中，这个地名仍叫"喀喇喷赤"。[4]众所周知，"喀喇"二字通常所译写的就是突厥语地名常用词 Qara。因此我以为，今天译为"喷赤堡"的 Qala Panjah 很可能如白桂思先前所推测，是 Qara Panja 之讹；而古藏文中的 Ban' jag nag po 是以首府代国名，指的就是汉文史料中的护蜜。

然而，白桂思后来改变了自己的看法，他说："该名写作 Ban' jag，这是中古波斯语表示大麻的词语 ban jak 的一个完美无缺的转写（见 H.Nyberg《婆罗钵语手册》第 2 部分，词汇，1974 年，44 页）。不过，这倒更可能是 *Gan' jag 的笔误，转写的是 Ganjak——疏勒附近的乡间，其语言尝为中世纪语言学家喀什噶里提到过。在古藏文里，字母 b 经常写成右边带着一个长尾巴，因而很容易同字母 g 相混（参见乌瑞《论藏文的 ba 与 wa》，1955 年，表 2，栏 3，'7—10 世纪的形式'，图例 3。那虽然描得不好，但表示出了字母 b 的尾巴）。"[5]我仔细研究了白桂思的论据，不能同意他的看法。因为：

---

[1] 参见 *Tārīkh al-Rusul wa-l-mulūk*, vol. Ⅱ, Leyden, 1964, p.1153。
[2] 参见本书第三章第二、四节。
[3] 同前引《大正藏》。
[4] 参见《中国历史地图集》第八册，中国地图出版社，1975 年，27—28 页。
[5] 同前引白桂思书，144—145 页注 7。

第一，藏文该地全名为 Ban'jag nag po，白桂思先生又回避了该专有名词的后半部分未予解决。

第二，在藏文大藏经《丹珠尔》所收《于阗国悬记》(*Li yul Lung bstan pa*)里已经提到了 Ga'jag（即白桂思所谓 Gan'jag）。这份文献的校勘、英译者恩默瑞克（R.E.Emmerick）也认为 Ga'jag 就在疏勒地区[1]。但是，同一份文献又将疏勒称为 Shu lig[2]，与汉文名称音义完全一致。因此，这两个名称的关系还值得再做研究。[3]马合木·喀什噶里《突厥语词典》第 1 卷第 9、第 31 叶上说，在疏勒（Kāshghar）周围地区讲一种叫作 känjäk 语的非突厥语言，而该城本身则使用叫作"可汗语"（khāqānī）的突厥语。[4]无论如何，我们在这两种文字的有关记载中，都没有发现该名称有—nag po 或 qara—这一部分。

第三，更重要的是，在前引《大事纪年》所涉及的 756 年，甚至一直到悟空经行的贞元五年（789）左右，安西四镇包括疏勒都牢牢掌握在留守的唐军手中。在《悟空入竺记》中明确提到了当时的疏勒王裴冷冷和镇守使鲁阳。[5]所以，说 756 年遣使至吐蕃致礼的 Ban'jag nag po 是疏勒地区根本就不可能。

第四，《大事纪年》明确说 Ban'jag nag po 属"上部地区"，而包括疏勒在内的唐朝安西四镇地区在这份史料中被称作 Dru gu yul"突厥地"。因此，《大事纪年》猴年（756）条中的 Ban'jag nag po 不可能指疏勒，只能是指护蜜。

现在我们再来看一看 Kog（Goy）yul。能够既与小勃律邻近，又与识匿、护蜜同属"上部地区"的，即使不论地名的语音勘

---

[1] 参见恩默瑞克《有关于阗的藏文文献》(*Tibetan Texts Concerning Khotan*)，牛津大学出版社，1967 年，94 页。
[2] 参见上书，105 页。
[3] 参见本书附录肆。
[4] 参见上引 *H.—'Ā.*，280 页注 3。
[5] 参见前引《大正藏》卷五一，980 页下栏。

同，也只能是俱位了。马迦特（J.Marquart）认为玄奘提到的"达摩悉铁帝"（即护蜜）一名很可能出自波斯语的 *Dar-e Mastit，意为"Mastit（马斯土季）之门"。[1]考虑到达摩悉铁帝的国都昏驮多城正位于马斯土季北面瓦罕走廊中央这一情况，应该认为马迦特的拟测是正确的。

三　史实考察

《大事纪年》提到 Kog（Gog）yul 的记载有三条，除了上述猴年（756）条的记载以外，其余两条记载的史实在汉文史料中均有反映。

《大事纪年》鸡年（745）条："唐军将领马将军率 Kog yul 之唐军来袭；论莽布支与王甥吐谷浑小王二人反攻 Jid par；唐军袭击 Jid par 之大城堡 Pun rgon，其大部被歼。"此马将军为安西节度马灵察（即夫蒙灵䚓）无疑。《旧唐书·段秀实传》："四载（745），安西节度马灵察署为别将，从讨护密有功，授安西府别将。"护密即护蜜。此有功只是指段秀实个人立了战功。事实上，据史料记载，自开元末年吐蕃以女妻小勃律王，西北二十余国尽附吐蕃，直至天宝初年，盖嘉运、田仁琬、马灵察连续三任安西节度讨伐小勃律均未成功。[2]这与《大事纪年》的记载是一致的。若依白桂思以 Kog yul 为廓州，连"马将军"也没有着落。

山口瑞凤将《大事纪年》鸡年（745）条这段记载中的 'Ba' tsang kun（马将军）解作所谓"播川公"皇甫惟明，Kog yul 解作黑觉项，Jid par 解作石堡城，认为这里记载的就是天宝四载（745）陇右节度使皇甫惟明在石堡城战败一事。[3]我不同意山口瑞凤的说法：

---

[1] 参见《大唐西域记校注》，975 页注 1。
[2] 参见本书第四章第三节。
[3] 参见前引山口瑞凤书，666 及 712 页注 92。

首先，大家公认，汉文史料中的石堡城在古藏文《大事纪年》中被称作"铁仞城"Mkhar lcags rtse，山口瑞凤没有为自己将 Jid par 比定为石堡城提出任何理由[1]，却以此为前提，说"可见 Kog 与石堡城相去不远"，[2]这不能令人信服。

其次，如前所述，Kog yul 也不可能是黑党项。

最后，汉文史料中就没有"播川公"这个词。山口瑞凤的根据是《旧唐书·玄宗纪》在天宝五载（746）正月条下的记载："陇右节度使皇甫惟明贬播川太守，寻决死于黔中。"山口认为：皇甫惟明"曾作为使者到过吐蕃（729），因而他的名字看来为人熟知。作为《编年纪》（即《大事纪年》。——引者），也知其降为播川太守一事，呼其名为播川公，写成 'Ba' tsang kun。……这大概可以视为对编纂时情况的反映"。[3]然而：

1. 皇甫惟明使吐蕃事在其遭贬前十六年；后来他又于天宝元年至五载（742—746）间任陇右节度使，长期与吐蕃作战。无论他是因为和蕃赢得吐蕃好感，还是因为长期交战为吐蕃熟悉，他都该以本名而不是以遭贬后的所谓"播川公"知名。

2.《新唐书·玄宗纪》：天宝五载（746）"七月，杀括苍太守韦坚、播川郡太守皇甫惟明"。皇甫惟明贬官仅半年即被玄宗遣使诛杀[4]，不可能以"播川公"知名。

3. 唐播川郡在今贵州遵义，与吐蕃毫无牵连。无论吐蕃人何时怎样编纂《大事纪年》，不可能舍弃熟悉的名称不用，而去刻意为之杜撰一个汉语名称。

4. "播川公"三字的唐代读音与藏文 'Ba' tsang kun 的读音不合。"播"字《广韵》音 *pua，帮母，在藏汉对音当中没有以 'b 对

---

[1] 参见前引氏书有关石堡城各页（据其索引）。
[2] 同上引书，666 页。
[3] 同上书，712 页注 92。
[4] 参见两唐书《韦坚传》。

译帮母字的例子，藏文 'b 在绝大多数情况下对译的都是明（m）母字。[1] "川"字《广韵》音 *tɕʻĭwɛn，昌母仙韵山摄，在藏汉对音中除了个别例外[2]，藏文都是以 ch 对译汉文的昌母字，而以 ts 对译汉文的精（ts）母字；藏文 ang 在正常情况下都是用来对译汉文宕（ang）摄字的，个别变读对译江摄字[3]，但绝不用来对译山摄字。山口瑞凤为了自圆其说而改藏文原文为 tsang，这种做法不可取。"公"字《广韵》音 *kuŋ，在敦煌所出汉藏对音《千字文》中是以藏文 kong 对译此字[4]，同一份文书中则以藏文 kun 对译汉文"军"字。[5]

因此可以断言，古藏文《大事纪年》中的 'Ba' tsang kun 对译的绝不是"播川公"；所谓"播川公"一名纯属山口瑞凤的臆造。

《大事纪年》猪年（747）条：夏，"Kog yul 出现唐军，勃律与 Gog 均失"。这显然是指天宝六载（747）高仙芝讨小勃律之事。[6]

《资治通鉴》卷二一二，开元八年（720）"夏四月，丙午，遣使赐乌长王、骨咄王、俱位王册命。三国不从大食叛唐，故褒之"。史料中还记载，开元十年（722）唐军助小勃律破吐蕃，勃律遂为"唐之西门"。[7] 所以前引《新唐书·波斯传》后说：俱位"国人常助小勃律为中国候"。开元末年西北诸国随勃律尽附吐蕃，俱位恐亦在所难免。然而，天宝元年（742）"四镇节度使马灵察又奏破吐蕃不可胜数，并闻护密、识匿等数国共为边捍"[8]。显然，在这种情况下，俱位亦当复"为中国候"。这就是《大事纪年》鸡年（745）条中所述 Kog yul 即俱位之唐军所由来。然而，鸡年（745）马灵察实际上打了败仗，丢了俱位，所以才有《大事纪年》猪年（747）条记载的

---

[1] 参见前引罗常培书，17页。
[2] 参见上书，22页。
[3] 参见上书，55页。
[4] 参见上书，57页。
[5] 参见上书，54页。
[6] 参见两唐书《高仙芝传》。
[7] 参见《册府元龟》卷三五八。
[8] 《全唐文》卷三——，孙逖《为宰相贺陇右破吐蕃表》。

事情发生。据汉文史料记载，天宝六载（747）高仙芝破小勃律，擒勃律王苏失利之，"诏改其国号归仁，置归仁军，募千人镇之"[1]。汉、藏史料连体合璧，相得益彰，使有关史实更加具体、明确。

四 结 论

综上所述，可以得出以下结论：

1. 敦煌所出古藏文《大事纪年》中的 Kog yul=Gog。

2. 这份文书中的 Kog（Gol）yul 就是汉文史料中的俱位（今巴基斯坦北部马斯土季一带）。

3. 俱位一名不见于初唐以前。[2] 这个名称的后半部为藏语地理通名 yul "区，地区"，可见它的产生也与吐蕃的兴起与征服有关。这一地名（以及 Ban' jag nag po＝护蜜）的比定从一个方面反映了中国藏族在历史上的分布情况。

---

[1]《新唐书·小勃律传》，6252 页。
[2] 参见《大唐西域记校注》，980 页注 1。

陆　金山道行军与碎叶隶北庭

有关碎叶隶属北庭的资料，最早见于景龙四年（710）《命吕休璟等北伐制》，其中说道："右领军卫将军、兼检校北庭都护、碎叶镇守使、安抚十姓吕休璟，心坚铁石，气横风雷，始则和戎之利，先得晋卿；终而逐虏之功，永邀汉将，可为金山道行军大总管。"[1]有人认为，由于长安二年（702）置北庭都护府，"天山以北则由北庭都护府管辖，碎叶在天山以北，理应入北庭都护府辖区"[2]。其实问题并不这样简单。仅就隶属关系而言，至少到神龙二年（706）即北庭府设立四年以后，碎叶还归安西都护府管辖。史料记载神龙二年十二月安西大都护郭元振亲诣突骑施乌质勒的牙帐议军事[3]，其地就在碎叶。[4]

7世纪末叶至8世纪初叶是唐代西域政治形势最为复杂的时期之一。不仅吐蕃继续在这里活动，而且重新崛起的东突厥（682—745）也极力向西伸展势力，还有西突厥别种突骑施乘势而兴，以及大食（阿拉伯伊斯兰帝国）在中亚的扩张于屈底波任呼罗珊长官（705—715）时达到了顶峰[5]。我注意到，前引景龙四年《命吕休璟等北伐制》又是为金山道行军调兵遣将。唐朝这一时期在西域有三次金山道行军，都与兴发西突厥十姓部落抵抗东突厥西侵有关：

第一次在垂拱元年（685）前后。

东突厥复兴于682年。《旧唐书・突厥传》上：骨咄禄"又抄掠九姓，得羊马甚多，渐至强盛，乃自立为可汗"。此事亦见于《新唐书・回鹘传》上："比栗死，子独解支嗣。武后时，突厥默啜[6]方

---

[1]《唐大诏令集》卷一三〇，商务印书馆，1959年，705页。
[2] 吴震《唐碎叶城析疑》，《新疆历史论文集》，新疆人民出版社，1977年，167—168页。
[3] 参见《通鉴》卷二〇八，6608页。参两唐书《郭元振传》。
[4] 参见两唐书《突厥传》下，《突骑施乌质勒传》。
[5] 参见本书第三章第三节。
[6] 此为史料中泛指东突厥的惯用语，其实默啜要到691年骨咄禄死后才继汗位。有意思的是，敦煌所出古藏文《大事纪年》猴年（720）条也是以'Bug cor "默啜"指代东突厥的，其实默啜早已于716年遇刺身亡了。

强,取铁勒故地,故回纥与契苾、思结、浑三部度碛,徙甘、凉间,然唐常取其壮骑佐赤水军云。独解支死,子伏帝匐立。"据旧《回纥传》,伏帝匐嗣圣(684)中继为酋长,可见上述东突厥取铁勒(九姓)故地的事只能发生在682—684年间。《全唐文》卷二一一陈子昂《上西蕃边州安危事》略云:"顷以北蕃[1]、九姓亡叛,有诏出师讨之,遣田扬名发金山道十姓诸兵自西边入。臣闻十姓君长奉诏之日,若报私仇,莫不为国家克翦凶丑。遂数年之内,自率兵马三万余骑,经途六月,自食私粮。诚是国家威德早申,蕃戎得效忠赤,今者军事已毕,情愿入朝。国家所以制有十姓者,本为九姓强大,归伏圣朝。十姓微弱,势不能动,所以委命臣妾,为国忠良。今者九姓叛亡,北蕃丧乱,北疆惟倚金山诸蕃共为形势。今回纥已破,既往难追;十姓无罪,不宜自绝。十姓首领,国家理合羁縻,许其入朝,实为得计。"同疏中还提到"近诏同城权置安北府",其事《通鉴》系于垂拱元年(685)六月,可见陈子昂上疏当在此后不久[2],其中所谓"北蕃、九姓亡叛",应即指东突厥取铁勒九姓故地事。

《旧唐书·突厥传》下:"自垂拱已后,十姓部落频被突厥默啜侵掠,死散殆尽。及随斛瑟罗才六七万人,徙居内地,西突厥阿史那氏遂绝。"所谓"自垂拱已后",当即指上述垂拱元年前后事。旧书本段疑有脱文。因为斛瑟罗虽然于天授元年(690)、长安三年(703)两次入居内地,但均与东突厥西侵没有关系[3]。总之,唐朝此次能发金山道十姓诸兵与东突厥作战,除了东、西突厥的固有矛盾外,置镇碎叶应该说起到了相当大的作用。

第二次从神龙二年(706)至景龙二年(708)。

---

[1] 原文为"吐蕃",下文有"今者九姓叛亡,北蕃丧乱",据改。
[2] 罗庸《陈子昂年谱》(国立北京大学《国学季刊》5卷2号)以是疏系于垂拱二年,恐误。唐朝于垂拱元年十一月擢阿史那弥射子元庆兼昆陵都护、袭兴昔亡可汗押五咄陆部落(《通鉴》卷二〇三,6435页),当与陈子昂上疏有关。
[3] 参见本书第二章第一节,第三章第一、三节。

唐朝于垂拱二年拔弃四镇，引起吐蕃大入西域[1]；至长寿元年（692）才又恢复四镇。随后，又于延载元年（694）大破吐蕃及其所立西突厥可汗俀子；唐碎叶镇守使还攻拔了吐蕃在十姓可汗故地的据点[2]。698年，吐蕃大论噶尔家族获罪。这些都大大削弱了吐蕃在西域的势力。[3] 于是，原为西突厥五咄陆部之一的突骑施乘机而起，发展势力。《通鉴》卷二〇六，圣历二年（699）"八月，癸巳，突骑施乌质勒遣其子遮弩入见。遣侍御史元城解琬安抚乌质勒及十姓部落"。这是文献中首次明确记载的突骑施部的单独活动。该部刚兴起便同唐朝建立了联系，这是值得注意的。于是，就在这一年，"突厥默啜立其弟咄悉匐为左厢察，骨咄禄子默矩为右厢察，各主兵二万余人；其子匐俱为小可汗，位在两察上，主处木昆等十姓，兵四万余人，又号拓西可汗"[4]。唐朝则在圣历三年"腊月[5]……以西突厥竭忠事主可汗斛瑟罗为平西军大总管，镇碎叶"[6]。《新唐书·突厥传》说："是时乌质勒张甚，斛瑟罗不敢归。"据《册府元龟》卷九八六外臣部征讨五以及《通鉴》卷二〇七，可以肯定斛瑟罗这次是回到了碎叶，并参加了久视元年（700）九月前后的平定阿悉吉薄露之叛。

　　《通鉴》卷二〇七，长安三年（703）秋七月庚戌条记载，"时突骑施酋长乌质勒与西突厥诸部相攻"，"诸部归之，斛瑟罗不能制。乌质勒置都督二十员，各将兵七千人，屯碎叶西北；后攻陷碎叶，徙其牙帐居之。斛瑟罗部众离散，因入朝，不敢复还，乌质勒悉并其地"。突骑施攻陷碎叶，唐朝仅以兵应接安西诸州[7]而不是大

---

[1] 参本书第二章第一节，第三章第一、三节。
[2] 同上。
[3] 同上。
[4] 《通鉴》卷二〇六，6543—6544、6545页。
[5] 当公历699年11月27日至12月26日。
[6] 《通鉴》卷二〇六，6543—6544、6545页。
[7] 参见《通鉴》卷二〇七，6562—6563页；参两唐书《唐休璟传》。

附　录　277

张挞伐，其中原因，除了突骑施本身一直接受唐朝羁縻外，我认为更重要的还是唐朝需要利用突骑施在西域共同抵抗东突厥西侵。突骑施取得碎叶以后，其"东北与突厥为邻，西南与诸胡相接，东南至西、庭州"[1]。当时吐蕃由于赞普继立，国中大乱，"人事天时，俱未称惬，所以屈志，且共汉和"[2]。东突厥就成了唐朝和突骑施唯一共同的敌人。景龙二年（708）阿史那忠节欲引吐蕃击突骑施，安西大都护郭元振即上疏说："顷缘默啜凭陵，所应处兼四镇兵士，岁久贫羸，其势未能得为忠节经略，非是怜突骑施也。忠节不体国家中外之意，而别求吐蕃，吐蕃得志，忠节则在其掌握，若为复得事汉？"[3]

神龙二年（706）突骑施乌质勒款塞愿和，安西大都护郭元振至其牙帐前议军事。乌质勒年老，不胜寒苦，会罢而卒。其子娑葛本欲攻杀元振，后因感其义，"复与元振通好，因遣使进马五千匹及方物。制以元振为金山道行军大总管"[4]。郭元振与乌质勒所议军事究竟是什么内容？史无明文。但有迹象表明，肯定与双方连兵抗击东突厥西侵有关：

第一，史料记载，郭元振与乌质勒会议之后，唐朝即以其为金山道行军大总管。据《通鉴》卷二〇九，景龙二年（708）十一月庚申条下记载，当年郭元振仍为金山道行军总管。

第二，《通鉴》卷二〇九，景龙三年二月丙申条下《考异》引《景龙文馆记》，景龙二年有碎叶镇守使周以悌；前引郭元振景龙二年上疏又说："顷缘默啜凭陵，所应处兼四镇兵士。"突骑施同意唐朝在其牙帐附近驻军，显然也参与了联合抗击东突厥的军事行动。

第三，《通鉴》卷二〇九在景龙二年三月丙辰条下记载："时默

---

[1]《旧唐书·突厥传》下，5190页。
[2]《旧唐书·郭元振传》，3046页。参本书第三章第三节。
[3] 同上书。
[4] 同上书。

啜悉众西击突骑施,(张)仁愿请乘虚夺取漠南地,于河北筑三受降城,首尾相应,以绝其南寇之路。"这是由记张仁愿筑三受降城而及其起因,并不是说筑城时默啜才西击突骑施。前引郭元振景龙二年上疏中说由于默啜凭陵,四镇兵士"岁久贫羸",可见这场战争时间很长,规模很大。

由此看来,神龙二年突骑施娑葛不因父死而攻杀元振,并不是一般的"感其义",而是考虑到了大敌当前,双方利害相关。郭元振以安西大都护任金山道行军大总管,所以他才能兴发四镇兵士,其中主要应该是突骑施牙帐所在的碎叶镇兵。这才是随后将碎叶镇改隶北庭的主要原因。

第三次即景龙四年(710)。

前引景龙四年《命吕休璟等北伐制》专为调兵遣将迎击西侵之东突厥[1]所下,其中除任命吕休璟为金山道行军大总管外,还提到:"北庭副都护郭虔瓘、安处哲等,怀才抱器,蓄锐俟时,惯习军容,备知边要,并可为副大总管,领瀚海、北庭、碎叶等汉兵,及骁勇健儿五万骑;金山道前军大使、特进、贺腊毗伽钦化可汗突骑施守忠[2],领诸蕃部落兵、健儿二十五万骑,相知计会,逐便赴金山道。"显然,以碎叶隶北庭是唐朝适应西域北部草原已经变化了的新形势,为兴发突骑施为首的西突厥诸部抵抗东突厥西侵而进行的又一次战略调整。从此以后,碎叶便一直隶在北庭属下。

唐朝曾于龙朔二年(662)设立金山都护府,长安二年(702)十二月又在此基础上于庭州置北庭都护府,这些都与加强对草原上西突厥诸部的统治有关。《新唐书·突厥传》下:"长安中,[3]以阿

---

〔1〕 有关这次战争的情况不仅见于汉文史料,亦见于鄂尔浑古突厥文碑铭,请参俄国学者克里雅什托尔内《作为中亚史史料的古突厥如尼文碑铭》(С.Г.Кляшторный,*Древнетюркские памятники как источник до истории Средней Азии*),莫斯科,1964年,136—155页。
〔2〕 参见《通鉴》卷二〇九,景龙三年"秋七月,突骑施娑葛遣使请降;庚辰,拜钦化可汗,赐名守忠"。
〔3〕 据旧传,当为长安三年。

史那献为右骁卫大将军、袭兴昔亡可汗、安抚招慰十姓大使、北庭大都护。"阿史那献是见于记载的第一任北庭大都护，从他的职衔也可以看出，北庭都护府成了唐朝"安抚招慰十姓"的中心。调露元年碎叶列为安西四镇之一主要是为了防御吐蕃与西突厥余部连兵，因而也具有加强对草原上西突厥部地统治的意义。后来随着形势的变化，碎叶更多地在兴发西突厥诸部抵抗东突厥西侵方面发挥作用。由历次金山道行军的情况可以看出，碎叶隶属北庭更适应于整个西域社会状况和政治格局。换言之，碎叶改隶北庭以后，唐朝安西、北庭两大都护府的分工就明朗化了，即如《旧唐书·地理志》一所说："安西节度使抚宁西域，统龟兹、焉耆、于阗、疏勒四国……北庭节度使防制突骑施、坚昆、斩啜。"[1]然而，在这种情况下，碎叶对于唐朝就不再具有开初设镇时那种重要的意义了。所以，当开元七年（719）十姓可汗请居碎叶时，唐朝很容易就答应了他的要求。

《新唐书·西域传》上《焉耆传》："开元七年（719），龙嬾突死，焉吐拂延立。于是十姓可汗请居碎叶，安西节度使汤嘉惠表以焉耆备四镇。"这里的十姓可汗应该是指突骑施可汗苏禄[2]。碎叶早已不在安西属下，显然，十姓可汗请居碎叶并不是安西节度使要在焉耆置镇的真正原因。焉耆置镇应当与安西节度完善其镇防体系有关，也就是说，与防御吐蕃在西域的活动有关。

当然，在突骑施苏禄"诡猾，不纯臣于唐"[3]的情况下，置镇焉耆还有阻止吐蕃走东道与突骑施苏禄连兵的作用。[4]总之，此次焉耆置镇与初置四镇时相比，西域的形势完全不同了，可以视为唐朝

---

[1]《通鉴》卷二〇六，圣历元年（698）九月，武后"改默啜为斩啜"。
[2] 参见《通鉴》卷二一二，开元七年"冬十月，壬子，册拜突骑施苏禄为忠顺可汗"。《新唐书·李嗣业传》："开元中，从安西都护来曜讨十姓苏禄。"不同的意见见前引松田寿男《古代天山历史地理学研究》，461—463页。
[3]《新唐书·突厥传》下，6067页。
[4] 参见松田寿男《古代天山历史地理学研究》，463页以下；本书第四章第一节。

经营西域战略的又一次调整。不过,焉耆在唐代无论是否作为四镇之一,其地位一直十分重要。这个问题不像说它只是"备足四镇之数"那样简单[1],需要另撰专文研讨。

[本文曾刊于《北京大学学报》(哲社版)1991年第6期,收入本书时做了删节]

---

[1] 参见吴震《唐碎叶城析疑》,见《新疆历史论文集》,新疆人民出版社,1977年,167—168页。

柒　论古代游牧部族入侵农耕地区问题

在我国古代史上，曾长期存在着一个北方草原游牧民南侵的问题。先秦有北狄，秦汉有匈奴，以后鲜卑、柔然、突厥、回纥、契丹、蒙古等相继兴起于北方草原，无不构成重大边患甚至取中原王朝而代之。草原游牧民入侵农耕定居地区，在世界史上也曾造成重大影响。日耳曼入侵导致罗马帝国的崩溃，使欧洲进入中世纪；阿哇尔（Avars，即柔然）入侵促进了斯拉夫诸族的迁徙分布；奥斯曼突厥人不仅消灭了千年王国东罗马，而且迫使欧洲人开辟新航路，从而导致了近代文明发端。面对这些重大历史现象，人们不禁要问：古代草原游牧民为什么非要入侵农耕定居地区？决定二者关系的根本原因究竟是什么？

历来对游牧民南侵原因的解释，大致可归纳为七种：①虏性狼狠，②气候变迁，③人口膨胀，④贸易受阻，⑤掠夺有利，⑥扩大统治，⑦文化不同。这七种里，第①种是传统说法，如《史记·匈奴传》说匈奴"行盗侵驱，所以为业也，天性固然"；《新唐书·回鹘传》说回纥人"贪婪尤甚，以寇抄为生"，这些显然出自当时人偏激的感情，所以倒果为因。第②种由美国地理学者汉廷顿（E. Huntington, *The Pulse of Asia*, Boston, 1919, pp. 282、344）首倡，英国史学家汤因比（A. Toynbee, *A Study of History*, III, 1934, pp.7-22, 395-452）继之。但汉廷顿的气候曲线本身便大成问题（参见 *The Mainsprings of Civilization*, New York, 1945, pp.572-574），汤因比却以此来解释他的所谓"游牧民族活动和静止周期表"，因而理所当然地被拉铁摩尔（O. Lattimore, *Studies in Frontire History*, Oxford, 1962, pp.241-244）斥为荒谬。第③种出于马尔萨斯的《人口论》，但是，不仅游牧民外侵之年的人口是否过剩，实际上近代以前任何一个游牧民族的人口数字现在都无法确定。相反，据日本学者内田吟风的研究：凡匈奴发动战争时，国内都无饥馑现象，反而多次因饥荒而退兵求和(《内陆アジアの研究》,ユーラジア学会研究报告,Ⅲ,1954,pp.21-41)。其余几种说法都是互相关联的。近年,学界以持第④种看法者为最多,如美国学者 J. Barfield 对匈奴史的研究(评介见 *Journal Asiatique*, Paris, vol. XLI, No.1, 1981),德国学者 O. Pritsak 对黑汗王朝(Karachaniden)史的研究(评介见《新疆社会科学》1982年1期),日本学者萩原淳平对明代蒙古史的研究(评介见《民族译丛》1982年1期)等,都反映出这种观点。

古代游牧民入侵农耕地区的原因,我基本赞同上述七种说法中的第④种。那么,草原游牧民有什么必要非同农耕定居民进行贸易不可?产生这些必要性的原因又是什么?在这方面,新加坡元史学者萧启庆的看法颇具代表性。他认为,贸易的必要性有三:①游牧民的生活需要;②贵族对奢侈品的需要;③倾销过剩产品。产生这些必要性的原因有二:①草原游牧经济高度仰赖自然,草原载畜量随气候增减的幅度很大;②草原经济结构单一(《元代史新探》,新文丰出版公司,1983年,304—306页)。

我认为,游牧经济必然包含对外交换的原因有二:一是草原载畜量有限。这个问题不能仅从偶然的灾异着眼。前引汉廷顿1919年著作中(pp.382-383)有这样一份材料:据新南威尔士的牧场报告,年降雨量为10英寸时,每平方英里草地可供10只羊食用;雨量为13英寸时,同面积的草地便可供100只羊食用;如雨量增至20英寸,羊则激增至600只。如雨量减少,草原载畜量便以同样的比例递减。这就是说,在大空间和较长的时间内各种不同的偶然性可能使增、减趋于平衡。但是,在正常年景下,畜群的生产实际上仍趋向于按几何级数(成比例)增长,草原载畜量的限制很容易被突破。二是牧畜本身具有二重性:既是生产资料,又是生活资料。一方面,活畜的积累与再生产具有一致性,它同草原载畜量的矛盾直接影响到生产的发展和财富的积累;另一方面,牧畜无论有多少种,其产品主要都是用于直接消费,游牧经济内部对产品的转化途径很少,难以增加消费。

显然,问题只能归结到古代游牧社会的生产力水平。

古代游牧经济有两条发展途径。鉴于牧畜本身便是财富,所以,发展的第一条途径不是处理过剩的活畜,而是扩大牧场范围。因此,一个游牧民族兴起之后,总是先扩张成草原帝国,然后才发生入侵农耕地区的事件。这种现象与其说是政治形势的要求,不如说是经济发展的自然过程。甚至直到入侵农耕地区时,有时还带有扩大牧场的色彩,如契丹南侵之"打草谷",蒙古初入中原之"空地"等。所以,可以说南侵是先期扩张的继续。然而,扩大牧场并不能改变游牧经济的单一结构,所以,发展的第二条途径便是处理、转化超过草原载畜量的牲畜。处理的方式或为直接消费,或为对外交换。这样,消费和交换也是古代游牧生产发展的重要环节。鉴于生产关系诸方面尤其是分配中存在的问题,在古代游牧生产的发展过程中,交换的作用显然比直接消费重要得多。可以说,古代的牧、农关系实际上主要是游牧社会内部关系的继续和发展,南、北关系实际上主要是北方内部关系的继续和发展,许多学者把研究的重点都放在游牧社会一边,这是有充分理由的。

众所周知,剩余产品的生产,财富的积累和占有是社会发展的必要条件。但动物活畜和草原载畜量的矛盾显然不利于财富在游牧社会内部积累起来。因此,对外交换是游牧社会发展的必要条件。当交换不能以和平方式进行时,必然会发生暴力行为。当然,除了直接交换以外,还有中介贸易这一条途径。因此,游牧民从初期扩张争夺牧场开始,往往也同时争夺对贸易通道的控制。

至于说到改变消费结构,如萧启庆提到的前两种必要性,显然不是古代游牧社会最基本的需要,也难以成为主要动因。萧启庆提到倾销剩余产品,仍然未中鹄的。如果真的只是为了倾销剩余产品而不是生产和社会发展的客观需要,那经常导致的恐怕就会是销毁产品而不是战争了。

由此可见，古代北方游牧民南侵是草原社会发展的自然历史过程，其根本原因是草原上生产力的技术构成太低，社会经济结构单一，内部转化产品的途径太窄。

（本文曾刊载于《史学情报》1988年第3期）

附　表

一　大事年表

年代	事项
634	吐蕃弃宗弄赞（松赞干布）遣使请婚。
638	吐蕃寇松州。
640	唐平高昌，置安西都护府于交河城。
641	唐嫁文成公主于吐蕃。
648	唐平龟兹，诏吐蕃、吐谷浑等分道进讨。
651	大食灭波斯，伊嗣俟遇害；八月，大食始遣使唐朝。
654	吐火罗发兵立卑路斯为波斯王。
656—661	大食争哈里发位内战。
657	唐平西突厥阿史那贺鲁，分十姓部落置濛池、昆陵二都护府；置龟兹都督府。
658	五月，唐迁安西府于龟兹，于贺鲁所役属诸国皆置州府，并隶安西都护府。
659	唐置焉耆、龟兹、于阗、疏勒四镇，平都曼之乱。弓月南结吐蕃，北招咽面，共攻疏勒。
661	唐于吐火罗道置羁縻府州，应卑路斯之请于疾陵城置波斯都督府；白衣大食建立。
662	十二月，苏海政讨龟兹、疏勒之叛，弓月又引吐蕃军至疏勒之南拒唐军。
663	吐蕃攻吐谷浑，吐谷浑王逃奔凉州；十二月，安西都护将兵击弓月以救于阗。
665	闰三月，疏勒、弓月引吐蕃兵侵于阗，崔知辩救之。
667	都支、李遮匐收西突厥余众附于吐蕃。
670	四月，吐蕃陷西域十八州；薛仁贵兵败大非川，吐蕃尽据吐谷浑地。唐罢四镇。

续表

年代	事项
671	拉比厄（al-Rabī'）率五万大食部落民到呼罗珊定居。
673	萧嗣业讨弓月、疏勒，十二月，二国王入朝请降。
674	大食军初过缚刍河。
675	唐置四镇都督府，设石城镇。
676	唐于且末设播仙镇。
678	李敬玄兵败青海，都支与吐蕃陷安西。
679	崔知辩从"五俟斤路"击吐蕃复四镇；裴行俭波斯道行军擒都支、遮匐；王方翼筑城碎叶，唐以碎叶代焉耆为四镇之一。
680—681	大食军初次在河中地过冬。
682	东突厥（第二汗国）兴起。
685	田扬名发金山道十姓诸兵抗击东突厥西侵。
686	十一月，唐朝拔弃四镇。
687	吐蕃大论钦陵率军入西域，尽据焉耆以西四镇诸城堡。
688	吐蕃军攻破焉耆，长驱东向，兵临敦煌；唐安息道行军司马宋师将收复焉耆。
689	韦待价兵败寅识迦河。
690	斛瑟罗率众入居内地；吐蕃立仆罗为西突厥可汗。
692	十月，王孝杰复四镇，以汉兵三万戍守之。
693	勃律因吐蕃来逼分为大、小。吐蕃立阿史那俀子为西突厥可汗。
694	勃论与俀子南侵，王孝杰破之。
696	吐蕃与东突厥连兵寇甘、凉。
697	论钦陵于野狐河会见郭元振求分十姓；狄仁杰请捐四镇，崔融请不拔四镇；哈贾吉（Hajjāj）为大食东方总督。
698	吐蕃噶尔家族获罪，赞普杀钦陵，赞婆投唐。
699	突骑施乌质勒兴；默啜以其子匐俱为拓西可汗，主处木昆等十部；唐以斛瑟罗为平西军大总管镇碎叶。
700	拔汗那南勾吐蕃将俀子重扰四镇，阿悉结薄露之乱。
702	十二月，唐置北庭都护府于庭州。
703	突骑施乌质勒攻取碎叶，斛瑟罗率残众入朝。
704	唐朝册阿史那怀道为西突厥十姓可汗；吐蕃人、突厥人等与地方王公连兵攻怛蜜大食叛将穆萨（Mūsā）。

续表

年代	事项
705	大食名将屈底波任呼罗珊长官,进攻下吐火罗。
706	屈底波攻克伐地(Baykand)。
707	屈底波入侵捕喝之弩室羯(Nūmushakath)和阿滥滥。
708	三月,默啜悉众西击突骑施,郭元振金山道行军与突骑施连兵抗默啜;十一月,突骑施娑葛自立为可汗,陷安西,断四镇路;屈底波攻克捕喝。挹怛王捺塞(Nīzak)叛乱,波斯王泥涅师入朝。
709	七月,突骑施娑葛遣使请降。
710	唐嫁金城公主,吐蕃得九曲;屈底波平定捺塞之乱,掳吐火罗叶护那都泥利,同粟特(康国)王突昏签订和约;粟特人废突昏、立乌勒伽。
711	屈底波用兵塞斯坦;东突厥暾欲谷等率军灭突骑施娑葛;十二月,唐以阿史那献为招慰十姓使。
711—713	东突厥兵两至铁门,追击突骑施败兵、援助粟特抗大食,败退。
712—713	屈底波攻克萨末鞬,与乌勒伽签订和约;喀斯木(al-Qasim)征服信德。
713—714	屈底波入侵石国和拔汗那。
714	唐平都担克碎叶;吐蕃借道小勃律进入中亚。[1]
715	二月,北庭副护郭虔瓘累破吐蕃及突厥默啜;吐蕃与大食"共立"阿了达为拔汗那王;屈底波死;张孝嵩发兵击拔汗那;突骑施苏禄兴。
716	突骑施苏禄自立为可汗。
717	突骑施与吐蕃连兵谋取四镇。
717—718	哈里发欧麦尔二世写信劝河中诸王公改宗伊斯兰。
718—720	突厥人支持的中亚粟特人起义。
718	吐火罗每征发部落讨大食、吐蕃。
719	十姓可汗请居碎叶,唐以焉耆备四镇。俱密、康、安等上表言为大食所侵,唐慰遣而已。
720	唐在葱岭以南外交胜利;南天竺请讨大食及吐蕃;唐名南天竺军为怀德军。东突厥袭北庭,掠甘、凉;吐蕃陷石城镇(Sog song)。
721	大食军讨伐粟特人与突厥人。上部地区(葱岭南部)使者多人至吐蕃致礼。
722	吐蕃攻小勃律,唐与小勃律合兵大破吐蕃。大食军攻克穆格城堡。

[1] 开元初,唐以小勃律为绥远军,似即在此年。

年代	事项
724	谢颶请与箇失密共拒吐蕃。伊本·赛义德（Muslim b. Sa'īd）为突厥人所困之"渴日之役"。
725	于阗王尉迟眺谋叛，安西副大都护杜暹发兵捕斩之。
726	苏禄寇四镇，安西仅存。
727	吐蕃赞普亲征陷瓜州，又与突骑施苏禄围安西城，赵颐贞击破之。
728	赵颐贞败吐蕃于曲子城（龟兹城？），赞普还蕃地。
728—731	中亚宗教起义，突厥可汗支持。
729	张守珪破吐蕃大同军，信安王拔吐蕃石堡城。
730	安西副都护来曜讨十姓苏禄；十一月，突骑施遣使入贡。
733	唐蕃于赤岭立碑分界；呼罗珊大饥荒。
734—736	吐蕃与苏禄连兵寇安西，唐与大食合谋破苏禄。
734	吐蕃以女妻苏禄，破大勃律。唐遣使与大食计会连兵对付突骑施。
735	大食东面将军诃密请与唐连兵讨突骑施。十月，苏禄寇北庭及安西拨换城。
736	正月，北庭都护盖嘉运破突骑施；莽布支率吐蕃军侵轶安西军镇；阿萨德（Asad）迁呼罗珊首府到缚喝，入侵吐火罗，杀叶护；八月，突骑施苏禄遣使向唐请降。
737	阿萨德于吐火罗大败苏禄，苏禄逃回故地被部将所杀；吐蕃破小勃律。
738—745	安西都护三讨小勃律。
740	吐蕃以女妻小勃律王，西北二十余国皆臣吐蕃。
741	石国王请讨大食，唐不许；护密王朝唐；吐蕃陷石堡城。
742	护密请背吐蕃归唐；夫蒙灵詧破吐蕃，唐重新控制护密、识匿等国。
745	夫蒙灵詧攻护密之婆勒城（吐蕃连云堡）；唐册罽宾王为罽宾及乌苌国王；回纥灭东突厥。
747	高仙芝破小勃律，置归仁军，募兵镇之。并波悉林到呼罗珊。
748	并波悉林攻克末禄。
749	高仙芝于于阗王破吐蕃萨毗、播仙；哥舒翰攻拔石堡城；揭师引吐蕃，吐火罗请击，唐许之。
750	高仙芝破揭师、石国、突骑施；黑衣大食建立。
751	怛逻斯之战，葛逻禄倒戈，唐军败绩。
753	哥舒翰收九曲；封常清破大勃律。

续表

年代	事项
754	封常清破播仙。东曹、安等请击黑衣大食，唐不赞同。
755	苏毗王子来投；"安史之乱"爆发。
756	七月，唐朝征安西兵入援；九月，借回纥兵，发拔汗那兵且转谕城郭诸国，使从安西兵入援；十二月，于阗王尉迟胜率兵入援；上部地区诸国遣使吐蕃。
758	吐火罗叶护乌利多并九国首领助唐讨贼。
760	上部地区遣使吐蕃。[1]
762	吐蕃陷伊州，唐军收复之。
763	吐蕃陷关陇；十月，吐蕃军入长安，旋即退走。
764—765	仆固怀恩叛乱。
764	凉州陷蕃。
765	郭子仪与回纥可汗弟结誓定约；唐借道回纥与西域联系。
766	甘州、肃州相继陷蕃。
767	呼罗珊挹怛人起义。
768	大食攻箇失密。
771左右	葛逻禄盛，与回纥争强，徙居十姓可汗故地，尽有碎叶、怛逻斯诸城，黄、黑二姓突骑施臣役于葛禄。
776	瓜州陷蕃。
781	伊州陷蕃。
786	唐赐突骑施黄姓蘗官铁券。
787	沙州陷蕃。
790	吐蕃、葛逻禄等陷北庭。
791	于阗等安西四镇尽陷。[2]
792	西州陷蕃。

---

[1] 吐蕃取石城、播仙当在其陷伊州前之乾元、上元年间。
[2] 森安孝夫认为，是年北庭复为回鹘攻取。

二 帝王年表[1]

唐朝	吐蕃赞普	大食哈里发	突厥诸族可汗	葱岭以东	葱岭以南	粟特与吐火罗等	真珠河以北	遣使至唐及朝贡情况
太宗 贞观八年 (634)	弃宗弄赞 (？—650)	欧麦尔 ('Umar b. al-khaṭṭāb, 634—644)	西突厥沙钵罗咥利失可汗 (634—639)					十一月,吐蕃[2];十二月,石国、高昌。
九年 (635)				于阗王尉迟屈密,焉耆王龙突骑支,龟兹王苏伐叠。				正月,西突厥;二月,于阗,喝盘陀;闰月,疏勒;四月,五月,罗;八月,西突厥;九月,十月,西突厥;处月,十二月,西突厥;是月,康国。
十年 (636)								二月,焉耆,于阗,疏勒;八月,西突厥;十二月,疏勒,朱俱波。
十一年 (637)								六月,罽宾,西蕃咥利失可汗;是年,康国。

[1] 本表所据主要为《通鉴》、两唐书、《册府元龟》,内容基本据史料照录。
[2] 本栏以下不记吐蕃,有关情况可参亦晋仁、萧碱子书《附录》。

292 唐、吐蕃、大食政治关系史

续表

唐朝	吐蕃赞普	大食哈里发	突厥诸族可汗	葱岭以东	葱岭以南	粟特与吐火罗等	真珠河以北	遣使至唐及朝贡情况
十二年（638）			乙毗咄陆可汗（638—653）					十月，西突厥；十一月，安国。
十三年（639）			乙毗沙钵罗叶护可汗（639—641）					二月，波斯，康国。
十四年（640）				焉耆王龙突骑支				正月，焉耆国；五月，厨宾。
十五年（641）					中天竺摩揭陀王；泥婆罗王鸯输伐摩		石国吐屯	十一月，大羊同国，石国，何国，天竺国。是年。
十六年（642）			乙毗射匮可汗（642—651）		乌苌王达摩因陀诃斯	史国王沙瑟毕		春正月，于阗国，康国，龟兹，曹国[1]，贺国，史国，婆罗国[2]；四月，俱密；十一月，乌苌；是年，厨宾。
十七年（643）								正月朔，康国；十一月，西蕃处般啜。

[1] 恐即何国。
[2] 恐即泥婆罗。

续表

唐朝	吐蕃赞普	大食哈里发	突厥诸族可汗	葱岭以东	葱岭以南	粟特与吐火罗等	真珠河以北	遣使至唐及朝贡情况
十八年（644）		奥斯曼（'Uthmān b. 'Affān, 644-656）		摄焉耆国事栗婆准，焉耆王薛婆阿那支。				正月，康国，于阗；三月，火辞弥国。[1]
十九年（645）						吐火罗叶护		正月朔，吐火罗、于阗、康国等。
二十年（646）					章求拔王罗利多菩伽	俱兰王忽提婆		正月，石国；三月，蓬莜国[2]，闰三月，悉立，章求拔，俱兰，五月，天竺。
廿一年（647）				龟兹王诃利布失毕		波斯王伊嗣俟		正月，龟兹，羊同，石国，波斯，康国，是年，摩揭陀，泥婆罗。
廿二年（648）				焉耆王先那准[3]，龟兹王叶护。	中天竺王阿罗那顺，东天竺王尸鸠摩。			正月朔，吐火罗，于阗，乌苌，康国，石国，三月，焉耆国，五月，石国，罽宾。

[1] 或即货利习弥。
[2] 恐即识匿。《新唐书·识匿传》："贞观二十年，与似没、役槃二国使者偕来朝。"
[3] 《新唐书·焉耆传》，是年唐将阿史那社尔"立突骑支弟婆伽利为王。"

续表

唐朝	吐蕃赞普	大食哈里发	突厥诸族可汗	葱岭以东	葱岭以南	粟特与吐火罗等	真珠河以北	遣使至唐及朝贡情况
廿三年(649)				于阗王伏阇信		安国王		二月,安国。
高宗永徽元年(650)	乞黎拔布(650—676)			龟兹王诃利布失毕				五月,吐火罗。
二年(651)			沙钵罗可汗阿史那贺鲁(651—657)	焉耆王龙突骑支	泥婆罗王尸利那连陀罗			春正月,泥婆罗;十二月,罽宾。
三年(652)								十月,罽宾,曹国。
四年(653)					罽宾王	曹国王		十一月,曹国[1],罽宾。
五年(654)						波斯王卑路斯,吐火罗叶护。		四月,罽宾,曹国,安国,吐火罗,康国。
六年(655)								六月,大石国盐莫念[2]。

[1] 疑"曹国"为"漕国"之误。
[2] 大石国即大食,"盐莫念"当即Amir al-Mu'minīn。

续表

唐朝	吐蕃赞普	大食哈里发	突厥诸族可汗	葱岭以东	葱岭以南	粟特与吐火罗等	真珠河以北	遣使至唐及朝贡情况
显庆元年(656)		阿里 b. Abī Tālib, 656—661)						
二年(657)			兴昔亡可汗阿史那弥射(657—661), 继往绝可汗阿史那步真(657—667)。				拔汗那王阿了参	正月朔, 吐火罗。
三年(658)				龟兹王白素稽	阙莫王葛嗣支帆延王葡。	康国王拂呼缦, 米国王昭武开拙, 史国王昭武喝, 何国王昭武失阿, 东国王昭武婆达地。	石国王瞰土顿摄舍提於屈昭穆	
四年(659)					护蜜王沙钵罗颉利发	安国王昭武杀, 东安王昭武闭息。		

续表

唐朝	吐蕃赞普	大食哈里发	突厥诸族可汗	葱岭以东	葱岭以南	粟特与吐火罗等	真珠河以北	遣使至唐及朝贡情况
龙朔元年(661)		穆阿威叶(Mu-ʿāwiyah b. Abī Sufyān, 661—680)				吐火罗王阿史那乌湿波		
麟德二年(665)								十月,奚厥、于阗、波斯、天竺、罽宾、乌苌。
乾封二年(667)			阿史那都支,李遮匐。					十月,波斯。
咸亨元年(670)								三月,罽宾。
二年(671)								三月,拔汗那;五月,吐火罗、波斯、康国、罽宾。
三年(672)								三月,南天竺。
四年(673)				疏勒王		波斯王卑路斯	弓月王	
上元元年(674)				于阗王伏阇雄		波斯王卑路斯		

附 表 297

续表

唐朝	吐蕃赞普	大食哈里发	突厥诸族可汗	葱岭以东	葱岭以南	粟特与吐火罗等	真珠河以北	遣使至唐及朝贡情况
二年（675）				龟兹王白素稽		支汗那王[1]		
仪凤元年（676）	器弩悉弄（676—704）							
二年（677）			十姓可汗阿史那都支					四月，于阗。
三年（678）						波斯王泥涅师（678—708）		
调露元年（679）								十月，康国，拔汗那，护密。
永隆元年（680）		叶齐德一世（Yazīd I, 680—683）						
开耀元年（681）								五月，大食，吐火罗。
永淳元年（682）			十姓伪可汗阿史那车簿（啜）					五月，大食，波斯；九月，石国；十二月，南天竺及于阗。

[1]《册府元龟》卷九七〇外臣部朝贡三作"拔汗那"。

续表

唐朝	吐蕃赞普	大食哈里发	突厥诸族可汗	葱岭以东	葱岭以南	粟特与吐火罗等	真珠河以北	遣使至唐及朝贡情况
二年[1]（683）		穆阿威叶二世（Mu'awiyah II, 683—684）						
嗣圣元年[2]（684）		麦尔旺一世（Marwān I, 684—685）						
武则天垂拱元年（685）		阿卜杜勒·马立克（'Abd al-Malik b. Marwān, 685-705）	兴昔亡可汗阿史那元庆					
二年（686）			继往绝可汗阿史那斛瑟罗					十二月，勃律国。
三年（687）				于阗王伏阇雄				

[1] 是年十二月改元弘道。
[2] 是年二月改文明，九月改光宅。

续表

唐朝	吐蕃赞普	大食哈里发	突厥诸族可汗	葱岭以东	葱岭以南	粟特与吐火罗等	真珠河以北	遣使至唐及朝贡情况
天授元年（690）			竭忠事主可汗斛瑟罗，（吐蕃所立）西突厥可汗仆罗（690—692）。					
二年[1]（692）				龟兹王延田跌，于阗王瑕（璥）。	五天竺国王			三月，五天竺国王；九月，罽宾。龟兹国
长寿二年（694）			（吐蕃所立）西突厥可汗俀子（693—700）					
万岁通天元年（696）						康国大首领笃娑（娑）钵提		大食
二年（697）								四月，安国；十月，（大）勃律国。
圣历元年（698）				疏勒王裴夷健		康国王泥涅师师		二月，葱岭；四月，疏勒。

[1] 是年四月改如意，九月改长寿。

续表

唐朝	吐蕃赞普	大食哈里发	突厥诸族可汗	葱岭以东	葱岭以南	粟特与吐火罗等	真珠河以北	遣使至唐及朝贡情况
二年（699）			突骑施乌质勒（699—706），东突厥拓西可汗嗣俱。					八月，突骑施。
久视元年（700）			西突厥竭忠事主可汗斛瑟罗					
长安三年（703）			兴昔亡可汗，安抚招慰十姓大使阿史那怀道					三月，大食。
四年（704）	弃隶蹜赞（704—755）		西突厥十姓可汗阿史那怀道	焉耆王龙突骑				
中宗神龙元年（705）		瓦立德一世（Walid I, 705—715）						
二年（706）			突骑施娑葛（706—711）			吐火罗王那都泥利 康国王笺臣（706—710）		七月，波斯。
三年（707）								六月，康国。

续表

唐朝	吐蕃赞普	大食哈里发	突厥诸族可汗	葱岭以东	葱岭以南	粟特与吐火罗等	真珠河以北	遣使至唐及朝贡情况
景龙二年(708)			突骑施(十四姓)可汗娑葛			波斯王泥涅师		三月,波斯。
三年(709)			突骑施钦化可汗守忠(娑葛)					正月,龟兹。
睿宗景云元年(710)						康国王乌勒伽		正月,焉耆、南天竺;九月,南天竺;十月,谢颲、罽宾、突骑施。
二年(711)								十二月,大食。
玄宗先天元年(712)								十月,沙陀;十一月,突厥十姓。[1]
二年(713)								二月,突厥、焉耆、于阗。[2]
开元二年(714)			西突厥十姓酋长都担		小勃律王没谨忙			八月,西天竺国。

[1] 《册府元龟》卷九七一外臣部朝贡四有:"九月,突骑施守忠。"存疑。
[2] 据穆格山出土粟特文书及塔巴里《年代记》,713—722年有粟特王公迪瓦什提(Diwashti)。

续表

唐朝	吐蕃赞普	大食哈里发	突骑诸族可汗	葱岭以东	葱岭以南	粟特与吐火罗等	真珠河以北	遣使至唐及朝贡情况
三年（715）		苏利漫（Sulaymān, 715—717）	突骑施苏禄（715—737）				拔汗那王，（吐蕃、大食共立）拔汗那王阿了达，石国王莫贺咄吐屯。	二月，天竺国，康居，宾，大宛；是年，罽[1]
四年（716）			突骑施苏禄					七月，大食国黑密牟尼苏利漫遣使上表；同十二月，勃律国。
五年（717）		欧麦尔二世（'Umar II, 717—720）	突骑施酋长苏禄，十姓可汗阿史那献。		大勃律王苏弗舍利支离泥			三月，勃律，安国，康国；五月，中天竺；六月，突骑施，于阗。
六年（718）				龟兹王白莫苾		米国王		二月，米国，石国；四月，米国，是年，康国。

[1]"大宛"为汉代西域国名。此"大宛"未知何指，待考。

附表

续表

唐朝	吐蕃赞普	大食哈里发	突厥诸族可汗突骑施苏禄	葱岭以东	葱岭以南	粟特与吐火罗等	真珠河以北	遣使至唐朝及朝贡情况
七年（719）			忠顺可汗突骑施苏禄	焉耆王焉吐拂延、龟兹王白孝节。	罽宾王葛罗达支特勤，诃毗施王揆塞。	俱密王那罗延、康国王乌勒伽、安国王笃萨波提，吐火罗叶护支汗那。[1]		正月，突骑施、波斯；二月，吐火罗；三月，俱密、河毗施、大食、河毗施、南天竺、康国、吐火罗支汗那；七月，吐火罗、大勃律、波斯国。
八年（720）		叶齐德二世（Yāzīd Ⅱ，720—724）			迦湿弥罗王真陀罗秘利，俱位王，大勃律王苏麟陀逸之，南天竺国王尸利那罗僧伽（摩），护密王罗旅伊陀骨咄禄多毗勒莫贺达摩萨尔，谢颰王颔利发誓屈尔，罽宾王葛罗达支特勤。			正月，中天竺；二月，罽宾，五月，南天竺；六月，吐火罗；九月，罽宾、谢颰；十一月，南天竺；十二月，石国，谢颰。

[1]《册府元龟》卷九七一外臣部朝贡四作："吐火罗国支汗那王帝赊。"

续表

唐朝	吐蕃赞普	大食哈里发	突厥诸族可汗	葱岭以东	葱岭以南	粟特与吐火罗等	真珠河以北	遣使至唐及朝贡情况
九年（721）				龟兹王白孝节			石国王伊吐屯屈勒	二月，石国，处密；六月，龟兹。
十年（722）			突骑施可汗苏禄		小勃律王没谨忙			三月，突骑施；十月，波斯；是年，小勃律大首领大首领摩没胜那斯。
十一年（723）								三月，北庭十姓大首领[1]沙罗乌卒。
十二年（724）		希沙木（Hisham, 724—743）		于阗王尉迟眺	谢䫻王特勒，识匿王布遮波资。	波斯国王勃勒善活		二月，勃律，识匿；三月，大食；四月，康国；七月，吐火罗。
十三年（725）				（另立）[2]于阗王		康国王乌勒（伽）		正月，大食格苏黎等十二人；三月，大食使苏黎满等十三人，波斯。
十四年（726）						安王笃萨波提		正月，突骑施；二月，安国，五月，安国，十一月，康国，大食。

[1] 此"北庭十姓大首领"究属何指，待考。
[2]《新唐书·于阗传》记开元、天宝年间其国王传袭："眺死，复立尉迟伏师战为王。死，伏阇达嗣，并阇其妻执失为妃。死，尉迟圭嗣，妻马为妃。迕死，子胜立。"

续表

唐朝	吐蕃赞普	大食哈里发	突厥诸族可汗	葱岭以东	葱岭以南	粟特与吐火罗等	真珠河以北	遣使至唐及朝贡情况
十五年(727)						吐火罗叶护、史国王(阿)忽必多。		五月,康国、安国;七月,史国;十月,识匿国。
十六年(728)				疏勒王裴安定、于阗王尉迟伏师。	护密王罗旅伊陀、骨咄禄毗勒莫贺达摩萨尔、箇失密王天木。	米国王		三月,大食;四月,护密;十月,勃律;十一月,米国。
十七年(729)			十姓(可汗)苏禄	龟兹王白孝节		骨咄王俟斤		正月,米国;三月,护密;六月,北天竺;突骑施;七月,吐火罗;九月,大食。
十八年(730)					护密(王)罗真檀	吐火罗叶护、护挹担骨咄禄颉达度、波斯国王。		正月,波斯使;四月,波斯;五月,米国、石国、突厥;十一月,中天竺;波斯。
十九年(731)					小勃律王难泥[1],中天竺国王伊沙伏摩,护密王发顷。	康国王乌勒勒(伽),曹国王咄葛,米国王默啜。		十月,中天竺。

[1] 据《册府元龟》卷九七一《外臣部朝贡四》,开元二十一年仍有小勃律王没谨忙,存疑。

续表

唐朝	吐蕃赞普	大食哈里发	突厥诸族可汗	葱岭以东	葱岭以南	粟特与吐火罗等	真珠河以北	遣使至唐及朝贡情况
二十年(732)					护密王真檀	波斯王		九月，波斯。
廿一年(733)					箇失密王木多笔[1]	骨咄王俟利发，石汗那王易米施。		二月，骨咄；三月，石汗那；闰三月，小勃律；八月，骨咄，十二月，石汗那，大食。
廿二年(734)								六月，突骑施大首领阿羯达。
廿三年(735)			(可汗)史癞					四月，勃律；九月，吐火罗。
廿四年(736)				于阗王尉迟伏师				
廿五年(737)			突骑施吐火仙可汗骨啜，黑姓可汗尔微特勒。					正月，焉耆大首领龙长安，波斯王子；四月，天竺。
廿六年(738)								正月/二月，吐火罗。

[1]《新唐书·箇失密传》："天木死，弟木多笔立。"

续表

唐朝	吐蕃赞普	大食哈里发	突厥诸族可汗	葱岭以东	葱岭以南	粟特与吐火罗等	真珠河以北	遣使至唐及朝贡情况
廿七年(739)					罽宾王乌散特勤洒,罽宾王(子)拂林罽婆,谢颶王如没拂达。	康国王咄曷,曹国王苏都罗,史国王忽拵。	石王莫咄吐屯,史(柘羯)王斯谨提,拔汗那王阿悉烂达干。	四月,拔汗那、史(柘羯)、突骑施。
廿八年(740)			十姓可汗阿史那昕、突骑施可汗莫贺达干。	于阗王尉迟珪			石国顺义王,史(柘羯)王。	正月,骨咄;三月,十月,安国,康国。
廿九年(741)					小勃律王麻来兮,(子)中天竺王李承恩,护密王真檀。		石国王伊捺吐屯屈勒[1],拔汗那王阿悉烂达干,史(柘羯)王斯谨提。	正月,拔汗那(柘羯)、三月,史、中天竺;十二月,吐火罗、大食。是年,护密王入朝。

[1]《册府元龟》卷九九九外臣部请求条:"(开元)二十九年,拔汗那王阿悉烂达干上表请改国名,敕改为宁远国。"据《新唐书》,拔汗那改宁远在天宝三载。

308　唐、吐蕃、大食政治关系史

续表

唐朝	吐蕃赞普	大食哈里发	突厥诸汗	葱岭以东	葱岭以南	粟特与吐火罗等	真珠河以北	遣使至唐及朝贡情况
天宝元年(742)			突骑施莫贺达干,突骑施叶护都摩度(支),回纥骨力裴罗王,突骑施黑姓伊里底蜜施骨咄禄毗伽。		护密王(子)颉吉里匐,小勃律王苏失利之。	西曹怀德王哥逻仆罗[1]	石国王特勒	三月,曹国、石国。
二年(743)		瓦立德二世(Walid Ⅱ, 743-744)					石国王特勒	二月,解苏;九月,突骑施;十二月,石国女婿突骑施黑姓染颉。
三载(744)		麦尔旺二世(Marwān Ⅱ, 744-750)	十姓可汗姓骨咄禄毗伽,回纥怀仁可汗骨力裴罗(744-747)[2]。			康国钦化王咄曷,米国恭顺王拔陀,曹国恭化王,单安国王屈底波。	宁远奉化王阿悉烂达干	闰三月,拔汗那国;四月,大食、西曹、米国、突骑施、火寻国;三月,康国、史国、谢颻、吐火罗、石国。

[1] 据《册府元龟》卷九六五外臣部封册三,赐曹国王号在天宝三载。
[2] 骨力裴罗卒年据冯家昇 1981,21页。

续表

唐朝	吐蕃赞普	大食哈里发	突厥诸族可汗	葱岭以东	葱岭以南	粟特与吐火罗等	真珠河以北	遣使至唐及朝贡情况
四载(745)					罽宾及乌苌国王勃匐准	曹国王哥逻仆,安国归义王屈底波等	石国王特勒	三月,谢䫻,吐火罗,波斯,俱阿兰,罽宾;五月,大食么(Shām)国;七月,石国,安国,小勃律;九月,九姓回纥,三姓哥逻禄,宁远。
五载(746)			三姓葛逻禄叶伽叶护阿波移健暖			陀拔斯单归信王忽鲁信汗	石国王(子)杯化王那鼻施,石国副王伊捺吐屯屈。	三月,石国,陀拔斯单;十月,骨咄,三姓葛逻禄,陀拔斯单,史国,米国,波斯;闰十月,突骑施,罽宾。
六载(747)			回纥葛勒可汗磨延啜(747—759)		识匿王跌失伽延	波斯国王,都盘等六国皆封王。		正月,龟兹,于阗,焉耆;四月,波斯,五月,大食,石国,六月,突骑施。
七载(748)				于阗王胜	勃律归仁国王			正月,勃律归仁国;三月,于阗,焉耆,招柤;六月,罽宾,龟兹,八月,招柤国。

续表

唐朝	吐蕃赞普	大食哈里发	突厥诸族可汗	葱岭以东	葱岭以南	粟特与吐火罗等	真珠河以北	遣使至唐及朝贡情况
八载（749）			十姓可汗奚骑施移拨		护密王罗真檀，揭师王勃没忤。	吐火罗叶护失里伽罗	宁远奉化王阿悉烂达干	四月，吐火罗；八月，仁义；十姓突骑施，宁远王子，石国王子；十一月，宁远，突骑施。
九载（750）		赛法哈（al-Saffah,750—754）			揭师王紫迦	骨咄王罗金节，康国王，安国王屈底波。	石国王	正月，吐火罗，康国，安国；四月，骨咄，波斯。
十载（751）						火寻王稍施芬，俱密王伊悉阿侯斤。	宁远奉化王阿悉烂达干	二月，宁远；俱密，苏利悉单国，波斯，康国，安国，火寻国；十月，九姓回纥。
十一载（752）						骨咄王罗金节		二月／三月，骨咄；九月，三姓葛逻禄，归仁国；十一月，三姓葛逻禄谢䫻；十二月，黑衣大食谢多河密，舍磨国，宁远国，康国。

附表 311

续表

唐朝	吐蕃赞普	大食哈里发	突厥诸族可汗	葱岭以东	葱岭以南	粟特与吐火罗等	真珠河以北	遣使至唐及朝贡情况
十二载（753）			突骑施可汗登里伊罗蜜施			吐火罗叶护		正月，疏勒首领裴国良，金州首领阿满儿褐车鼻施，归仁；四月，厨宾，谢䫻，疏勒；五月，衣大食，三葛禄；七月，黑衣大食，八月，宁远，安国新城，芬建城，吐火罗；十二月，黑衣，葛逻禄，石国，黑衣（大食）。
十三载（754）		曼苏尔（al-Mansūr，754—775）				东曹王设阿忽[1]，安国副王野解。	宁远王忠节	四月，宁远，九姓回纥，突骑施黑姓，黑衣大食，吐火罗，石汗那，俱位；九月，宁远，是年，康国，陀拔斯单。
十四载（755）	婆悉笼腊赞（755—797）				归仁国王	火寻国王稍芬，曹国王设阿忽，康国副王。		三月，康国，火寻，四月，曹国，突骑施（大食），七月，归仁国。

[1]《新唐书·康国传》东曹王设阿忽等人事迹在天宝十一载，恐误。参《册府元龟》卷一七○，帝王部来远条；同书卷九七三外臣部助国讨伐条。

续表

唐朝	吐蕃赞普	大食哈里发	突厥诸族可汗	葱岭以东	葱岭以南	粟特与吐火罗等	真珠河以北	遣使至唐及朝贡情况
肃宗至德元载（756）				于阗王胜，摄于阗国事曜。				七月，黑衣大食。
乾元元年（758）			突骑施黑姓可汗阿多裴罗		护密王纥没伊俱鼻施	吐火罗叶护乌利多		正月，护密；五月，黑衣大食；六月，吐火罗，康国，厨宾国，八月，归仁国；十二月，黑衣跋陀国。
二年（759）			回纥牟羽可汗移地健（759—780）					三月，宁远，安国；八月，十姓可汗，十姓突骑施黑姓可汗，波斯，宁远。
上元元年（760）				权知于阗国事曜				十二月，白衣大使[1]，婆谒使。
代宗宝应元年（762）								五月，回纥，黑衣大食；六月，宁远，波斯；八月，宁远；九月，波斯，十二月，黑衣大食，火寻，宁远，石国。
广德二年（764）				于阗王曜				

[1] 此"白衣"未知何指，存疑。

续表

唐朝	吐蕃赞普	大食哈里发	突厥诸族可汗	葱岭以东	葱岭以南	粟特与吐火罗等	真珠河以北	遣使至唐及朝贡情况
大历四年（769）								正月，黑衣大食。
六年（771）								九月，波斯。
七年（772）								十二月，大食、康国、石国。
九年（774）								七月，黑衣大食。
十年（775）		麦海迪（al-Mahdi, 775—785）						
德宗建中元年（780）			回纥武义成功可汗（780—789）					
贞元元年（785）		哈迪（Mūsā al-Hādī, 785—786）		于阗王曜				
二年（786）		赖世德（Hārūn al-Rashīd, 786—809）						

续表

唐朝	吐蕃赞普	大食哈里发	突厥诸族可汗	葱岭以东	葱岭以南	粟特与吐火罗等	真珠河以北	遣使至唐及朝贡情况
四年（788）			回鹘长寿天亲可汗[1]	疏勒王裴冷冷，于阗王尉迟曜，龟兹，白霫王，焉耆王龙如林。				
五年（789）			回鹘忠贞可汗（789—790）					
七年（791）			回鹘奉诚可汗（791—795）					正月，黑衣大食。

[1] 即武义成功可汗。是年十月，可汗请改回纥为回鹘。

三 将相年表

年	月	有关事件	唐朝西域都护、节度等	吐蕃将相	大食东面将军（巴士拉总督或呼罗珊长官）	备考
640	九	唐置安西都护府于交河城，留兵镇之。	西州刺史谢叔方			
642	正		守安西都护乔师望			伊州刺史谢叔方
	九		行安西都护、西州刺史郭孝恪			安西都护督伊庭西州诸军事郭孝恪
648			安西都护郭孝恪	禄东赞		伊州刺史韩威
649			持节西伊庭三州诸军事、安西都护、西州刺史柴哲威		巴士拉总督 'Abdullah b. 'Āmir（649—655）	
650				国相禄东赞		
651	十一	以高昌故地置安西都护府	安西都护、西州刺史麴智湛			庭州刺史骆义
655						西州长史裴行俭；伊都督苏海政
656		大食争哈里发内战（656—661）。		大将禄东赞		

续表

年	月	有关事件	唐朝西域都护、节度等	吐蕃将相	大食东面将军（巴士拉总督或呼罗珊长官）	备考
658	五	徙安西府于龟兹，以旧安西复为西州都督府。				龟兹都督白素稽；西州都督麴智湛；安西都护使持节（匹）娄武彻。
660						庭州刺史来济。
661		白衣大食建立。			巴士拉总督 'Abdullah b. 'Āmir（661—664），呼罗珊长官 Qays b. al-Haytham	
662						金山副都护裴行俭
663			安西都护高贤		呼罗珊长官 Ibn Khāzim	
664						安西都护陶大有；西州刺史麴智湛。
665			安西大都护裴行俭	悉多于（赞聂）	巴士拉总督 Ziyad（665—673），呼罗珊长官 al-Hakam b. 'Amr（665—670）	西州都督崔知辩
668						安西都护董宝亮。

附表　317

续表

年	月	有关事件	唐朝西域都护、节度等	吐蕃将相	大食东面将军（巴士拉总督或呼罗珊长官）	备考
670		吐蕃陷西域十八州，唐罢龟兹、于阗、焉耆、疏勒四镇。		（相）论钦陵、赞婆、悉多干、勃论。		
671					呼罗珊长官 al-Rabī' b. Ziyād（671—674）	
673		萧嗣业发兵征讨，唐朝复置四镇。		论钦陵、赞婆。		
674		大食军初过缚刍河			呼罗珊长官 'Ubaydullah b. Ziyād（674—676）	
675		唐置四镇都督府。		大论赞婆（675—685）		庭州刺史袁公瑜
676					巴士拉总督 'Ubaydullah b. Ziyād（676—684），呼罗珊长官 Sa'īd b. 'Uthmān（676—678）	安西副都护袁公瑜
678		都支与吐蕃陷四镇。		（将）论钦陵、论赞婆。	呼罗珊长官 'Abdurrahmān b. Ziyād（678—680）	西州都督崔知辩

318　唐、吐蕃、大食政治关系史

续表

年	月	有关事件	唐朝西域都护、节度等	吐蕃将相	大食东面将军（巴士拉总督或呼罗珊长官）	备考
679		崔知辩复四镇，裴行俭摘都支；唐以碎叶、龟兹、于阗、疏勒为四镇。	检校安西都护王方翼；庭州刺史杜怀宝。			安西都护杜怀宝
680			安西都护杜怀宝；金山都护、庭州刺史王方翼。	大论赞聂（大将）论赞婆。	呼罗珊长官 Salm b. Ziyād （680—684）	
681		大食军初次在河中地过冬。				
682				（将）论钦陵、赞婆。		安西副都护王方翼
684					呼罗珊长官 'Abdullah b. Khāzim （684—691）	
685				大论钦陵 （685—698）		
686	十一	唐拔弃四镇。	安西都护李某			
687			安西大都护旬温古			
688			安西副都护、庭州刺史唐休璟			

续表

年	月	有关事件	唐朝西域都护、节度等	吐蕃将相	大食东面将军（巴士拉总督或呼罗珊长官）	备考
689			安西大都护阎温古			西州都督唐休璟；伊州刺史甯文壁。
690				勃论		
691			西州刺史唐休璟		呼罗珊长官 Bukayr b. Wishāh（691—693）	
692		王孝杰复四镇，置安西府于龟兹，发汉兵三万镇守。		勃论		检校安西都护管斌；检校庭州刺史兼营田大使张仁楚。
693					呼罗珊和塞斯坦总督 Umayya（693—697）	
694			安西大都护许钦明	勃论	伊拉克总督 al-Hajjāj b. Yūsuf（694—697）	碎叶镇守使韩思忠
697					伊拉克（包括呼罗珊和塞斯坦）总督 al-Hajjāj b. Yūsuf（697—714）；呼罗珊长官 al-Muhallab（697—702）	
698	十	吐蕃噶尔家族获罪，赞普诛钦陵。				安西都护公孙雅靖

续表

年	月	有关事件	唐朝西域都护、节度等	吐蕃将相	大食东面将军（巴士拉总督或呼罗珊长官）	备考
700		唐置北庭都护府于庭州。		将鞠莽布支		安西都护田扬名
702	十二		兼北庭都护、持节西域安抚使解琬	论鞠莽 Mang rtsan ldong zhi	呼罗珊长官 Yazid b. al-Muhallab（702—704）	
703			安抚招慰十姓大使、北庭大都护阿史那献			
704					呼罗珊长官 al-Mufaḍḍal b. al-Muhallab（704—705）	四镇经略使
705			北庭都护张嘉贞	大论乞力徐（705—721）	呼罗珊长官屈底波·并波悉林（705—715）	疏勒镇军大使、左骁卫将军田镇
706			检校安西大都护郭元振			
707						碎叶镇守使周以悌
708			四镇经略使周以悌，安西大都护郭元振。			安西大都护周以悌；四镇经略使郭元振，安西（副）都护牛师奖
710	12	唐置河西节度等使，领凉、甘、肃、伊、瓜、沙、西七州，治凉州；安西都护领四镇经略大使。	安西都护张玄表；检校北庭都护、碎叶镇守使、十姓吕休璟。			伊吾军使、伊州刺史李督交

续表

年	月	有关事件	唐朝西域都护、节度等	吐蕃将相	大食东面将军（巴士拉总督或呼罗珊长官）	备考
712		北庭都护领伊西节度等使。	伊西节度兼瀚海军使史献			
714		以小勃律地为绥远军。	北庭都护郭虔瓘；北庭大都护，碛西都护使阿史那献。	将坌达延		检校伊州刺史兼伊吾军使郭知运；于阗镇守使张怀福。
715			安西都护吕休璟；		呼罗珊将军 Wakī' b. Abī Sūd（715—716）	
	十一		兼安西大都护、四镇经略大使郭虔瓘，安西都护吕休璟。			
716		陕王嗣升为安西大都护，诸王遥领节度事始；安西大都护领四镇诸蕃落大使。	安西副大都护郭虔瓘		东方和伊拉克总督 Yazid b. al-Muhallab（716—717）	碎叶镇守使刘遐庆
717			安西都护郭虔瓘；安西副大都护汤嘉惠；安西副大都护谢知信。		呼罗珊总督 al-Jarrāh（717—718）	
718		安西都护领四镇节度，副大都护领碛西节度，治西州。	四镇节度经略使汤嘉惠		呼罗珊总督 'Abdurraḥman b. Nu'aym（718—720）	《唐会要》卷七十八：安西自汤嘉惠始有节度之名。
719			安西节度使汤嘉惠（719—722）			

续表

年	月	有关事件	唐朝西域都护、节度等	吐蕃将相	大食东面将军（巴士拉总督或呼罗珊长官）	备考
720		名南天竺东为怀德军。			呼罗珊总督 Sa'īd Khudhayna（720-721）	
721				大论绮力心儿（721—725）	Sa'īd al-Harashī（721—723）	
722			安西都护汤嘉惠；北庭节度使张孝嵩			北庭都护杨楚客
723			安西副大都护张孝嵩		呼罗珊总督 Muslim b. Sa'īd（723—724）	
724			安西副大都护张孝嵩，碛西节度使杜暹		呼罗珊总督 Asad al-Qasrī（724—727）	试西州刺史高某
725			安西副大都护杜暹	大论芒夏木（725—727）		于阗军使杨和
726			安西副大都护、碛西节度使赵颐贞	将悉诺逻		
727	五	以延王洄为安西大都护，并不出阁；分伊西、北庭置二节度使。	安西副大都护赵颐贞	大（将）论悉诺逻恭禄；大论吐谷浑小王；将烛龙莽布支。	呼罗珊总督 Ashras al-Sulamī（727—729）	

附表 323

续表

年	月	有关事件	唐朝西域都护、节度等	吐蕃将相	大食东面将军（巴士拉总督或呼罗珊长官）	备考
728			安西副大都护赵颐贞；安西副大都护、四镇节度副大使谢知信。	大论奀桑（728—747），大将悉末朗。		
729			安西节度使吕休璟		呼罗珊总督 al-Junayd al-Murrī（729—734）	
730			安西副都护、持节硕西大使来曜			北庭都护郑乾观
731		合伊西、北庭二节度为安西四镇北庭经略、节度使。		（相）论尚它		安西都护徐钦识
732						西州都督王斛斯
733			安西四镇节度使王斛斯（733—738）	（宰相）论纥野褒		
734	四	伊西北庭依旧为节度。	北庭都护刘涣		呼罗珊总督 'Āṣim（734—735）	伊州刺史、伊吾军使张楚宾；西州都督张待宾。
735	十	移隶伊西北庭都护属四镇节度。	硕西支度、营田等使章仇兼琼		呼罗珊总督 Asad al-Qasrī（735—738）	天山军使、西州刺史张待宾

324　唐、吐蕃、大食政治关系史

续表

年	月	有关事件	唐朝西域都护、节度等	吐蕃将相	大食东面将军（巴士拉总督或呼罗珊长官）	备考
736			北庭都护盖嘉运	（将）烛龙·莽布支绮力芬布		
737				论结桑东则布		
738			安西都护、碛西节度使盖嘉运（738—740）		呼罗珊总督 Nasr b. Sayyār（738—748）	
739						疏勒镇守使夫蒙灵詧；于阗镇守使高仙芝。
740			安西都护田仁琬（740—742）			焉耆镇守使高仙芝
741		分北庭、安西为二节度。				安西副都护、四镇都知兵马使高仙芝
742	十	置安西、北庭、河西、陇右等十节度；复西州都督府为西州，改交河郡。	安西（四镇）节度使夫蒙灵詧（742—747）			
746						安西副都护、都知兵马使副都护程千里，充四镇节度副使高仙芝；安西副都护程千里。

附 表 325

续表

年	月	有关事件	唐朝西域都护、节度等	吐蕃将相	大食东面将军（巴士拉总督或呼罗珊长官）	备考
747		于小勃律地置归仁军，以兵于人镇之。	安西四镇节度使高仙芝（747—751）	论莽热布支		有保大军，屯碎叶城。
748			北庭节度使王正见		呼罗珊长官并波悉林（748—754）	疏勒镇使李嗣业
750		黑衣大食建立。				
751		李林甫兼领安西大都护。	安西、北庭二节度使王正见			
752	十二		安西节度副大都护、安西四镇节度使封常清，知节度事封常清			四镇支度营田副使、安西行军司马封常清
753			安西节度使封常清；兼北庭都护，充伊西北庭节度使程千里。			安西节度判官段秀实
754		安西四镇复兼北庭节度；是年，复置二节度。	安西节度使兼安西副大都护、权北庭都护封常清		呼罗珊经略副使兼干阗军大使杨和 Abū Dawud Khalid（754—757）	四镇经略副使兼干阗军大使杨和；安西节度判官李栖筠。
755			伊西节度使封常清			安西节度使封常清；伊西节度军司马李光庭（755—781？）。
756		诏命安西兵人援并谕西域诸国从安西兵人援。	安西节度使梁宰	论囊热		安西节度副使李嗣业；安西行军司马李栖筠。

续表

年	月	有关事件	唐朝西域都护、节度等	吐蕃将相	大食东面将军（巴士拉总督或呼罗珊长官）	备考
757		改安西为镇西。		大论尚热（757—763）	呼罗珊总督 'Abd al-Jibbar（757—758）	北庭副都护高耀。
758		复改河郡为西州。			呼罗珊总督 al-Mahdī（758—768）	西州刺史元毅
760	闰四	制：彭王仅为河西节度大使，茺王佃为北庭节度大使，并不出阁。	伊西北庭都护杨预（760—762）；同四镇节度副使尉迟曜（760—788？）。			西州刺史李秀璋（760—772？）
762		高昌改前庭，金满改后庭，新置西海县。	伊西庭节度观察使杨志烈			
763			河西兼伊西北庭节度观察使杨志烈（763—765）；北庭都护曹令忠（763—776）。	大将马重英（恩兰·达札路恭）		伊西庭支度营田副使高耀（763—766）
765			河西兼伊西北庭节度观察使杨休明；安西都护朱某。	大将尚摩、赞摩、尚息东赞、马重英。		伊西庭留后周逸
767		复以镇西为安西，其后增领五十七蕃使。	伊西庭节度观察使杨休明（767—772？）			伊西庭节度副使令狐某
768				大将尚赞摩（磨）	信德总督 Hishām b. 'Amr（768—774）	

附表　327

续表

年	月	有关事件	唐朝西域都护、节度等	吐蕃将相	大食东面将军（巴士拉总督或呼罗珊长官）呼罗珊总督 Ḥumayd b. Qaḥṭabah（769-776）	备考
769					呼罗珊总督 Ḥumayd b. Qaḥṭabah（769-776）	
771		唐于庭州轮台县置静塞军。				
772			北庭都护曹令忠（李元忠）；安西都护尔朱某。			
776			伊西北庭节度观察使李元忠（772？—786）			四镇节度留后郭昕
781			北庭大都护、伊西北庭节度使李元忠；安西大都护、四镇节度使郭昕。	大相尚结息		
782				大相尚结赞		
786			北庭大都护、伊西北庭节度等使杨袭古（786—790）	尚绾（乞）心儿		
787				大将论颊热		
788			四镇节度使、安西副大都护兼御史大夫郭昕；北庭节度使、御史大夫杨袭古。			疏勒镇守使鲁阳；于阗镇守使郑据；拔换镇守使苏芩；焉耆镇守使杨日祐。

续表

年	月	有关事件	唐朝西域都护、节度等	吐蕃将相	大食东面将军(巴士拉总督或呼罗珊长官)	备考
790		吐蕃陷北庭。				
791				大首领尚结心		回鹘取北庭
792		吐蕃陷西州。		大将论赞热/论莽热		西州长史兼判前庭县事李孝学;伊西庭节度留后使判官赵彦宾。

附表　329

缩略语与参考文献

（均依汉语拼音字母序）

安才旦 1988＝"吐蕃"一称语源及含义述评,《中国藏学》1988 年第 4 期。

安家瑶 1982＝唐永泰元年（765）至大历元年（766）河西巡抚使判集（伯 2942）研究,《敦煌吐鲁番文献研究论集》,第一辑,中华书局,1982 年。

安瓦尔 1982＝关于"吐蕃"一词的语源考证,《新疆社会科学》1982 年第 3 期。

AOH＝*Acta Orientalia Academiae Scientiarum Hungaricae.*

巴托尔德《文集》＝В.В.Бартольд, *Сочинения*, 9 томы, Москова, 1963—。

同作者 1956＝V.V.Barthold, "History of the Semirechye", *Four Studies on the History of Central Asia*, trans. from the Russian by V. & T.Minorsky, vol.I, Leiden, 1956.

同作者 1977＝W.Barthold, *Turkestan down to the Mongol Invasion*, Cambridge, 1977.

巴赞/哈密屯 1991＝L. Bazin et J.Hamilton, "L'Origine du Nom Tibet", *Tibetan History and Language*, Studies dedicated to Uray Géza on his seventieth birthday, Wien, 1991.

白桂思 1987＝Ch. I. Beckwith, *The Tibetan Empire in Central Asia*, Princeton University Press, 1987.

白拉祖里《诸国之征服》＝Balādhurī, *Kitāb Futūḥ al-Buldān*, trans.

by F. C. Murgotten, part Ⅱ, New York, 1969.

白寿彝 1983＝从怛逻斯战役说到伊斯兰教之最早的华文记录,《中国伊斯兰史存稿》,宁夏人民出版社,1983 年。

班札罗夫 1955＝Доржи Банзаров, *Собрание сочинений*, Москва, 1955.

《本教发展概况》＝索南才让译、夏察·札西坚参撰,本教发展概况,《西藏研究》1989 年第 1 期。

BGA＝*Bibliotheca Geographorum Arabicorum*, 8 vols., ed. De Goeje, Leiden, 1967.

伯希和 1962＝四天子说,冯承钧《译从三编》。

BSO（A）S＝*Bulletin of the School of Oriental (and African) Studies*, University of London.

《布顿佛教史》＝郭和卿译、布顿大师著《佛教史大宝藏论》,民族出版社,1986 年。

蔡鸿生 1983＝论突厥事火,《中亚学刊》第 1 辑,中华书局,1983 年。

同作者 1986＝《隋书》康国传探微,《文史》第 26 辑,中华书局,1986 年。

同作者 1988＝唐代九姓胡贡品分析,《文史》第 31 辑,中华书局,1988 年。

才让太 1985＝古老象雄文明,《西藏研究》1985 年第 2 期。

CAJ＝*Central Asiatic Journal*.

《册府元龟》＝［宋］王钦若编《册府元龟》一千卷,中华书局影印本,1960 年。

岑仲勉 1958＝《西突厥史料补阙及考证》,中华书局,1958 年。

同作者 1964＝《通鉴隋唐纪比事质疑》,中华书局,1964 年。

同作者 1990＝《岑仲勉史学论文集》,中华书局,1990 年。

陈国灿 1987＝唐乾陵石人像及其衔名的研究,《突厥与回纥历史论文选集》(1919—1981) 上册,中华书局,1987 年。

陈庆英 1982＝试论赞普王权和吐蕃官制，《西藏民族学院学报》1982年 4 期。

陈寅恪 1982＝《唐代政治史述论稿》，上海古籍出版社，1982 年。

陈垣 1978＝《二十史朔闰表》，中华书局，1978 年。

陈兆复 1991＝《中国岩画发现史》，上海人民出版社，1991 年。

陈正祥 1947＝《西北区域地理》，商务印书馆，1947 年再版。

《陈子昂集》＝《陈子昂集》，中华书局上海所，1960 年。

程鸿等 1984＝《西藏农业地理》，科学出版社，1984 年。

池田温 1975＝沙州图经略考，《榎博士还历记念东洋史论丛》，东京，1975 年。

同作者 1978＝敦煌本判集三种，末松保和博士古稀记念会编《古代东アジア史论集》下卷，吉川弘文馆刊行，1978 年。

同作者 1979＝《中国古代籍帐研究》，东京大学东洋文化研究所，1979 年。

《大慈恩寺三藏法师传》＝［唐］慧立、彦惊著《大慈恩寺三藏法师传》，中华书局，1983 年。

《大谷文书》＝小田义久《大谷文书集成》壹，法藏馆，1984 年。

《大唐西域记校注》＝［唐］玄奘、辩机原著，季羡林等校注《大唐西域记校注》，中华书局，1985 年。

《大唐西域求法高僧传校注》＝［唐］义净原著，王邦维校注《大唐西域求法高僧传校注》，中华书局，1988 年。

《大正藏》＝高楠顺次郎等编集《大正新修大藏经》，大正一切经刊行会（东京），1924—1934 年。

戴密微 1984＝耿昇译，［法］戴密微著《吐蕃僧诤记》，甘肃人民出版社，1984 年。

丹诺布 1964＝D. M. Dunlop, "A New Source of Information on the Battle of Talas or Atlakh", UAJ, 36（1964）, pp.326-330.

同作者 1973＝ditto, "Arab Relations with Tibet in the 8th and Early 9th

Centuries AD", *Islam Tetkikleri Enstitusu Dergisi*, vol.5（1973）, pp.301-318.

邓尼特 1950＝D. C. Dennett, *Conversion and the Poll Tax in Early Islam*, Cambridge, Mass., 1950.

多杰才旦 1991＝试述十七条协议的伟大历史意义,《民族研究》1991年第4期。

杜勃罗文 1978＝［俄］尼·费·杜勃罗文著《普尔热瓦尔斯基传》（汉译本）, 商务印书馆, 1978年。

杜齐 1987＝向红笳译,［意］G.杜齐著《西藏考古》, 西藏人民出版社, 1987年。

同作者 1989＝耿昇译,［意］杜齐、［德］海西希著《西藏和蒙古的宗教》, 天津古籍出版社, 1989年。

《敦煌本吐蕃历史文书》＝王尧、陈践译注《敦煌本吐蕃历史文书》, 民族出版社, 1980年。

《敦煌写经》＝北京大学图书馆藏敦煌出土文书缩微胶卷。

厄尔芬士统 1815＝M. Elphinstone, *An Account of the Kingdom of Cabul*, London, 1815.

EI＝*The Encyclopaedia of Islam*（New Edition）, vol. V, fascicules 79-80, Leiden, 1979.

《法苑珠林》＝［唐］释道世《法苑珠林》一百二十卷, 江苏广陵古籍刻印社影印, 1990年。

范祥雍 1982＝唐代中印交通吐蕃一道考,《中华文史论丛》1982年第4期。

冯承钧《论著汇辑》＝《西域南海史地考证论著汇辑》, 香港中华书局, 1976年。

同作者《译丛三编》＝《西域南海史地考证译丛》三编, 商务印书馆, 1962年重印。

同作者《译丛七编》＝同上七编, 中华书局, 1957年。

同作者《译丛八编》＝同上八编，中华书局，1958年。

冯家昇1981＝《维吾尔族史料简编》上册，民族出版社，1981年。

噶尔美1975＝Samten G. Karmay, "A General Introduction to the History and Doctrines of Bon", *MRDTB*, 33, 1975, pp.171-218. （有向红笳、陈庆英汉译文，载中央民族学院藏族研究所编《藏族研究译文集》第一集，1983年。）

《甘肃省地图集》＝甘肃省地图集编纂办公室《甘肃省地图集》，兰州，1975年。

高本汉1941＝《中日汉字形声论》(Bernhard Karlgren, *Grammata Serica, Script and Phonetics in Chinese and Sino-Japanese.*)，民国三十年北京影印。

同作者1987＝聂鸿音译，高本汉著《中上古汉语音韵纲要》，齐鲁书社，1987年。

高由禧等1984＝《西藏气候》（青藏高原科学考察丛书），科学出版社，1984年。

格勒、祝启源＝藏族本教的起源与发展问题探讨，《世界宗教研究》1986年第2期。

格西辞典＝格西曲扎《藏文辞典》，民族出版社，1990年。

谷川道雄1987＝《世界帝国の形成》，讲谈社，1987年。

关根秋雄1978＝カシユミールと唐・吐蕃抗争，《中央大学文学部纪要》（史学科）23号，1978年，99—118页。

《广州港史》＝《广州港史》（古代部分），海洋出版社，1986年。

郭平梁1978＝唐朝在西域的几项军政建置，《新疆历史论文集》，新疆人民出版社，1978年。

同作者1982＝阿史那忠在西域，《新疆历史论文续集》，新疆人民出版社，1982年。

同作者1988＝突骑施苏禄传补阙，《新疆社会科学》1988年第4期。

郭锡良1986＝《汉字古音手册》，北京大学出版社，1986年。

韩儒林 1982＝《穹庐集》，上海人民出版社，1982 年。

同作者 1985＝《韩儒林文集》，江苏古籍出版社，1985 年。

《汉语方音字汇》＝北京大学中文系语言学教研室编《汉语方音字汇》（第二版），文字改革出版社，1989 年。

《汉藏史集》＝陈庆英译，达仓宗巴·班觉桑布著《汉藏史集》，西藏人民出版社，1986 年。

《红史》＝东噶·洛桑赤列校注，陈庆英、周润年译，蔡巴·贡噶多吉著《红史》，西藏人民出版社，1986 年。

《后汉书集解》＝王先谦撰《后汉书集解》，中华书局影印本，1984 年。

华涛 1989＝《突厥语诸部在天山地区的活动及其伊斯兰化的进程（上篇）》，南京大学博士论文，1989 年。

黄奋生、吴均＝《藏族史略》，民族出版社，1989 年。

黄惠贤《辩辞》＝《唐西州高昌县上安西都护府牒稿为录上讯问曹禄山诉李绍谨两造辩辞事》释，唐长孺主编《敦煌吐鲁番文书初探》，武汉大学出版社，1983 年。

同作者《变化》＝从西州高昌县征镇名籍看垂拱年间西域政局之变化，同上《敦煌吐鲁番文书初探》。

黄文弼 1989＝《黄文弼历史考古论集》，文物出版社，1989 年。

黄译＝黄颢，《贤者喜宴》摘译，《西藏民族学院学报》（季刊）自 1980 年第 4 期起连载。

黄正建 1985＝敦煌本吐蕃历史文书大事记年有关唐蕃关系的译注拾遗，《西藏研究》1985 年第 1 期。

《慧超传》＝［日］藤田丰八《慧超往五天竺国传笺证》，清宣统二年刻本。

霍夫曼 1965＝李有义译，［德］霍夫曼著《西藏的宗教》，中国科学院民族研究所编印，1965 年。

霍勒迪奇 1908＝Sir Thos. Holdich, *Tibet, The Mysterious*, London, 1908.

霍巍 1990＝西藏天葬风俗起源辨析，《民族研究》1990 年第 5 期。

JAOS=*Journal of the American Oriental Society.*

吉布 1922=H. A. R. Gibb, "The Arab Invasion of Kashgar in A. D. 715", *BSOS*, vol. II, pt 3, 1922, pp.467-474.

同作者 1923=ditto, *The Arab Conquests in Central Asia*, London, 1923.

《记述的装饰》=王小甫译、陈继周校，巴托尔德撰，加尔迪齐《记述的装饰》摘要，《西北史地》1983 年第 4 期。

季羡林 1990=再谈浮屠与佛，《历史研究》1990 年第 1 期。

吉谢列夫（上）=《南西伯利亚古代史》（汉译本，上册），新疆社会科学院民族研究所，1981 年。

同作者（下）=同上书（下册），1985 年。

姜伯勤 1986=吐鲁番文书所见的"波斯军"，《中国史研究》1986 年第 1 期。

《旧唐书》=［后晋］刘昫《旧唐书》，中华书局点校本，1986 年。

《旧五代史》=［宋］薛居正等《旧五代史》，中华书局点校本，1976 年。

菊池英夫《军制》正续篇=节度使确立以前における"军"制度の展开（及其续篇），《东洋学报》第 44 卷 2 号（1961 年 9 月）、45 卷 1 号（1962 年 6 月）。

克里雅什托内 1964=С. Г. Кляшторный, *Древнетюркские рунические памятники как источник по истории Средней Азии*, Моква, 1964.

《克什米尔王统记》=M. A. Stein, *Kalhana's Rājataraṅgiṇī or Chronicle of the Kings of Kashmir*, 2nd. ed., Delhi 1960.

克瓦尔耐 1989=褚俊杰译、［挪威］帕·克瓦尔耐撰，西藏苯教徒的丧葬仪式，《国外藏学研究译文集》第五辑，西藏人民出版社，1989 年。

КСИВ=*Краткие сообщения Института Востоковедения.*

库兹涅佐夫 1976＝Б. И. Кузнецов, Тибетская"Биография Шенраба" и её следы в персидской и древнерусской литературе, — 《Востоковедение》2, Издательство Ленинградского университета, Ленинград, 1976, стр. 166-174.

同作者 1981＝Б. И. Кузнецов, "Является ли Шенраб, основатель религии Бон, исторической личностью?"—《Востоковедные Исследования в Бурятии》, Новосибирск, 1981, стр. 92-95.

《拉达克王统纪》＝La dwags rgyal rabs, in *Antiquities of Indian Tibet*, ed. by A.H.Francke, Calcutta, 1926.

劳费尔 1964＝林筠因译, [美]劳费尔著《中国伊朗编》, 商务印书馆, 1964 年。

李方桂 1958＝P. K. Li, "Notes on Tibetan Sog", *CAJ*, Ⅲ, 1958, pp.139-142.

林悟殊 1987＝《摩尼教及其东渐》, 中华书局, 1987 年。

柳洪亮 1985＝安西都护府初期的几任都护,《新疆历史研究》1985 年第 3 期。

同作者 1985（2）＝唐北庭副都护高耀墓发掘简报,《新疆社会科学》1985 年第 4 期。

刘迎胜 1990＝唐苏谅妻马氏汉、巴列维文墓志再研究,《考古学报》1990 年第 3 期。

罗伯特森 1987＝G. S. Robertson, *The Kafairs of the Hindu—Kush*, Karach, 1987.

罗常培 1933＝《唐五代西北方音》, 中央研究院历史语言研究所单刊甲种之十二, 1933 年, 上海。

《洛阳伽蓝记校注》＝[北魏]杨衒之原著, 范祥雍校注《洛阳伽蓝记校注》, 上海古籍出版社, 1978 年。

卢苇 1985＝唐代中国和大食在中亚地区斗争的发展和变化,《西域史论丛》第 2 辑, 新疆人民出版社, 1985 年。

罗庸 1935＝陈子昂年谱，国立北京大学《国学季刊》5 卷 2 号，1935 年。

《陆宣公奏议》＝［唐］陆贽《陆宣公奏议十五卷，制诰十卷，附录一卷》，光绪十二年淮南书局刻本。

吕澂 1982＝《印度佛学源流略讲》，上海人民出版社，1982 年。

马伯乐 1953＝H. Maspero, *Les Documents Chinois de la Troisième Expédition de Sir Aurel Stein en Asie Centrale*, London, 1953.

马克斯韦尔 1971＝《印度对华战争》（汉译本），生活·读书·新知三联书店，1971 年。

马小鹤 1986＝712 年的粟特，《新疆大学学报》（哲学社会科学版）1986 年第 1 期。

麦克唐纳夫人 1987＝罗汝译、［法］麦克唐纳夫人撰，"四天子理论"在吐蕃的传播，《海外藏学研究译文集》第 2 辑，西藏人民出版社，1987 年。

《蒙兀尔斯坦史（拉施德史）》＝*A History of the Moghols of Central Asia（Tarikh-i Rashidi）*, ed. & trans. by E. Elias & E. D. Ross, London, New impression, 1972.

米诺尔斯基 1948＝V. Minorsky, "Tamīm ibn Bahr's Journey to the Uyghurs", *BSOAS* xii/2, 1948, pp.275-305.

MRDTB＝*Memoirs of the Research Department of the Toyo Bunko.*

穆尔扎也夫 1959＝郁浩译，穆尔扎也夫著《中亚细亚（自然地理概要）》，商务印书馆，1959 年。

纳尔沙喜《布哈拉史》＝Narshakhi, *The History of Bukhara*, trans. by R. N. Frye, Cambridge, 1954.（有项英杰先生校译的汉译文，刊于贵州师范大学《中亚史丛刊》第 5 辑，1987 年。）

内藤 1988（1）＝［日］内藤みどり《西突厥史の研究》，早稻田大学出版部，1988 年 2 月。

同作者 1988（2）＝西突厥《碎叶の牙庭》考，《东洋学报》69 卷 3、

4号，1988年3月，1—30页。

内田吟风1972＝吐火罗国史考，《东方学会创立二十五周年记念东方学论丛》，东京，1972。

《千唐志》＝河南省文物研究所等编《千唐志斋藏志》，文物出版社，1984年。

《青藏高原科学考察丛书》＝中国科学院青藏高原综合考察队《青藏高原科学考察丛书》，科学出版社。（另见具体专著）

《曲江集》＝［唐］张九龄《曲江集》（不分卷），广东人民出版社，1986年。

《全唐诗》＝《全唐诗》，中华书局排印本，1990年。

《全唐文》＝［清］董诰等编《全唐文》，中华书局影印本，1985年。

饶宗颐1982＝《选堂集林·史林》（中），香港中华书局，1982年。

荣新江1987＝吐鲁番文书《唐某人自书历官状》所记西域史事钩沉，《西北史地》1987年第4期。

同作者1990＝新出吐鲁番文书所见西域史事二题，《敦煌吐鲁番文献研究论辑》第五辑，北京大学出版社，1990年。

同作者1991＝唐·宋时代于阗史概说，《龙谷史坛》第97号，1991年6月，别刷。

荣译哈密屯1988＝荣新江译，［法］哈密屯《公元851—1001年于阗年号考》，《新疆文物》1988年第2期。

荣译乌瑞1983＝荣新江译，［匈］乌瑞《有关公元751年以前中亚史的藏文史料概述》，中央民族学院藏族研究所编《藏族研究译文集》第2集，1983年。

同译作者1986＝Khrom（军镇）：公元七至九世纪吐蕃帝国的行政单位，《西北史地》1986年第4期。

塞克斯1940＝P. Sykes, *A History of Afghanistan*, vol.I, London, 1940.

三岛とよ子1964＝中国史料による女国の一考察，《龙谷史坛》52，1964年，57—69页。

桑山正进 1981＝迦毕试国编年史稿（汉译文，上），《中亚民族历史译丛》第一辑，1985 年。

森安孝夫 1977＝チベット语史料中に现われる北方民族，《アジア・アフリカ言语文化研究》14 集，1977 年。

同作者 1979＝增补：ウイゲルと吐蕃の北庭争夺战及びその後西域情势について，流沙海西奖学会编《アジア文化史论丛》3，山川出版社，1979 年。

同作者 1984＝吐蕃の中央アジア进出，《金沢大学文学部论集・史学科篇》第 4 号，1984 年 3 月刊，别刷。

同作者 1985＝耿昇译、森安孝夫撰，回鹘、吐蕃 789—792 年的北庭之争，《敦煌译丛》第 1 辑，甘肃人民出版社，1985 年。

沙班 1976＝M. A. Shaban, *Islamic History* (*A New Interpretation*), vol.2, Cambridge, 1976.

同作者 1979＝ditto, *The 'Abbāsid Revolution*, Cambridge, 1979.

沙畹 1934＝冯承钧译，沙畹撰《西突厥史料》，商务印书馆，1934 年。

山口瑞凤 1983＝《吐蕃王国成立史研究》，岩波书店，1983 年。

《释迦方志》＝[唐]道宣《释迦方志》，中华书局，1983 年。

《十驾斋养新录》＝[清]钱大昕《十驾斋养新录》，上海书店，1983 年。

《世界境域志》＝Ḥudūd al-'Ālam 'The Regions of the World', translated & explained by V. Minorsky, London, 1937.

石泰安 1985＝耿昇译，[法] R.A. 石泰安著《西藏的文明》，西藏社会科学院西藏学汉文文献编辑室编印，1985 年。

《水经注疏》＝陈桥驿复校《水经注疏》，江苏古籍出版社，1989 年。

斯米尔诺娃 1960＝O. N. Смирнова, К истории Самаркандского договора 712г., КСИВ, XXXVIII, Москва, 1960.

斯坦因 1907＝M. A. Stein, *Ancient Khotan*, 2 vols, Oxford, 1907.

同作者 1921＝ditto, *Serindia*, 5 vols, Oxford, 1921.

斯特伦治 1905＝G. Le Strange, *The Lands of the Eastern Caliphate*, Cambridge, 1905.

松田寿男 1987＝陈俊谋译，松田寿男著《古代天山历史地理学研究》，中央民族学院出版社，1987年。

苏晋仁、萧錬子＝《〈册府元龟〉吐蕃史料校正》，四川民族出版社，1982年。

《隋书》＝[唐]魏徵等撰《隋书》，中华书局点校本，1973年。

孙永如 1991＝元和中兴与吐蕃、大食在中亚的冲突，《中国唐史学会论文集》，三秦出版社，1991年。

塔巴里《年代记》＝al-Ṭabarī, *Tārīkh al-Rusul Wa-l-mulūk*, 16 vols, Leiden, 1964.

《太平寰宇记》＝[宋]乐史《太平寰宇记》，清光绪八年金陵书局刊本。

《唐刺史考》＝郁贤皓《唐刺史考》，江苏古籍出版社，1987年。

《唐大诏令集》＝[宋]宋敏求编《唐大诏令集》，商务印书馆，1959年。

《唐会要》＝[宋]王溥《唐会要》，中华书局排印本，1990年。

《唐令拾遗》＝[日]仁井田陞《唐令拾遗》，东京大学出版会，1983年。

《唐六典》＝[唐]李林甫等奉敕注《大唐六典》，文海出版社影印（近卫本），1968年。

《唐律疏议》＝[唐]长孙无忌《唐律疏议》，中华书局点校本，1983年。

汤姆森 1987＝韩儒林译、汤姆森撰，蒙古之突厥碑文导言，《突厥与回纥历史论文选集》上册，中华书局，1987年。

汤用彤 1983＝《汉魏两晋南北朝佛教史》（上、下）中华书局，1983年。

特勤 1968＝T. Tekin, *A Grammar of Orkhon Turkic*, Published by Indiana University, Bloomington, 1968.

托卡列夫 1988＝魏庆征译，［俄］谢·亚·托卡列夫著《世界各民族历史上的宗教》，中国社会科学出版社，1988 年。

托玛斯 1955＝F. W. Thomas, *Tibetan Literary Texts and Documents Concerning Chinese Turkestan*, Ⅱ, London, 1955.

《通典》＝［唐］杜佑《通典》，中华书局校点本，1988 年。

《通鉴》＝［宋］司马光《资治通鉴》，中华书局点校本，1982 年。

《吐蕃金石录》＝王尧编《吐蕃金石录》，文物出版社，1982 年。

《吐文书》＝《吐鲁番出土文书》一至十册，文物出版社，1981—1991 年。

UAJ＝Ural Altaische Jahrbucher.

王辅仁、陈庆英＝《蒙藏民族关系史略》，中国社会科学出版社，1985 年。

王辅仁、索文清＝《藏族史要》，四川民族出版社，1982 年。

王辅仁 1983＝《西藏佛教史略》，西宁，青海人民出版社，1983 年。

王宏钧、刘如仲＝《准噶尔的历史与文物》，青海人民出版社，1984 年。

王力 1982＝《同源字典》，商务印书馆，1982 年。

同作者 1982（1）＝《汉语音韵学》，中华书局，1982 年。

同作者 1985＝《汉语语音史》，中国社会科学出版社，1985 年。

王森 1987＝《西藏佛教发展史略》，中国社会科学出版社，1987 年。

《王统世系明鉴》＝陈庆英、仁庆扎西译注，萨迦·索南坚赞著《王统世系明鉴》，辽宁人民出版社，1985 年。

王小甫 1984＝从回鹘西迁到黑汗王朝，《西北民族文丛》1984 年第 2 期。

同作者 1988＝古代游牧部族入侵农耕地区问题的研究，《史学情报》1988 年第 3 期。

同作者 1991（1）＝"弓月"名义考，《季羡林教授八十华诞纪念论文集》，江西人民出版社，1991 年。

同作者 1991（2）＝唐初安西四镇的弃置，《历史研究》1991 年第 4 期。

同作者 1991（3）＝论安西四镇焉耆与碎叶的交替，《北京大学学报》（哲学社会科学版）1991 年第 6 期。

王尧、陈践 1983＝《敦煌吐蕃文献选》，四川民族出版社，1983 年。

王尧、陈践 1986（1）＝《吐蕃兵制考略，载《中国史研究》，1986 年。

同作者 1986（2）＝《吐蕃简牍综录》，文物出版社，1986 年。

王忠 1958＝《新唐书吐蕃传笺证》，科学出版社，1958 年。

《文物考古工作三十年》＝文物编辑委员会编《文物考古工作三十年》，文物出版社，1979 年。

《文物考古工作十年》＝同上书续编，1990 年。

《文苑英华》＝［宋］李昉等编《文苑英华》一千卷，中华书局影印本，1990 年。

WSTB＝Wiener Studien zur Tibetologie und Buddhismuskunde, Nos. 10-11. [Ernst Steinkellner and Helmut Tauscher, eds. proceedings of the Csoma de Körös Symposium Held at Velm-Vienna, Austria, 13-19 September 1981. vols. 1-2] Vienna, 1983.

乌瑞 1968＝G. Uray, "Notes on a Chronological Problem in the Old Tibetan Chronicle", *AOH*, xxi-3, 1968, pp.292-297.

同作者 1983＝ditto, "Tibet's connection with Nestorianism and Manicheism in the 8th-10th Centuries", *WSTB*, 10(1983), pp.399-429.

吴廷燮 1980＝《唐方镇年表》，中华书局，1980 年。

吴玉贵 1987＝安西都护府史略，《中亚学刊》第 2 辑，中华书局，1987 年。

吴震 1988＝唐《高耀墓志》补考，《新疆社会科学》1988 年第 4 期。

同作者 1989＝唐庭州西海县之建置与方位考，《新疆社会科学》1989 年第 1 期。

吴宗国 1982＝唐高宗和武则天时期安西四镇的废置问题，《丝路访古》，甘肃人民出版社，1982 年。

希提 1979＝马坚译，［美］希提著《阿拉伯通史》上册，商务印书馆，1979年。

《西域地名》＝冯承钧《西域地名》，中华书局，1980年。

《西藏拉萨市曲贡村石室墓发掘简报》＝中国社会科学院考古研究所、西藏自治区文物管理委员会撰写同名文章，《考古》1991年第10期。

《西藏拉萨市曲贡村新石器时代遗址第一次发掘简报》＝同上。

《西藏图考》＝《西招图略·西藏图考》合刊，西藏人民出版社，1982年。

《西藏王臣记》＝郭和卿译，五世达赖喇嘛著《西藏王臣记》，民族出版社，1983年。

《西藏志》＝《西藏志·卫藏通志》合刊，西藏人民出版社，1982年。

《贤者喜宴》＝Dpa' bo gtsug lag phreng bas, *Mkhas pa' i dga' ston*, 上册，民族出版社，1986年。

向达1979＝《唐代长安与西域文明》，生活·读书·新知三联书店，1979年。

夏鼐1964＝作铭，唐苏谅妻马氏墓志跋，《考古》1964年第9期。

谢继胜1988＝藏族萨满教的三界宇宙结构与灵魂观念的发展，《中国藏学》1988年第4期。

《新疆交通图册》＝新疆测绘局编印《新疆维吾尔自治区交通图册》，测绘出版社，1985年。

《新疆考古三十年》＝新疆社会科学院考古研究所编《新疆考古三十年》，新疆人民出版社，1983年。

《新疆图志》＝袁大化修，王树枏等纂《新疆图志》，文海出版社影印本。

《新唐书》＝［宋］欧阳修、宋祁撰《新唐书》，中华书局点校本，1975年。

《新五代史》＝［宋］欧阳修《新五代史》，中华书局点校本，1974年。

《新西域记》＝［日］上原芳太郎编《新西域记》（大谷家藏版）上、

下，有光社，1937年。

徐华鑫 1986＝《西藏自治区地理》，西藏人民出版社，1986年。

徐近之 1960＝《青藏地理资料（地文部分）》，科学出版社，1960年。

雅古比《地理书》＝Aḥmad ibn abī -Yaʻqūbī, *Kitāb al-Buldān*, ed. M.J. de Goeje, Leiden, 1982.

同作者《历史》＝ditto, *Tārīkh*, ed. M.T.Houtsman, Leiden, 1883.2 vols.

伊本·阿萨姆《战胜纪》＝Ibn Aʻtham al-Kūfī, *Kitāb al-futuḥ*, 8 vols, Hyderabad, 1968-1975.

伊本·阿西尔《全史》＝Ibn al-Athīr, *al-Kāmil fi al-Tārīkh*, 14 vols, ed. C. J. Tornberg, Leiden, 1866-1871.

伊濑仙太郎 1955＝《西域经营史の研究》，日本学术振兴会刊，1955年。

易漫白 1982＝弓月城及双河位置考，《新疆历史论文续集》，新疆人民出版社，1982年。

《印领藏区的古物》＝A. H. Francke, *Antiquities of Indian Tibet*, Calcutta, 1926.

《于阗国悬记》＝R. E. Emmerick, *Tibetan Texts Concerning Khotan*, London, 1967, pp.2-77.

羽田亨 1957＝唐光启元年写本沙州伊州地志残卷考，万斯年辑译《唐代文献丛考》，商务印书馆，1957年。

《元和郡县图志》＝［唐］李吉甫《元和郡县图志》，中华书局，1983年。

《藏汉大辞典》＝张怡荪主编《藏汉大辞典》，民族出版社，1985年。

《藏族简史》＝《藏族简史》（中国少数民族简史丛书），西藏人民出版社，1986年。

张广达 1979＝碎叶城今地考，《北京大学学报》（哲学社会科学版），1979年第5期。

同作者 1981＝唐代禅宗的传入吐蕃及有关的敦煌文书，《学林漫录》三集，中华书局，1981 年。

同作者 1986＝唐代六胡州等地的昭武九姓，《北京大学学报》（哲学社会科学版），1986 年第 2 期。

同作者 1987＝海舶来天方，丝路通大食——中国与阿拉伯世界的历史联系的回顾，周一良主编《中外文化交流史》，河南人民出版社，1987 年。

同作者 1988＝唐灭高昌国后的西州形势，《东洋文化》第 68 号，1988 年 3 月。

张琨 1981＝李有义、常凤玄译，〔美〕张琨撰《敦煌本吐蕃纪年之分析》，中国社会科学院民族研究所历史研究室资料组编译《民族史译文集》第 9 集，1981 年。

《张曲江文集》＝〔唐〕张九龄《唐丞相曲江张文献公集十二卷并附录一卷》，《四部备要·集部·唐别集》。

张日铭 1975＝开元年间（731—741）唐、大食关系之研究，台湾《食货》5 卷 9 期（1975 年 12 月），8—13 页。

张荣祖等 1982＝《西藏自然地理》（青藏高原科学考察丛书），科学出版社，1982 年。

张、荣 1988＝张广达、荣新江，《唐大历三年三月典成铣牒》跋，《新疆社会科学》1988 年第 1 期。

同作者 1988（2）＝关于和田出土于阗文献的年代及相关问题，《东洋学报》第 69 卷 1、2 号（1988 年 1 月）。

同作者 1989＝有关西州回鹘的一篇敦煌汉文文献，《北京大学学报》（哲学社会科学版），1989 年第 2 期。

张、王 1986＝张广达、王小甫，穆格山城堡遗址，《中国大百科全书·考古学》，341—342 页。

同作者 1990＝刘郁《西使记》不明地理考，《中亚学刊》第 3 辑，中华书局，1990 年。

《贞观政要》=［唐］吴兢《贞观政要》，上海古籍出版社，1984年。

郑度等1985=《中国的青藏高原》（中国地理丛书），科学出版社，1985年。

郑喜玉等1988=《西藏盐湖》（青藏高原科学考察丛书），科学出版社，1988年。

《中国大百科全书·考古学》，中国大百科全书出版社，1986年。

《中国大百科全书·民族》，中国大百科全书出版社，1986年。

《中国大百科全书·中国历史》隋唐五代史分册，中国大百科全书出版社，1988年。

《中国印度见闻录》=穆根来等译《中国印度见闻录》，中华书局，1983年。

《中国历史地图集》=中国历史地图集编辑组编《中国历史地图集》第五册，中华地图学社（上海），1975年。

《周书》=［唐］令狐德棻《周书》，中华书局点校本，1971年。

周一良1963=《魏晋南北朝史论集》，中华书局，1963年。

同作者1985=《魏晋南北朝史札记》，中华书局，1985年。

佐藤长1977=《古代チベット历史研究》上卷，同朋舍，昭和52年（1977）再版。

同作者1978=《チベット历史地理研究》，岩波书店，1978年。

The History of Political Relations between the Tang Dynasty, Tibet and Arab in Central Asia (634-792 A. D.)

by Wang Xiaofu

Summary

The monograph presents a coherent historical account of a much neglected field of study—the multifaceted relations between the Tang dynasty, the Tibetans and the Arabs in Central Asia during the seventh and eighth centuries. The author makes no claim to completeness in his work, but, on the basis of more accurate documents, he approaches to his subject in its broader aspects. All ancient Chinese literary sources available, all relevant Arabic and Persian historical and geographical data, and Dun Huang and Turfan Documents in Chinese and Tibetan have been fully taken into consideration, It has been also written with constant reference to the published works of many scholars, both Chinese and foreign, especially those of Professors Moriyasu and Ch. I. Beckwith. Biased information and misinterpretation are critically reviewed and carefully reexamined.

It is of interest to note the fact that the Tang dynasty, Tibetans and Arabs almost simultaneously stepped out on the road of expansion although they had experienced varied vicissitudes of their social and cultural development. The present monograph intends, first of all, to give a sketchy narration of this process and demonstrate the mutual dependence in terms of their policies. The social, political and cultural life of Central Asia, particularly that of the Tarim Basin, was inseparably connected with or related to the activities of the three newly-arisen powers in this vast area. In spite of the considerations of the rulers of the local principalities for their own interests, they must constantly seek a change of side in accordance with the constantly varied political circumstances and it was the Tang and the Tibetans, and, not a lesser extent, that of the Tang and Arabs, that directly dominated the international relations of the region during the period under consideration.

Secondly, the author carried out a careful study on the main routes by which the Tibetans made their frequent intrusions into the Tarim Basin and further into the west of the Pamirs. There were three principal passages. The first went through the Qaraqorum Pass and the Suget P. or the Lanak La; the second through the Darkot P., Boroghil P. or Dora P., Zardiv P. and etc.; the Last along the northern foot of the Altyn Mountains. These routes were successively followed by the Tibetan troops in accordance with the vaired circumstances of fierce rivalry. By the irony of fate, it was at the time when the Tibetans finally succeeded in getting upper hand of the whole of the Tarim Basin instead of the Tang dynasty that the Age of the rivalry between the great powers witnessed its twilihgt.

Contrary to the relative steadiness enjoyed by the major powers, the Northern Steppe changed hand frequently, being taken over by different tribe confederacies in succession. For the most part, the Western Turks played a subordinate role in the major power's politics. This is the reason why the Tang showed fixed determination to do its best in every way to cut off the offensive alliance of the "Two Barbarians"（两蕃）while the Tibetans strived hard to join with the Turks in their military operations. The Arabs, for their part, were in earnest in removing the internal hidden danger of turmoils and disturbances as well as the external intrusions. Here is a simplified illustration which is to show the relationship existed among these major powers:

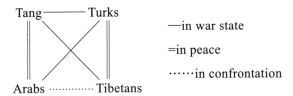

—in war state
=in peace
……in confrontation

It is to be seen that the Turks were in fact blocked on the steppe by their stronger neighbors during the period under discussion.

In conclusion, the history of the relations between the Tang dynasty, Tibetans and Arabs is characterized by the fierce rivalry of the three major powers in pursuit of the supremacy over Central Asia. During this period it is solely from the consideration of the political authority and safety, not the lucrative profit that might be gained from the transit trade along the Silk Road, that led the Tang to strive for controlling the whole Tarim by tightening its hold over the "Four Garrisons" of An-xi Protec torate-General. Owing to the efficient activities of the Tang's administration, a huge amount of silk as the military expenditure and grant was transported to the Western Regions Which greatly contributed to the prosperity of the oasis principalities of the Tarim.

The process of the Turkization is shown here as the eventual result brought out by the end of the Age of rivalry.

May 1992,
at Peking University.

后　记

五年前，当我的导师张广达教授为我选定唐代西域史作为博士论文的研究题目时，囿于当时的学识水平，我仍旧把它想象成一篇以唐朝同西突厥人的和战为主线的故事。然而，随着对史料的占有和研究的深入，我发现事实并非如此。于是，我把论文写成了现在这个样子，我认为，这样分析更切题，也更符合历史真实。记得论文写完以后，中央民族学院民族学系主任王辅仁教授就曾评议说："建议尽快出版，为史学界增添一份新作。"现在论文答辩通过快三年了。古人云："功者，难成而易败；时者，难得而易失。"诚哉斯言。这三年当中，我在工作的同时，仍念念不忘这篇论文，时不时对它搞点"小改小革"，力求使它完善一些，争取能够公开面世。这就是摆在读者面前的这本书的由来。

关于这本书的成败得失，张广达老师在惠赐《序》中讲得十分中肯。我想说的是，这本书与原博士论文还有一点不同，就是在书名中加上了"政治"二字，这是接受论文答辩委员会的意见做的改动。因为我的博士论文原题为《唐、吐蕃、大食关系史》，而实际内容只涉及了政治关系。其实，我倒是很愿意做一些有关文化关系史方面的研究。我历来笃信陈寅恪先生对北朝史中凡关于胡汉之问题"文化之关系较重而种族之关系较轻"的论断，而且认为唐代西域史也是如此。也许有的读者已经看出来，本书第一章及附录壹、附录贰开始在这方面做了一点尝试。但此意非本书所能详尽，我只希望本书仍不失为一项全方位系统研究的有益铺垫。另外，我应该声明的是，本人向来不抱任何成见，用中国过去的流行说法似乎是"没有立场"。读者可以看到，我在书中批评了一些学者的观点、方法，但凡是他们正确的地方，我也毫不犹豫地加以肯定、引用，可见我的批评完全是纯学术的。我觉得，我们应当积极推进正常的学术批评，这样才真正有利于学术的繁荣、进步、提高。毋庸讳言，我国学术界，至少是史学界这种批评现在是太少了。所以，我特别欢迎读者对本书能提出批评意见。

我感谢我的导师张广达教授为我选择了这样一个研究方向，使我自己在研究过程中也学到了许多知识。同时，我能在国内目前的图书资料条件下撰成本书，也要感谢张老师和荣新江同学给予的巨大帮助。当然，还有一些资料在国内只能"望洋兴叹"，我希望将来有机会能找到这些资料加以参考，以便使本书更加完善。

我也应该感谢当年的论文答辩委员会主席季羡林教授；感谢各位答辩委员和论文评议人，他们是：本校历史系吴宗国先生、余大钧先生，本校东语系郭应德先生、王邦维先生，北京外国语学院阿拉伯语系纳忠先生，新疆社会科学院郭平梁先生，南开大学历史系杨志玖先生，中央民族学院民族学系王辅仁先生，中山大学历史系姜伯勤先生，南京大学历史系陈得芝先生，中国社会科学院历史所陈高华先生，青海省社会科学院藏学所陈庆英先生，西安交通大学社科系胡戟先生，兰州大学历史系杨建新先生，武汉大学历史系陈国灿先生。尤其是季羡林先生，他一直十分关心年轻学者的成长，极力提携和奖掖后进。1990年，季先生推荐我申请并获得了国家"青年社会科学研究基金"（另一位推荐人是陈庆英先生）资助，为本书的修改提供了有利条件。今年3月，季先生听说本书将要出版，又欣然命笔赐序，为本书增辉，亦令作者感到莫大荣幸。

我还要感谢我所在的北大中国中古史研究中心前主任邓广铭先生。今年春节期间，当他听说本书出版遇到困难，立即打电话向"北京大学传统文化研究中心"主任袁行霈先生推荐本书，希望资助。承蒙袁主任及中心管委会各位先生垂青，批准资助，才使本书有机会同读者见面。

  我妻子滕桂梅是一个家庭妇女，从她嫁给我当石油工人家属时起，就撑起了我家的"半边天"。她长期没有户口，至今仍没有正式工作，独力抚养我们的女儿达十年之久，其艰难可想而知。现在，虽然我家的"两半天"终于合到了一起，妻子为支持一家三口的日常用度，仍然在到处干临时工。来北大五年，她已先后在四个单位干过。我感谢雇用过她的那些单位，他们实际在很大程度上支持了我的学习和工作。如果我们国内有将著作题献给自己亲人的习惯，我一定会在扉页上将本书题献给我的妻子。

  圣人有言："四十而不惑。"我已年届四十，然而惶惑有之。无论如何，我还是一个传统的中国人。古人云："丈夫为志，穷当益坚，老当益壮。"今生今世，当以此自勉。

王小甫

1992年5月31日夜于北大畅春园

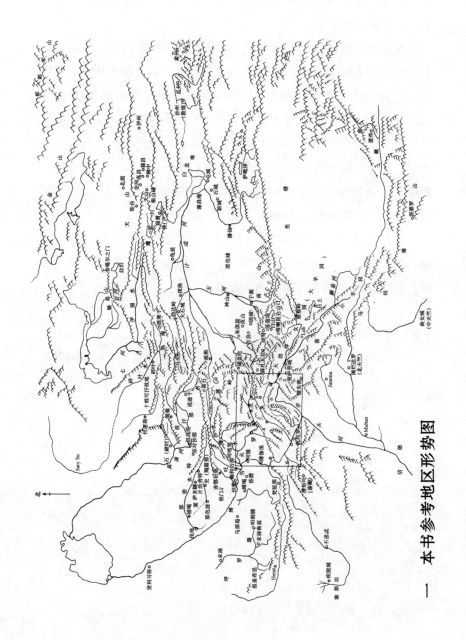

一 本书参考地区形势图

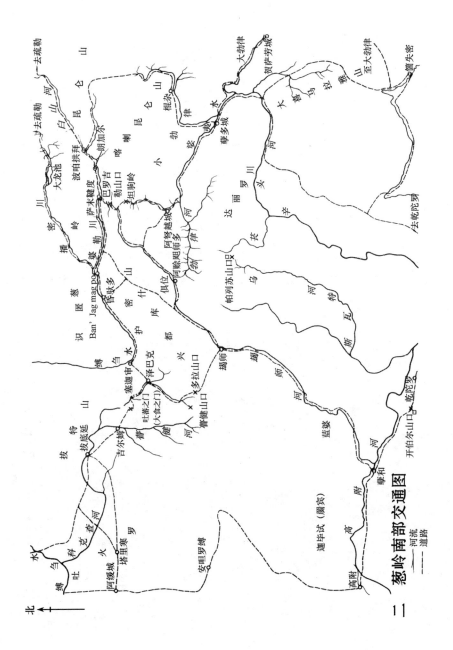